역사 창출과
제국의 상상력

일본 脫국가론

정이 / 이소마에 준이치 / 전성곤 지음

역사 창출과
제국의 상상력

일본脱국가론

日本脱国家论 ^ǀ Theories of Japan's trans-nation

學古房

목 차

들어가며 / 9

서장 〈방법으로서〉 국가와 여백 / 17

   1. 〈방법으로서〉라는 '방법'의 혁명 / 17
   2. 일본의 네이션(nation)론과 사상의 사상성 / 27
   3. 근대의 여백 – 창조 · 상상을 넘어서 / 31
   4. 국민국가의 균질성과 차이성의 초극 / 37

제1부 역사와 기억 – 작위와 인식

제1장 역사의 작법(作法)과 천황 재현의 기법(技法) / 51

   1. '역사'와 '역사관'의 거리 / 51
   2. 자유와 지조(知造)의 신화 / 53
   3. 탈(脫) 학지와 '상실(相實)'의 발견 / 61
   4. 평행시공(平行時空) 구조로서 혁신과 국가주의 / 69
   5. 네이션 신화의 내부에서 / 78

제2장 '공공 천황론' 속의 내셔널리즘 · '내셔널리즘' 속의 공공천황론
    – '배제의 배제'와 선택의 상호성 – / 81

   1. 아프리오리의 초극과 에피파니(epiphany) 사이에서 / 81
   2. '사상 · 무사상'의 경계 / 84

3. '부여받은 것'에 대한 개칭과 변신 / 88
4. 탈각의 온톨로지(ontology)들 / 97
5. '공동 생활'에서 '공공성=천황' 국가로 / 106
6. 반전의 내셔널리즘 · 내셔널리즘의 반전 / 114

제3장 '주체성' 구조와 '동양' 표상의 곤란성
　　 - 쓰다 소키지, 오카와 슈메이, 미노다 무네키의 착종 - / 117
1. 상대적 객관성이라는 물음 / 117
2. 자명성에 대한 다층적 원리 / 121
3. 배제하는 '배제의 논리' / 135
4. 〈방법으로서〉의 '동양'과 일본의 재구성 / 144
5. 공동(空洞)의 동양 공동체 / 153

제2부　국민사와 제국 - 복수성과 목소리

제4장 쓰다 소키치(津田左右吉)의 '국민사' 구상
　　 - 다민족제국 속의 단일민족 국가론의 역할 - / 157
1. 국민사의 재검토란 무엇인가 / 157
2. 쓰다 소키치의 단일민족 국가론과 식민주의의 그림자 / 177
3. 전후 일본과 영웅 시대론 / 199

제5장 복수성의 목소리
　　 - 천황, 국민, 천민에 대해 - / 223
1. 공공성의 금기 · 금기의 공공성 / 223
2. '벌거벗은 삶'과 공공성 / 232
3. 신들의 목소리와 복수성 / 250
4. '약함 · 약자'와 '감함 · 강자' / 261

제3부 역사와 혈통론-횡단과 재귀

제6장 '계보'의 아이덴티티와 '혈통론'의 정치성
-전(箋)에서 전(傳), 그리고 역사로- / 271

   1. '천황계보론'의 발생과 '탈(脫)사물화'의 사이 / 271
   2. 「황조기년전」에서 「열성전」으로 / 273
   3. 존황주의와 천황 계보 / 285
   4. 수사(修史)사업과 천황 계보 / 288
   5. 전(傳)에서 역사로의 결정(結晶) / 296
   6. 사류(史流)의 전위와 '재귀 천황론' / 299

제7장 횡단문화론의 구조와 '문명천황론'의 문제
-오카와 슈메이, 오카쿠라 덴신, 와카미야 유노스케- / 303

   1. 사상의 '근대론'과 '횡단문화론' / 303
   2. 오카와 슈메이, 오카쿠라 덴신, 와카미야 유노스케 / 305
   3. 횡단을 위한 비교론의 양면성과 황통(皇統) / 308
   4. 원천적 문명론의 활용과 횡단문명론 / 319
   5. 귀일(歸一) 폴리틱스와 '천황론' / 324
   6. 팔린드롬(palindrome)을 넘어서 / 328

참고문헌 / 331
초출일람 / 354
찾아보기 / 355
저서 / 362

8

▌ 일러두기

본 저서는 서로 다른 형식으로 작성된 논고들이었는데, 편집 과정에서 통일성을 갖추기 위해 몇 가지 규정을 세웠다. 그 예를 일러두기로 한다.

1. 각주는 저자, 논고, 저서, 출판사, 발행년도, 페이지 순으로 통일했으나, 앞에서 언급된 논고나 저서는 앞의 책, 년도, 페이지로 간략하게 표기했다. 페이지 표기를 하지 않고 참조한 것도 있다. 그리고 원저서 및 초판 발행 년도를 표기한 것도 있다.

   예) 津田左右吉, 『支那思想と日本』岩波書店, 1939年, pp.7~13.

   　　安丸良夫, 『近代天皇像の形成』岩波書店, 1992年.

   　　村岡典嗣, 『本居宣長』岩波書店, 1928年[1911年].

2. 천황 표기는 일본어 발음을 그대로 사용하고, 그 뒤에 천황이라고 적었다.

   예) 神武天皇 → 진무(神武) 천황

3. 지명에 대해서는 기본적으로 일본어 발음 그대로 표기했다.

   예) 北海道 → 홋카이도(北海道)

4. 영어발음을 그대로 적고 괄호로 그 단어를 제시하는 방식을 취했고, 인물 이름은 원어 발음 그대로 표기했다.

   예) postmodernism → 포스트모더니즘(postmodernism)

   　　Dipesh Chakrabarty → 디 페시 차크라바르티(Dipesh Chakrabarty)

   　　津田左右吉 → 쓰다 소키치(津田左右吉)

▌들어가며

　본 저서는 일본의 '국가' 사상을 '탈국가론'과 쌍으로 보고 이를 새로 조명해 보고자 했다. 특히 국가가 개인의 사상에 관여하는 방식이나, 개인이 국가에 대해 인식하는 논리에 대해 기존에 논의된 '국가론'과 차이화를 시도하고자 했다.

　사실 국가사상은, 그것이 국가주의이든 초(超)국가주의이든, 그 바탕에는 국가를 상정하고 있는 의미에서 공통성을 갖는다. 다시 말해서 '국가'를 어떻게 인식하는가라는 공통된 문제의식을 내포하고 있다. 국가나 국가주의를 근거에 두거나, 국가를 상대화 한다는 것 모두가 국가를 '전제'로 하는 '인식론적 세계'를 갖고 있는 것이다. 그렇기 때문에 본 저서에서는 먼저 이에 대한 재검토부터 시작했다.

　먼저 국가의 문제를 시간적 흐름과 연결하여 상정해 낸다는 점, 그것이 상정하는 역사성의 문제를 제기하고자 했다. 그것은 국가론이나 국가주의가 갖는 역사를 '과거로부터 존재하는 본질적' 개념으로 상정하고, 이를 역사에서 재현시켜내는 현재적 '인식에 의한 복원론' 입장에 대한 재고이기도 하다. 국가론이나 국가주의가 형성되는 논리를 상위 개념에 두고, 현재적 인식에 의해 호출되는 역사 인식을 하위 개념으로 설정하는 역사 창출론이나 상상론에 대한 새로운 제언을 보여주고자 했다.

　특히 선험적으로 존재하는 국가 사상이나 국가주의의 논리를 극복하고, 주체적인 인식을 어떻게 상정할 것인가의 문제를 도입시킴으로서, 역사적 시간에 지배되어 온 하위 개념이 아니라, 그 하위 개념으로 여겨진 개인의 주체를 국가주의에 역투영시켜 트랜스 국가주의의 문제로서 제국이나 제국주의의 문제로 확대시켜 재검토하고자 했다.

　국가론이나 국가주의가 갖는 본질주의적 입장과 역사 구축주의 입장을 동시에 넘기 위한 시도로서, 어느 쪽이 맞다라던가, 어느 쪽이 헤게모니를 가져야 한다는 것이 아니라, 그 개념들이 실은 상호적이고, 배타적인 성격을 동시에 갖고 있다는 것임을 제시하고자 했다.

그렇지만, 이러한 시점 또한 뭔가 도식적인 사고방식이 존재하는 것이 아닌가, 뭔가 사고 형식의 질곡에 갇혀있는 것은 아닌가라고 느끼며, 이를 극복하거나 이러한 틀을 재구성할 수 있는 방법은 무엇일까라는 물음을 지속해 왔다. 그러던 중에 중국의 정이(鄭毅), 일본의 이소마에 준이치(磯前順一), 그리고 전성곤은 상호교류를 통해 새롭게 논의를 전개할 기회를 얻었다.

중국의 정이는 요 몇 년 '한국, 중국, 일본이 보는 전쟁 기억과 역사 인식'의 문제를 지속적으로 다루면서, '객관적 인식과 외부성'을 고민했다. 과연 인식의 외부는 존재하는가, 인식의 객관화는 가능한가라는 문제였다. 즉 동아시아의 역사인식이나 전쟁 기억을 하나의 방법론으로 삼아, 동아시아·동아시아사를 객관화 할 수 있는가라는 문제를 지속적으로 다루었다. 이러한 논점을 갖고 정이는, 2017년 3월에 러시아와 근접한 중국에서 최고의 북방지역 대학인 흑하학원(黑河学院)대학에서 '일본사회의 전쟁 기억 논리와 사고 양상'이라는 제목으로 집중 강의를 가졌다. 이러한 특별 강좌는 러시아와 중국의 경계 접역(接域) 대학에서 이루어지면서, 국가와 국가의 사이나 두 국가의 변경에서 바라보는 국가의 기억을 다루었다.

정이가 자주 사용하던 레토릭은 중국인, 한국인, 일본인을 '넘어 '동아시아인'(인식의 세계적 시선=객관성)으로 재탄생하는 프로세스의 발견이다. 즉, 국가의 내부에 속해 있지만, 인식론적으로는 그 공동체를 외부적 위치에서 재인식하는 것이 어떻게 가능한가라는 논리이다. 적어도 그러한 세계성을 갖도록 항상 외부자의 시선 즉 밖으로부터의 시선을 의식하는 것이 내부적 객관성을 유지하는 것이라고 주장한다. 그와 동시에 인식의 외부가 어떠한 방식을 통해 내부로 받아들여 질 수 있는가를 묻고 있다.

이러한 시기에 정이와 전성곤은 2016년 9월 3일 류큐(琉球)대학에서 열린 국제학술대회에 참가했다. 정이는 '역사개념의 자국적 해석과 전쟁기억의 불균형'이라는 주제로 발제했고, 전성곤은 '열성(列聖)과 역사인식의 전개로서 내셔널리즘'이라는 제목으로 발표했다. 전쟁의 기억이 이야기나 기록화 되는 과정에서 그것이 어떻게 집합의식이나 공통감각으로 순화(純化)되어 이데올로기가 부착되는지 그 과정을 시대적 배경과 함께 기술했다. 특히, 국가 안에서 해석되는 기억과 역사의 공정화(公定化)와 비(非)회귀의 딜레마를 논의했다. 자국의 내부에서 외부를 내파하고 제국주의를 극복하는 것의 의미는 무엇인가를 묻는 작업이었다. 이는 아직 인지하지 못한 '도래(到來)하는 미래의 가능성'은 어떻게 해독가능한가라는 제언이기도 했다. 이러한 인식을 반영하여 정이는 제1부를 담당했다.

그리고 오키나와(沖縄)를 떠나 교토(京都)에 들러 이소마에 준이치와 재회했다. 이소마에 준이치는 2015년에 '천황제 국가와 여백'이라는 논고를 집필했었다. 정이와 전성곤이 『제국에의 길』을 간행했던 것과 거의 동일한 시기였다. 그리고 이소마에 준이치는 자신이 2016년에 발표한 쓰다 소키치(津田左右吉)의 국민사(国民史) 구상이 갖는 의미를 설명해 주었다. 이 논고에서 이소마에 준이치는 자신이 갖고 있는 공공성과 국민국가, 여백의 시점을 설명해 주었다. 이는 일본 내에서 전개된 포스트모던 사상이나 천황제 사상을 보는 사관(史觀)을 근본적으로 다루면서, 근대 종교나 근대 역사가 만들어 내는 이중성/양면성을 동시에 고찰하는 시선이었다. 교토의 시조가와라마치(四条河原町)의 가모가와(鴨川)를 보면서 가이요테이(開陽亭)에서 나눈 특별한 대화의 시간은 결국 인식의 '외부와 내부'의 문제를 동시에 고찰하는 밸런스 감각에 대해 새로운 인식의 세계를 여는 계기가 되었다.

이소마에 준이치는 2017년 4월 3일, 뉴욕에서 해리 하루투니언(Harry Harootunian)(시카고대 명예교수)와 탈랄 아사드(Talal Asad)(뉴욕 시립대학 명예교수), 디페시 차크라바르티(Dipesh Chakrabarty)(시카고대학)과 함께 '동아시아 근대 경험과 동남아시아와 아랍 세계의 비교'라는 주제로 토론을 가졌다. 특히 잘 알려진 것처럼 디페시 차크라바르티는 유럽중심주의를 탈피하고자 하는 비서구의 근대성 문제를 제시하는데, 이는 이미 일본에서 미노다 무네키, 오카와 슈메이, 쓰다 소키치가 주장하던 논리와 상통하는 부분이 있었다. 물론 '유럽을 지방화하기'의 논리가 결국 비서구 중심주의로서 대동아공영권이나 일본보편주의로 나아가는 헤게모니 쟁탈로 이어지는 것에 대한 시점

12

이 아니라는 점에서, 본 저서와 맥을 함께 한다. 그리고 이소마에 준이치는 6월 3일부터 타이완의 국립교통대학(国立交通大学)에서 '갈등, 정의 그리고 탈식민지'라는 제목으로 강의했다. 나르시시즘(narcissism)의 극복에 대한 문제를 다루며, 전후 일본 사회를 '증상(symptom)'이라는 키워드를 통해 역사 해독을 시도했다. 이러한 논의들은 제2부로 엮어졌다.

그리고 전성곤은 '제국과 제국주의 사이의 문제'를 다루면서, '인식의 내부'는 형성되는 것으로, 그 내적 논리를 해체하는 것이 중요하다고 보았다. 공동체 내부에서 무의식적이든 의식적이든 자아 속에 내면화 된 논리들의 세계로부터 어떻게 하면 진정한 자아라는 것을 찾을 수 있고, 자유를 느낄 수 있을까라는 문제였다. 특히 내안에 들어 온 인식 속에 감춰진 '인식'을 비판적으로 의식하는 것이 어떻게 가능한가라는 물음이었다. 이것은 인식론적이라거나 철학적인 물음인 것처럼 비춰질 수 있지만, 사실 국가와 개인의 문제를 고민할 때 빠뜨릴 수 없는 문제가 바로 이러한 이데올로기의 극복을 외부적 시선과 내부적 인식에 의해 극복하고자 하는 노력은 사상사적인 측면에서 아주 중요하게 다루어지지 않으면 안 된다고 보고 있다. 학지라고도 표현하지만, 국가와 개인 그리고 그것에 부착된 이데올로기가 만들어 내는 허상과 격투하지 않으면 안 된다고 보고있다.

이러한 문제의식을 가진 전성곤은 캘리포니아대학 버클리(UC Berkeley)에 2주 동안 다녀왔다. 동아연구원에서 개최된 학술연구회에 참가하기 위해서였다. 2017년 4월 21일에는 캘리포니아대학교 산타바바라(UC Santa Barbara)의 케이트 맥도날드(Kate McDonald) 교수가 '국가와 내셔널리즘의 문제'를 '전쟁지역 여행과 일본 제국의 기억 갈등'이라는 제목의 발표를 들을 수 있었다. 구체적으로는, 만주(대련)와 타이완 그리고 조선, 일본을 여행하는 공간적(spatial) 이동 속에 내재된 제국주의의 문제를 분석하여 발표했다. '장소와 제국'의 문제였다. 그리고 4월 26일에는 하버드대학(Harvard University)의 마크 엘리오트(Mark Elliott) 교수의 '벼랑 끝에서 돌아오다: 만주연구의 세계적 부흥'을 들었다. 마크 엘리오트 교수는 중국어와 일본어에 능통했고, 세계적 시각에서 만주 연구가 갖는 의미를 재고시켜 주었다. 그리고 4월 27일에는 심포

지엄이 있었는데, 기조강연으로 스텔라 쉬(Stella Xu) 교수의 '역사의 그림자 : 고대 한국 역사의 재구성과 한국인 규정 형성'이라는 발제를 들을 수 있었다.

냉전 이후 생겨난 역사 기억의 문제를 '역사 기억 전쟁'이라고 표현하며, 중국과 한국과 일본에서 벌어지는 과거사 문제를 다루었다. 이러한 문제들은 결코 서로 따로 동떨어져있는 것이 아니라, 살아있는 현재의 주체성/규율성 차원의 문제를 다루고 있는 것이라고 여겨진다. 결국 식민지주의와 내셔널리즘을 극복하기 위한 방법으로서 조선, 만주, 타이완 그리고 일본의 제국주의를 다룬다는 공통점이 존재했다는 점을 새롭게 자각하게 되었다. 이러한 노력은 제3부 원고로 정리했다.

결국 이러한 논의들, 즉 정이가 제시하는 변경과 중심의 문제, 두 국가 사이에서 내부와 외부를 보려는 시각, 이소마에 준이치처럼 일본 외부에서 다루어지는 일본 내부에 대한 시각들을 상호 작용적으로 보는 시각, 전성곤이 중국이라는 외부에서 일본 내부를 보려는 시각들이 갖는 공통점은, 결국 탈식민주의의 문제로서 역사와 기억의 '인식'들에 숨겨진 제국주의 그리고 그 갈등의 인지라는 점에서 서로 관통하고 있었다. 결국 이것은 국가와 탈국가의 문제였다.

탈국가를 이해하기 위한 하나의 방법으로서 여백이라는 레토릭을 가져와 보았다. 여백은 비어 있다거나 공간을 의미하기도 하지만, 이는 전체로 통합되지 않는 것, 국가와 일체화 되지 않은 것을 상징하기도 한다. 특히 후자 쪽에 더 관심이 가는데, 그것은 국가 내부에 존재하면서도 국가와 일체화되기보다는 국가와 불균함을 느낀다거나 질서에 갇히지 않는 상태라고 상정했다. 즉, 전체 속에 들어있는데, 그 전체와 일원화 혹은 일체적이지 않는 것이기도 하면서, 일체화되지 않는데 전체를 벗어나지 않는 것을 가리킨다. 즉 여백이라는 개념은 항상 전체에 대해 포섭되어 내부에 존재하지만, 내부에 있으면서도 차이를 갖는 부분이며 동시에 전체에 수용되지 못하는 의미에서의 외부적 영역의 의미를 갖고 있는 것이다. 그것은 공간이기도 하면서, 자연적인 것과 인공적인 것의 역사를 되돌아보게 하는 통로이기도 하다. 중립적이거나 애매모호한 것이기도 하면서, 사적/공적인 이항대립의 논리를 폐기시킬 수 있는 장소이기도 한 것이다.

14

그것은 국가와 민족을 떠나 국민국가 내부에서 갖게 되는 주체의 문제를 재구성해주는 권역이기도 하다. 특히 주체 구성에 필요한 배제와 포섭의 레토릭인 것이다. 이소마에 준이치가 제언했듯이 사회의 외부로 쫓겨나가는 것에서 오는 고독감이나 국가 권력의 내부에 존재하는 것은, 결국 동시에 국가에 포섭되는 길이지만, 포섭되는 길은 자유적 주체를 억압하는 자아 손상이라는 고통을 감내하면서 동화하는 부분도 있다. 그렇기 때문에 배제와 포섭은 근원적으로 '자아의 억압'이라는 공통분모를 갖는 주체의 문제를 동반하고 있는 것이다. 그것 자체를 자각하지 않으면 안 되는 것, 그것이 문제였던 것이다.

이러한 인식론적 주체성을 고민하면서, 이소마에 준이치가 제안한 '국가와 여백'의 문제를 좀 더 공공의 문제로까지 확대하는 진원지로 삼고자 했다. 특히 이소마에 준이치의 논고인 「천황제 국가와 여백」은, 본 저서의 제목에서 탈국가론으로 바꾸어 사용했고 서문에서 그 의미를 설명했다. 그리고 이 논고는 일본 내에서 전개된 '포스트모더니즘'이나 '포스트 콜로니얼리즘'[1]의 수용 역사와 그것과 연동되어 일본 내에서 전개된 내셔널리즘에 관해 자세하고 구체적이게 설명해 주고 있어서 일본 내에서 전개된 서양이론 수용과정과 그 한계 및 가능성을 잘 이해할 수 있기도 하다. 그것은 동시에 한국이나 중국도 동일한 과정에 놓여있으며, 어떻게 그것을 극복해야 하는가를 제언해주고 있기도 하다.

이를 읽어보면, 하나의 사상이 유입되면서 그것에 어떻게 시대 인식으로 함몰되는가라는 각성하게 해 준다. 동시에 그러한 논리 수용을 통해 새로운 사상을 비평적으로 창출해 내는 연구도 함께 존재한다는 가능성도 제시한다. 그

---

1) 이경원, 『검은 역사 하얀 이론탈식민주의 계보와 정체성』 한길사, 2011년, pp.25~60. 이경원은 포스트콜로니얼리즘을 탈식민지라는 용어로 사용하면서, 포스트콜로니얼리즘에 대한 계보를 잘 설명해 준다. 이경원의 지적처럼 명칭의 승인 문제는 간단하지 않은데, 정신의 탈식민화를 실천하려는 저항의지가 담겨져 있다는 의미로 탈식민주의를 사용할 것을 그의 저서에서는 사용했다. 그러나 본 저서에서는, 그 의미는 동일하게 인식하지만, 여백의 의미를 찾기위해 원어 영어발음 그대로를 사용하기로 한다.

것은 서구적 이론에 의존하는 문제, 그리고 그럼에도 불구하고 동시에 그것을 넘으려는 시도를 보여준다. 이는 현재 진행적인 세계주의나 자국중심주의 논리에 내장된 '배제 그리고 상호작용성'의 논리인 것이다.

이를 본 저서에서는 국가와 탈국가론이 갖는 의미로서 전개하고자 했던 것이다. 다시 말해서 서구가 비서구를 설정하는 논리 속에는, 비서구는 서구 속에 배제되면서 설정되는 논리로 사용된다. 그러나 그것이 아니라, 서구나 비서구로 양분하면서 한쪽을 부정하거나 배제하는 논리가 아니라, 서구나 비서구라는 존재의 공존 속에 다시 서로 상대화를 가능하게 하는 논리를 의미한다. 이것은, 이미 다케우치 요시미가 서구에 배제된 비서구를 설정 한 후, 일본이 문화가 없었고, 새롭게 만들어야 하는데 그것이 기존 논리의 노예적인 것을 벗어나는 것을 강조, 그 방법으로서 비서구의 비서구적인 것을 창출해야 한다고 보는 것에 대한 두 방향성을 소환해야 하는 이유도 여기에 있었다. 이는 미조구치 유조가 중국적인 것이 갖는 방법론을 통해 일본 문화에 갇힌 인식론의 세계성을 극복하고자 했던 것과, 고야스 노부쿠니가 서구와 비서구를 넘는 방법은, 배제되지 않으면서 그렇다고 그 세계성에 갇히는 것도 아닌 '여백'이 갖는 의미를 갖기도 한다.

물론 여백이라는 표현은, 이소마에 준이치가 디페시 차크라바르티와 해리 하루투니언의 대화 속에서 이를 발견했다고 언급했듯이, 국가와 여백의 문제는 국민의 주체, 주변(장소), 이동의 문제와 교차하는 탈국가론이었다. 특히 포스트 콜로니얼리즘이라는 인식론적 방법론을 통해 개인이 국가와 일체화되거나 동화로 나아가는 것이 아니라 공동체의 내부에서 외부적 세계를 동시에 인식론적으로 재구성해내는 가능성을 논의하고자 하는 것이 본 저서의 목표임을 다시한번 확인해 둔다.

2018년 1월
저자 일동

서장
<방법으로서> '국가와 여백'

1. <방법으로서>라는 '방법'의 '혁명'

일본 사상을 다룸에 있어서, 서구 사상 상대화 문제의 대미를 장식한 사례로서 다케우치 요시미(竹内好)의 「방법으로서의 아시아」가 있다. 그런데 이 '방법으로서'라는 논리 속에는 "일본은 저항을 지속하는 것으로, 즉 유럽적인 것을 매개로 하면서도, 그것을 넘는 비유럽적인 것을 생성"[1]하기 위한 레토릭이기도 했다. 그런데 이 레토릭으로 사용된 '방법으로서'는 '방법'을 어떻게 해석하고 받아들이는가에 따라 그 논리의 핵심은 서로 다른 방향으로 나아갔다.

즉, 첫번째 방향으로서 아시아나 근대를 둘러싼 논의를 비유럽, 중국, 일본 자체에 대한 연구가 갖는 가능성과 문제성을 다루는 연구이다.[2] 다케우치 요시미의 논리속에 내장된 아시아의 침략과 연대론이 갖는 문제나 정치와 사상을 분리한 연구가 필요하다고 보는 관점이다. 이는 '새로운 공동체'론이나 '아시아적 주체'가 무엇인가를 찾기 위해, 아시아가 갖는 정의의 결여를 극복하는 독자적 아시아 사상이나 가치관 도출을 추동하는 방향으로 나아갔다.

---

1) 竹内好, 「方法としてのアジア」, 『日本とアジア』ちくま学芸文庫, 1993年, p.451.
2) 孫歌, 『竹内好という問い』岩波書店, 2005年. 쑨거(孫歌), 윤여일역, 『다케우치 요시미라는 물음-동아시아의 사상은 가능한가?』 그린비, 2007年. 백원담, 「냉전기 아시아에서 아시아주의의 형성과 재편」, 『냉전 아시아의 문화풍경1』 현실문화연구, 2008年, p.43. 쑨거의 다케우치 요시미의 논리에 존재하는 '일본에의 얽매임'도 다루고 있다. 鶴見俊輔, 「竹内好の文体」, 『思想の科学, 特殊竹内好研究』91号(臨時増刊号), 思想の科学研究会, 1978年, pp.68~75.

다른 한편으로는 다케우치 요시미가 제시한 '방법으로서'라는 논리를 인간 사상 속에 내제되는 가치가 가진 논리를 들여다보기 위한 방법론의 하나로 간주하고자 하는 시선/경향이었다. 즉 사상을 갖게 된 배경이나 그 사상의 온상을 들여다보는 주체 찾기의 레토릭으로 보는 입장이 있다. 아시아라는 비유럽 개념이 갖는 개념을 재고하면서, 그 사상이 탄생하는 배경이 갖는 기반이 무엇인가를 기술하는 주체 형성의 과정으로서 다루는 방향이었다.

후자 쪽의 입장, 다시 말해서 다케우치 요시미가 '아시아를 규정하는 것에는 유럽을 규정할 필요가 있음과 동시에 유럽을 규정하기 위해서는 아시아를 규정할 필요가 있었다'라고 보는 개념은 재음미할 필요가 있다. 즉, "유럽이 아닌 것에서 유럽을 선별해 내는 프로세스가, 아시아가 아닌 것에서 아시아가 선별되는 과정 그것과 중첩되었다"[3]라는 관점에 담긴 의미를 재고 할 필요성이다.

즉, '아시아가 낳는 세계상'에 대한 새로운 논리가 이곳에 존재한다. 물론 이것이 유럽이라던가 비유럽 즉 아시아라고 규정한 것 자체에 이미 인식론적 전제가 있다는 것도 비판의 대상이 되지만, 이곳에는 아시아를 논하는 방법론 모색에 중요한 힌트를 준다. 대상으로서 유럽과 비유럽 즉 아시아라는 지역을 상정함으로서 그 대상에 내재적으로 존재하는 그 개념의 형성 논리를 외부의 시선으로 파악하고자하는 양면성을 갖고 있기 때문이다.

그런데 문제는 다케우치 요시미가 제시한 아래의 인용문에 다시 주목할 필요가 있다.

> 일본문화의 독립, 즉 일본문화는 과거에도 현재에도 한 번도 독립한 적이 없었다는 것을 인정한 다음, 미래를 향해 독립된 문화를 자신의 손으로 구축하기 위해 노력하려고 한다면 나는 찬성한다. 그러나 지금까지 축적해 온 노예 문화를 보존하는 방향에는 나는 움직이고 싶지 않다. 중국에 대한 일본인의 모멸감을 제거하기 위해서는 일본문화가 중국문화로부터 독립하는 것이 조건이고, 나아가 이 조

---

3) 竹内好, 「アジアの中の日本」, 『竹内好全集』 第5卷, 筑摩書房, 1981年, p.176.

건은 상관적이다. 악순환을 끊어내는 동기는 악순환 그 자체의 내부에서 발견되지 않으면 안 된다.[4]

다케우치 요시미가 일본문화의 독립성을 제시하면서, 일본문화에는 독립이 없었다고 강조한 점이다. 독립된 문화를 갖기 위해 다케우치 요시미는 '노예상태'와 '해방의 환상' 사이를 제시하고 있었던 것이다. 이는 다케우치 요시미가 '회심'과 '전향'의 차이로서 설명했는데, 이에 대해 미조구치 유조(溝口雄三)는 다음과 같이 논했다.

> 일본은 전향(轉向)형, 중국은 회심(回心)형인데, 회심형이란 자신을 유지하는 것으로 나타나고, 전향은 자신을 방기하는 것에서 생긴다고 보고, 회심은 저항에 매개되고 전향은 무매개(無媒介)된다고 하면서, 중국은 유럽에 저항하면서 자신을 고집하도 그것이 변혁을 가져오는데 일본은 저항 없이 유럽의 새로운 것을 쌓아 가기만한다. 그래서 일본은 동양도 아니면서 유럽도 아니다, 즉 일본은 어느 것도 아니다.[5]

미조구치 유조가 다케우치 요시미의 논리에 존재하는 내용, 즉 '동양의 눈으로 보는 한 '일본은 어느 것도 아닌' 일본에 대해 유럽을 넘고 비유럽적인 것을 낳고 있다고 간주된 중국상(中國像)을 일본 속에 받아들인 것'이라고 여긴 부분이다. 중국의 모습에 존재하던 아프리오리적 관념에 대해 새로운 구조를 재생산하는 논리를 갖는 것으로 설명[6]하고자 했다.

미조구치 유조는 물론 '비유럽의 표현에 대한 비판, 유럽 자체를 기준으로 이미 전제하고 있는 논리'라는 비판적 인식을 담지하면서, 다케우치 요시미가 '존재하지 않는 비유럽을 상정'하는 과정에서 일본과 중국의 자립적 객체

4) 伊藤昭雄,「竹内好「日本人の中国観」,『アジアと近代日本』 社会評論社, 1990年, p.282.
5) 溝口雄三,『方法としての中国』東京大学出版部, 2014年, pp.6~7.
6) 溝口雄三, 위의 책, p.8.

로서 상호 상대화 시점을 상실했다고 여겼다.

다시 풀어서 내용을 음미해 보자면, 미조구치 유조가 강조하는 것은, 다케우지 요시미가 제시한 논리 속에는 하나의 가치 즉 유럽적인 것이든 비유럽적인 것이든 그것이 발생하는 것은 완전한 자립이 아니라 반드시 기존 사상에 근거를 둔다거나/찾았거나, 동시에 다른/타(他) 사상 자체에 근거를 두거나하여 나타난다는 점을 강조하는 논리이다. 즉 모든 사상 자체에는 그 사상을 갖게 되는 '온상이나 모체'가 존재한다는 제언이다.

> 일본과 중국의 근대는 유럽 회로의 눈에 의해 유럽적인 것과 비유럽적인 것, 더들어가 보면 비(非)를 둘러싸고 일본이나 중국이 근대에 어찌하지 못하는 어찌할 수도 없는 비 유럽적 실체를 가령 유럽 근대가 유럽 전근대와 불가분의 관계에 있었던 것과 마찬가지로 일본도 중국도 각각의 전근대의 독자적인 구조와 불가분의 관계에 있다고 하는 역사적 풍토적인 상호적 독자성에 입각하여 정확하게 말하자면 볼 수 있는 그대로를 볼 수가 없었다.[7]

미조구치 유조의 논리는, 이미 내재된 가치관의 계승 속에서 다른 가치관이 형성된다고 논하는 것이었다. 이 부분을 다시 잘라내어 확대해 본다면, 중국의 근대를 보는 시점 그 자체가 다르다는 인식에 입각하지 않으면 안된다는 논리로 세계사적인 보편도 이 '다르다는 것' 즉 개별적 독자성에 입각해야 한다고 제시한다. 주체의 형성 논리를 근대의 문제와 연결시켜냈다.

그리고 고야스 노부쿠니(子安宣邦)는 「방법으로서의 에도(江戶)」에서, 서양을 다시 동양에 의해 재구성하고 반격하기 위해서는 독자적인 것이 존재하지 않으면 안 되는데, 그것이 실체적으로는 없지만, 〈방법으로서는〉 있을 수 있다는 논리를 제시한다. 이 논고에서 고야스 노부쿠니는 다케우치 요시미가 사용한 〈방법으로서의 아시아〉 내용에 구성된 '방법적'인 비판적 시좌를 중시한다. 동시에 미조구치 유조의 〈방법으로서의 중국〉의 입장도 고려

---

7) 溝口雄三, 위의 책, pp.29~30.

한다.

고야스 노부쿠니의 논리적 특징은 다케우치 요시미의 〈방법으로서의 아시아〉는 유럽적 세계관을 포괄하는 형태로 전개한 근대아시아의 역사적 현실을 정리하면서 그 유럽적 근대를 재구성하기 위한 비판적 방법론적인 시좌라고 이해하면서도 그것이 갖는 의미를 다시 찾고 있는 점에 있다. 물론 미조구치 유조의 〈방법으로서의 중국〉도 그러한 시점상의 동일성이 존재한다고 보면서도, 표현의 배후에는 격차가 존재함을 제시했다.

즉 미조구치 유조가 〈방법으로서의 중국〉을 논하면서 '목적으로서의' 중국에 대치하는 시점이라는 점이 갖는 특징을 조명한다. 즉, 목적으로서의 중국을 대치시키면서, 몰아적 중국연구에 대해, 중국을 상대화하는 시점을 제시하고, 동시에 중국을 목적으로 하는 것을 대신하여 세계를 목적으로 하는 시점을 제시하려 한다는 점을 인정한다. 중국과 중국학의 차이를 설명하고 중국학이 중국을 방법으로 한다는 것은, 일본을 상대화 하는 눈에 의해 중국을 상대화 하고, 그 중국에 의해 타(他) 세계로의 다원적 인식을 충실하게 하는 것에 있음을 고야스 노부쿠니는 발견해 냈다.

그럼에도 불구하고, 미조구치의 시점에는 유럽과 함께 중국을 상대화 하고, 그 각각을 구성 요소의 하나로 묶은 다원적 세계로 짜 넣는 것이라고 고야스 노부쿠니는 보았다. 이것을 고야스 노부쿠니는 '중국을 유럽과 함께 상대화 한다고 한다'면서 〈방법으로서의 중국〉이라는 중국에 대한 미조구치의 집착이 갖는 이유가 그것을 물었다.

즉 〈방법으로서의 중국〉이 존재한다는 것은, 단지 자신의 전문영역으로서 중국이 있다는 것을 넘어, 자신의 시좌를 구성하는 것으로서의 중국이 없으면 안 된다는 것을 의미하고 있는데, 〈중국을 방법으로〉 한다는 것은 중국을 상대화하는 형태로 다시 읽는 것이 아니라, 이 세상의 〈세계를〉 '중국을 시좌'로 하여 비판적으로 읽어내는 것 이이어야 할 것이라고 제시한다. 즉 미조구치 유조의 논리가 갖는 한계성을 비판한 것이다. 〈방법으로서의 중국〉은 목적으로서의 중국에 대치되고, 중국의 상대화 시점이 제시되면서, 다시 세계적 인식론적 시점을 제시할 것을 기대했기 때문이다.[8]

중요한 것은 바로 고야스 노부쿠니가 제시하듯이, 다케우치 요시미가 제시한 〈방법으로서〉라는 방법론은 미조구치 유조적 〈방법으로서〉가 갖는 의미 혹은 고야스 노부쿠니가 사용하는 〈방법으로서〉의 방법론으로 분기된다는 점이다.[9)]

어느 한 쪽이 맞다 틀리다가 아니라, 다른 목소리로 나타나는 것인데, 본 저서에서는 이 〈방법으로서〉의 방법론이 갖는 논리가 갖는 '혁명성/패러다임의 재구성'에 초점을 맞추고자 한다. 즉 사상이 갖는 의미를 혁명의 의미와 연결시켜 본다는 점이다. 즉 통설이나 기존 인식에 대한 저항이나 탈피를 위해 사상을 생산하는 것, 그것이 사상이며 그것이야 말로 〈방법으로서〉라는 논리가 찾는 중요한 핵심주제인 것이다. 그런데 그것은 또 무사상이라는 개념과 표리일체적이다. 사상성과 무사상성은 공통 분모를 갖고 존재한다는 의미이다.

그럼에도 불구하고 사상과 무사상의 경계는 혁명이라는 논리로 재구성해 볼 수 있다. 혁명의 정의를 '변혁의 방법/방식'의 하나로서 받아들일 수 있는데, 한 예로서 코페르니쿠스적 패러다임의 전환이라는 논리로 설명하기도 한다. 그러나 한나 아렌트의 논리에 담겨진 혁명이란 의미를 참고한다면, 기존의 코페르니쿠스적 전환이 갖는 의미보다 더 심화된 의미로서 받아들일 수 있다. 즉, 마치 공동체 내에서 정상적이고 규칙적인 것처럼 움직이는 것들의 운동에서 비켜서서 다름을 생각하는 것일 수도 있다. 즉 기계적 운동에 맞춰진 것이 아니라, 그 반대로 바꾸거나 변혁한다는 의미이다. 그런데 그 변혁

---

8) 子安宣邦, 「方法としての江戶」, 『江戶の思想』 10, ペリカン社, 1999年, pp.2~12. 臼杵陽, 「日米における中東イスラーム地域研究の[危機]」, 『地域研究』 7(1), 2005年, pp.107~129. 이슬람연구의 새로운 시도로서 '방법으로서의 지역'이라고 호칭하면서, '내 안에 존재하는 팔레스티나' 즉 내 안에 만들어진, 형성된, 갖게 된 팔레스티나의 이미지를 극복하고자 하는 시도이기도 하다.

9) 張崑將, 「关於东亚的思考方法—以竹内好沟口雄三与子安宣邦为中心」, 『臺灣東亞文明研究學刊』 第1卷 第2期, 2004年, pp.259~288. 다케우치 요시미와 미조구치 유조, 고야스 노부쿠니의 동아(東亞)와 중국학에 대한 사고 방법론에 대해 논의한 논고로 참조할 만하다.

은 유신이나 재생(再生), 개혁, 개신, 혁신이라고도 표현되고, 재(再)순환적
인 의미로 반복되기도 한다. 이러한 논의는 본 저서에서 다시 논의된다.

한나 아렌트가 "혁명의 역사적 의의는 어떻게 인간 정신이 시작의 문제,
즉 역사적 시간의 연속적인 연쇄 속에 끼어들어온 비연속적인 새로운 사건
의 문제를 해결하려고 했는가라는 점에 있다. (…) 자유는 해방의 자동적 결
과도 아니며 새로운 시작은 종말의 자동적인 귀결도 아니다. 시간을 연속적
인 흐름으로 생각하는 일반적인 시간관념에서는 일탈해 전대미문의 사변(思
辨)으로 이끌어가는 논리인 것이다"[10]고 논한 점은 주목할 만하다. 이러한
한나 아렌트의 논리는, 새로운 세계로 나아가는 인식론의 지평을 세워주는
것이다.

이러한 의식적 혁명이 갖는 지적은 시대적 사조나 패러다임으로서의 기존
틀을 빌려와서 그것을 전진시키는 진화의 의미가 아니라, 전혀 새로운 해방
공간으로 비약시켜주는 논리를 담지하고 있다. 즉, 변혁의 의미가 재귀나 재
생의 의미인가 아니면 그러한 사상 자체의 시간 속으로 파고들어가 연속성
에서 빗겨 존재하는/존재하지 않는 그 틈새로 들어갈 수 있는가 그 표리일체
적인 사상을 제시하는 것이다. 이것은 혁명과 사상이 만나는 지점으로, 달리
말하자면 기존 논리에 근거를 두어야 하는가 아니면 혁명에 의해 새로운 사
상을 생산해야 하는가의 분기점이기도 하다.

그런데, 이 문제는 인간의 사고(思考)가 제한된 공간의 생활 세계와 역사
적 시간의 상황 속에서 이루어진다는 한계점을 인지할 것을 요구한다. 즉,
공동체 내부에서 관측한 내부 기술자[11]의 경험과 역사기술이 갖는 한계점을
어떻게 극복해야 하는가에 대한 문제이다.

그것은 내적 경험을 중시하면서도 그 내적인 세계에서 볼 수 없는 외적
시선의 양면성을 동시에 보아야 한다는 논리가 아니라, 그 양면성 속에서 찾
아낸다고 보는 그 시각 자체에 주목해야 한다는 것이다. 이것은 레토릭적이

---

10) ハンナ・アレント, 志水速雄訳, 『革命について』筑摩書房, 2006年, pp.197~199.
11) 松野孝一郎他, 『内部観測』青土社, 1997年, p.81.

긴 하지만 일본의 실증주의 사학이 갖는 논리를 상기할 필요가 있다. 즉, 일본에서 1910년대에는 '국정교과서'가 가진 문제점이 부상되던 시기였는데, 특히 서구의 역사교육방법론이 도입되면서, 서구의 이론들을 바탕으로 새롭게 일본의 국체적 역사를 서술하는 방법론이 강력하게 대두되고 있었다. 바로 그러했기 때문에 결과적으로 '일본사'와 '국사'개념의 틀이 하나로 공유되고, 국체적 역사관을 성립하는 절대성을 갖게 되었다.12)

신화와 역사, 그리고 역대 천황의 남북조정윤문제, 남북조양립론의 문제로 나타나면서, 국체에 대한 새로운 해석 논리가 등장하던 시기였다.13) 그런데

---

12) 일반적으로, 일본 근대역사학의 방법론을 창시한 것을 랑케로 보는데, 랑케 사학이 유럽에서 유행하고, 근대 네이션의 틀 속에서 과거를 투영하는 형태로 내셔널 히스토리가 서술되는 것으로 본다. 그리고 이것에 일본에 소개되는 1880년대의 말기로 도쿄제국대학의 아케데미즘 사학에 영향을 주었다. 그 이전에 미도번(水戸藩)에서 발간한『대일본사(大日本史)』가 편찬되었는데, 이것이 일본의 네이션 형성과 연결되었다고 보았다. 그런 의미에서『대일본사』는 진무(神武) 천황에서 남북조시대까지를 기술했는데, 이는 천황의 계보를 확정하는 즉, 황통정윤(皇統正閏) 변별 문제를 첫 번째 목적으로 하고 있었다. 결과적으로 남조(南朝)를 정통으로 하는 사학을 세운 것이다. 兵藤裕己,「まえがき―歴史叙述の近代とフィクション」,『岩波講座文学9』岩波書店, 2002年, pp.3~8.『대일본사』가 메이지정부에 의해『정사(正史)』로 인정되고, 이후 관선국사(官選國史)가『대일본사』의 속편으로 간주되었다. 그런 과정에서 시게노 야스쓰구(重野安繹), 호시노 히사시(星野恒), 간 마사토모(菅政友), 구메 구니타케(久米邦武) 등의 고증학적, 실증학적 방법론이 등장하면서『대일본사』의 서술 방식에 의문을 제기하는 새로운 논리가 등장했다. 이 때 가장 중요한 논리로 등장한 것이 남북조정윤문제, 그리고 신화(神話) 즉 신대사(神代史)가 말그대로 역사인지 아니면 신화로서 역사에 넣을 수 없는 것인지에 대한 문제가 등장한 것이다. 그러한 시기에 기다 사타키치(喜田貞吉)가 '남북조양립론'을 국정교과서에 게재하게 되면서 사임하고, 구메 구니타케의 필화사건을 거치면서 역사 기술에 대한 방법론적 문제가 등장했던 것이다. 坂田吉雄,『天皇親政-明治期の天皇觀』思文閣, 1984年, pp.267~298.

13) 1910년 대역사건이 벌어지고, 1911년 남북조정윤문제가 국체 정통성 문제와 연결되면서 역사 해석에 대한 논쟁이 재연되었다. 남조정통론을 주장한 것이 아네자키 마사하루(姉崎正治)였는데, 아네자키 마사하루는 신대사는 역사가 아니라고 제시하면서 신대사의 기사(記事)는 '진리'로 파악해야 한다고 보았다. 신화가 역사사실이 아니지만 그곳에 진실이 담겨져 있다고 주장하는 논리가 제시된 것이다. 바로 이 아네자키 마사하루에게서 오카와 슈메이는 수학했던 것이다. 昆野伸幸,『近代日本の國体論

이 시기의 논리를 무사상성의 극복 문제와 연결한 논고가 있다. 이와이 다다쿠마(岩井忠熊)[14]와 이에나가 사부로(家永三郎)[15]인데, 이들은, 일본적 실증주의가 실증주의라는 이름 속에 새로운 사상을 만들어내지 못한 점을 비판적으로 다룬 것이다.[16]

다시 말해서 엄격한 사실(史實)을 인정해야 한다는 인식의 실증주의 논리에 빠져 오로지 연구의 기술적 측면 쪽에 한정된 입장으로서, 사상적 반성이 결여되었다는 점에 사상상(思想上)의 특색, 즉 무사상성이 존재했다고 보았다. 이를 비판적으로 보면서, 고야스 노부쿠니가 지적한 것처럼 사상사연구의 대상인 '일본의 사상이라는 것'이 애매한 형태로만 다루어진 것에 유래한다고 지적했듯이[17] 사상사연구에 대한 근본적인 지적이 있었다.

가쓰라지마 노부히로(桂島宣弘) 역시 고야스 노부쿠니와 사카이 나오키(酒井直樹)를 인용하면서, 역사가나 사상가의 내러티브에 은폐된 담론 수행론은 비판으로 논의했다. 즉 상식으로 공유되는 실체성을 전제로 천황제를 기술하는 것에 대해 비판적 입장을 제시하면서, 역사가의 무자각성을 내포하는 것이라고 보았다. 즉 과거로 거슬러 올라가 천황제의 계보 기술을 실행하는 것 자체가 해석의 옳고 그름을 떠나서 실은 천황제를 역사학이라는 담론 속에 '제작=산출(産出)'해 가는 것이라고 설명한다.[18]

다시 정리하자면, 일본 내부에서 근대로 상정된 메이지기에 고증사학(考證史學)이 가진 실증주의 이론에 빠져 제도화 된 역사학적 담론만이 세분화

-〈皇國史觀〉再考』ペリカン社, 2008年, pp.30~31.

14) 岩井忠熊, 「日本近代史学の形成」, 『岩波講座日本歴史』 第22巻, 岩波書店, 2016年 [1968年], pp.93~103.

15) 家永三郎, 「大正・昭和の歴史思想―太平洋戦争前後における歴史思想の変化」, 『日本における歴史思想の展開』吉川弘文館, 1965年, pp.278~279.

16) 池田智文, 「近代「国史学」の思想構造」, 『龍谷大学大学院文学研究紀要』第25集, 龍谷大学大学院文学研究科紀要編集委員会, 2003年, p.86.

17) 子安宣邦, 「日本思想史の問題」, 『思想史の意義と方法』以文社, 1982年, p.83.

18) 桂島宣弘, 「他者」としての「民衆」へ」, 『江戸の思想』 10, ぺりかん社, 1999年, pp.147~161.

되어지고 말 그대로 실증주의적 연구로서 기계적으로 재생산되는 상황이 초래된 것, 이는 고야스 노부쿠니의 사상사적 방법론의 문제점과 이에나가 사부로, 이와이 다다쿠마의 무사상성 비판과 맥을 같이하는 지적인 것이다.[19]

여기서 등장하는 것이 '역사학'의 역사성이 갖는 내부적 문제에 대한 시각으로서, 〈사상적 자각인가〉와 〈사상적 무자각인가〉의 문제였다. 그것은 당시 메이지기 학문적 시대상황을 구메 구니타케가 잘 표현해낸 것처럼 '역사비평의 표준이 확정되지 못한 단계'[20]에서 맞닿은 시대적 상황의 문제이기도 했다. 다시 말해서 이 문제는 역사·사학·국사학이 성립되는 상황에서 거쳐온 실증주의라는 하나의 방법론에 함몰된 것 자체를 레토릭으로 제시하는 것으로, 이를 극복하는 방법론에 대한 고민이기도 하다.

그러한 입장에서 본다면 역사·사학·국사는 하나의 사상성에 관계되는 문제라는 점을 간과해서는 안 된다는 점이다. 그렇지만 역사학/사학이 갖는 문제점을 사상성(역사학의 구성방식 즉 신화와 역사인식, 종교 철학, 도덕론)[21]으로 연결해야 할 필요성이 부각되는 것이다.

다시 말해서 실증주의 역사학이 "역사인식을 하나의 개별로서 실증한다는

---

19) 桂島宣弘,「近代国史学の成立(序説)―考証史学を中心に」,『江戸の思想』8, ぺりかん社, 1998年, pp.36~54. 가쓰라지마는 메이지기의 사학적 특징을 고증사학(아카데미즘 사학)과 이론 사학(문명사학-사론(史論)사학-마르크스주의 사학)으로 제시한 시바다 미치오(柴田三千雄)의 이분법적 흐름 묘사를 수용하면서 '근대사학이 갖는 이론 그것 자체 검토'의 필요성을 제언하고, 무사상이 갖는 의미를 구체적으로 검토했다. 이노우에 데쓰지로(井上哲次郎), 시게노 야스쓰구(重野安繹), 구메 구니타케(久米邦武)가 구축한 고증사학과 그 무사상성의 내용을 제시해 준다.

20) 久米邦武,『久米邦武歴史著作集』第3巻, 吉川弘文館, 1990年, p.23.

21) 佐藤正幸,「HISTORIOLOGY-「昔語り」から「歴史認識論」へ」,『史学』第58巻 第3·4号 合併号, 慶應義塾大学, 1989年, p.18. 일본에서 역사 즉 히스토리를 접하게 되면서 번역어로서 역사철학, 역사론, 사학철학, 역사이론, 철학적역사, 사학방법론, 역사방법론, 사학연구법, 사학개론 등등으로 소개된 과정을 설명하고 있는데, 이 논고에서는 히스토리(history=역사)와 히스토리얼로지(historiology=역사연구 방법)을 대비시켜 설명해 낸다. 여기서 나타난 히스토리얼리지(역사방법) 개념이 바로 히스토리(역사) 개념을 역으로 부각시켜주는 역할을 했다.

사실만을 확정해 가는 자세로 받아들여, 개별사실의 실증적 해명만을 임무로 했기 때문에 복잡한 사실을 종합적으로 구성한다든가, 그것과 연관된 역사적 사건들의 평가 혹은 시대의 전체상을 파악 대상으로 하지 않는 사고방식"[22] 으로 해석되었다는 의미의 재고찰이다. 다시 말해서 나가하라 간조(永原慶二)가 역사학의 발전 단계에서 나타난 실증주의적 역사학이 가진 역사인식이 가진 한계점인 것이다.

이는 현재에도 새로운 '주류적 유행 담론'을 따르는 행위를 레토릭적으로 잘 설명해 준다. 일본에 유입된 서구의 유행 담론, 특히 일본 내에서 근대사·사상사·사회학·종교학 등에서 공통적으로, 즉 1990년대에 컬추럴 스터디즈나 포스트 콜로니얼리즘 사상이 일본에 도입되고, 이 담론들이 교차하고 있었다. 이것은 바로 다케우치 요시미, 미조구치 유조, 고야스 노부쿠니로 이어지는 주체성의 문제가 재조명되는 것과 맥을 함께한다.

그 단적인 예로 메이지기(明治期) 실증주의 역사학과 근래 20여년 사이에 일본에 등장한 에드워드 사이드(Edward Said), 호미 바바(Homi Bhabha), 가야트리 스피박(Gayatri Spivak), 미셸 푸코(Michel Foucault)의 권력에 대한 대항 담론들의 논리들을 '어떻게 수용 혹은 치환'을 만들어 내는지, 그를 통해 근대 국가 이데올로기 장치를 비판하는 연구 시점이 갈라지는지와 중첩되는 것이다.

2. 일본의 네이션(nation)론과 사상의 사상성

이소마에 준이치가 일본 종교사에 초점을 맞추어 설명하듯이,[23] 20여년이 흐르는 동안 일본에서의 연구 분야는 근대를 둘러싼 논의가 주류를 차지해

---

22) 永原慶二, 『歴史学の叙説』 東京大学出版会, 1978年, p.160.
23) 이 부분 이하는 이소마에 준이치(磯前順一)의 논고 「천황제국가와 여백(天皇制国家と余白)」(『宗教研究』 383号, 日本宗教学会, 2015年, pp.3~26)의 번역이다.

왔다. 이것은 근대가 되어 서양 개념을 수용하면서 문화가 상상·창조
(imagined·invented)되었다는 논의가 주류로 등장한 점을 예로 들었다. 일
본에서 모든 학문이 상상·창조되었다고 보는 논의가 전체적으로 '제도화'
되어 유포되었던 것이다. 이러한 논의에 가담하는 연구자들은 근대 담론을
비판하면서 그 상상·창조된 것이라는 비판적 담론 그것에 동화됨으로써 담
론의 비판성을 무효화 시켜버렸다.

이것은 일본 내에서 현재 이루어지는 일본종교사의 일면을 보면 잘 알 수
있다. 특히 종교사 붐을 유발시킨 종교개념론이라고 불리는 연구의 무참한
모습의 하나이기도 하다. 역사학의 국가론이 차별을 지탄하는 연구에서 언제
부터인가 차별론과는 무관한 제도사로 전락했던 것처럼, 일본종교사도 종교
학판 제도사로서 실증=중립적이라는 이름아래 언표(言表)행위의 균질화를
추동시키고 있다.

그것에는 근대창조물이라는 담론을 확인하는 반복행위는 존재하지만, 그
담론이나 개념의 '외부로 나아가는 것'은 어떤 것인가. 본인 스스로가 그 내
부에 동화되는 것으로 연구사를 제도화하고 있는 이상 그러한 근원적인 물
음 그것이 봉인되어 버릴 것이다.[24]

근대를 중심에 둔 이러한 일본종교사 담론이 유포하는 한편, 근세 이전 시
기에 대한 연구를 그림자를 드리웠고, 근대가 만들어 놓은 과거의 담론으로
서 근세 이전 시기를 다루는 것에 머무르고 있다. 이전에는 고대사 연구가
크게 성행했었다. 전후에는 이시모다 다다시(石母田正)의 『일본 고대국가
(日本の古代国家)』(1971년)가 그 대표적인 저서인데, 그 이전에 쓰다 소키치
(津田左右吉)의 『일본고전 연구(日本古典の研究)』(상권, 하권, 1948년, 1950
년)으로 거슬러 올라간다.

그것은 고대를 논함으로서 만세일계라는 역사적 연속성을 설파하는 천황
제 근거에 대해 어떻게 마주할 수 있을까라는 점에서, 역사 기원이라는 사고

---

24) Jun'ichi Isomae, Religious Discourse in Modern Japan : Religion, State, and Shinto.
   Leiden and Boston : Brill, 2014.

법이 국민의 커다란 관심사가 되었기 때문이라고 생각된다. 전전의 황국사관 뿐 만아니라 전후가 되었어도 천황제가 잔존하는 일본사회였다는 것 그것 때문에야 말로 역사적 기원을 둘러싼 인식이 커다란 관심을 차지해 온 것은 당연한 것이라고 말할 수도 있을 것이다.

어느 역사를 둘러싼 담론이 진정성(authenticity)을 갖는 것인가라며, 천황제를 지지하는 자는 물론이거니와 천황제를 비판하는 마르크스주의자도 또한 천황이 없는 본래적인 원시공동체 상(像)을 모색하기 위한 논의를 계속했다.[25]

그러한 역사적 기원에 대한 지향성이 크게 흔들린 것은 근대 내셔널리즘 비판 담론의 등장과 맥을 함께한다. 그 하나가 베네딕트 앤드슨(Benedict Anderson)의『상상의 공동체』, 또 하나가 에릭 홉스봄(Eric Hobsbawm)과 테렌스 레인저(Terence Ranger)의『만들어진 전통』이었다. 두 권 모두 영어 초판은 1983년이었다.[26]

여기서 오늘날 우리들이 암암리에 상기하는 일본민족이라는 것이 근대에 '상상·창출된'(imagined·invented) 네이션이며, 그때까지 사람들이 열심히 논한 일본의 고대 또한 그러한 근대 내셔널리즘이 발흥하는 흐름 속에서 그려내 온 담론에 지나지 않는다는 것이 밝혀졌다.

이처럼 영어권에서 일어난 내셔널리즘 비판 논의보다 조금 늦게 일본연구자들에 의한 일본근대를 사례로 하는 내셔널리즘 비판연구도 등장하게 된다. 그 대표적인 작품이 1991년 사카이 나오키(酒井直樹)가 발표한『과거의 목소리(過去の声)』와 1992년에 니시카와 나가오(西川長夫)가 발표한『국경을 넘는 법(国境の越え方)』이다.[27] 베네딕트 앤드슨과 에릭 홉스봄의 저작이

25) Jun'ichi Isomae, Japanese Mythology : Hermeneutics on Scripture (London & Okaville : Equinox Publishing, 2010), chap, 6.

26) Benedict Anderson, Imagined Communities : Reflections on the Origin and Spread of Nationalism(London : Verso, 1983. revised editions 1991, 2006) ; Eric Hobsbawm & Terence Ranger, eds., The Invention of Tradition(Cambridge : Cambridge University Press, 1983).

발표된 이후 약 10년 후에 일본의 내셔널리즘을 둘러싼 저서들이 간행되었다고 말할 수 있다.

하나의 민족이 하나의 국가를 구성한다는, 즉 일본에서 말하는 국민국가론은 제2차 세계대전 패배를 계기로 타이완이나 조선반도 등의 식민지를 잃은 전후 일본이었기 때문에 가능한 환상이었다. 게다가 구태의연하게도 전후 일본의 국민국가는 시민권이나 국적을 잃은 상태에서도 일본에 포섭된 재일코리언 등의 마이너리티나 내국식민지라고 불리던 오키나와(沖縄)인이나 아이누인들도 일본인으로 포섭되게 되었다. 그러한 복수민족으로부터 일본사회가 성립되는 상황을 그들의 내셔널리즘 비판 논의는 밝혀냈다.

그것에서부터 전전 일본의 제국주의가 그 산하에 수렴된 식민지나 점령지의 다민족을 동일한 '일본신민(subject)=국민(nation)'으로 포함시켰던 기억이 되살아나고, 네이션이라는 개념이 국가와 민족 혹은 인종이라는 문제 사이에서 흔들리는 개념이라는 것이 점차 이해되기 시작했다. 사카이 나오키의『일본·영상·미국─공감의 공동체와 제국적 국민 민주주의』(2007년), 니시카와 나가오의『식민지주의의 시대를 살며』(2013년)는 서로 접근방식은 달랐지만, 현재 일본의 단일민족주의 국가관을 제국주의 혹은 식민주의의 시점에서 재해석하는 것이었다.

이는 오늘날 국민국가론이 '제국주의 국민국가'(사카이 나오키의 시점)에서 재편성될 시기에 와 있다는 것을 말해주는 것이다.[28] 그것은 베네딕트 앤

---

27) Naoki Sakai, Voices of the Past : The Status of Language in Eighteenth-Century Japanese Discourse, Ithaca : Cornell University Press, 1991. 酒井直樹,『過去の声-18世紀日本の言説における言語の地位』以文社 2002年. 西川長夫,『増補 国境の越え方-国民国家論序説』平凡社ライブラリー, 1992・2001年. 사카이 나오키와 니시카와 나가오에 관한 필자의 논고는 아래와 같다. 磯前順一,「外部性とは何か─日本のポストモダン・柄谷行人から酒井直樹」,『閾の思考-他者・外部性・故郷』法政大学出版局, 2013年. 磯前順一,「植民地主義としての天皇制国民国家論─西川長夫の「主体の死」をめぐる思考より」,『国家の論理といのちの倫理』新教出版社, 2014年.

28) 酒井直樹,『日本・映像・米国-共感の共同体と帝国的国民主主義』青土社, 2007年. 西川長夫,『植民地主義の時代を生きて』平凡社, 2013年.

드슨이나 에릭 홉스봄의 논의가 식민지와의 관계에서 내셔널리즘의 상상력을 논하는 것에 호응하는 것으로 나아가고 있다.

그런데, 필자는 이것 이상 명쾌한 해답을 갖고 있는 것은 아니다. 그렇지만 그러한 근대 내셔널리즘에 대한 비판이 인간의 사고나 상상력 속에 둥지를 트는 역사적 심연으로의 지향성을 상대화하는 것에 성공하고 넓은 의미의 역사연구에서 근대적 담론 지향성 그것을 비판적으로 음미하려는 새로운 연구 조류를 생산하고 있다는 것을 지적해 두고 싶다. 그리고 그 배경에는 1960년대 후반에 시작된 프랑스의 현대 사상인 포스트 콜로니얼리즘 혹은 식민지주의를 개재시킨 1990년대 일본사회가 가진 이해의 움직임이 있었다.

포스트 모더니즘이 대체적으로 주체의 죽음을 인도하는 사상이었다고 한다면 포스트 콜로니얼리즘은 주체의 재역사화를 촉구하고, 거기에서 일어난 차별이나 폭력을 문제화 한다. 그러한 주체에 내포된 차별이나 폭력의 문제가 단적으로 나타나는 것이 근대 내셔널리즘이다. 그러한 점에서 주체의 문제를 다룸에 있어, 죽음을 경유하는 것으로서 '공헌한 주체 S'로서 문제화 한 쟈크 라캉(Jacques Lacan)의 사상과 공명하는 것은 우연이 아닐 것이다.

그러한 의미에서 네이션의 상상·창조라는 견해는 네이션이라는 주체가 실체로서는 부재한 것이며, 영원불변한 전통체로서의 '주체의 죽음'을 선고한 것이었음에도 불구하고 공허한 주체로서는 끊임없이 상상되고 재창조되어 가는 것이다. 그러한 공허한 주체로서의 역사적 문맥에 분절화하려는 시도는 포스트 콜로니얼 연구에 앞서 포스트 모더니즘적인 함의로서 주체의 존재형태를 논의하는 토양을 풍부하게 해 주었다.

3. 근대의 여백 - 창조·상상을 넘어서

이처럼 역사적으로 분절화 된 주체의 형태에 착목해 간다면, 세계 각지의 네이션이라는 모든 주체가 서양사회의 모든 유형과 완전하게 합치하는 것이 아니라는 것도 자연스럽게 밝혀진다. 앤더슨이 말하는 네이션은 어느 지역에도 이식 가능한 모듈(modual)이기는 하지만, 그렇기 때문에 각각의 지역에 있어서의 네이션은 독자적인 변화를 이루고 있다.

단일민족국가 형태를 취하는 경우도 있는가하면 스위스처럼 복수언어를 가진 복수민족국가라는 형태를 취하는 경우도 있다. 혹은 영국의 경우는 사정이 꽤 복잡한데 영국을 네이션이라고 생각하기는 하지만, 대영제국이 해체된 이후에는 오히려 잉글랜드나 스코틀랜드 등 그것을 구성하는 각 왕국이야말로 네이션이라고 보는 견해가 강하다.

이러한 근대 내셔널리즘이 서양으로부터 비서양 지역 혹은 동시에 서양지역 내부로 침투하는 와중에 다양한 형태의 국민국가가 모습이 나타났다. 전후 일본의 단일민족국가관도 또한, 그것은 물론 현실 존재형태와는 다른 상상의 산물이긴 하지만, 그것도 또한 역사적으로 분절된 다양한 형태의 하나임에 틀림없다. 그러한 네이션의 다양성을 낳은 원인으로서 생각되는 것이 근대 이전 일본사 연구 표현으로 표현하자면 근세까지의 서양세계와 접촉하기 이전의 일본사회의 존재형태가 어떠한 것이었는가라는 문제이다.

이러한 부분에서 네이션 논쟁을 단순하게 근대의 창조·상상물로만 치부해버릴 수 없는 문제가 생겨난다. 각각의 사회에 있어서의 근세와 네이션이라는 모듈이 어떻게 접합했는가라는 연속성의 문제이다. 이러한 논의는 이미 일본에서는 마르크스주의 역사학 진영에서 1930년대부터 자본주의 성립을 둘러싼 논쟁이 있었다. 즉 노농파(勞農派)와 강좌파(講座派)라고 불리던 연구자들 사이에 적어도 1980년대 초기까지 논의 되어 왔다.[29]

오우치 효에(大內兵衛)나 이노마타 쓰나오(猪俣津南雄) 등의 노농파는, 메이지유신에 의해 일본적으로 일본에는 서양자본주의가 정착했다고 생각했

---

29) 磯前順一,「序論·戰後歷史学の起源とその忘却-歷史のポイエーシスをめぐって」,『マルクス主義という経験-1930-40年代の日本歷史学』青木書店, 2007年.
   Germaine Hoston, The State, Identity, and the National Question in China and Japan, Princeton, N.J : Princeton University Press, 1994. Curtis A. Gayle, Marxist History and Postwar Japanese Nationalism, London : RoutledgeCurzon, 2003.

다. 한편으로 노로 에이타로(野呂英太郞)와 하니 고로(羽仁五郞)의 강좌파라고 불리던 사람들은 메이지유신은 부르주아(bourgeois) 혁명으로서 간주하기에는 불완전한 것이었으며, 아직도 일본의 근대는 절대주의 단계에 머무르고 있다고 보았다. 그렇기 때문에 부르주아 혁명을 지금 일으키지 않으면 안된다고 하는 입장을 취한 것이다.

그러나 지금 생각해 보면 이들은 모두가 마르크스주의의 사적 유물사관에 기초한 것으로, 원시공산제에서 고대 노예제, 중세농노제, 그리고 근대자본주의에 이행하는 진보사관을 전제로 하고 있었다는 것을 알 수 있다. 그 논리 속에서 일본의 근세는 중세와 함께 농노제를 기반으로 하는 사회이기도 하면서, 거기에서 가내제(家內制) 수공업을 발전시키는 단계라고 자리매김시켰다.

그런 다음, 강좌파와 노농파의 차이는 강좌파가 근대일본을 의연하게도 근세적인 농노제를 불식하지 못하는 사회라고 받아들인 것에 대해 노농파는 농노제가 이미 종식을 고하고 자본주의 단계로 들어갔다고 보는 점에 있었다. 그런 의미에서 강좌파는 근대일본을 근세사회와의 연속성 속에서 근세사회적인 정체성에 규정된 사회로서 '미완의 근대'라고 보았다. 한편 노농파는 이미 근대의 일본사회도 또한 서양과 마찬가지로 근세사회와의 단절 속에서 새롭게 태어난 자본주의라는 생산양식에 속하는 것으로 생각했다.[30]

근대 내셔널리즘을 창조된 것이라고 보는 입장에서 보면 노농파처럼 근대란 근세로부터 절단된 것 속에서 새롭게 창조되는 것이라고 하는 입장이 보다 친화적인 이해를 갖는다고 볼 수 있다. 그러나 한편으로 강좌파도 멀지않은 곳에서 자본주의 혁명 그리고 연이어 사회주의혁명이 일본에서도 일어날 것이라고 생각하고 있었던 점에서는 강좌파와 노농파의 차이는 그 절단이 언제 발생하는가 그 시기 상정의 차이에 지나지 않으며 기본적으로는 동일

---

30) Jun'ichi Isomae and Jang Sukman, "The Recent Tendency to "Internationalize" Shinto : Considering the Future of Shinto Studies," Asiantische Studien Etudes Asiatiques LXVI-4, 2012, pp.1086~1092.

한 단절적 입장에 서 있었다.

그러나 그 단절이 '일본사'라는 천황제가 잔존하는 사회 – 그것이 아시아적 생산양식의 잔재라고 생각된다 – 라고 간주하는 점에서는 강좌파 쪽이 일본사라는 특수한 역사적 연속성 속에 단절이 각인된 것에 불과하며, 기본적으로는 연속성 속에 단절이 존재하는 것에 지나지 않는다.

노농파도 마찬가지 경향을 갖고 있는데, 그렇지만 오히려 특수한 민족으로서 연속성은 설정하지 않고, 인민의 역사라는 세계사의 보편적 법칙 속에서 단절이 일어난다고 이해했다. 여하튼간에 생산력의 발전이라는 일관된 시점을 취하는 점에서는 두 파 모두 연속성 입장을 취하고 있었다고 말할 수 있다. 논의 되어야 하는 점은 연속인가 단절인가가 아니라 연속성과 단절을 어떻게 접목시키는가에 있는 것이다.

이 절합(節合) 양상을 생각했을 때에는 아시아적 생산양식이라는 담론이 아시아에서만 보이는 특수한 정체성인가 아니면 세계사의 보편법칙의 한 단계를 구성하는 것인가라는 구래의 논의를 답습하기보다는 가야트리 스피박 (Gayatri Spivak)이 지적하는 것처럼 역사의 보편성에는 모두 해소시킬 수 없는 여백31)으로 이해할 필요가 있다고 본다.

그렇다면 이제 다가올 혁명도 또한 보편 법칙에는 해소시킬 수 없는 여백으로서 존재하는 것으로 자리매김 시켜야 할 것이다. 그리고 동일한 역사의 연속성에 있어서 여백의 이해를 근세에서 근대로 이행하는 것에서 찾아야 할 것이다.

그러한 여백이라는 스페이스(space)를 역사의 연속성 속에 도입했을 때, 연속성이란 일본적 전통 혹은 인류사의 기존법칙이라는 연속성 속에서의 단절 – 그것은 표층적인 변화 – 에 그치는 것이 아니라 오히려 무한하게 단절하는 것의 단절을 연결하는 비연속성 속의 결절점(結節点)으로서 재정의 되는 것이 된다.

---

31) Gayatri C. Spivak, A Critique of Post-Colonial Reason : Toward a History of the Vanishing Present, Cambridge, Mass., Harvard University Press, 1999, pp.114~117.

이러한 시점에서 근대의 상상·창조를 볼 때에는 그것은 서양의 내셔널리즘에 균질화 된 공간으로서 근대 일본 내셔널리즘을 보는 것이 아니라 말그대로 국민주의나 국가주의 혹은 민족주의라는 다양한 일본어의 단어가 대응되듯이 그 내셔널리즘에는 서양의 내셔널리즘 관념에는 해소될 수 없는 여백이 부상된다.

그것을 우리들은 근대에 있어서 비서양적인 것 – 자주 그것이 일본 고유성이라고 표현된다 – 과의 단절인가, 근세적인 것 – 으로부터의 연속 – 자주 이것은 아시아적 정체성이라고 표현된다 – 인가라는 양자택일적인 사고방식으로 해소되는 것이 아니라 오히려 그러한 비서양적인 근세인가 서양적인 근대인가라는 양자택일적인 사고방식을 물리치는 역사에 있어서 여백으로 다시 재구성 해야 할 것이다.

여기서 주목되는 것이 자크 데리다(Jacques Derrida)의 마르크스(Karl Marx) 논의나 해리 하루투니언(Harry Harootunian)의 야나기타 구니오(柳田国男)론에 보이는 '망령으로서의 담론(ghostly discourse)'이라는 사상이다.[32] 데리다나 하루투니언의 견해에 있어서는 담론은 하나의 고유명 아래에 유동적으로 갖가지 요소가 들쑥날쑥 하는 상태가 존재하고 있다는 것이 된다. 예를 들면 일본인이나 상민(常民)이라는 말은 하나의 고유명이지만, 그곳에 투기된 이미지는 사람이나 시기에 의해 천차만별이고 논의의 일치를 볼 수가 없다.

또한 고대로부터 현재에 이르기까지 『고사기』나 『일본서기』해석 역사도 국사, 『기기』 혹은 일본신화라는 여러 가지 이름 아래 논의되어 오긴 했지만, 그 내실이 고정적 실체로서 특정되는 것은 없다. 기원을 소급할 수 없고 실체를 더듬어 볼 수도 없다. 실체나 기원이 본원적으로 결여되어 있기 때문

---

32) Jacque Derrida, Specters of Marx : the State of the Debt, the Work of Mourning, and the New International, trans. by Peggy Kamuf, New York and London : Routledge, 1994, chap.1. Harry Harootunian, Overcome by Modernity : History, Culture and Community in Interwar Japan, Princeton and Oxford, Princeton University Press, 2000, chap.5.

에 그곳에서 읽어낼 수 있는 내용은 항상 들쑥날쑥하게 된다.

망령으로서의 담론에 보태어 '언설(discourse)'과 '언표행위(enunciation)'를 나누어 생각하는 것도 그곳에서의 담론 논의에는 필요하게 된다. 물론 그것은 이념적인 차원에서의 구분이긴 하지만, 실제로는 고정시킬 수 있는 것은 없지만 균질성을 지향하는 담론과 조정(措定)한다면 개개의 발화행위에서 그러한 균질성에 회수되지 않는 측면을 언표행위라고 명명하는 것도 가능할 것이다.

미셸 푸코(Michel Foucault)는 언표(言表)와 담론을 구분해서 사용했는데,[33] 일본에서는 언표가 제대로 다루어지는 것은 드물었고, 개인이 이야기한 내용까지도 담론이라고 표현해 버린다. 원래 담론이란 개개인의 발화자 주체를 형성하는 토대와 같은 장(場)이라는 의미였을 텐데, 그곳에 형성된 주체가 언표하는 개개의 내용까지도 담론이라고 해 버리는 전도가 일어나 버린다.

이것에 대해 언표행위와 담론을 준별한다면 담론이 가져오는 균질화가 반작용으로서 낳게 되는 여백을 담론 내부에 들여 넣어가는 표현공간이 열리는 첫 단추가 부여될 수 있을 것이다.

오늘날 일반적 경향으로서는 공동체가 가진 억압력을 비판하기 위해 차이라는 개념에 주목하는 경향이 있는데, 네이션이나 국민국가를 일으켜 세울 때에는 분산된 상태에서 공동의 장소를 불러오기 위해서는 오히려 동일성이라는 개념이 유효하게 기능했다고 생각된다. 물론 그때에 수평적인 동질성이 위로부터 억압력과 혼연일체가 되어 버리는 것이 일본의 특질이고 문제점이라는 것은 네이션에 가장 가까운 번역어 인 국민이라는 말조차도 국가(國)라는 의미를 띤 국가라는 단어를 포함하지 않고서는 일본어로서 성립되지 못하는 점에 단적으로 나타나고 있다.

그렇기 때문에 니시카와 나가오나 사카이 나오키도 일본어의 저작에서 '국민국가'라는 관념이면서 정치적인 장치를 비판하는 대상으로 삼았던 것이다.

---

33) Michel Foucault, The Archaeology of Knowledge(Translated form the French by A.M. Sheridan Smith, London : Tavistock Publication, 1972), pp.88~106.

여하튼간에 차이라는 말만 사용하면 괜찮다고 생각하는 자세는 언어가 가진 양의성을 간과하는 태만함을 나타나내는 것으로서 비판해 갈 필요가 있을 것이다. 앞서 언급한 것처럼 동일성 쪽이 차이화를 가질 수 있는 경우가 있으며 차이성이 균질화를 가져올 수 있는 경우도 있는 것이다.

4. 국민국가의 균질성과 차이성의 초극

그러나 좋든 싫든간에 이러한 국민국가를 균질하고 억압적인 기호로서 비판하는 일본 연구자들의 모습도 2011년 동일본대지진 이후에는 크게 변화해 왔다고 생각한다. 오히려 이러한 균질한 사회에 포섭되는 것을 전통적인 일본사회의 미덕이라고 하는 발언이 아주 전면에 나서게 되었고, 그러한 균질함을 비판하는 것이 거의 들리지 않게 되었다.

전형적인 것이 신도계의 반응인데, 홉스봄의 만들어진 전통론을 답습한 후 메이지신궁(明治神宮)의 주임연구원 이마이즈미 요시코(今泉宜子)는 "창건부터 전후 부흥으로 연결되는 메이지신궁의 전통이란, 창조된 전통 그것 자체이다"[34]라고 기술했다.

이처럼 지금은, 역사적 작위성을 지적하는 것이 국민국가의 근본적인 부정을 의미하는 것이 아니라, 변화를 포섭한 연속성이야말로 진정한 일본정신의 완성을 이루는 것이라는 헤겔주의적인 이해와 천황제를 축에 두는 국민통합논자들에 의해 환골탈태해 지고 있다.

그곳에는 이전에 고야스 노부쿠니(小安宣邦)가 주창한 「방법으로서의 에도(江戸)」[35]처럼 근세를 실체화하는 것을 거부하면서 근대의 여백을 취득하기 위한 메타파로서 근세를 다루는 인식론적이 복잡함을 소거시키고 있다.

---

34) 今泉宜子, 『明治神宮-「伝統」を創った大プロジェクト』 新潮社, 2013年, p.8.
35) 子安宣邦, 『方法としての江戸-日本思想史と批判的視座』 ぺりかん社, 2000年.

그들이 기획하는 것은 비연속성을 전제로 한 연속화가 아니라 연속성 속에 비연속성을 용해시키는 것에 지나지 않는다.

  암암리에 아직 현전하지 않은 민족이라는 연속하는 전통체를 구현시키기 위해 창조라는 역사적 변화의 기획이 연속성에서 보다 고차원의 완성 형태를 가져오기 위해 조합해 낸 것에 지나지 않는다. 그리고 이러한 구상을 가진 메이지신궁(明治神宮) 국제신도문화연구소에 신도학자뿐 만아니라 이전에 마르크스주의 역사학과도 관계를 갖던 연구자도 또한 적극적으로 참가하고 있는 것은 현재 일본사회가 얼마나 균질한 것에 포섭되어 가는 것을 열망하고 있는가를 여실히 보여주고 있다.[36]

  베네딕트 앤더슨은 "내셔널리즘은 다른 '이즘이나 주의'와 달라서, 에릭 홉스봄도 알렉시 드 토크빌(Alexis de Tocqueville)도, 마르크스도, 막스 베버(Max Weber)도 어떠한 대사상가도 낳지 못했다', '그것은 철학적으로도 빈곤하며, 또한 지리멸렬적(支離滅裂)이다"[37]라고 지적했다.

  그렇지만 내셔널리즘이 개인을 집단에 동화하게 만드는 담론인 이상 그 담론의 특징은 개성이 아니라 오히려 어디에나 반복가능하고 공유가능 한 진부함에 있기 때문일 것이다. 그 발언자를 둘러싼 현상에 대해 비평적인 개입이 그 이야기의 목적이 되는 것이 아니라 오히려 그 현상을 긍정하고, 그 공동체 속에 포섭되는 것으로 자기의 아이덴티티를 안정시키는 것을 목적으로 하는 이상 그 사상이 개인적인 표정을 잃는 것은 당연한 형세라고 말할 수 있을 것이다.

  에릭 홉스봄이 '전통이란 새로운 상황에 직면했을 때 구(舊) 상황에 언급하는 형태를 취하는가, 혹은 절반은 의무적인 반복에 의해 과거를 구축하는가, 라는 대응을 가리키는 것'이라고 제언한 바 있다. 그리고 '전통의 발현이

36) 磯前順一, 『現代思想』 第43巻 第16号, 青土社, 2013年, pp.198~215.
37) Benedict Anderson, Imagined Communities, p.5. ベネディクト・アンダーソン, 白石さや他訳, 『増補・想像の共同体-ナショナリズムの起源と流行』 NTT出版, 1997年, p.23.

나 확립 방법에 우리들의 본래의 관심이 있다'[38]고 기술하듯이 그러한 전통 이라는 역사적 심연이 이러한 천황주의자에 의해 어떻게 상기되고 국민국가 의 균질성에 사람들을 국민으로서 동화시키는 행위를 진행시키기 위한 교묘 하게 활용되고 있는가를 우리들은 주목해야 할 것이다.

물론 천황주의자도 자신들은 또한 '전통의 발견이나 확립 방법에 우리들 본래의 관심이 있다'고 주장할 것이다. 그러나 그 담론이 만세일계(萬世一系)라는 역사를 넘어 전통체(傳統體)라는 천황제 국민국가로, 아이덴티티의 동일화를 목적으로 하는 이상, 단절을 언급하면서도 단절을 무의미화 시키는 연속성에 회수해 가는 행위에 대해서는 엄격한 비판을 할 필요가 있다.

단 그들의 담론이 많은 사람들의 지지를 얻고 있는 것이 일본사회의 현실 인 이상 그들의 담론을 허위라며 단순하게 부정하는 것만으로는 충분하지 않다. 어떤 이유로 그러한 역사적 시원으로 회귀하고, 역사를 초월한 전통체 (傳統體)에로 포섭이 일본 사람들에게 있어서 그렇게 요구되어져 버렸는가 를 그 지향성의 양상과 그 배경을 고찰해 갈 필요가 있다.

그리고 피터 노스코(Peter Nosco)나 사카이 나오키가 지적한 것처럼, 역사 적 심연에의 노스탤지어(nostalgia)라는 것이 아이덴티티의 단편화나 차이화 의 불안에 끊임없이 노출된 인간이라는 존재의 기본적 양태라고 보고 단순 하게 이성적인 비판을 하는 것만으로는 인간은 그러한 노스탤지어로부터 탈 피할 수 없다는 것 또한 확실하게 인식해 둘 필요가 있다.[39]

이시모다 다다시(石母田正)나 다케우치 요시미(竹内好)는 이러한 역사에 의 노스탤지어를 민족주의 성립과 연결시켜 분석했는데, 결국은 전후 일본 인문학자나 사회학자들은 그러한 감정적인 힘이 갖는 '매력적으로 끄는 힘' 을 잡지 못하고, 다시 이성이라는 상아(象牙)탑에 갇혀 버리게 되었다.[40] 그

---

38) Eric Hobsbawn & Terence Ranger, eds., The Invention of Tradition, p.2.

39) Peter Nosco, Remembering Paradise : Nativism and Nostalgia in Eighteenth-Century Japan, Cambridge : Harvard University Asia Center, 1990, chap.1. Sakai, Voices of the Past, pp.110~111.

렇기 때문에 1933년 이후 눈덩이처럼 불어난 마르크스주의자의 천황주의 전향과 마찬가지의 사태가 지금 다시 일어나고 있는 것이다.

그리고 이러한 역사적 심연으로의 지향성은 감정 문제라고 하는 것과 동시에 데리다가 말하는 동일성 문제이기도 하다. 이전에 포스트 모더니스트들이 동일성의 지향성을 비판하려고 한 나머지 극단적인 차이를 긍정으로 몰아가버렸기 때문에 결국 동일성이 가진 긍정적인 기능을 구해내지 못하고 그렇기 때문에 부정하려고 해도 부정할 수 없는 동일성 노스탤지어에 홀려버리게 되는 것이다.

현재 진행되는 천황제 내셔널리즘 회귀 현상은, 그러한 차이에만 편중되는 경향이었던 과거 수 십 년의 일본 지적 경향에 대한 강한 반발이라고 볼 수도 있을 것이다. 일본의 포스트 모더니즘적인 지식인들도 이전의 마르크스주의자들도 모두 동일성 노스탤지어가 가진 감정적으로 매료하는 힘의 강함을 경시해 버린 것이다. 결국은 극단적인 차이 강조론은 그 반발로서 동일성에의 회귀 욕구를 불러오는 것이었다. 왜냐하면 차이의 강조는 차이화라는 운동을 정지시키고 차이라는 이름의 동일화를 끌어오기 때문이다.

그렇다고 한다면 포스트 모더니스트가 말하는 차이란 동일성의 또 하나의 다른 호칭에 지나지 않는 것이 된다. 이미 이러한 속류의 포스트 모더니스트들의 차이 이해야말로 고정화된 동일성에 회귀를 꾀하는 천황주의자들이 부활할 가능성이 잠재되어 있는 것이라고 생각할 수 있다.

그리고 무엇보다도 이러한 동일성에의 회귀 욕구가 강해진 직접적인 사회적 원인으로서는 2011년 동일본대지진이라고 생각된다. 지진과 쓰나미, 더 나아가 원전의 방사능 누출에 의해 많은 사람들이 자신들이 살던 도시를 떠나지 않으면 안 되게 되었다. 지금도 고향에 돌아가고 싶은 사람들이 고령자를 중심으로 존재하는 한편, 젊은 사람들 중에는 새로운 장소에서 생활을 재출발하려고 하는 사람도 있다.

---

40) 磯前順一, 「はじめに―アトラクションとしてのザ・タイガース」, 「結論<戦後民主主義と高度経済成長>再考」, 『ザー・ターガース研究論』 近代映画社, 2015年.

또는 떠나고 싶어도 고향을 떠나서는 생활을 영위할 수 없는 사람들도 있다. 대지진이 사람들의 생활에 미친 영향은 매우 복잡하고 다양하다. 그러나 공통적으로는 익숙했던 지역공동체가 붕괴되고 사람들은 고립된 상태에 몰리게 되었다. 대부분의 가족들이 이산하지 않을 수 없게 되고 서로의 마음들이 보이지 않게 되어 이혼하는 경우도 생겨났다.[41]

그런 와중에 한때는 전체 일본에 '기즈나(연대, 絆)'라는 말이 유행했다. 그것은 피해자들 사이에서 나온 것이라기보다는 그 큰 피해를 미디어를 통해논으로 목격한 다른 지역에 사는 사람들이 언제 자신들도 똑같은 상황에 놓이게 될지 모른다는 불안으로부터 다른 한편으로는 그러한 피해자들의 아픔을 조금이나마 위로를 주고 싶다는 생각에서 유행했던 말이라고 생각된다. 그런 와중에 피해지를 위문 방문한 황실의 존재는 대부분의 일본인에게 커다란 위안을 주었다. 그것은 피해지를 방문하기는 했지만, 정부의 대응이 제대로 이루어지지 못한다고 피해자들로부터 매도된 당시 총리대신에 대한 것과는 정반대의 국민적 반응이었다.

이러한 국민들의 일상생활에 불안함이 그림자를 들이우고, 정치에 대한 실망이 강해지면 강해질수록, 마음을 둘 곳으로서 황실에 대한 기대는 커지게 된다.

동시에 전후 일본 사회의 가치관이 재심을 받게 되었다. 전후 경이적인 경제 성장은 일본의 지방 생활을 희생양으로 삼아 도시생활자나 대기업중심 발전에 지나지 않았던 것이다. 전후 민주주의는 전전의 군국주의와 달리 일본인의 평등한 사회 권리를 부여했는데, 실은 그 사회는 평등하지 않은 사회였다. 경제적인 발전이 가져온 풍부한 나라 일본이라는 이미지는 환상에 지나지 않은 것이었다. 그러한 형태로 전후를 지탱한 가치관이 재심을 받게 되었던 것이다.

그러나 결과적으로 전후 일본의 가치관 재심은 이러한 불안한 상황에 놓

---

41) 磯前順一, 『死者たちのざわめき: 被災地信仰論』河出書房新社, 2015年.

인 개인에 안정을 부여하는 권위나 권력의 갈망을 촉진시켰다고 생각된다. 그 하나가 자민당정권의 부활이었는데, 그들이 부르짖던 원자력발전소의 재가동을 통해 한층 더 자본주의 경제의 번영을 다시 되찾자는 과거 회귀적 자세였다.

그와 함께 전후에 시작된 대중 천황제가, 주권자가 아니라 국민주권의 문화적 상징으로서 천황제가 불평등한 격차 쪽으로 따로따로 해체된 국민을 재통일하는 환상으로서 강하게 요구되었다.

그것은 현재의 자민당 정권의 각료가 빈번하게 야스쿠니신사(靖国神社)나 이세신궁(伊勢神宮)을 참배하는 것처럼 일본의 내셔널리즘으로의 경사와 그것에 적확하게 대응하는 사태들인 것이다.

그렇기 때문에 국내의 지역격차를 문제 삼는 목소리가 커져도 과거의 시민지 지배 역사가 센카쿠열도(尖閣列島)나 독도의 영토문제 등등으로 대표되듯이 한국이나 중국과의 관계에 알력을 낳는 매스미디어는 압도적으로 적다. 그리고 전후 일본의 경제고도성장이 조선전쟁 등 과거 식민지에서의 처참한 살육에서 얻어 온 것을 언급하고 반성을 촉구하는 것은 지금 거의 전무하다.

물론 원자력발전소의 오염수가 해수(海水)나 대기를 통해 세계 각지 환경문제에 심각한 영향을 주는 것도 거의 보도되지 않는다. 이러한 동일본대지진의 경험은 결국 전후 일본의 역사를 되돌아보는 절호의 기회가 일본국민을 천황제 내셔널리즘에 회수하는 형태로 귀결되어 지고 있다.

거기에는 아마도 개인이 그러한 사회적 위기를 견디고 극복하는 것이 불가능한 근본적인 문제가 있을 것이다. 그렇다고 한다면 개인을 수평적인 공동체라는 상상력 속에 흡수하는 내셔널리즘이 일본에 있어서 이렇게까지 취약(脆弱)한 개체와 그것을 보완해주는 공동체에 포섭이라는 형태로밖에 존재하지 못하는 것은 어째서인가라는 물음이 성립되게 될 것이다. 그것은 근대 서양 내셔널리즘의 이식이라는 회답만으로는 설명해 낼 수 없는, 그 근대 서양의 여백으로서의 근세 공간으로 연구자들을 유도한다.

그리고 오늘날의 내셔널리즘은 표면적 형태로는 천황제에 사상적 복종을

요구하지 않는다. 내셔널리즘 비판을 거쳐 왔기 때문에 이마 이즈미(今泉)가
창조라는 말을 매개로하여 천황제의 훌륭함을 설파하듯이 직접적으로는 역
사적 심연으로서의 천황제에의 회귀도 설파하지는 않는다. 그러한 의미에서
는 동일성으로부터 해방을 설파하는 포스트모던 이후의 사상 상황에 걸 맞
는 것이기도 하다. 포스트 모더니즘적 상황의 확대는 프리드릭 제임슨
(Fredric Jameson)이 걱정한 것처럼 동일성을 탈피하여 개인을 단편화 된 상
황으로 몰아세우게 되었다.[42]

여기서 사람들은 일본인이나 한국인이나 중국인이라는 국적의 차이 혹은
가족의 연대 관계에서 탈피하여 한번 숨고르기를 할 수 있었다. 그러나 그때
깨닫고 보면 자신의 주위에는 자신을 포함해 공동체에의 귀속의식에서 떨어
져 나와 고독하게 떨고 있는 모습을 발견하게 된다. 그 한편으로 포스트모던
사상이 파헤쳐낸 것 같은 자기라는 이 동일성을 탈구축하는 것이 불가능하
고 나르시시즘으로 비대해진 자신의 욕망은 상대화되는 것이 아니라 방치되
어 버리게 된다.

이처럼 자신의 욕망에 의해 자기동일성은 유지된 채로 주위로부터 동떨어
진 개인이 대지진 이후 일본사회에 자신들의 개인의 욕망을 그대로 긍정하
면서도 그것을 부드럽게 감싸줄 공동성을 바라게 되었다. 거기에 천황제 등
의 만들어진 전통에 포섭하는 담론을 국민이 환영하는 원인이 있는 것이라
고 생각된다. 물론 그것에 국민이라는 아이덴티티자체가 정치적인 주권 보유
주체로서 상정되고 있는 이상 그곳에 포함되지 못하는 사람들에의 배제나
차별, 혹은 그곳에 포함된 국민이 되기 위해 사람들에게 요구되는 동질화라
는 억압적인 작용이 반드시 존재하고 있다.

그러한, 현재적인 아이덴티티화의 형태로 국민이 되고 싶다는 욕망을 탈
구시키기 위해서라도, 그러한 국민의 아이덴티티 속에도 잠재하는 여백을 비

---

42) Fredric Jameson, The Cultural Turn : Selected Writings on the Postmodern, 1983-1998,
(London and New York ; Verso, 1998), pp.68~70. 合庭惇, 河野真太郎, 秦邦生訳, 『カ
ルチュラル・ターン』作品社, 2006年.

근대적인 것으로서 근세와의 대화를 통하면서 응시할 필요가 있다. 그러한 점에서 사카이 나오키의 다음과 같은 발언에 주목해야 할 것이다. 사카이는 왜 근세 사회를 논하는가에 대한 답변으로 다음과 같이 다성성(多聲性)이라는 생각을 피력했다.

> 다성성이라는 생각은 이미 나의 입장을 잘 설명해 주고 있다. 다시 말해서 역사란 '우리들'이 우선은 소문자의 타자에게 그리고 최종적으로는 비대칭적인 대문자의 타자를 만나는 장소이고, 비대칭적인 타자를 배제하는 것으로 우리들의 담론 편성을 추인(追認)하는 것이 아니라 오히려 그것은 새로 묻고 동시에 위험하게 하는 장소인 것이라고 이해하는 것이다.[43]

사카이는 '과거의 다양한 목소리'로서 우리들이 과거라는 것에 단일한 것이 아니라 귀를 기울인다면 실제로는 갖가지 목소리가 들릴 것이라고 기술하고 있다. 말할 것도 없이 이 다양한 목소리에는 항상 저항감이나 위화감 등의 청취자의 아이덴티티의 균열을 일으키는 목소리도 또한 포함되어 있다. 그렇다고 한다면 과거의 목소리에 귀를 기울이는 것으로 유동적이고 다면적인 자기에의 주체편성을 변용시켜가는 것은 가능할 것이다.

이러한 아이덴티티의 모습을 에드워드 사이드나 호미 바바(Homi K. Bhabha)는 이종혼효성(異種混淆性)이라고 불렀다. 물론 현실을 사는 우리들의 아이덴티티가 이종혼효적인 것에 그치는 것은 아니다. 이종혼효란 '어디까지나 현전(現前) 불가능한 것이며 그 현전 불가능성에 의해 끊임없이 우리들의 고정하려는 아이덴티티는 혼란을 일으키고 여백이 대신 보완되어 간다. 그곳에는 역사란 우리들이 최종적으로는 비대칭적인 타자를 만나는 장소'라고 하는 말에 주목할 필요가 있다.

비대칭적인 타자란 자신이 생각한 이미지를 거절하는 존재로서의 타자를 의미한다. 그리고 타자에 대한 고정적인 이미지가 붕괴된다는 것은 그 타자

---

43) 酒井直樹, 『過去の声-18世紀日本の言説における言語の地位』 以文社, 2002年, p.40.

와의 관계 속에서 구축된 자기 이미지도 또한 이종혼효적인 여백에 의해 보완되게 된다. 자신의 형편에 맞는 이미지를 체현해 주지 않는 타자와 마주하기 위해 자신도 또한 어떻게 변해가야 하는가. 그러한 아이덴티티의 탐구를 필할 수 없게 만드는 것이 역사라고 사카이는 말하고 있는 것이다.

그러나 대문자의 타자가 라캉의 표현이라고 하는 것을 떠올릴 때 우리들은 내셔널리즘 비판과 라캉의 타자론이 어떻게 연결되는가라는 본론의 처음 물음으로 되돌아가게 된다.[44] 거기에서 네이션이든 개인이든 아이덴티티의 동일성을 비판하고 난 후, 그렇다고 해도 단편화된 개인에 회수되는 일이 없이 차이와 공동성이 반복되면서도 공존해 가기 위한 비책을 보여주는 것이라고 생각된다.

라캉이 말하는 대문자의 타자란 우리들이 알려고 해도 알 수 없는 것인데, 그렇기 때문에 우리들을 매료시키고 우리들을 유인하는 존재를 가리킨다. 그러한 대문자의 타자, 상징계의 시니피앙을 만나는 것으로 우리들은 자신 나름대로의 타자상을 환상으로서 상기시키고 그 타자상을 기대에 맞추어 자신의 주체를 구축한다.

그러나 그 대문자의 타자는 소문자의 대상 'a' 이고, 우리들의 인식을 살며시 빠져나가기 때문에 우리들의 어떠한 욕망도 체현하는 여백으로서 기능한다. 그러한 대문자의 타자이고 소문자의 대상 'a'이기도 한 상징을 라캉은 "누빔점(point de capiton)"이라고 부르고, 우리들 현실 인식이 필수로 하는 환상으로서 성립되는 계기로서 위치 지었다.

말 그대로 지금까지 인간을 매료시켜 온 역사적 심연이란 이 봉합점이고 일본에 있어서는 스스로 거의 발언하지 않고 어진영(御眞影)의 눈길을 통해 국민의 주체화를 추진해 온 천황도 또한 역사적 심연으로부터 연속되는 전통

---

44) Jacques Lacan, "Of the Gaze as Objet Petit a" "The Field of the Other and back to the Transference," in The Seminar of Jacques Lacan Book XI The Four Fundamental Concepts of Psychoanalysis, Trans. by Alan Sherdian, New York and London : W. W. Norton & Company, 1981(originally in French in 1973).

의 상징으로서 동일한 역할을 하는 것이었다. 그리고 국민도 자신들이 그것에 파탄이나 균열이 존재하지 않는 균질한 아이덴티티이며 배제된 인간 등은 존재하지 않는 조화에 가득 찬 공동체라고 믿으려 했다.

그러나 그러한 대문자의 타자를 사카이 나오키가 비대칭적인 타자와 만나는 다성적인 장소라고 하는 것은, 결코 특정한 이미지에 회수되지 않는 장소로서 항상 여백에 의해 대리 보완이 가능한 잠재적인 장소로서 과거의 역사가 존재하기 때문이다. 과거는 다성적인 장소임과 동시에 타성적인 장소인 것이다. 그것이 대문자의 타자가 항상 소문자의 대상 'a'도 될 수 있는 이유이다. 그러한 다성적인 과거를 균질한 네이션이나 민족으로 봉인해 버리는 것이 타자 및 자신과의 혼란함에 가득 찬 만남에 장소로 가는, 그 장소에 개입하는 개개인의 연구자의 자세에 달려있다고 말할 수 있다.

여하튼 우리들이 국민이라고 하는 공동체적인 아이덴티티를 구축하는 것이 가능하게 되는 것은 이러한 타자의 목소리를 동일한 목소리로서 귀를 기울였다고 믿는 사람들의 존재가 있기 때문이다. 모든 타자의 목소리는 그것이 다성적이기도 하지만 환상에 지나지 않는다는 것은 맞다. 그러나 그 동일 목소리에 유도되었다고 하는 환상이 우리들을 공존 가능케 하는 연대·유대로서 기능해 온 것도 사실이기도 하다.

우리들이 있는 그대로의 현실을 인식하는 것은 결코 불가능하며, 항상 타자의 욕망 속에서 짜내어지는 환상 속에 있다고 한다면 그러한 구축된 공동체를 균질화 시켜 버리는 것이 여백을 배태한 타성적인 장소로서 구축해 가는 것이 그 환상을 상기하는 방법 그 자체를 묻을 필요가 있는 것이다.

한편 니시카와 나가오가 학습한 알튀세르(Louis Althusser)의 논점에는 타자의 목소리는 우리들에게 호소하면서 주체화를 촉진하는 이데올로기로서 기능하는 부분이 강조된다. 그러나 알튀세르에 의한 라캉이해가 불충분했다고 지적하듯이 알튀세르의 이데올로기론과는 반대로 대문자의 타자의 목소리가 '공허한 주체' 형성을 촉진하는 탈이데올로기화의 역할을 하는 것도 또한 가능할 것이다.

근세를 비롯해 과거의 역사나 대문자의 역사에 편입되지 않고 이어진 '민속종교'(시마조노 스스무〈島薗進〉)45)를 연구하는 것이 그러한 이종혼효적인 생(生)에 우리들을 인도하는 계기가 될 가능성은 충분히 고려된다. 여기에 있어서 근세연구는 오리엔탈리즘적인 엑조티시즘(exoticism)에도 야만시에도 빠지지 않으면서 균일적인 서양 근대화 모습을 상대화하는 중요한 역할을 할 수 있을 것이다.

네이션론 뿐만이 아니라 평등이나 차별의 문제를 포함한 민주주의의 독자적인 구상, 글로벌 자본주의 확대에 대한 저항 등등 일본이나 서양에 있어서의 다양한 근대 양상을 모색하기 위해서는 다성적인 목소리가 울려 퍼지는 장소로서의 일본 역사나 민속종교 고찰은 많은 가능성을 우리들에게 가져다 줄 것이다.

이전에 이미 야스마루 요시오(安丸良夫)는 톰슨(E. P. Thompson)에 자극을 받아 메이지(明治) 초기에 일어난 치치부(秩父) 곤민당(困民党)의 반란을 집필했는데, 그곳에는 수평적 국민의식에 근거를 둔 사회권 주장이 아니라 영주는 덕(德)에 의해 영민(領民)의 불공평한 격차를 수정해야 한다고 하는 일종의 모럴 에코노미(moral-economy) 의식이 보인다고 한다.46) 불평등한 사회질서가 전제되고 있기 때문에 그 불균질 한 권력을 행사하는 것에서 오히려 불평등한 현실을 수정할 수 있다고 하는 논리인 것이다.

이와 같은 근세의 덕치(德治)정치에 유래하는 모럴-이코노미론은 모든 인간이 기본적 인권이 동일하게 보증된다고 하는 것을 전제로 하여 논의를 시작하는 근대 민주주의가 오히려 현실에 존재하는 불평등한 격차를 그 이념으로 은폐해 버린다고 하는 것은 전혀 다른 논리를 갖는다. 그것으로부터 근대비판을 위해 비서양 근대적인 가치관을 재고하는 것도 가능할 것이다.

마찬가지로 국가신도 제주(祭主)로서 제신이기도 한 천황은 근대에 있어

45) 島薗進, 「生神思想論ー新宗教による民俗＜宗教＞の止揚について」, 『現代宗教への視角』雄山閣出版, 1978年. 島薗進, 「民俗宗教の構造的変動と宗教ー赤沢文治と石鎚講」, 『筑波大学哲学・思想学系論集』第6号, 1980年, pp.85~102.
46) 安丸良夫, 「困民党の意識過程」, 『文明化の経験-近代転換期の日本』岩波書店, 2007年.

서는 전제군주로서 스스로를 법질서의 외부에 둠으로서 그 법을 구성하는 권력을 점유하는 예외적인 존재로서 존재해 왔다. 그러나 동시에 제사의례가 모든 지역의 신들이 천황의 신체에 재앙을 가져오는 것을 두려워하여 그것을 진정시키기 위해 근대 이전의 의례 특질을 계속 지키고 있는 사실을 알았을때 근대 천황도 또한 일방적인 전제군주일수는 없었고 국토 신들로 상징되는 국민의 반란에 위협을 느끼는 취약한 측면을 가진 것도 또한 드러났다.[47]

천황 자신이 전제 군주라는 것을 바란다고 해도 혹은 천황을 이용하려는 정치 세력이 그를 전제 군주로 꾸며내려 해도 그렇게 완전하게 될 수 없는 전근대적인 여백이 천황제 속에는 잠재하고 있는 것이다. 물론 그렇다고 해서 서양적인 전제군주 이상으로 폭력적인 전체주의 메커니즘을 잉태할 위험성도 부정할 수 없다.

여하튼 이처럼 비서양 근대적인 생활 요소를 고찰하는 것으로 근대 사회를 뚫어내는 몇 개의 '홀(hole)'을 발견하여-본 저서에서는 그것을 '여백'이라고 명명-근대적인 평등 이념이 가진 허위성 이상으로 불평등한 상태를 사회에 가져올 위험성도 그곳에는 존재한다는 것을 잊지 말아야 할 것이다.

일본종교사에 있어서의 비평성(批評性) 쇠퇴도 또한 타자의 시선을 끌어당기는 '표현의 공공성' 포기라는 점에서, 현재 일본 사회에 있어서의 주체 박약화(薄弱化)라는 심각한 증상을 반영하는 것으로 논해져야 할 것이다.

---

47) 磯前順一, 「祀られぬ神の行方-神話化する現代日本」, 『現代思想』第43卷 第16号, 靑土社, 2013年, pp.198~215. 磯前順一, 「いま, 天皇制を問うこと-例外状況としての天皇制」, 『宗教概念あるいは宗教学の死』東京大学出版会, 2012年.

제1부

역사와 기억
-작위와 인식

제1장
역사의 작법(作法)과 천황 재현의 기법(技法)

1. '역사'와 '역사관'의 거리

오카와 슈메이(大川周明)는 황도주의자로서 알려져 있지만,[1] 이러한 시각 속에는 '우익=천황주의자'라는 선험적 입장에 갇힌 부분이 있다. 본 장에서는 먼저 '천황주의자=오카와 슈메이'가 아니라, 오카와 슈메이가 집필한 논고 자체를 분석하여, 오카와 슈메이의 천황 사관이 갖는 특징을 검토하고자 한다.

이를 위해 먼저 오카와 슈메이가 제시한 '자유사관'이 갖는 논점을 확인한다. 그리고 이 자유사관을 활용하여 오카와 슈메이가 신화와 역사의 경계를 넘는 방식이 어떠한 방식을 취하고 있는지를 살펴본다. 특히 새로운 천황 역사서 만들기로 사용된 오카와 슈메이만의 '역사 시간 구분법의 틀이 어떠한 경위를 통해 창출되고, 그 특징이 무엇인지를 분석한다. 마지막으로 오카와 슈메이가 서구를 상대화하기 위해 제시한 시점 즉 자유사관의 해석 논리, 신화와 역사의 재구성의 논리를 보여줄 것이다.

이처럼 본 장에서는 오카와 슈메이는 문교(文敎) 제도가 자유와 연결된다는 점과 그 자유는 이미 실증주의 역사가가 빠진 서구적 역사 연구 방법론이 아니고, 역사와 국가 자체를 상대화하는 역사 기술 방법의 재현, 그리고 신화와 역사를 접목시키는 논리가 갖는 독창성에 주목한다. 그럼에도 불구하고, 오카와 슈메이가 결국 일본적 시간 구분법으로 회귀하면서, '천황 중심의 역사'를 조형(造型)해 내는 한계점을 확인할 것이다.

---

1) 古屋哲夫, 「日本ファシズム論」, 『岩波講座日本歷史』 第20卷, 岩波書店, 1976年, p.89.

이러한 오카와 슈메이의 사상 형성 과정에서 중요한 역할을 한 인물이 바로 구로이타 가쓰미였는데, 이 구로이타 가쓰미의 '자유'사관을 답습하면서 역사와 신화의 구분이 갖는 논리를 활용했다. 그리고 다른 한편으로 역사 서술에 나타난 시간 구분법 방식은 세계사와 동양사, 그리고 일본사를 기술하던 기데라 류지로(木寺柳次郎)의 영향을 크게 받았다.

구로이타 가쓰미는 일본의 역사를 동양의 학문적 선도자로 설정하면서 동양의 역사는 일본에 위탁되어야 한다고 제언했던 인물이다. 이는 오카쿠라 덴신(岡倉天心)이 동양문화의 보고지(宝庫地)가 일본이라고 설정한 것과 동일 선상에 있었다.[2] 오카와 슈메이가 오카쿠라 덴신의 영향 아래에 있었다는 점을 고려해 본다면, 그 오키쿠라 덴신과 동일한 논리를 제시한 구로이타 가쓰미의 사상에 공감하고, 그의 저서를 참조하는 것은 오히려 자연스러운 것이었는지도 모른다.

또한 오카와 슈메이는 기데라 류지로를 적극적으로 참고했는데, 특히 역사 기술이 갖는 기술적 부분을 적극 활용했다. 구로이타 가쓰미와 기데라 류지로는 역사 구성에 있어서 자유 개념을 중시했는데, 오카와 슈메이가 이에 공명했던 것이다. 그런데 오카와 슈메이가 구로이타 가쓰미나 야나기 류지로를 참고했다고는 하지만, 구로이타 가쓰미와 기데라 류지로는 그 입장이 조금 달랐다. 구로이타 가쓰미는 역사 구축주의적 입장이었고, 기데라 류지로는 역사 본질주의적인 점에서 서로 대조적이었다.

오카와 슈메이는 이러한 구축주의와 본질주의를 활용하면서 천황주의 역사 계보와 역사적 사상이 갖는 원리를 발견해 냈다. 그 원리에는 본질주의와 구축주의가 뒤섞인 것으로, 그렇기 때문에 더욱 역사적 진실함을 내포할 수 있었다. 그렇기 때문에 그 천황 이론은 역사 내셔널리즘으로서 쉽게 결합되었고, 그 역사관에서 거리두기는 더욱 어려워졌던 것이다. 특히 이것은 일본 사학이 어떻게 내셔널리즘과 결합되었으며, 오카와 슈메이가 구축한 천황중

2) ヨシカワ・リサ, 「近代日本の国家形成と歷史学 : 黒板勝美を通じて」, 『立教大学日本学研究所年報』 第14・15号, 立教大学日本学研究所, 2016年, pp.15~25.

심주의 역사가 그 근대 논리 속에서 역사 내셔널리즘으로 발전되는 과정을
말해주는 논리를 갖고 있었던 것이다.

2. 자유와 지조(知造)의 신화

일본 내부의 역사 흐름 속에서 1910년대는, 일본에서 국정교과서가 가진
문제점이 부상되던 시기였다. 서구의 역사교육 방법론이 도입되고, 그 서구
의 이론들을 바탕으로 새롭게 일본의 국체적(國體的) 역사를 서술하는 방법
을 모색하고 있었다. 달리 표현하자면 '일본사'와 '국사' 개념의 틀이 하나로
공유되고, 국체적 역사관을 성립하던 시기였다.3)

그 중에서 특히 신화와 역사, 남북조정윤문제가 주목 받게 되고, 이는 자
연스럽게 국체에 대한 새로운 해석 논리를 필요로 하게 되었다.4) 이러한 시
기에 오카와 슈메이는, 메이지정부에 의해 즉 국가가 주도하는 수사사업에
대해 '고증학적 실증주의'에 빠진 논리에서 거리두기를 시도했다.

국가를 상대화하는 작업을 자유적 사관에 중심을 두고, 그것을 극복하고
자 했다. 즉, 서구적 역사 기술 방법을 활용하여 그대로 일본의 역사에 대입
하는 것은 자유사관이라기보다는 서구의 역사 실증주의에 매몰된 기계적 사

---

3) 兵藤裕己,「まえがき一歴史叙述の近代とフィクション」,『岩波講座文学』第9巻, 岩
   波書店, 2002年, pp.3~8. 시게노 야스쓰구(重野安繹), 호시노 히사시(星野恒), 간 마사
   토모(菅政友), 구메 구니타케(久米邦武) 등의 고증학적, 실증학적 방법론이 등장하면
   서『대일본사』의 서술 방식에 의문을 제기하는 새로운 논리가 등장했다. 이 때 가장
   중요한 논리로 등장한 것이 남북조정윤문제, 그리고 신화(神話) 즉 신대사(神代史)가
   말 그대로 역사인지 아니며 신화로서 역사에 넣을 수 없는 것인지에 대한 문제가
   등장한 것이다. 그러한 시기에 기다 사타키치(喜田貞吉)가 '남북조양립론'을 국정교
   과서에 게재하게 되면서 사임하고, 구메 구니타케의 필화사건을 거치면서 역사 기술
   에 대한 방법론적 문제가 등장했던 것이다. 坂田吉雄,『天皇親政一明治期の天皇観』
   思文閣, 1984年, pp.267~298.
4) 昆野伸幸,『近代日本の國体論〈皇國史観〉再考』ペリカン社, 2008年, pp.30~31.

관이며, 그것을 일본 역사에 대입시켜버리는 것으로 서구 방법론에 매몰된 인식의 쇠사슬에 갇힌 것이라고 본 것이다.

〈표1〉 전체 논고 흐름을 필자작성

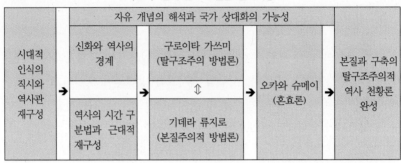

그들은 서구적 방법론인 고증이라는 '방법론'에만 충실한 것이었지, 스스로의 사상성은 결여되어 있었던 것이다. 이러한 사고 방식과 거리를 두면서 오카와 슈메는 자기 자신만의 자유 논리를 만들어가려 했다. 오카와 슈메이는 자유 개념을 제시하면서 '국가=절대 권력'과 거리를 둔다. 오카와 슈메이는 자유라는 개념을 '자연적 단계'와 대비시켜 설명했다.

> 자유라는 것이 있는 그대로의 자연스러움을 따르고 인간의 욕망을 있는 그대로 실행하는 것이 자유라고 이해하는 것은 잘못된 것으로, 그러한 행위들이 자유롭게 보이지만 그것은 자연적 법칙의 철쇄(鐵鎖, 쇠사슬)에 속박되어 있는 것이며 진실한 의미에서 어떠한 자유도 없는 것이다. 다시 말해서 자연이라고 하는 것은, 어떤 법칙과 엄격한 압박뿐으로, 이것은 외면적이며 기계적(器械的 : 원문)인 것 즉 어떠한 자유도 없는 것이며, 법칙에 지배받고 있는 것이다.[5]

---

5) 大川周明,「精神生活に於ける自由の実現」,『大川周明全集』第1卷, 岩崎書店, 1961年, pp.80~81. 이 논문은「정신생활에 있어서 자유의 실현(精神生活に於ける自由の実現)」인데, 자유와 평등에 대해 오카와 슈메이의 인식을 잘 보여주는 논고이다.

즉 오카와 슈메이는 자연의 법칙이라는 것과 그것에 순종적인 것은 법칙의 쇠사슬에 속박되는 것으로 자유가 아니라고 보았다. 욕망에 따르는 자연스러운 것이 자유가 아니고, 그것이 오히려 속박된 것이라고 보는 견해였다. 그것은 외면적으로 보면 '기계적인 것'이라는 논리였다.

이를 잘 음미해보면, 오카와 슈메이는 물론 이 자유 개념을 "스피노자가 이야기한 것처럼 자신의 본연(本然)의 성(性)에 따르는 것인데, 이는 세 가지로 구분된다. 첫째 독일 철학에서 자연 대(對) 정신, 감성 대 이성, 유학에서의 인욕(人慾)에 대한 천리(天理)로 구분된다. 이는 관념상에 정신, 이성, 천리는 동일성을 갖는 것으로 이것이 즉 자유란 자연적이고 동물적인 것이 아니라 도(道)이며 칸트의 초감각적인 것과 동일한 것"[6]이라고 제시하듯이, 서구적 개념을 의식하면서 '자유=도(道)=초감각적인 것'이라며 일본 내부적 논리에서 그 자체를 재구성하고 있었다. 그렇지만 그 자유를 얻기 위한 것은 속박을 벗겨주는 논리이며, 그것을 가능하게 해 줄 수 있는 것은 국가라고 보았다.

> 국가는 국민의 자유를 위해 최선의 노력을 하지 않으면 안 된다. 그 노력의 객관적 실현이 '문교(文教)의 제도'이다. 이 일국(一國) 문교(文教)가 목표로 하는 것은 국민으로서 인격적 통일을 실현할 수 있는 힘을 잡게 하고 이에 따라 진정한 개인의 자유를 체득하게 한다. 그 근본은 말 그대로 미소기(禊)의 정신과 다른 것이 없다. 따라서 일본에서 문교의 제도는 미소기(禊)의 구체적 조직이다.[7]

---

6) 大川周明, 「精神生活に於ける自由の実現」, 위의 책, p.81.

7) 大川周明, 「精神生活に於ける自由の実現」, 위의 책, p.87. p.102. 도의적(道義的) 주체를 취해야 하는데 그것의 중심이 경제적 문제가 되어서는 안 되는 것으로 그것은 자연에 대한 관계의 일부분에 지나지 않으며, 이러한 자연에 대한 태도는 이에 복종하는가, 또는 이를 초극하여 인격적 생활에 공헌하든가의 문제이다. (…) 오늘날 다수의 국민이 거의 동물로서의 존재를 유지할 수밖에 없는 상태에 놓여 인간으로서의 본질을 발휘할 수 있는 조건을 부여받지 못하고 있다.

오카와 슈메이는 국가는 국민의 자유를 위해 최선의 노력을 해야 하는데 그 노력의 객관적 실현이 '문교의 제도'라고 본 것이다. 문교를 통해 국민으로서 인격적 통일을 실현시키는 것에 목표를 두고, 자유를 체득하게 해야 하는데, 그것이 신화에서 언급했던 미소기(禊)와 같은 것이라고 피력한다.

전자 인용문과 후자 인용문을 통합해서 본다면, 오카와 슈메이의 인식 속에는 '자연적·기계적' 세계에서 탈피하는 것을 자유라고 규정하고 있음을 알 수 있다. 그러한 자유는 신화의 미소기와 같은 것으로, 문교의 제도는 미소기(禊)의 구체적 조직이라고 정의해 냈다. 그 미소기는 "일본건국의 정신, 일본 국가의 본질은 동시에 역사를 통해서만 견확(堅確)하게 파악되고, 일본의 이상을 올바르게 색독(色讀)할 일이다. 국민교육의 주력을 이곳에 쏟아야 한다"[8]고 주장했다.

즉 오카와 슈메이가 보는 일본 건국 정신이나 국가의 본질은 역사를 통해서 만이 견고하고 확실하게 파악되는 것이라고 여겼고, 그를 통해 일본의 이상은 모토오리 노리나가(本居宣長)가 이야기하듯 '문자 그대로=있는 그대로'를 믿는 것을 통해서 알 수 있다고 본 것이다.

그런데 이러한 오카와 슈메이의 발상에는 '신화'와 '역사'에 대한 구로이타 가쓰미와 기데라 류지로의 논리들이 근거를 이루고 있었다. 구로이타 가쓰미는 '진무(神武) 천황 동천(東遷) 이전을 신대(神代)라 하고, 진무 천황 이후를 인대(人代)라 하여 구분'했다. 그렇지만, 신대의 이야기가 황당무계한 것처럼 보인다 하더라도 그 속에는 '역사'가 간직되어 있고, 그러한 사적(史的) 현상이 신화로 나타난 것이라고 보았다. 그런 의미에서 신화나 전설이 역사 연구의 자료가 될 수 있으며, 그 속에서 사적(史的)현상을 그려내는 '방법'이 발견된다면 태고(太古)이전까지도 거슬러 올라갈 수 있다고 보았다.

이러한 견해를 가진 구로이타 가쓰미는 "신화학자가 과연 신화 전설로부터 사적 현상을 추출해 낼 수 있을까 매우 의심될 뿐만 아니라 신화를 단지

---

8) 大川周明, 「精神生活に於ける自由の実現」, 『大川周明全集』 第1卷, 岩崎書店, 1961
   年, p.89.

신화로 연구하는 것에 지나지 않는 것을 문제 삼아야 한다"[9]고 지적했다. 구로이타 가쓰미는 신화를 단순하게 신화 그 자체로서 연구하는 방법론을 비판하고, 그 신화 속에서 역사적 현상을 끄집어내는 연구가 진정한 신화연구라고 본 것이다. 다시 말해서 구로이타 가쓰미의 입장에서는 신화 속에 내장된 역사성을 도출하는 능력이야 말로 신화연구의 가치이며, 그 역할을 해 내는 것이 진정한 역사 연구와 연결된다고 보는 '사상'을 제시한 것이다.

이와 반대로 기데라 류지로(木寺柳次郎)는 일본의 국사(國史)가 아메노마너카누시노카미(天之御中主神)로부터 시작되며, 신대(神代)도 역사 그 자체라고 보았다. 신대의 이자나기(伊邪那伎)와 이자나미(伊邪那美)를 시작으로 아마테라스 오미카미(天照大神)로 이어지는 신대의 계보를 설명하고, 이것이 '역사'라고 보았다.[10] 기데라 류지로는 신화 자체도 역사이며, 신대를 그대로 역사로서 기술해야 한다는 입장이었다.

구로이타 가쓰미는 신화를 역사로서 곧바로 연결하는 것이 아니라, 그 신화 내부에서 역사적 현상을 발견해내거나 추출해내야 한다고 보는 입장이었다. 즉 구로이타 가쓰미의 경우는 일차적으로는 신화가 가공적이고 황당무계한 것이라고 간주했다. 그렇지만 그 가공적이고 황당무계한 것 내부에 존재하는 역사적 현상을 추출하는 것이 역사학에 필요하다고 보았던 것이다. 그러니까 가공적이고 황당무계한 것에서 역사를 도출해 내야 한다는 논리를 주장했던 것이다.

결과적으로 기데라 류지로가 신화=역사라고 보는 견해와 구로이타 가쓰미가 신화와 역사는 구분되지만, 신화 속에서 역사적 현상을 도출해 낼 수 있다고 보는 견해가 충돌하고 있었던 것이다.

그러한 의미에서 후자 구로이타 가쓰미는 신화 내용을 액면 그대로 역사로 기술하는 것이 아니라, 신화의 내용을 해석하는 능력 즉 사상성을 강조했고, 그 속에서 역사적 '사실'을 추출해 내야 한다고 한 점은 아주 독특한 것이

9) 黒板勝美, 『国史の研究』文会堂, 1908年, pp.2~3.
10) 木寺柳次郎, 『日本歴史』博文館, 1899年, pp.1~15.

었다. 그 역사적 사실의 추출은 결국 일본의 건국 양상을 알 수 있는 것인데, 바로 이 부분을 역사와 연결하려 했다.

이 부분을 구체적으로 살펴볼 필요가 있는데, 구로이타 가쓰미는 "신대사(神代史) 연구가 필요한 이유는 우리나라의 건국 체제가 어떻게 세계 여러 나라보다 탁월한가, 또는 우리 황실이 그 홍기(鴻基)를 어떻게 정했는가, 우리 국민이 어떻게 발전해 왔는가 근본적 요소를 알 수 있기 때문"11)이라는 점에 주목했다.

이것은 앞서 언급했듯이 기데라 류지로가 신화를 곧바로 역사라고 대입하는 '무사상성'과는 다른 것이었다. 구로이타 가쓰미는 '신화는 역사가 아니지만, 역사적 현상을 도출하는 것'에 중점을 두었고, 그것은 신화에 내장된 일본의 건국 체제의 탁월성, 황실의 홍기(鴻基) 설정 방식, 국민 발전의 근본적 요소'를 추출해야 한다는 논리로 귀결된다. 기데라 류지로와 구로이타 가쓰미의 신화 해석은 달랐지만, 결과적으로는 동일한 논리로 수렴되고 있었다. 이를 근거에 두면서도 오카와 슈메이는 '미소기(禊)' 논리는 전개했다.

바로 구로이타 가쓰미가 제시한 것, 즉 신화로부터 역사적 현상을 도출해 내야 한다는 논리를 적극 활용했다. 구로이타 가쓰미가 언급한 것은 신화에 내장된 역사적 현상으로서의 도출해야 하는 것이 '사실'이었는데, 오카와 슈메이는 신화 내용 속에 내장된 것은 사실이 아니라 '진리(眞理)'라고 표현한다. 즉 미소기는 '이자나기가 오토(小門)에서 미소기(禊)를 한 행위는, 이 진리의 파악에 관한 아주 중요한 체험을 전하는 숭고함의 극치'라며 미소기 행위가 곧 '진리'를 파악할 수 있는 것이라고 보았다.

즉, 이자나기(伊邪那岐)가 황천국의 이자나미(伊邪那美)를 찾아갔는데, 이자나미는 이미 황천국의 환경에 의해 불결해져 있었다. 그 불결함을 접한 이자나기는 그 곳에서 돌아와 이를 탈각하기위해 미소기 의식을 치른 것인데, 이것이 "개벽 이래 미증유의 유신을 성취한 것"12)이라고 기술했다. 문장만으

---

11) 黒板勝美, 『国史の研究(全)』 文会堂, 1908年, p.225.
12) 大川周明, 「精神生活に於ける自由の実現」, 『大川周明全集』 第1巻, 岩崎書店, 1961

로만 보면 신화 내용을 그대로 기술한 것에 지나지 않는 것처럼 보이지만, 오카와 슈메이는 단순하게 신화를 인용하고 있는 것이 아니었다.

오카와 슈메이는 미소기를 "마가쓰히카미(禍津日神)가 성화(聖化)하여 나오비노카미(直毘神)로 순화되는 것이고 그 심경이다. 즉 그것은 감성과 이성이 동등하게 신위(神威)로 발동하는 것이기도 하며, 서구 철학의 이원적 견지를 일월(一越)하면서 생겨난 것으로, 이것은 말 그대로 세계가 새로 탄생한 것으로 천지(天地)가 선명하게 신색(新色)을 띠게 되었다"[13]고 해석했다.

즉, 이자나기가 미소기를 통해 더럽혀 진 불결함으로부터 탈각했고, 그것은 신성화의 논리이며, 순화된 것이라고 기술한 것이다. 그리고 그것이 단순한 순화가 아니라, 불결함=감성, 성화=이성이 결국 하나로서 신위로 발동한 것이며, 이것은 서구의 이원적 견지를 초극하면서 만들어낸 새로운 세계로 탄생된 것이라는 논리였다. 이것이 곧 유신이며, 유신은 미소기였던 것이다. 즉, '불결함→탈각→일월(一越)→새로운 탄생'은 '자연적 세계→탈각→일월→자유' 인식의 세계를 갖는 '탄생'의 의미였던 것이다.

이것이 미소기의 의미이고, 이것은 곧 신화에서 도출한 '사실'도 아니며, '자유=진리'였던 것이다. 즉 오카와 슈메이는 서구의 '자유' 개념을 일본의 신화 속에 존재하는 미소기와 연결하여 '진리' 개념과 엮어 새롭게 역사개념으로 체현해냈다.

그것은 자연계에서 탈피하여 새로운 자아를 탄생시키는 논리로서 자유였고, 그것은 미소기라는 레토릭을 통해 얻어지는 '진리'이기도 했다. 그 진리를 신화 속에서 도출해 낸 것이 역사이며, 이를 문교 제도를 통해 국민에게 주력을 쏟아야 하는 핵심이었던 것이다.

이는 다시 역사를 통해 미소기를 알려주어야 하는 역설을 갖게 된다. 그것이 바로 일본의 건국 정신이고, 일본의 본질인 것이었다. 이러한 본질은 기데라 류지로가 '신화=역사'를 대입시킨 본질주의가 아니라, 구로이타 가쓰미

年, pp.82~83.

13) 大川周明, 「精神生活に於ける自由の実現」, 위의 책, pp.83~84.

가 제시한 일본의 건국 체제의 탁월성은 무엇이고, 황실이 정한 홍기(鴻基), 그리고 일본 국민이 어떻게 발전해 왔는가라는 구축주의적 본질주의 입장에서 창안해 낸 '자유=진리' 개념이었던 것이다.

오카와 슈메이는 서구에서 유입된 자유 개념을 일본적 자유 개념으로 치환시키는데, 그것은 서구적 자유가 가진 논리와 일본 내부에서 존재하는 자유 개념을 상호 대비시키면서 서구의 자유 개념과 동근(同根)이 일본 내에 존재하는 논리로서 설명해 냈다.

그것은 외부에서 들어오는 개념이 아니라, 내부에서 도출한 진리의 개념이기도 했다. 그것은 구로이타 가쓰미가 제시한 것처럼 일본의 건국정신의 발견이며, 그러한 건국 체제의 논리는 세계 다른 어느 나라보다 탁월하고, 그것이 일본에서 어떻게 발전되어 왔는가라는 황실의 홍기를 설명해 내는 것이었다. 그것이 바로 '미소기=진리'의 개념으로서 일본 건국 정신이기도 했다. 그러한 의미에서 이는 신화를 그대로 역사에 대입시킨 본질주의 공동체론과는 또 질적으로 다른 차원이었다. 즉 기데라 류지로가 주장한 '신화=역사적=본래적'이라는 의미를 신화가 '비역사적이고 본래적인 것이 아닌 것'으로 설명하는 방식이었다.

즉 '신화=역사'라고 주장하는 상상의 공동체를 설명해 낸 것이 아니라, '신화=비역사'라는 '탈공동체'적 시각에서 구축해낸 '미소기=진리'로서 일본 '건국정신=탈상상의 공동체=진실'을 설명해 냈던 것이다.

그러나 그것은 오카와 슈메이가 자연적 상태에서 벗어나 자유적 상태로 나아가야 한다고 주장하면서 내놓은 '다수의 국민이 거의 동물적인 세계를 사는 것'을 유지할 수밖에 없는 상태에 놓여 인간으로서의 본질을 발휘할 수 있는 조건을 부여하기 위해서 문교의 제도를 통해 자연적 세계에서 탈피시켜야 한다'는 것을 오히려 새롭게 신화에 내재된 일본의 건국 정신이 존재한다고 주장하는 탈공동체를 주장하는 신화를 만들어내고 '진리'라는 이름으로 그것을 실현·고취시켜 국민을 동물적 세계로 가두는 논리였던 것이다.

3. 탈(脫) 학지와 '상실(相實)'의 발견

구로이타 가쓰미가 역사를 기술하는데 가장 중요한 덕목으로 간주한 것은 '변천 양상' 그 자체였다. 구로이타는 다음과 같이 역사적 상호성을 강조했다.

> 역사를 연구하려는 사람은 결코 관찰점을 한쪽으로만 집중해서 편협한 판단을 해서는 안 된다. 동시에 백반(百般)의 역사적 현상은 상호간에 밀접한 관계를 갖고 있고, 개개로 독립적으로 발달하고 변천해 가는 것이 아니라는 것을 근본적으로 주의해주길 바란다. 그렇기 때문에 두 세 개의 사건에 대해서 특히 연구할 경우에도 적어도 가장 관계가 깊은 다른 사적(史的) 사실을 참고하고 그 서로의 여향하고 있는 곳을 보지 않으면 안 된다. 또한 하나의 역사적 현상에 있어서도 반드시 그 전후관계에 주의하지 않으면 한 되고 하나의 지방에 일어난 사건에 대해서도 반드시 그와 관련된 타지방의 사건과 연결하여 연구해야 한다.[14]

이러한 구로이타 가쓰미의 논리는 기데라 류지로의 제언, 즉 역사를 볼 때 현재 상태만을 보고 판단하는 것이 아니라, 그것들의 연관성을 살펴보아야 한다는 논리와 일맥상통하고 있었다. 그리고 오카와 슈메이와 일본문명의 의의 및 가치와 연관을 맺는 미쓰쿠리 겐바치(箕作元八)의 역사 인과론과도 연결되었다. 즉 미쓰쿠리 겐바치가 역사는 실타래의 실(糸)을 잡아당기는 것처럼 역사적 인과(因果) 관계를 살펴보아야 한다고 주장한 점[15]은 이들이 공유한 시대적 공통 논리였다. 이들은 오카와 슈메이의 역사 논리 구축에 결정적인 힌트를 주게 된다. 즉 오카와 슈메이가 역사의 인과관계, 변천 양상을 살펴보아야 한다는 논리로서 주목한 것이 다이카(大化)혁신의 해석이었다. 즉 이 다이카혁신이 갖는 용어 그 자체의 혁신 내용을 검토하는 것이 아니라, 그 다이카혁신이 어떻게 일어났는가라는 혁신 발생의 양상을 앞 시대와 연결하여 해석했다.

---

14) 黒板勝美, 『国史の研究(全)』 文会堂, 1908年, pp.183~184.
15) 箕作元八, 「世界戦乱の真相及び由来」, 『西洋史話』 東亜堂書房, 1915年, p.546.

오카와 슈메이는 다이카개혁을 혁신, 개혁, 신정(新政)이라고 표현16)하는 등 일관성이 없었지만, 내용을 읽어보면 혁신이라는 표현을 가장 많이 사용하고 있음을 알 수 있다. 오카와 슈메이가 참조한 기데라 류지로의 경우는 개신(改新)이라고 적었고,17) 구로이타 가쓰미도 개신(改新)18)이라고 표현했다.

이와는 달리 오카와 슈메이는 혁신이라고 표현했고, 특별히 이 다이카혁신이 갖는 의미에 주목했다. 다이카혁신 이전의 천황과 다이카혁신 이후의 천황을 명확하게 〈구분〉했고, 다이카혁신은 새로운 패러다임의 발현이라고 보았다. 그것의 대표적인 다이카혁신에 관심을 가진 것은 고교쿠(皇極) 천황 시기에도 해당이 된다고 볼 수 있지만, 혁신이 일어나는 것은, '일본정신'이 흘러야 했고, 그 일본정신은 타국 문명의 모방자가 아니라는 점에 주목했다.19)

그것이 혁신이었으며, 그것은 당 시대에 어느 한 순간 갑자기 일어난 사건이 아니라, 그 이전에 이미 혁신이 발생 할 전조가 존재했고, 그 인관 관계 속에서 혁신이 일어난다는 논리를 찾아낸 것이다. 이러한 논리는 히로세 시게미(廣瀬重見)의 구분법에서도 그것을 설명하고 있었다. 그렇지만 기데라 류지로의 어느 부분을 참고 했는지는 구체적으로 제시하지 않았는데, 이를 도표로 함께 볼 필요가 있다.

---

16) 廣瀬重見, 「『列聖伝』(その3)」, 『芸林』第53卷 第1号, 芸林会, 2004年, p.116. 오카와 슈메이는 "이 혁신이 당제(唐制)의 모방이 아니라는 점에 착안했다. 즉 당나라의 문명을 배웠지만 그 노예가 된 것은 아니라는 점이다. 이것이야 말로 혁신이었다"고 표현한 것처럼, 상대방 문화의 모방에 그치거나 노예가 되는 것이 아닌 것 그것이 혁신이라고 보았다.

17) 木寺柳次郎, 『日本歴史』博文館, 1899年, p.62.

18) 黒板勝美, 『国史の研究(全)』文会堂, 1908年, p.296.

19) 廣瀬重見, 「『列聖伝』(その3)」, 『芸林』第53卷 第1号, 芸林会, 2004年, pp.118~120. 물론 연호의 시작이 다이카 혁신과도 연결되지만, 그 연호와 함께 덴지(天智) 천황을 혁신의 시작으로 평가한 이유는 일본 건국 당초의 일본정신이 강하게 흐르고 있었다는 점과, 타국 문명의 모방자가 아니었다는 측면이었고, 이 덴지 천황이야 말로 다이카혁신의 천황이라고 기술했다.

〈표 2〉 廣瀬重見,「大川周明稿『列聖伝』」,『藝林』第52卷 第1号, 藝林会, 2003年, p.163.
廣瀬重見,「大川周明稿『列聖伝』の考察」,『藝林』第56卷 第2号, 藝林會, 2007年,
pp.132~133을 참조하여 필자작성

순번	대표내용	구체적 내용
I	처음에는 천황을 대부(大父)로서 숭상하고 있었던 씨족제도의 국가로부터 시작된다.	○ 씨족국가에 대해 : - 초대 진무(神武) 천황~제10대 숭신(崇神) 천황은, 진무 천황의 건국 이래 천조 아마테라스 오미카미(天照大神)의 신칙(神勅)에 따른 신도(神道) 신앙에 의해 일본의 정신생활이 확립되는 시대. - 제11대 스진(垂仁) 천황~제16대 닌토쿠(仁德) 천황에는 지나(支那) 문명을 대표하는 유교 수용. - 제17대 리추(履中) 천황~제31대 요메이(用明) 천황에는 인도문명을 대표하는 불교의 전래에 의한 전기(轉機)를 가져온다.
II	다이카혁신에 의해 유기적인 천황전제의 군주국이 된다.	○ 천황전제 군주국 : 천황 친정(親政)이 이루어진 나라(奈良)시대와 헤이안(平安)시대 초기. - 제32대 스슌(崇峻) 천황~제39대 고분(弘文) 천황은, 다이카 개신의 준비와 전개를 임신(壬申)의 난(亂)까지를 정리. - 제40대 덴무(天武) 천황~제51대 헤이조(平城) 천황은 임신의 난을 거쳐 가장 천황권위가 고양되고, 대륙문명이 섭취된 기운이 찬 시대로 정리했고, 구스코(薬子)의 변(變)까지를 정리했다.
III	후지와라(藤原)시대에 이르러 실질적으로는 귀족정치 국가가 된다.	○ 귀족정치 국가 : - 제52대 사가(嵯峨) 천황~제72대 시라카와(白河) 천황은 장인두(藏人頭)와 검비위사(檢非違使)의 영외관(令外官)에 상징되듯이 천황친정으로부터 대행 정치로 이행하고, 천황의 외척 후지와라씨(藤原氏)가 섭관정치를 전개해 가는 시대.
IV	무가가 정치의 실권을 쥔 봉건국가가 된다.	○ 봉건국가는 정권이 무가(武家)로 옮겨진 중세, 근세의 7백년 : - 제73대 호리카와(堀河) 천황~제92대 후스미(伏見) 천황은 원정(院政) 개시부터 가마쿠라(鎌倉) 막부 성립을 거쳐 몽고습래 이후 호쿠조시(北条氏)의 문벌정치가 부패할 때까지. - 제93대 고후스미(後伏見) 천황~제105대 고나라(後奈良) 천황은, 황통의 분립에서 남북조(南北朝)의 동란을 거쳐, 무로마치막부의 통일력이 결여되는 혼란에서 오닌(応仁)의 난(乱) 이후의 전국시대에 이른다. 건무중흥(建武中興)의 좌절로 황실에 있어서 가장 고난이 많은 시대이다. 이것을 타개하는 것이 다음의 분책 영웅 노부나가(信長)의 등장에 의한 근세의 개막. - 제106대 오기마치(正親町) 천황~제112대 레이겐(靈元) 천황에는 겨우 즉위례가 실현되지만, 도쿠가와 막부의 압박이 있었고, 시에(紫衣)사건에 의해 양위(讓位)된 고미즈노오(後水尾) 상황의 원정기(院政期)까지를 구분.

순번	대표내용	구체적 내용
		- 제113대 히가시야마(東山) 천황~118대 고모모조노(後桃園) 천황에는 다이조사이(大嘗祭)가 재흥(再興)되고 황실 부흥의 조짐이 나타나는데, 호레키(寶曆)·메이와(明和)사건에서 핍새(逼塞)된다.
V	메이지유신에 의해 비로소 처음으로 근대적인 입헌군주국이 된다.	ㅇ 근대적인 입헌군주국 : - 제119대 고카쿠(光格)천황~제122대 메이지(明治) 천황의 4대로, 존왕도막(尊王倒幕), 메이지 유신의 실현이라는 성과 위에 전개되는 격동과 약동의 시대이다.

〈표3〉 오카와 슈메이의 「열성전」과 기데라 류지로의 『일본역사』 기술의 유사성 관련
필자작성(일부만 제시)

『日本歷史』	구체적 내용	『列聖伝』
pp.16~19	- 천황은 휴가에 이쓰세노미코토(五瀬命)와 함께 내려와 천하의 정(政)을 이루기 위해 동방으로 옮기기로 했다. 휴가국을 떠나 치쿠젠(筑前)으로 향하고 1년 후 더욱 아키(安藝)의 에노미야(埃宮)에 있다가 다음해 3월 기비국(吉備國)에 들어가 고도궁(高島宮)에서 3년을 보냈다. 그 후 배들을 모아 병식(兵食)을 축적하여 시이네쓰히코(椎根津彦)을 안내하여 해로(海路)를 따라 가와치국(河內国)에 이르렀다.	pp.165~167
	- 진무천황의 동정(東征)을 구체적으로 기술하는 내용, 천황이라는 칭호가 처음으로 사용되었다는 것, 가시하라궁에 즉위한 것은 기원 원년 즉 일본제국의 기원 원년 66년이라고 확정.	
p.24	- 역병을 치유하기위한 방법으로 오쿠니 타마노카미(大国魂神)를 제사하고, 아마쓰 야시로(天社), 구니쓰 야시로(国社)를 정하고 신지(神地)신호(神戶)를 두었다. - 해외의 인민도 귀화했다.	pp.172~173
p.26	- 사호히메(狹穗姫)를 황후로 맞이했는데, 황후의 오빠 사호히코(狹穗彦)가 황위를 노렸다. 어느 날 황후의 무릎에서 잠을 잤는데, 황후는 단도로 천황을 찌르려 했으나, 차마 죽이지 못했다. 황후는 눈물을 흘렸는데, 그것이 천황의 얼굴에 떨어져 천황이 깨어나 그 이유를 묻자, 사실을 이야기했다. 천황은 사호히코(狹穗彦)를 정벌했다. - 천황은 앞대의 천황과 마찬가지로 신지(神祇)를 숭배했다. - 순사(殉死)의 풍습을 없앴다. - 농정에 힘쓰고 개관(漑灌)의 편리함을 도모했다.	pp.174~176

『日本歷史』	구체적 내용	『列聖伝』
p.27	- 군을 이끌고 친정(親政)의 길에 올랐다. 먼저 다케노로키(武諸木), 우나데(莵名手), 나쓰하나(夏花)등의 장군을 보내어 정세를 살피게 했다. 그곳에 가미카시히메(神夏磯媛)라는 여추장(女酋長)이 천황이 온다는 것을 듣고, 시즈야마(磯津山)의 삐추기(榊)나무를 뽑아 위 가지에 야쓰카八握의 검을, 중간 가지에는 야타노카가미(八咫鏡), 아래 가지에는 야사카니노마가타마(八坂瓊勾玉)를 걸어 백기(白旗)를 배에 내걸어 귀순(歸順)의 의사를 표시했다. - 황실의 권위가 매우 높아짐을 적음. - 이 시기에 국가적 위엄이 갑자기 더해진 것은 천황의 규모 광대함이 첫 번째 이유이지만, 야마토다케루노미코토(日本武尊)가 영웅으로 나타났고, 규슈(九州) 남부의 구마소(熊襲)라는 종족을 친정(親征)에 의해 귀순시켰다. 쓰치쿠모(土蜘蛛)는 황명에 순응하지 않아 정벌, 규슈 전지역을 황화(皇化)시킴. 동이(東夷)를 정벌하고 죽은 야마토다케루노미코토(日本武尊)의 공명을 만세에 보존.	p.177
p.33	- 스진, 스닌, 게이코 3대의 경략(經略)을 이어받아 국운이 크게 발흥했다. 토지인민을 통치하는 제도를 정비하고, 현읍(縣邑)을 두고 지방의 관리를 임명하여 구니노미야코(国造)를 임명하였다.	p.181
pp.34~38	- 제14대 주아이(仲哀) 천황을 설명하고 진구(神功) 황후는 대수(代數)에 넣지 않았다.	pp.182~185
p.38	- 백제의 아직기(阿直岐)를 파견하고, 교류에 의해 교류가 이루어짐, 한자가 전해짐. 국어를 발음이 변함. 논어의 전래는 문자뿐만 아니라 지나 정통사상을 일본에 유입시킨 것, 일본의 사상계에 커다란 자극을 부여한 것은 말할 필요도 없음, 유교사상은 일본 본래의 사상과 많은 점에서 일치했기 때문에 일본 국민의 도덕적 생활은 유교 수입에 의해 진보했고 이것에 의해 동요를 일으키지는 않았다. 공예도 장려, 농경에도 힘씀.	pp.186~187

그런데 이러한 논리들을 기술한 오카와 슈메이의 「열성전」은 기데라 류지로의 『일본역사』를 새롭게 재편집한 것이었다. 그리고 동시에 구로이타 가쓰미의 저서들을 혼용하면서 기술한 것이었다. 그 구체적 내용은 〈표3〉를 보면 알 수 있듯이 특별히 기데라 류지로의 저서를 요약 기술하는 방식이었다.[20]

물론 오카와 슈메이는 단순하게 내용을 전재(轉載)한 것은 아니었다. 사실 관계를 다시 확인하면서 필요한 부분만을 요약하는 형식이었다. 그것은 오카와 슈메이의 역사 인식의 반영으로 오카와 슈메이 자신이 필요한 부분을 자료로서 선택적으로 취사하여 기술한 것이었다. 다시 말해서 오카와 슈메이는 기데라 류지로의 『일본역사』를 참고로, 오카와 슈메이 자신이 원하는 천황의 역사를 재편해 낸 것이었다. 그리고 구로이타 가쓰미의 역사기술 인식론을 활용하는 방식이었다.

오카와 슈메이가 역사 기술에서 가장 중시한 다이카 혁신을 구체적으로 본다면, 기데라 류지로는 다이카개신이 일어난 이유를 네 가지, 즉 ①너무 급격한 변화를 실시한 일, ②외국과의 교통에 의해 영향을 받아 일어난 일, ③내지(內地)에서 호족이 발호(跋扈)하고 빈부 격차가 일어난 일, ④성씨제도를 폐지했지만, 그것을 근본적으로 개혁하지 못한 일[21]이라고 보았다. 이것이 원인이 되어 혁신이 일어난 것이라고 설명했다. 즉 혁신/개신이 일어나는 전후관계 즉 '앞뒤 연결논리'를 설명한 것이었다.

구로이타 가쓰미 또한 다이카개신은 신시대 정신의 발현[22]이라고 기술하면서, 그것이 실책으로 끝나게 된 이유가 그 정책에 문제가 존재했던 것이 아니라, '시대의 형세'가 따라주지 않았기 때문이라고 보았다. 즉 정책 자체에 초점을 맞추어 그것을 해석하거나 그 내용을 분석하는 방식이 아니라 그 정책이 실시되던 당대의 상황과 인과관계에 주목했던 것이다. 구로이타 가쓰미는 이러한 정책을 결국 임신(壬申)의 난(亂)이라는 역사적 현상으로 연결시켜 설명해 냈다.[23]

---

20) 昆野伸幸, 『近代日本の国体論』 ぺりかん社, 2007年, p.36. p.52.

21) 木寺柳次郎, 『日本歷史』 博文館, 1899年, p.68.

22) 黒板勝美, 『国史の研究(全)』 文会堂, 1908年, pp.299~300. 다이카(大化)2년 정월 개신 내용은 ①미야케(둔창, 屯倉) 및 가키베(部曲, 호족의 사유민)제나 장원을 파(罷)한 것, ②교토를 지배하고 기내(畿內)에 고쿠(국사, 國司), 군지(군사, 郡司)를 두어 관리한 것, ③호적을 정리하여 반전수주법을 제정한 것, ④과역을 면하게 한 것을 예로 들었으나 이 개혁은 실책하게 되었다고 기술한다.

이를 답습하듯 오카와 슈메이 또한 네 가지의 인과관계를 예로 들었다.[24] 말하자면 다이카 신정의 네 가지 요점인데, 이러한 혁신이 당제 모방이기는 하지만, 조직의 정연한 질서를 부여한 것이나 팔성백관(八省百官) 같은 성과는 놀랄만한 것으로 당제 모방의 노예가 아님을 보여주는 것으로 평가했다. 이것이 오카와 슈메이가 주장하는 '모방을 하지만 모방의 노예가 되지 않고 새로움을 창조하는 개혁'의 논리이며, 이것은 당대 사회에 갑작스럽게 일어나는 사회현상이 아니라 앞 시대나 주변 상황과 연동되면서 '피할 수 없는 현상'으로서 나타나는 '혁신'으로 본 것이다.

오카와 슈메이는 다이카혁신을 앞 시대와 연동시켜 해석하면서, 다시 그것을 임신의 난과 연결시켰다. 즉 임신의 난이 기존의 역사에서 논의되는 천황 지위를 둘러싼 투쟁이 아니라는 점과 연결시켜 천황의 이미지 개선뿐만 아니라, 역사의 연동성을 설명해내는데 활용했다. 그것은 일본이 새로운 문명과의 접촉이 있을 때마다 새로운 것을 구축해 내는 혁신성에 주목하는 점으로 이어갔다.

즉, 일본은 새로운 문명들과 만났을 때 그 시대마다 새로운 원리를 발견하고 신시대를 열었다는 것이다. 그것은 중국의 유교문명과 인도의 불교문명으로 집약되었고, 그것을 통해 신시대를 개척한 논리는 맹목적이지 않고 그렇다고 일본적인 것만을 고집하여 외래 문명을 배척하는 배척적인 것도 아닌 중립적 · 객관적 입장에서 새로움을 창출했다고 보는 논리였다.

　　최초에 삼한 문명과 접했을 때에도, 그 이후에 중국의 유교문명과 접했을 때도, 인도의 불교문명에 접했을 때에도 우리들은 타국민의 추종을 불허하는 민감함과 경탄할만한 자유스러운 비판적 정신을 통해 자세하게 이를 관찰하고 열심히 이

---

23) 黒板勝美, 위의 책, p.301.
24) 廣瀬重見, 「『列聖伝』(その3)」, 『芸林』 第53巻 第1号, 芸林会, 2004年, p.116. ①토지를 공민공지(公民公地)로 한 것, ②고쿠군(國郡)의 경계를 획정(劃定)하여 고쿠(국사, 國司), 군지(군사, 郡司)를 두어 관리한 것, ③호적을 조사하여 반전수수제를 정하여 구분전을 실시한 것, ④조용제(租庸調) 법을 제정한 것을 구체적 예로 들었다.

를 연구했다. 그리고 이 엄숙한 노력은 그들의 문명을 깨닫고, 이를 국민적 생산 내용으로서 다 섭취할 때까지 계속된다. 맹목적인 숭배는 우리들이 행하지 않았다. 그것과 동시에 편협한 배척도 우리들은 하지 않았다.[25]

이러한 실례들은 바로 제33대 스이코(推古) 천황시기에 일어난 불교의 융성을 논하면서 일본에서 불교와 유교 그리고 신도가 습합되는 논리로서 "성덕태자는 (…) 고매한 식견에 의해 국민은 우선 국체(國體)라는 것에 기본을 두고, 세상에 처신할 때는 유교에 따르고 안심을 얻는 것에는 불교에 의거하도록 가르쳤다. 신도(神道)를 국민생활의 근본주의로 정한 것이다. 그리고 스이코 천황도 원래 이러한 정신이었다. 불교를 믿으면서도 마음을 천지신지를 숭배했다. 천황은 대의(大義)를 분명하게 했다"[26]고 설명했다.

이처럼 외래 문명은 곧 일본문명의 세계화를 이루어내는 원동력이 되었고, 그것은 객관성을 통해 일본 내에서 재구성되어 새로운 문화로 창성되었는데, 그것은 새로운 세계를 창출한 논리로 연결되고, 그것은 바로 천황의 역사와 연결시킨 것이다. 즉 천황의 존재와 외래문화가 융합되어 새로운 문화를 창달하고 있다고 본 것이다. 그것은 각각의 시대가 새로운 문화를 창출하는 의미에서 그 시대마다 근대가 존재했다고 본 것이다. 그 새로운 패러다임으로 새로운 문화를 낳는 것 그것이 근대이며, 그 근대는 천황의 존재와 관련하면서 새로움을 탄생시켰다는 원리가 발견되는 것이었다.

기존의 역사적 기술이 만들어 놓은 양식에서 탈피하고, 시대적 흐름 즉 고대, 중세, 근세, 근대라는 흐름의 세계적(序階的) 흐름에서 생각하기 보다는 신화시대는 신화시대의 내용대로, 다시 덴지(天智) 천황은, 덴지 천황 시기의 상황에서 '혁신·혁명'을 동렬적으로 배치하는 방식으로 당대 천황이 갖

25) 大川周明, 「日本文明の意義及び価値」, 『大川周明関係文書』 芙蓉書房出版, 1998年, p.82.
26) 廣瀬重見, 「大川周明稿『列聖伝』(その3)」, 『藝林』 第53巻 第1号, 芸林会, 2004年, pp.110~112.

는 특징을 기술했다.

즉, 역사적 흐름의 관련성을 양식으로 하는 천황 기술 자체보다는 오히려 그 당대에 발생한 '혁신성'을 제시하면서 그것이 천황을 중심으로 보는 시대 시대의 양식, 그것을 통해 현실을 다시 보려는 방법론을 찾아낸 것이다. 각각의 시대적 천황을 중심에 두고 각각의 시대마다 새로운 혁신이 일어난 '역사적 순간'을 기술함으로서, 시대 변용 가능성의 공통점·일치점을 전 역사를 통해 천황과 연결시키고 있었다. 이러한 역사 인식에서 보면 역사 기술은 과거적 사실(史實)을 기술하는 기록물이 아니라, 세상의 변이를 감지하게 하는 하나의 '상실(相實)'이었던 것이다.

4. 평행시공(平行時空) 구조로서 혁신과 국가주의

오카와 슈메이가 역사를 재구성해 내는데 있어 가장 독특한 점은 '시대구분'의 재편이었다. 당시 서구에서는 통상적으로 역사의 시대 구분을 상고(上古), 중세, 근세로 구분하는 방법이 존재했다. 그렇지만, 이러한 통상적인 시대 구분법은 선험적 인식 틀에 갇힌 고정관념이라고 여겼다. 즉 이에 대해 구로이타 가스미는, 반론을 제기하며 시대구분법이 갖는 문제점을 지적했다.

즉, 구로이타 가쓰미는 "역사적 시대라는 것은 원래 인간의 행동이나 인간 작용에 의해 시시각각 변해가는 활물(活物)로서, 이것들은 서로 연속선상에서 일어나는 것인데, 이것을 어느 부분에서 잘라 구분할 수 있는 것이 아니다"[27]고 보았다. 구로이타 가쓰미는 역사의 시대구분이 무엇을 표준으로 설정하느냐에 다라 달라질 수 있는 것이며, 유럽에서는 상고를 서(西)로마의 멸망까지라 하고 중세를 콘스탄티노플의 낙성(落城)까지로 하고, 문예부흥 이후를 근세라고 정하고 있는데,[28] 이에 세뇌되어 일본에서도 이것을 추종

---

27) 黒板勝美, 『国史の研究(全)』 文会堂, 1908年, p.185.

28) 黒板勝美, 위의 책, pp.185~186. 특히 유럽의 역사 구분법을 보면 "유럽에서는 상고

하는 시대구분법을 사용하고 있는 것에 대한 부정적 입장이었다.

　구로이타 가쓰미는 서구적 방식으로 통사를 구분하는 방식이 갖는 인공성에 대해 비판적이었으며, 구로이타 가쓰미 나름대로의 새로운 시대 구분법을 제시했다.

　한편 기데라 류지로는 서양식 역사 구분법을 그대로 활용하면서 『서양역사(西洋歷史) : 중등교육(中等敎育)』을 집필했다. 즉 상고(上古)를 서(西)로마제국의 멸망, 중세를 서로마제국의 멸망에서 종교개혁까지, 그리고 최근세사(最近世史)를 추가하는 형식을 취하며 프랑스혁명에서 현재를 구분했다.29)이 저서 발간 1년 이후 마찬가지로 『동양역사(東洋歷史) : 중등교육(中等敎育)』을 간행했는데, 이 또한 고대사(태고에서 후한〈後漢〉 말기), 중세사(후한 말기에서 몽고 발흥), 근세사(몽고 발흥에서 청나라 쇠퇴를 지나 현재)30)라고 구분했다.

───────────────

　(上古)를 서(西)로마의 멸망까지라 하고 중세를 콘스탄티노플의 낙성(落城)시기 1453년까지로 하고, 문예부흥 이후를 근세라고 정하고 있다. 일본에서는 사람들에 따라 다소 그 구분법을 달리하고 있을 뿐만 아니라 그 시대 명칭도 여러 가지가 있어 아직 귀일(歸一)하는 것이 없다. 그렇다면 시대구분에 대해 무엇을 표준으로 해야 하는가 하면, 국가와 인민(人民) 관계에 의해 일어나는 대사건을 중심으로 하여, 그 시대의 성질을 연구하고 동일한 성질을 가진 기간(사이, 동안)을 하나의 시대로 하는 것이 중요하다고 보았다.

29) 木寺柳次郎, 『西洋歷史 : 中等敎育』博文館, 1897年, pp.1~246. 제1편 고대사(古代史) 제1부 이집트(埃及) 및 서남아시아 제국(諸国), 제2부 희랍(希臘), 제3부 로마, 제2편 중세사(中世史)제 1기 서로마 제국의 멸망, 제3편 근세사(近世史) 총론, 제4편 최(最) 근세사로 나누었다.

30) 木寺柳次郎, 『東洋歷史 : 中等敎育』博文館, 1898年, pp.1~262.(부록으로 년표. pp.1-12). 제1편 고대사, 제1기 태고(太古)에서 진(秦)의 통일까지(기원전 221년), 제2기 진(秦)의 통일에서 후한(後漢) 말로(末路)까지(기원전 221-기원 150년), 제2편 중세사(中世史) 제1기 후한 말로에서 수(隋)의 통일까지(기원 150년에서 기원589년), 제2기 수(隋)의 통일에서 당(唐)의 멸망까지(기원 589년에서 기원 907년까지), 제3기 당의 멸망에서 몽고의 발흥까지(기원 907년부터 기원 1206년까지) 제3편 근세사(近世史) 제1기 몽고의 발흥에서 유럽의 동점(東漸)까지(기원 1206년에서 기원 1517년), 제2기 유럽인의 동점에서 청의 쇠퇴까지(기원 1517년에서 기원 1796년까지), 제3기

기데라 류지로는 서양 역사와 동양 역사를 대비하여 역사를 조망하는 인식론을 갖춘 이후 『일본역사』를 집필했는데, 이 저서에서는 독특한 역사구분을 시도했다. 즉 일본역사를 제4기로 구분하면서, 제1기는 신대(神代), 제2기는 진무 천황의 동정에서 무사들의 발흥까지, 제3기는 헤이씨(平氏)의 멸망부터 대정봉환(大政奉還)까지, 제4기는 메이지유신(明治維新)에서 현재로 구분했다.[31]

기데라 류지로의 시대 구분법이 서구적 논리를 벗어나는 시도가 이어진 것인데, 구로이타 가쓰미는 이것을 단순하게 상고(고대), 중세, 근세 구분이 아니라, 시대 구분법이 갖는 특징, 그 특징을 통일하는 시대 구분법이 필요하다고 제시했다. 구로이타 가쓰미는 시대를 제도적 측면을 제시하며 넷으로 구분했다.

그것의 첫째 씨족제도시대라고 명명했는데, 그것은 '다소 외국의 영향을 받았다고 해도, 일본 고유의 씨족제도를 유지한 시대'라며, 유교 불교의 영향을 받던 정치상 사건이 일본적 고유성을 유지한 것에 있다고 보는 견해에서 근거를 둔 것이었다.(구로이타 가쓰미가 제시한 시대 구분을 표로 보면 〈표 4〉와 같다).

〈표 4〉 구로이타 가쓰미의 시대 구분. 黒板勝美, 『国史の研究(全)』文会堂, 1908年, pp.187~195.(필자정리)

씨족제도 시대	①제정일치시대-건국에서 가이카(開化) 천황까지, ②왕화(王化)확장기-스진(崇神) 천황에서 주아이(仲哀) 천황까지로 왕화 동서로 확장된 시기, ③한토(韓土)정복기-진구 황후의 신라정벌에서 부레쓰(武烈) 천황까지, ④신련단권기(臣連擅権期)-게이타이(継体) 천황에 고교쿠(皇極) 천황까지로 어대신(御代大臣) 소가씨(蘇我氏)

청의 쇠퇴에서 오늘날까지(기원 1796년에서 오늘날)로 구분했다.
31) 木寺柳次郎, 『日本歴史』博文館, 1899年, pp.1~370. 기데라 류지로는 『일본역사』를 집필할 때는 크게 신대, 진무 천황-후지와라 섭정기, 미나모토 요리토모 무사정권부터 도쿠가와 이에야스 무가정권까지 그리고 메이지유신 이후로 나누고 있었다. 이는 기데라 류지로가 새롭게 신대, 섭정시기, 무가정권시기, 메이지유신으로 나누었던 것이다.

	의 멸망까지로 대신(大臣) 정권이 전권을 유지한 시기. 통상적으로 일본 국사에서는 신대(神代)를 두고 건국의 일을 설명하는데 나는 이를 제정일치 시기의 전반기로서 특히 신대(神代)를 연구.
율령제도 시대	다이카혁신 이래 중국의 제도에 의해 중앙집권 제도를 실시, 정치적으로 율령을 중심으로 실시된 시대를 통칭한다. 율령을 본으로 정치를 실시했기 때문에 헤이가(平家)의 멸망을 통해 이것의 종말을 고하고 있다. 이것은 육조로 나뉜다. 율령 제정기-나라(奈良)조정 시기-헤이안(平安)천도기-후지씨(藤氏)융성기-후지씨(藤氏)전권기-원(院)정치기-헤이씨(平氏)전권기.
무가제도 시대	무가 특유의 제도를 통해 정치를 실시하던 시대로서, 가장 이른 율령은 무가 이전에는 공문(空文)에 귀(歸)했다. 그리고 정영식목(貞永式目)은 말 그대로 무가(武家)제도의 근본을 이루고 있다. 이것을 세 개의 작은 시대로 구분하고 그것을 다시 소별(小別)하는 것이 형편상 좋다. 즉 막부의 위치에 의해 그 이름은 동일하게 무가제도로 하면서 그 속에서 각각의 특색을 갖고 있다. 가마쿠라(鎌倉)무가시대-(미나모토씨〈源氏〉장군 시기, 호쿠죠〈北条〉집권 시기)-교토(京都)무가시대(남북양조기〈南北兩朝期〉, 무로마치〈室町〉융성기, 무로마치 쇠망기, 오다·도요토미〈豊臣〉시기)-에도(江戸)무가시대(막부〈幕府〉창업기, 문예 융성기, 막부 중흥기, 막부 극성기(極盛期), 막부 쇠망기).
메이지입헌 시대	유신의 정치를 실시하고 서구 문명을 수입하여 제도문물을 일변시켰다. 헌법발포, 입헌정치 실시, 타이완을 병합하고 한국을 보호국화하고, 동양의 평화를 보장하는 위치를 차지하는 현재.

특히 구로이타 가쓰미는 시대를 구분함에 있어서 가장 중요한 항목으로 제시한 통일성, 그리고 그것을 국가의 조직 및 국가의 변천해가는 양상, 동시에 사회에 나타난 인간 생활 상태 혹은 사상의 변천을 통해서 역사 시대를 구분하는 방법이었다. 오카와 슈메이는 천황의 지위 변천에 통일성을 두어 역사 시기 구분을 하거나 국가적 정치 형태로서 다섯 시기로 나누었던 것이다.

오카와 슈메이 역시 구로이타 가쓰미와 동일하게 첫 시기를 씨족국가라고 규정했다. 그리고 진무 천황의 건국 이래 천조(天祖) 아마테라스 오미카미(天照大神)의 신칙(神勅)에 따른 신도(神道) 신앙에 의해 일본의 정신생활이 확립되는 시대라고 규정했다. 그것이 제11대 스진(垂仁) 천황에서 제16대 닌토쿠(仁德) 천황에는 중국 문명을 대표하는 유교를 수용하고 제17대 리추(履中) 천황에서 제31대 요메이(用明) 천황시기는 인도문명을 대표하는 불교의 전래로 새로운 전기(轉機)를 창출한 시기로서, 이 또한 혁신의 시대로 본 것

이다.[32]

그리고 다이카 혁신에 의해 유기적인 천황전제의 군주국이 된다는 것이었고, 제51대 헤이조(平城) 천황은 임신의 난을 거쳐 천황권위가 최고로 고양된 시기였으며, 대륙문명을 섭취하여 새로운 시대를 개척한 것으로 구분했다.[33] 그 연장선상에서 제52대 사가(嵯峨) 천황부터 제118대 고모모조노(後桃園) 천황까지를 천황권위의 침체기로 보았다.[34]

이것이 천황 친정(親政)이 약화하고 천황이 정치권 밖으로 쫓겨나가는 시기라고 설정했다. 그 사이에 관백(關白), 법황(法皇) 및 원호(院号)가 시작된 점을 밝혔다.[35] 이러한 시기를 구로이타 가쓰미는 천황제 군주국시대와 귀족정치 시대를 율령제도시대로 묶었는데, 오카와 슈메이는 귀족정치 시대와 무가시대를 구분하면서, 천황 친정의 귀족과 무가들에 의해 밀려나는 시기를 앞당겼다.

그렇지만 그러한 귀족들에 의한 섭정이나 무사들의 정치적 장악이라는 침체기를 거쳐 제119대 고카쿠(光格) 천황[36]에서 제122대 메이지(明治) 천황 시기[37]에 천황의 발흥이 일어났음을 강조하게 된다. 특히 이 시기를 존왕도

---

32) 廣瀨重見,「大川周明稿『列聖伝』(その1)」,『藝林』第52卷 第1号, 藝林会, 2003年, pp.173~176. 廣瀨重見,「大川周明稿『列聖伝』(その1)」,『藝林』第52卷 第1号, 藝林会, 2003年, pp.187~190. 廣瀨重見,「大川周明稿『列聖伝』(その2)」,『藝林』第52卷 第2号, 藝林会, 2003年, pp.145~146. 廣瀨重見,「大川周明稿『列聖伝』(その2)」,『藝林』第52卷 第2号, 藝林会, 2003年, pp.165~166.

33) 昆野伸幸,『近代日本の國体論-〈皇國史觀〉再考』ペリカン社, 2008年, p.132.

34) 廣瀨重見,「大川周明稿『列聖伝』(その4)」,『藝林』第53卷 第2号, 藝林会, 2004年, pp.164~166. "검비달사(檢非達使)를 근위부(近衛府), 병위부(兵衛府), 위문부(衛門府)에 두고 죄인 체포를 맡게 한다. 이것이 문무 양 권력의 분리 단서가 된 것은 말할 것도 없다. 그리고 구로우도도코로(蔵人所)는 이후 관백(關白)의 권력에 들어간 것"이라고 설명해 냈다.

35) 廣瀨重見,「大川周明稿『列聖伝』(その4)」,『藝林』第53卷 第2号, 藝林会, 2004年, pp.174~176.

36) 廣瀨重見,「大川周明稿『列聖伝』(その8)」,『藝林』第55卷 第2号, 藝林会, 2006年, pp.132~135.

막(尊王倒幕)과 천황의 권위가 부상하는 것으로 그려내고, 마침내 제122대 메이지 천황에 이르러 왕정복고가 실현되었다고 본 것이다.[38]

즉 오카와 슈메이는 ①천황 기초가 확립→ ②천황의 정치적 변동→ ③ 천황 권위의 침체→ ④천황의 복고(부흥)이라는 네 단계로 역사를 구분해 냈던 것이다.[39]

더 구체적으로 본다면, 특히 ③천황 권위의 침체시기를 다시 귀족정치와 봉건국가 즉 무가정치 시대에도 천황은 기회가 있으면 정권을 황실에 회복하려 고심한 부분을 강조했다. 이러한 천황 침체기에는 귀족정치나 무가정치를 기술하면서도 한편으로는 정치의 혼란성을 강조했다. 천황에 대한 불충에 의해 일어나는 정치적 혼란을 제시하는 것이었다.

특히 무가정치기의 아시카가씨는 황실을 사유화 한 점을 부각하는 등 그 횡포를 기술했다.[40] 그리고 제107대 고요제이(後陽成) 천황 부분에서는 게이초(慶長) 2년에 히데요시에서 이에야스(家康)로 권력이 옮겨갔으나[41] 제119대 고카쿠(光格) 천황 시기에는, 막부에 대한 반감이 점점 심해졌고, 마침내 천하의 인심을 잃게 된 과정을 기술했다.[42]

이러한 시대적 흐름의 연관성 속에서 1867년 10월 마침내 왕정복고가 이루어지고 메이지의 신시대가 열린 것으로 기술한다. 제122대 메이지 천황이 천황에 즉위하고, 헌법을 제정하고 1889년 공포하면서 입헌군주정체를 이루게 되었다고 보았다. 1890년 교육칙어의 반포를 이루고, 일본의 정신계에 일대 해결을 주는 것으로, 문교(文敎)의 기본이 설정되었으며, 천황의 위광(威光, 御稜威) 아래 물질적, 정신적으로도 발전한 것[43]으로 전체 역사의 귀결

---

37) 廣瀬重見,「大川周明稿『列聖伝』(その8)」, 위의 잡지, pp.142~151.

38) 昆野伸幸, 『近代日本の國体論-〈皇國史觀〉再考』ペリカン社, 2008年, pp.35~38.

39) 廣瀬重見,「大川周明稿『列聖伝』(その4)」, 앞의 잡지, pp.190~192.

40) 廣瀬重見,「大川周明稿『列聖伝』(その6)」, 『藝林』第53巻 第2号, 藝林会, 2004年, pp.173~188.

41) 廣瀬重見,「大川周明稿『列聖伝』(その4)」, 앞의 잡지, pp.149~152.

42) 廣瀬重見,「大川周明稿『列聖伝』(その4)」, 앞의 잡지, p.134.

로서 결론지었다.

또한 귀족정치나 무가정치 시기에 강조한 것은 천황의 친정은 아니지만, 천황은 안민(安民)의 덕(德)을 가진 존재였고, 그러한 안민의 덕은 인민의 공동생활의 이상 실현이었다고 보았다. 즉 천황은 안민의 덕을 통해 일본국민의 공동생활의 중심으로 존재했다고 설명함으로서 천황 존재의 의의를 강조했다. 특히 성덕의 천황은 귀족정치나 무가정치와 상관없이 생활 속에서 이어져 온 것이라고 주장했던 것이다.

이러한 메이지 천황의 특성을 서양사의 발전과 비교하여 새롭게 천황론을 기술한 미쓰쿠리 겐바치(箕作元八)의 「메이지 천황과 세계의 대세(明治天皇と世界の大勢)」와 동일한 논조를 보이는 것이었다. 말 그대로 세계적 형세에 대조하여 일본 문명의 발전 양상과 결부시키는 것이었다.

> 메이지유신 이전에는 유럽의 중세시대와 같은 봉건적 상태에 있던 일본이 일약(一躍)하여 현대적 문명국이 되었는데, 그것을 세계 대세의 변천에 비유했다.[44]

천황의 정치적 지위가 시대적 상황에 의해 변했음에도 불구하고, 일관되게 국민생활의 중심으로 영속적으로 존재해왔음을 제시한 것이다.[45] 이것은 결국 역사적으로 이어져 온 황실은 '천황의 성덕(聖德)'에 의해 국운(國運)이 증가해 온 것이며, 오카와 슈메이는 결국 메이지 천황으로 이어진 천황의 성덕을 강조하는 논리로 연결시켰다. 그것은 역사의 시대 구분을 새로 짜내면서 이룰 수 있었다. 역사의 인적관계를 중시하면서 전후 앞뒤를 꿰맞추는 작업을 수행했던 것이다.

최종적으로는 메이지 천황으로 귀결되어져 갔고, 왕정복고가 이루어진 점을 강조했다. 그리고 다시 진무천황이 전국의 왕화를 세웠던 것처럼 고대로

---

43) 廣瀬重見, 「大川周明稿『列聖伝』(その8)」, 앞의 잡지, p.146.
44) 箕作元八, 「明治天皇と世界の大勢」, 『西洋史話』東亜堂書房, 1915年, pp.509~510.
45) 昆野伸幸, 『近代日本の國体論-〈皇國史觀〉再考』ペリカン社, 2008年, p.39.

되돌아간 것임을 증명해 냈다. 그것은 고대판 진무천황이 전국을 평정하면서 에미시(蝦夷) 등을 정벌하고, 지역을 행행하면서 왕화를 선전했던 것이, 결국 메이지 천황도 그와 동일한 것임을 설명해 갔다. 예를 들면 지방 순행(巡幸), 이세(伊勢) 친배(親拜), 관병식, 관함식(觀艦式), 육군 군대연습, 군함진수식(軍艦進水式), 제국의회 개원식, 학교 졸업식, 박람회 개장식의 정도(政道)의 격려였다. 그리고 천황의 성덕과 신사(神事) 중시를 강조하는 이유가 그곳에 있었다.[46]

오카와 슈메이는 구로이타 가쓰미의 논리를 빌려와 신화는 역사로 취급하지 않았지만, 그 신화를 메이지기로 부활시켜냈다. 즉 진무천황의 천황 동정(東征)에 참가한 군인을 황군(皇軍)으로 표기하고, 천황이 휴가(日向)지역을 비롯해 전국을 순회하며 왕화(王化)적 순찰을 실시한 것이 갖는 의의를 중시했다.

황조(皇祖) 천신(天神)의 조(詔)를 받아 대일본국의 기초가 확립되었다는 논리를 재(再)호명 한 것이다. 역사적 사실이 결여된 제9대까지를 사방(四方)을 평정하는 논리로서 국가 통합을 이루어가는 것을 설명해 내면서 정치적 천황이 완성된 것을 제시했다. 그리고 스진 천황 시기에 천황이 제사장의 천황으로 출발한 것을 기술한다.

> 신지(神祇)를 숭배하고 잠시도 황국의 경륜(經綸)을 잊지 않았으며, 그리하여 이 스진 천황은, 하쓰쿠니시라스스메라미코토(肇国天皇)라고 칭송되었다고 적었다. 동시에 백성(民)을 돌보았으나 역병을 앓게 되고 모반을 일으키려는 자들이 나타나 여러 가지 번잡했는데, 이를 풀어내기 위해 아마테라스 오미카미와 오쿠니다마노카미(大国魂神)를 황거(皇居)의 전내(殿內)에 봉재하기도 했고, 신경(神鏡)을 야마도(大和)의 가사누이노무라(笠縫邑)에 옮겨 아마테라스 오미카미를 제사 지내게 했고, 오쿠니 타마노카미(大国魂神)도 제사를 지냈다. 후세에 미혼의 황녀를 제궁(齊宮)에 보낸 것은 이시기부터라고 설명한다. 즉 스진 천황시기부터 천황이 제사에 관여했고, 미혼의 황녀를 제궁에 내세우게 된 것이다. 더욱이 역

---

46) 廣瀬重見, 「大川周明稿『列聖伝』(その8)」, 앞의 잡지, pp.149~151.

병을 치유하기위한 방법으로 야요로즈가미(八十万神)를 제사하고 아마쓰 야시로 (天社), 구니쓰 야시로(国社)를 정하고 신지(神地) 신호(神戶)를 두고 제신의 용도를 풍부하게 했더니 역병이 없어지고 백성이 평안해 졌다고 기록했다.[47)

다시 말해서 오카와 슈메이는 신화를 역사에서 제외하는 방식이었지만, 천황의 정치적 권력 확립, 그리고 스진 천황시기부터 아마데라스 오미카미를 제사지내는 제사장으로서의 천황이 탄생했음을 강조한 것이었다. 또한 아마테라스 오미카미 이후 일본의 모든 신을 가리키는 야요로즈가미(八十万神)를 제사하게 하고, 천신을 제사하는 아마쓰야시로나 지기(地祇)를 제사하는 구니쓰야시로를 제정하게 된 것을 제시한 것이다.

오카와 슈메이는 바로 정치적 천황과 제사적 천황의 탄생을 설명해 냈다. 그것을 메이지 유신에 비유했다. 메이지 천황에 의해 "일시동인(一視同仁)의 성천자(聖天子)로서 국민에 군림하고, 국민 또한 천황은 국민의 천황이라는 마음을 갖고, 위로는 귀족 아래로는 필부에 이르기까지 모두 천황은 자신들의 천황이라는 마음을 갖게 되었다"[48)고 규정해 갔다. 일본의 국가 발전이 고대에 일어난 것처럼 현재로 오법 랩 되고, 그것은 다시 신화로 돌아가는 논리로 귀일된다. 신화에 유래하는 신권적(神權的) 전통 카리스마적 특징을 강조하는 것이었다. 즉 그것은 천황 권위의 신권화와 그것이 국민 모두의 마음에 스며들었다고 하는 '천황주의=국민 내면'에 환기시키는 논리로, 그것이 일본의 고대에 일어난 왕화(王化)인 것처럼 현재로 오버랩 되고, 다시 고대의 진무천황의 중흥으로 설명해 냈던 것이다.

즉 고대의 천황은 메이지천황으로 등치되고, 메이지 천황이 그대로 고대 천황이었던 것이다. 오카와 슈메이는 각각의 시대가 각각의 새로운 시대적 개척자의 등장 → 전횡 → 반감 → 새로운 시대라는 진화론적 시간 축에 일본 전체 역사를 대입시켜 시공간적 역사 논리를 제시하고, 그것을 통해 고대와

---

47) 廣瀨重見, 「『列聖伝』(その1)」, 『芸林』 第52卷 第1号, 芸林会, 2003年, p.172.
48) 廣瀨重見, 「大川周明稿『列聖伝』(その8)」, 앞의 잡지, p.151.

메이지천황이 중첩된다고 주장한 것이었다.

오카와 슈메이는 역사의 연대기나 시대사에 주목한 것이 아니라, 개혁이나 혁신으로서 새로움을 창출해 가는 논리로서 역사를 재구성해 낼 수 있었다. 그것은 천황 역사의 재발견이었고, 메이지 천황제 국가의 친정(親政)을 정당화 하는 근거를 만들어냈던 것이다.

5. 네이션 신화의 내부에서

이상으로 본 장에서는 오카와 슈메이의 천황주의가 어떠한 인식론적 매개를 통해서 형성되었는가라는 그 프로세스를 밝히는 것이 초점을 두고 이를 기술해 왔다. 이러한 프로세스를 밝혀냄으로써 오카와 슈메이의 천황주의 사상의 근간을 들여다볼 수 있으며, 역설적으로 천황주의 사상의 사상화 과정은 만들어진 천황주의 사관이었음을 읽어 낼 수 있었다.

그리고 그것은 구로이타 가쓰미와 기데라 류지로의 자유주의적 사관에 바탕을 두고, 역사교육이 갖는 문제점을 해결하기 위해 기존의 수사사업에 관여하던 국가주도적 편찬 사업과 거리를 두는 입장에서 공통점을 가졌다. 오카와 슈메이는 여기서 한 발 더 나아가 서구의 자유 개념을 다시 일본의 자유 개념으로 해석하고, 자유란 하나의 공동체 이론에 매몰되는 것이 아니라고 제시하고 있었다. 그것은 일본이 서구의 자유 개념을 동시에 갖고 있음을 설명해 내면서 다시 국가를 상대화하고, 그 객관화된 국가의 역할이 '문교'에 있음을 주장하게 되었다.

그 과정에서 오카와 슈메이가 참조한 구로이타 가쓰미와 기데라 류지로는 역사의 시대 구분을 새롭게 제시하고 있었다. 구로이타는 구축주의 입장에서 역사 시대 구분은 서구적 고정관념에 탈피하지만, 그 구분 방식에는 통일성을 갖추어야 함을 제시했다. 동시에 기데라 류지로 또한 서구적 시대 구분을 답습하면서 시대구분에 구애를 받았다.

이것은 오카와 슈메이에게 시대 구분의 자율성과 시대구분의 고정성이 갖는 논리를 새롭게 열어주는 계기가 되었다. 그리고 기데라 류지로는 신화를 그대로 역사로 간주하는 입장이었는데, 구로이타 가쓰미는 신화와 역사를 구분하면서 신화는 역사가 아니라고 보는 입장이었다. 그렇지만 그 신화 속에서 역사적 사실을 도출해야 한다고 주장했다. 오카와 슈메이 역시 후자의 구로이타 가쓰미처럼 신화 속에는 역사적 진실이 담겨져 있다고 여기고, 일본 신화의 미소기를 '탈화(脫化) 관념'의 세계라는 레토릭을 가져왔다. 비록 신화를 역사로 간주하지는 않았지만, 시대를 초월하는 개념으로 근대를 설명해 냈다.

이를 근거로 오카와 슈메이는 다이카혁신을 설명해 냈고, 혁신 개념을 근대 개념으로 치환시켜 설명해 냈다. 그리고 메이지 천황을 논하는 논리 속에 '위로는 귀족 아래로는 필부에 이르기까지 모두 천황은 자신들의 천황이라는 마음을 갖게 되었다'고 주장하며, 메이지기에 국민전체가 천황을 내면화했음을 실체적으로 제시했던 것이다. 동시에 그것이 고대 제사적 천황과 정치적 천황을 메이지 천황으로 등치시키면서, 메이지 국가의 근대 네이션을 형성하는 천황 중심주의를 '국민국가'로 확립시켜 간 논리를 역설적으로 보여주고 있는 것이었다.

제2장
'공공 천황론' 속의 내셔널리즘·
'내셔널리즘' 속의 공공천황론
—'배제의 배제'와 선택의 상호성—

1. 아프리오리의 초극과 에피파니(epiphany) 사이에서

천황론과 공공성. 이 둘은 별개의 문제로 보일 수 있지만, 사실 직접적인
연관성이 존재했다.[1] 그것을 '이에(家)' 제도와 가부장제, 그리고 이것이 천황제
로 연결되었다고 보는 입장[2]도 존재하지만, 일본에서 과연 공공성과 천황이
어떻게 연결되고 있었는가라는 문제는 이로써 전부를 설명하고 있다고 볼
수 없다. 또한 공공성과 천황제 논리가 '민족적인 공동체' 내부에서 존재한다
고 보아 천황제 지배질서가 갖는 의미 혹은 천황제 제도의 역사적 내력을
설명하는 방식으로 이를 설명하는 것도 한계가 존재한다고 본다.

---

1) 물론 천황론과 공공성을 다룬 논고가 전혀 없는 것은 아니다. 예를 들면 小路田泰直,
「天皇制と公共性」, 『日本史研究』 391号, 日本史研究会, 1995年, pp.3~27. 오구마 에
이지(小熊英二)의 『〈민주〉와 〈애국〉-전후 일본 내셔널리즘과 공공성(〈民主〉と〈愛
国〉-戦後日本のナショナリズムと公共性)』 新曜社, 2002年)은 시대적 변용 속에서
대중사회의 내셔널리즘이 공공개념과 어떻게 맞물리며 전개되지 그 내용을 다루고
있다.
2) 사토 요시유키(佐藤慶幸)는 공공 공간의 기본원리를 공공성이라고 보았다. 전전(戦
前) 일본의 공동체 사회라는 공공 공간의 기본원리는 멸사봉공(滅私奉公)을 강요하
는 이에(家)원리였고, 그것이 제도화로 나타난 것이 가부장제(家父長制)였으며, 그
연장 상태가 천황제였다고 설명했다. 佐藤慶幸, 「公共性の構造転換とアソシエーショ
ン革命」, 『市民社会と批判的公共性』 文眞堂, 2003年, p.10.

　필자가 논하는 것은 '생활' 개념이 '공공 공간'으로 어떻게 확대되어 천황과 만나게 되는지, 그 전제 논리에 대해서 고찰하고자 한다. 즉 개인의 인식에 내장된 개립적(個立的) 주체가 개인 주체성의 가치나 해방으로 연결시키는 것이 아니라, 생활이라는 개념을 도입하여 이를 획일적 동일성 영역으로 확대시켜가는 논리를 파악하고자 한다. 개인의 주체적 영역 확보를 위한 논리로서 생활공동체라는 요소를 제창하면서도 그것이 오히려 '공공 천황제'의 개념을 완성해 냈는지를 살펴보고자 한다.[3]

　특히 다이쇼기에 공공 천황론을 주장한 쓰다 소키치(津田左右吉 : 1873~1961), 오카와 슈메이(大川周明 : 1886~1957), 미노다 무네키(蓑田胸喜 : 1894~1946)를 다루어 보고자 한다. 쓰다 소키치와 오카와 슈메이, 미노다 무네키를 거론하는 이유는, 이들이 메이지기(明治期), 다이쇼기(大正期), 쇼와기(昭和期)를 거치는 과정에서 '주체적 인식론에 생활=민중의 시각'이라는 개념을 도입하여, 생활 공동 천황제 국가라는 패러다임을 완성해 내는 주역자들이었기 때문이다.

　먼저 공공 천황론이 어떠한 논리를 담지하게 되는가를 검토하기 위해서는, 먼저 쓰다 소키치, 오카와 슈메이, 미노다 무네키 '부여받은 것=문자와 사상'에 대해 어떠한 해석의 차이를 갖고 있는지부터 살펴볼 필요가 있다. 그리고 그 '부여받은 것'으로부터 탈피하기 위한 내면적 차이성들이 어떻게 경합하는지를 살펴보기로 한다. 그 과정을 통해 생활 속에 간직된 가치가 공공적인 것으로 어떻게 확대되고, 그것이 공공성으로 정당성을 갖게 되는 지를 규명해내고자 한다.

　먼저 쓰다 소키치의 경우를 보자면, 쓰다 소키치는 인간은 문자 습득에 의

---

3) 공공성이란 사적(私的)인 것과 대비되는 공간인데, 이를 공적 동질성을 가진 것으로 보아, 그것에 사회적 연대나 공통된 연대성을 강조하는 문맥을 연결시켜 최종적으로는 국가레벨로 일체화시켜 가는 개념으로 파악한다. 물론 이러한 공공 개념은 고정적인 것이 아니라 시대와 문맥에 의해 유동적인 것으로 간주하지만, 필자는 본 논고에서 생활 공공성과 천황 국가의 의미를 국민적 연대, 가치의 공동화로 나아가는 변용되어 가는 논리로 사용한다. 斉藤純一,『公共性』岩波書店, 2000年, pp. i~xi.

해 사상을 내면화 한다고 가정하고 있었다. 문자를 통해 사상을 ('갖게 된다=
부여받는다=무의식')이라고 간주했다. 따라서 '진정한' 주체를 재구성하기 위
해서는, 이 부여받은 것으로부터 탈피해야 한다고 주장했다. 즉, 일본이 고대
에 중국의 문자를 수용하게 되면서 중국적 사상까지 받아들였다고 보았다.

그렇기 때문에 쓰다 소키치의 입장에서는 주체적인 일본을 자각하기 위해
서는 중국적인 것에서 탈피해야 한다고 설정했다. 그런데 문제는 중국 사상
극복을 위해 세운 이론들 즉, 탈(脫)중국이나 반(反)중국이라는 논리도 비
(非)중국이 아니었다고 주장하는 점이었다. 탈중국이나 반중국을 위해 세운
그 기반 논리조차 중국 사상에 근거를 두고 있는 것이라고 보았기 때문이다.

이를 해결하는 방안으로 쓰다 소키치가 제시한 것은, 지식 레벨이 아니라,
일본 내의 실생활에서 찾아야 한다는 것이었다. 즉 일본에서는, 이 실생활
차원이 중국이나 인도와 달랐다는 점을 제시했다. 그리하여 실생활 속에 존
재하는 일본의 독창적인 것은 '공동생활=공동문화 형성=역사화'를 만들어 냈
고, 그것은 바로 '천황'이라고 주장했다.

한편 오카와 슈메이는 일본이 '부여받은 것'은 쓰다 소키치와 반대로 '서구
적 인식'이라고 제안했다. 즉 서구 사상을 수용하게 되면서 일본은 서구인들
이 만들어 놓은 동양 인식을 갖게 되었다고 보았다. 오카와 슈메이의 입장에
서는, 그렇기 때문에, 서구를 철저하게 소거시켜야만 했다. 서구적 논리를 배
제하여 동양 즉 중국이나 인도와의 문화 교류 속에서 일본문화의 독창성을
찾는 것이 주체적인 것이라고 보았다. 그리하여 오카와 슈메이는 동양인의
실생활에 공통적으로 존재하던 '조상숭배'에 주목했다. 조상숭배 사상은 서
구와 동양에 존재했던 세계적 보편성이었다고 상정하고, 서구에서는 이것이
기독교로 변용되어 서구적 특수성을 갖게 된 것인데, 이를 동양에 주입시키
려한다고 보았다.

이를 탈피하여 동양적인 것에 여전히 존재하는 조상숭배가 갖는 생활적
차원을 설명해 냈고, 그것을 여전히 유지하는 일본이 세계적 보편성을 갖고
있다고 주장했다. 이를 '개인 – 집안 – 국가'로 연결시켜냈고, 마침내 공사(公
私)를 넘는 '공공의 천황'으로 탈바꿈 시켰다.

미노다 무네키는 부여받은 것에는 두 가지 측면, 즉 '말과 문자'가 존재한 다고 설정했다. '말'이란 반드시 문자가 아니며 언어도 아니었다. 그저 사람 들끼리 소통하고 교류할 수 있는 기호 같은 것이었다. 그리고 미노다 무네키 는, 말이 먼저 존재하고 문자는 그것을 기록하기 위해 후에 발명된 것이라고 간주했다. 말이 먼저 존재했기 때문에, 쓰다 소키치가 주장하듯이 외래의 문 자에 의해 사상을 내면화 한 것이 아니라, 문자를 받아들이기 이전에 이미 일본인 내부들이 소통하던 '음성'이 존재했기 때문에, 이미 사상적으로 내적 으로는 고유한 것을 갖게 되었다고 보았다.

그리하여 미노다 무네키는 개인에 내장된 고유적인 것, 즉 일본적인 것은 고래로부터 '존재하는 것'이라고 여겼다. 그래서 있는 그대로를 아는 것 그것 은 곧 천황의 존재였고, 그것이 실생활 속에 존재한다고 보았다. 그것이 국 민생활에 존재하는 천황의 와카(和歌)를 암송함으로서 '공공 천황론'을 완성 해 주는 것이라고 주장했다.

결국 쓰다 소키치, 오카와 슈메이, 미노다 무네키는 부여받은 것에 대한 동일한 키워드에 대해 각자의 시점으로 해석하는 차이성을 갖고 있었다. 그 틀 속에는 차이성을 넘어 공공 천황론을 만들어내어 국가와 일체화하는 공 공 내셔널리즘으로 회수되어 갔던 것이다.

2. '사상·무사상'의 경계

쓰다 소키치에 관해서는 이미 잘 알려진 것처럼 대표적 선행연구로는 이에 나가 사부로(家永三郎)의 대저(大著)가 있다. 쓰다 소키치 사상학의 형성시기 부터 전후(戰後)시기의 사상 논리를 총망라하고 있어, 쓰다 소키치 사학이나 쓰다 소키치 사상사학을 전체적으로 이해하는데 있어 필수적인 저서이다.

특히 쓰다 소키치 사학이나 쓰다 소키치 사상사학이라는 개념이 갖는 독 특성을 명확하게 파악하여 제시해 준다. 실생활과 주체에 대한 비판성이 갖 는 문제에 주목한 것은 많은 시사점을 준다.[4] 이는 쓰다 소키치가 메이지기

의 실증사학이 갖는 의미를 비판적으로 다루고 있는 점5)에서 근대일본의 역
사학 성립 과정에 나타난 문제점과도 연결된다. 즉 전제(專制)주의적 교화정
책 내부의 국수주의적 역사학이 지배적이었고, 이를 내면적 맥락에서 탐구하
는 학문적 사유의 학풍으로 성장하지 못한 것을 지적한 것이다.6)

그리고 우에다 마사아키(上田正昭) 또한 쓰다 소키치 사학의 특질이나 본질
을 이해하는데 있어 필요불가결한 선행 저서중 하나이다. 특히 실생활 내면에
근거를 두는 논거를 설명하면서, 쓰다 소키치가 미노다 무네키로부터 비판을
받던 시기에 『지나사상과 일본』이 갖는 의미를 규명해 냈다.

즉 쓰다 소키치의 이 저서에는 대동아공영권에 대한 비판적인 논리를 포
함하고 있었지만, 그럼에도 불구하고 제국주의적 침략에 대해서는 비판까지
는 밀고 나가지 못한 점을 지적했다. 즉 내부적으로는 민주주의적이었지만,
외부를 향해서는 제국주의로서 중국 멸시론 등이 존재했다는 점에서 일본
제국주의적 시선으로부터 자유롭지 못했다고 본 점7)은 기존 논고를 한발 더
진전시킨 연구 성과였다.

이를 의식한듯 이석원은 쓰다 소키치의 평가가 식민사학자인가, 아니면
일본 내부에서 객관적 과학적 역사연구로서 천황제와 대면한 저항적 지식인
가의 문제를 설정하여, 구체적으로 쓰다 소키치 특유의 동양부정론을 해독해
냈다. 특히 쓰다 소키치 사학과 국민사상이라는 측면을 심도 있게 다루며,
쓰다 소키치가 국민 혹은 국민사가 천황제와 맞물리면서 초역사적인 대상으
로부터 자유롭지 못한 논리를 제시했다.8)

또한 쓰다 소키치 사학이 갖는 독특성을 인정하면서도9) 잇세 요코(一瀬陽

4) 家永三郎, 『津田左右吉の思想史的研究』岩波書店, 1972年, pp.91~122.
5) 鹿野政直, 『近代日本の民間学』(岩波書店, 1983). 한국어 번역서로는 가노 마사나오
(鹿野政直)저, 서정완역, 『근대일본의 학문-관학과 민간학』 소화, 2008년.
6) 石母田正, 「歴史家について」, 『津田左右吉』 三一書房, 1974年, pp.159~183.
7) 上田正昭, 『津田左右吉』 三一書房, 1974年, pp.184~217.
8) 이석원, 「국민사상과 제국-1930년대 쓰다 소키치(津田左右吉)의 중국·아시아론」, 『인
문과학』 제54집, 성균관대학교 인문학연구원, 2014년, pp.123~158.

子)는, 쓰다 소키치가 제시한 심리학 중시라는 논리가 미노다 무네키와 공통
된 점이 존재한다는 것에서 출발하면서도 기존 선행연구들, 즉 이에나가 사
부로와 이시모다 다다시의 쓰다 소키치 이해의 오류점을 도출해 냈다. 쓰다
소키치 학문에 기초를 이룬 과학 개념을 전전(戰前)과 전중(戰中)에 나타났
던 시대적 논리의 동일성과 차이성을 통해, 미노다 무네키와 쓰다 소키치의
차이점을 증명해 내기도 했다.[10]

   이러한 연구는 기존 연구의 틀 자체를 재고찰 할 필요성을 여실히 보여준
다. 쓰다 소키치의 논고에 대한 논리들을 재구성하는데 그치는 것이 아니라,
쓰다 소키치의 사상이 갖는 논리를 원초적인 개념어 의미부터 점검하는 것
이 중요함을 제시한 것이다.

   이를 반영하듯 이소마에 준이치(磯前順一)는 단일민족론과 다문화제국주
의의 문제점을 지적하면서, 연구의 시점 즉 연구자의 사상성이 갖는 쌍방형
성의 필요성을 새롭게 고찰했다.[11] 특히 쓰다 소키치의 학문적 사상이 근본
적으로 어떻게 형성되어졌고, 그 사상성 자체가 어떠한 특성을 갖는지 살펴
볼 필요성을 제시했다.

   그리고 미노다 무네키 개인에 초점을 맞춘 논고로는 노병호가 대표적이
다. 노병호는 미노다 무네키가 사상적으로 가장 큰 영향관계에 있었던 미쓰
이 고우시(三井甲之)와의 관련성과, 원리일본사 그룹이 제시한 수순(隨順)이
라는 키워드가 갖는 의미 분석을 통해 미노다 무네키의 특성을 잘 그려내고
있다. 특히 이 수순의 논리가 하나의 신앙적 위치로 자리를 잡으면서 시인

---

 9) 세키네 히데유키(関根英行), 「쓰다 소키치사학(津田史学)'의 신대사(神代史) 해석과
    한·일 민족의 계통관계」, 『日本思想』 제12호, 한국일본사상사학회, 2007년, pp.77~107.
    박현숙, 「津田左右吉의 단일민족설과 고대 한·일 민족관계 인식」, 『동북아역사논총』
    제26호, 동북아역사재단, 2009년, pp.7~33.
10) 一瀬陽子, 「津田左右吉にみる戰前と戰後の間」, 『言語文化學』 vol.14, 大阪大學言語
    文化學會, 2005年, pp.19~32. 특히 pp.22~23 참조.
11) 磯前順一, 「津田左右吉の国民史構想 : 多民族帝国における単一民族国家論の役割」, 『
    アリーナ(Arena)』 no.19, 人間社, 2016年, pp.258~292.

(詩人)의 위치를 설정하는 논리 즉, 사생(寫生)이 갖는 의미를 '시인의 신과 같은 특권적 지위'의 위치를 상징하는 것이라고 파악하여, 원리일본사의 멤버들이 갖는 절대적 원리주의의 내용을 잘 설명해 냈다.[12]

그리고 미노다 무네키가 영향을 받은 원리일본사의 미쓰이 고우시의 수순 논리가 마사오카 시키(正岡子規)의 사생개념에서 파생된 것으로 시각을 중심으로 한 표층적 세계관에 구애받는 근거를 설명해 내고 있다.

그 내용을 구체적인 부분 하나만 언급하자면, 원래 마사오카 시키의 사생 개념은 사이토 시게요시(斉藤茂吉)와 미쓰이 고우시가 새롭게 재해석했는데, 후자인 미쓰이 고우시는 전자인 사이토 시게요시의 시인의 위치 즉 정태적, 명상적 세계관에 대해 비판적으로 받아들이면서 지식적 반성을 배제한 수순에 경도되는 논리를 구체적으로 설명해 냈다고 보았다.[13]

이러한 논리의 연장선상에서 미노다 무네키의 논점을 잘 분석해 낸 우에무라 가즈히데(植村和秀)는, 미노다 무네키가 가진 서구 논리에 대한 비판과 내적 이성을 탐구하여 것에 대해서도 비판하는 양면성을 제시해 주고 있다.[14] 이러한 선행연구로부터는 미노다 무네키의 논리, 즉 '서구적 근대 이성을 승인하지 않고 이유와 내부 일본의 천황에 대한 천착도 부정'하는 인식은, 결과적으로 자아의식의 절대화로 확장되어 간다는 점에서 쓰다 소키치와 오

---

12) 노병호, 「미노다 무네키(蓑田胸喜)의 '원리일본'과 1930년대」, 『동북아역사논총』 41호, 동북아역사재단, 2013년, pp.403~445. 특히 이러한 논점은,『일본주의적 교양의 시대(日本主義的教養の時代)』라는 저서에 다카우치 요(竹内洋)「제대(帝大) 숙정 운동의 탄생 · 맹공 · 차질(粛正運動の誕生 · 猛攻 · 蹉跌)」, 우에무라 가즈히데(植村和秀)의 「천황기관설 비판의 「논리」(天皇機関説批判の「論理」)」, 가타야마 모리히데(片山杜秀)의 「사생 · 수순 · 배송(写生 · 随順 · 拝誦)」의 원고들과 맥락을 함께 하는데, 특히 세 번째 가타야마 모리히데 논고는 미노다 무네키가 '천황의 절대화=현실 절대주의 논리'가 갖는 구체적 특징을 잘 설명해 주고 있다.

13) 片山杜秀, 「写生 · 随順 · 拝誦」,『日本主義的教養の時代』柏書房, 2006年, pp.112~118.

14) 植村和秀, 「蓑田胸喜の西田幾多郎批判-論理的分析(1)」,『産大法学』39巻 3 · 4号, 京都産業大学, 2006年, pp.33~48. 植村和秀, 「蓑田胸喜の西田幾多郎批判-論理的分析(2 · 完)」,『産大法学』41巻 1号, 京都産業大学, 2007年, pp.1~39 .

카와 슈메이와 무관한 것이 아니었다.

이러한 선행연구를 참고하면서, 본 장에서는 쓰다 소키치, 오카와 슈메이, 미노다 무네키를 개별적으로가 아니라 동일선상에서 비교하여, 그 사상들이 어떻게 분화되는지, 어느 지점에서 다시 일원성을 띠어 가는지, 그리고 그것이 어떠한 의미에서 내셔널리즘과 맞닿게 되는지를 고찰해 보기로 한다.

3. '부여받은 것'에 대한 개칭과 변신

미노다 무네키는 '부여받은 것'을 어떻게 해결해야 하는가에 대해 문제 제기했다. 이에 대한 해석을 근거로 쓰다 소키치와 오카와 슈메이를 비판했다. 기본적으로 미노다 무네키는 근본적으로 개인이나 민족, 국민에게는 부여받은 것, 즉 생리적/심리적인 것이 존재한다는 입장이었다.

물론 그것이 반드시 불변이라고는 말할 수 없어 개진이 필요하다는 점은 인정하면서도, 그럼에도 불구하고 멸실(滅失)하지 않는 것, 즉 본원적인 것이 존재한다고[15] 보았다. 원초적으로 '부여받는 것'을 본질적으로 잃지 말아야 한다고 보았다.

이에 반해 쓰다 소키치는 '부여받은 것'이란 철저하게 소거되어야 만이 진정한 자아를 찾을 수 있다고 주장했다. 즉 일본이 일본인의 사상을 진정으로 갖기 위해서는 기존에 존재하는 부여받은 것을 철저하게 제거해야 한다고 보았다. 쓰다 소키치의 입장에서 부여받은 것이란 중국적인 것이었다. 즉 진정한 일본인의 사상을 알기 위해서는 일본 속에 파고들어 온 중국적인 것을 '철저하게 제거'해야 한다는 입장이었다. 이를 위해 쓰다 소키치는 일본에 중국 사상에 어떻게 물들어 갔는지 그 과정을 철저하게 밝혀내고, 그를 통해 중국으로부터 부여받은 사상을 탈피해야 한다고 보았던 것이다.

---

15) 蓑田胸喜,「世界文化史の新回顧と新展望」,『学術維新』,『蓑田胸喜全集』第4巻, 柏書房, 2004年, p.517.

그렇기 때문에 쓰다 소키치가 무엇보다도 관심을 가진 것은 '문자의 습득=인식의 형성'과의 연관성이었다. 즉 중국어라는 언어/문자의 습득이 갖는 문제였다. 일본인이 문명화하기 위해 중국 문자를 받아들였는데, 그 문자를 배우는 것 자체 속에서 중국 사상을 부지불식간에 내면화 했다고 본 것이다.

일본인이면서 중국 문자를 습득하는 과정에서 자연스럽게 중국 사상에 빠지는 논리를 문자 습득과 연결시켰다. 중국 언어와 문자를 학습해 버림으로써 일본인이 일본인의 사상을 갖지 못했고, 중국 사상에 지배를 받게 되었다고 여겼다. 당시는 일본이 문화적 수준이 낮아서 중국 사상에 대해 비판적이거나 비평이 불가능해서 그것을 통째로 받아들였다고 논했다.[16]문자 습득이 언어 이해를 넘어 사상까지도 액면 그대로 내면화 해 버린 것을 강조했다. 그것은 비평능력을 갖추지 못했다는 점이 그 이유이기도 했다.

그런데 이러한 표현은 오해를 낳았다. 쓰다 소키치의 논리는 비평능력이 없는 단계에서 외래 사상이 철저히 내부로 침투되어 자신의 내면을 지배한 것을 강조하는 것이었다. 그것은 문화 습득이 무의식적으로 자아의 내면을 지배하게 되는가를 강조하는 의미였다. 이러한 레토릭 즉 중국의 문자나 사상에 대해 일본이 문화적 수준이 낮아 비평적이지 못했다고 표현한 것은 일본이 중국보다 인식론적으로 열등한 위치에 있었다는 논리로 해석되어 오카와 슈메이와 미노다 무네키로부터 비판을 받았다.

오카와 슈메이는 쓰다 소키치가 주장하듯, 일본인이 중국인들보다 인식론적으로 열등한 위치라고 설정한 것에 대해 문화 수용에 있어서의 주체성 문

---

16) 津田左右吉, 『支那思想と日本』岩波書店, 1939, pp.41~44. 당시는 중국 사상을 비판할 만한 힘이 일본인에게는 없었다. 일본인이 중국 사상을 받아들일 때는 취사선택을 틀리지 않았고 배울 것은 배우고 배우지 않을 것은 배우지 않았다고 하는 속설은 사실에 반하는 것이다. 중국사상의 취사선택을 하기 위해서는 중국 사상 그것을 충분하게 이해한 다음에 이루어지지 않으면 안 되는 것인데, 그 이해가 아직 불가능했다. 그렇기 때문에 일본 서책에 대해서도 중국사상을 표준으로 하여 혹은 그 형태에 대입시켜 다루었던 것이 일반적이었고, 그 사상이 일본 서책 그것 또는 일본인의 사상과 생활에 적합한가, 그렇지 않은가를 깊게 고려할 수가 없었다.

제와 연결하여 이에 대한 반대의견을 제시했다. 오카와 슈메이는 일본이 중국 문화를 받아들일 수 있었던 것은 일본이 문화적으로 우월한 능력을 이미 갖추고 있었기 때문에 가능했다고 해석했다. 그리고 미노다 무네키 또한 문화적으로 열등한 민족은, 우수한 민족의 식민지가 된다는 사례를 희랍민족을 예를 통해 설명하면서, 일본이 결코 중국 문화를 받아들일 때 열등한 위치가 아니었다[17]고 주장했다.

특히 미노다 무네키는 '말과 문자'의 차이를 통해 이를 반박했다. 미노다 무네키는 "일반적으로 인류의 역사는 오랫동안 '말뿐인 시대'가 있었다. 문자라는 것은 '기록되는 방식을 통해 나타난 언어'로서 물론 훨씬 후대에 이르러 발명된 것이다. (…) 문자보다도 언어가, 말을 하는 인간 정신의 위신력(威神力)을 확인해야 한다"[18]고 주장했다.

즉 미노다 무네키의 입장에서는 언어가 존재하고 이후에 문자가 존재했기 때문에 문자가 없었던 시대에도 이미 '말'을 매개로 한 문화나 사상이 존재했다고 보았다. 미노다 무네키는 문자 중심주의 논리가 아니라 의사 소통을 이루는 음성주의 아프리오리(a priori)를 상정했던 것이다. 그러니까 문자를 통해 사상이나 문화를 기록하는 기록 문자 시대가 형성되기 이전에 이미 인간은 음성을 통해 소통하고, 내면에 의식을 만들어냈다고 주장했다. 미노다 무네키는 문자가 인간의 인식을 지배하기 이전에 이미 언어에 의한 의사소통 속에서 고유의 문화를 소유하고 있었기 때문에 문자에 의해 인식이 지배당한다는 논리를 반박한 것이었다.

그럼에도 불구하고 쓰다 소키치는 철저하게, 문자에 의해 중국 사상을 내면화 해 가는 과정을 '문자 습득 → 사상의 내면화'로 설명했다. 그렇기 때문에 이미 사상적으로 받아들여진 아니 내면화 해 버린 중국 사상을 벗어나기 위해, 사색을 한다거나 그것을 다시 새로 연구하려고 해도 그 자체가 이미

17) 大川周明, 『日本二千六百年史』 每日ワンズ, 2013年, pp.20~23.
18) 蓑田胸喜, 「津田左右吉氏の神代史上代史抹殺論批判」, 『蓑田胸喜全集』 柏書房, 2004年, pp.426~429.

"부여된 사상을 부여된 사상으로, 즉 중국인의 사고방식에 의해 중국사상을 이해하는 것"19)에 머무르는 것이라고 보았다.

중국 사상을 비판하는 것 자체도, 이미 중국 사상에 기초한 것이었기 때문에 그것을 탈각한다거나 그것에 저항할 사상을 갖지 못했다고 보았다. 물론 약간의 독자성을 만들어 내는 것이 존재했지만, 그것은 제도나 정치기구였고, 그것도 한계를 갖는다고 보았다.

> 중국의 규범을 취해 영(令) 제도 정신을 붕괴시킴으로서 일본에 독자적인 정치형태로서 흔히 말하는 섭관정치의 기구가 만들어지고, 그것과 함께 독자 문화가 귀족들 사이에서 점점 형태를 만들어갔다. 헤이안(平安) 조정 중기 이후도 민중을 배경으로 하여 점차 융성해 온 새로운 세력으로서 무사가 그 섭관 정치를 계승하는 것으로서 역시 일본에 독자적인 막부정치를 만들어냄과 동시에 문화의 무사화 · 민중화가 서서히 이루어지고 일본 문화의 근저가 점점 깊어져 간 가마쿠라 이후에도 중국사상에 대한 태도는 여전히 변함이 없었다. (…) 일본에는 옛날에 종교적 예의로서 조상숭배의 풍습이 없었는데, 유교의 예(禮) 설을 근거로 조상 신(神)으로 제사지내는 것은 신 중에서 조상 신을 가장 중요한 것이라고 설파하는 자가 적지 않았다. 이것도 중국의 사대주의이다.20)

이처럼 쓰다 소키치는 섭관정치라는 방식이 일본 내부에서 취해진 중국 제도의 탈피였으며, 그러한 시도들이 막부정치였다고 보았다. 그럼에도 불국

---

19) 津田左右吉, 『支那思想と日本』 岩波書店, 1939年, p.47. 쓰다 소키치는, "중국사상은 일본인 스스로의 현실 생활을 직시하는 것에 의해 비판되어야 했지만, 중국 사상에 대입시켜 모든 것을 보려고 하는 태도로부터는 그것이 불가능했다. 그리하여 그것이 불가능하면 중국사상으로부터 탈각하는 것은 불가능하다. 그렇기 때문에 당시 일본인은 사유 형태에 있어서 자기의 생활을 반성하고 그것을 정리하여 어떻게든 사상 체계를 만들어내기에는 이르지 못했다. 불교사상도 배웠지만, 그것도 중국사상에 대한 것과 거의 동일한 것이었다. 따라서 그것도 부여받은 지식으로서 받아들인 것에 그치고, 일본인의 사색의 방식을 도출하는 데는 이르지 못했다. 불교가 중국사상의 구속에서 탈각하도록 도움을 주는 것도 안 되었다"고 논했다.

20) 津田左右吉, 앞의 책, pp.48~50.

하고 중국 사상에 대한 태도는 변함이 없었다. 그것의 대표적인 것으로 조상 숭배라는 풍습을 논했는데, 조상숭배 즉 조상 신을 모시는 것도 중국의 사상을 그대로 답습한 것이라고 보는 입장이었다.

조상숭배 풍습, 즉 유교의 논리를 근거로 조상 신에게 제사지내는 것을 중시하는 것조차도 부정하면서 철저하게 중국 사상으로부터 탈(脫)해야 한다고 주장하는 논리였다. 중국적 사고 방식에서 유래하는 모든 것을 소거해야만 '부여된 것'으로부터의 탈각이 이루어진다고 여긴 것이다.

이러한 쓰다 소키치와는 달리 오카와 슈메이는 일본이 일본적인 것을 알기 위해서는 일본 내부에서 무의식적으로 받아들인 '서구적인 것=부여된 것'에서 탈각해야 한다고 주장했다. 오카와 슈메이는 동양은 이미 서양보다 일찍 완성된 문화를 갖고 있어, 그 문화를 지키고 유지하는 것이 동양문화의 특징이라고 논했다.

> (동양은: 필자) 서양이 역사에 나타나기 이전에 이미 완성된 문화 구성체를 구축했었다. 그렇기 때문에 동양은, 그 생활형태를 통해 모든 다른 문화에 비해 우월하다고 여겨 고래부터 전통을 호지(護持)하기 위해 노력하고, 구라파에서 보이는 것처럼 진보에 대한 욕구를 느끼지 않았다.[21]

오카와 슈메이가 강조하는 것은 서구보다 일찍이 동양문화가 존재했고, 그렇기 때문에 그것을 유지하는 것이 중요했다고 본 것이다. 그리고 표면적으로 쓰다 소키치가 주장한 부분, 중국 문화와 인도문화를 지식층에서 받아들였다는 부분에 대해서는 동일했다. 그렇지만 앞서 언급한 것처럼 쓰다 소키치가 주장하듯이 일본 문화가 열등한 것이 아니라, 적극적으로 동양 문화의 교류와 수용을 통해 성숙한 문화를 창출해 왔고, 그것은 일본문화가 동양문화를 새롭게 성립시킨 우월한 능력을 갖고 있다고 주장했다.

오카와 슈메이는 이러한 동양문화들이 통합된 역사적 경험을 제시했다.

---

21) 大川周明,「大東亜秩序建設」,『大川周明全集』第2巻, 岩崎書店, 1962年, pp. 836~837.

그것은 중국에서 이미 경험했다고 보았다. 중국 당나라 시대에 '동양문화'가 성립된 선례가 있었고, 송나라 시대에 생겨난 유학이라는 것이 동양에서 커다란 통합을 만들어 냈던 사례라고 주장했다. 오카와 슈메이는 서양이 기독교가 군림했듯이 동양에서도 송학이 하나의 정신적 통일을 이루었던 시대를 제시한 것[22]이다. 이것은 로마 제국이 보편성을 가졌던 것처럼 동양에서도 하나의 이상적인 '제국'이 건설되었다는 사례의 기억을 제시한 것이었다. 동양에서 이처럼 하나의 통합 사회가 존재한 것을 동양인 스스로가 잘 알지 못하고, 그것을 이해하지 못한 것은 서구적 지식을 통해 서구적 논리를 내면화했기 때문이라고 보았다. 동양에서 영어, 프랑스어, 독일어를 학습하면서 서구사상을 받아들이게 되어 동양의 언어를 제대로 익히지 못했기 때문에 동양인이 동양을 알지 못했다고 보았다.

이것은 쓰다 소키치가, 일본이 중국어 즉 한문을 배우면서 중국 사상에 '물들어 중국사상을 액면 그대로 내면화 해 버린 것'이라고 본 것과 반대였던 것이다. 즉 오카와 슈메이와 쓰다 소키치는 서로 반대 논리이면서도 동일한 방법론을 사용하고 있었던 것이다. 오카와 슈메이는 서구를 배우면서 동양은 동양적인 것을 잃은 것이라고 주장한 것이다. 즉 오카와 슈메이의 입장에서는 서구의 외국어/언어를 습득하는 과정에서 서구인들이 만들어놓은 인식을 그대로 받아들였기 때문에 그것으로부터 자유로울 수 없었고, 그것이야말로 부여받은 것이라고 보았다.

> 원래 아세아 여러 나라에 대해서 지식이 없었던 것은 아니지만, 그 지식은 거의 구미인의 저서를 통해서 얻은 것이었다. 따라서 서구인이 올바르게 동양을 이해하는 것은 예를 들어 성실하게 노력한다 해도 지난한 것이다. 많은 적든 외교관

---

22) 大川周明,「新東洋精神」,『大川周明全集』第2卷, 岩崎書店, 1962年, p.952. 오카와 슈메이는 "송나라 시대에 정주(程朱)의 이학(理學)이 생겨났는데 이는 마치 기독교가 중세 구라파의 정신계에 군림한 것처럼, 송학은 화엄, 선종, 공자, 노자의 교설 즉 인도와 중국의 정신적 주류가 송학 유교의 혼을 도가니로 하여 혼융된 위대한 사상 체계였고, 그것에 널리 동아의 지도원리가 될 수 있었다"고 논했다.

의 모략이나 문학자의 경솔한 상상, 선교사의 종교적 편견 등이 가미되어 그들에
의해 묘사된 동양의 모습은 심하게 뒤틀리지 않을 수 없었던 것이다. 그리고 불
행하게도 이와 같은 저서가 동양 여러 나라의 상호 인식을 위한 유일한 매개였던
것이다.[23]

오카와 슈메이는 단적으로 서구가 아시아를 멸시하는 시선에 의해 저술된
저서를 동양인이 읽음으로써 아시아인은 아시아에 좋은 것이 없는 것이라고
생각하게 되었다는 것이었다. 즉 서구는 아시아의 각성을 원치 않았고, 그렇
기 때문에 아시아 민족은 건전한 고대를 회상하거나 국민적 영웅을 추억하
는 것을 방해받았다고 보았다. 가장 대표적인 사례가 동양을 부정하는 동양
부정론이었다. 이것은 서구가 창출해 낸 동양 분열론이라고 간주했다. 즉 쓰
다 소키치와 같은 동양부정론자는 이러한 서구인이 만든 인식 세계에 갇혀
있는 것으로, 이를 벗어나고 이를 탈하는 것만이 실체적인 동양의 존재와 동
양정신, 동양문화를 볼 수 있다고 논한 것이다.

오카와 슈메이의 경우는 철저하게 서구적 인식을 떨쳐내고, 동양적 문화
가 어떻게 융합되었고, 그것이 어떻게 주체적으로 형성되어 왔는가를 규명해
야 한다고 보았다. 그를 위해 오카와 슈메이가 주장하는 논리는 개조, 즉 기
존 인식론의 파괴에 있으며, 이 '파괴의 도정'을 거쳐 새롭게 '재탄생'해야 한
다고 보았다.

오카와 슈메이는 "개조의 기운은 세계 전쟁에 의해 격성(激成)된 풍조로서
(…) 일본 혼자만이 이 풍조의 바깥에 서있는 것은 아니라는 것은 말할 필요
도 없다. 그리하여 모든 옛것은 풍속습관도 내지는 사상 신앙도 이미 옛날
것 그대로는 존재하는 것이 허락되지 않고, 모두가 개조 즉 파괴의 도정(道
程)에 있다고 생각하지 않을 수 없다. 그러면서 진정한 개조는 가령 파괴가
시작되어도 결코 파괴로 끝나서는 안 된다. 그 파괴는 반드시 건설을 위한
파괴이지 않으면 안 된다"[24]고 주장한다. 즉 인식의 새로운 개조란 기존 습

---

23) 大川周明, 「新東洋精神」, 앞의 책, p.953.

관이나 사상 신앙의 파괴에 의해서만이 가능하다고 보았다.

오카와 슈메이는 개조가 파괴를 통해 이루어지는 것이며, 물론 파괴로 끝나는 것이 아니라 그것을 건설하는 것 즉 구축하는 것이 중요하다고 보았다. 즉 존재하는 모든 사상을 일단 파괴하는 형식을 통해 기존의 사상 자체를 제거하고, 그것을 재구축해야 한다는 논리이다. 이것은 쓰다 소키치가 주장한 것처럼 동일한 자아 부정 방법이기도 했다.

쓰다 소키치가 동양을 부정하면서 일본 문화를 새로 찾아야 한다고 보는 논리로, 특히 중국 부정을 통해서만이 일본의 진정성을 찾아낼 수 있다고 하는 논리와 유사했다. 즉 오카와 슈메이 역시 서구적 사상으로부터 철저하게 독립하는 것이 동양사상을 찾는 것이며, 그것은 일본 사상의 건립이라고 한 것이다. 이러한 파괴의 도정 자체가 이미 새로운 것의 건립이며, 그것은 파괴라고 말했지만 진짜 파괴가 아니라 새로운 자아의 창조로 나아가는 것이라고 본 것이다. 이것은 쓰다 소키치가 동양을 부정하면서 동양적인 것이 어떻게 해석되었는가를 설명하는 논리와 공통점을 갖고 있으면서도 차이를 갖고 있었다.

다시 말해서 오카와 슈메이는 동양문화라는 것이 원래는 서양문화에 앞서 존재했고, 그것은 서양문화가 서양이라는 하나의 조건 속에서 서양문화로 성립된 것이라고 보았다. 그 조건이란 "서양은 주아적(主我的)이며 동양은 몰아적(沒我的)이고, 서양은 개인적이고 동양은 초개인적인 특성을 통해"[25] 각각 발전해 간 것이라고 보았다.

그것은 서양의 역사이든 동양의 역사이든 "끊임없이 새로운 요소를 자신에게 동화시켜 간 것에 모든 생명의 발전이 있다. 따라서 새로운 요소 섭취에 노력하지 않는 국가는 가령 표면적으로 커다란 혼돈을 불러오는 일이 없어도, 그 국가적 생명은 점차로 침체되고, 점차로 발전적 국가에게 뒤쳐져 마침내 그 존재를 잃어가는 것은 동서의 역사 중 가장 명백하게 보여주는

---

24) 大川周明, 『日本二千六百年史』毎日ワンズ, 2013年, p.10.
25) 大川周明, 「新東洋精神」, 앞의 책, p.956.

것"26)이라며, 서양이든 동양이든 공통적으로 문화가 갖는 생명론을 논했다.
이는 쓰다 소키치가 '문화적 융합이나 조화론'에 대한 부정의 부정으로, 오카
와 슈메이는 문화적 융합과 문화의 조화를 긍정했다.

그러나 쓰다 소키치와 오카와 슈메이와는 달리 미노다 무네키는 "인식이
란, 인식 경험의 주체가 본래 객관적으로 부여된 의식적 경험 내용을 명확하
게 자각하고 파악하는 것으로서, (…) 경험 과학의 연구대상인 자연이나 인생
은 주관적 사유에 의한 경험 내용의 추상적 산물이 아니라 본래 객관적 경험
내용으로서 우리들의 의식에 부여된 것"27)이라며 부여된 것에 대해서 논했
다. 즉 '원초적으로 부여받은 것'에 충실해야 한다고 보는 입장을 고수했다.

이 부여받은 것에 충실하려 했기 때문에 미노다 무네키는 일본 내부에서
원초적으로 존재했던 일본 고유 정신, 즉 국민성을 찾으려 했다. 그리고 "이
국민성은 외래문화의 이입이나 동화 상태에서도 발휘되었다. 일본은 오늘날
에는 발상지에는 이미 멸하고 동시에 장래에 멸해갈 불교와 유교를 대표하
는 동양문화의 전통과 이상을 역사에 장양(長養)하여 왔을 뿐만 아니라 희
랍, 로마, 유대의 예술종교부터 근세현대의 구미문화 그 대표적인 것은 이미
세맥(細脈) 속에서 다 섭취할 정도로 문화적 교류를 이룬 동서문화 통종(統
綜)의 세계 문화단위를 현성(現成)했다"28)고 논했다.

즉 미노다 무네키 또한 오카와 슈메이가 논한 것처럼 일본문화가 중국과
인도문화를 수용하면서, 그 문화들과 교섭하고 융합하면서 새로운 문화를 창
조해 왔다고 주장한 논리와 맥락을 함께 하는 듯했다. 그렇지만, 그 논리 내
용 자체에는 차이점이 존재했다. 미노다 무네키의 경우는 "독일의 생명원리
가 희랍철학, 기독교 이입 이전에 소원하여 고대북방 게르만민족의 신화적
정신의 부활을 선언했는데, 불교와 유교 이입 이전의 일본민족 정신의 부활
을 역원(力源)으로 한 일본의 메이지유신이 그 선달(先達)이었다는 문화적

26) 大川周明, 『日本文明史』 大鐙閣, 1921年, p.3.
27) 蓑田胸喜, 『學術維新原理日本』 上卷, 原理日本社, 1933年, p.56.
28) 蓑田胸喜, 「世界文化史の新回顧と新展望」, 앞의 책, p.559.

의의를 생각해야 한다"[29]며 독일의 게르만 민족의 정신적 부활이 생기기 이전에 이미 일본에 메이지유신 속에 존재했었다고 주장했다.

미노다 무네키의 입장에서는 일본에 유교와 불교가 수용되기 이전에 일본민족의 정신이 존재했고, 그것이 메이지유신에 의해 부활한 것이라고 주장한 것이다. 오카와 슈메이는 외래문화 수용에 의해 그것이 시대적으로 변용되면서도 그 정신 자체가 유지되었다고 보는 논리였기 때문에 그 내용면에서 차이점을 가졌다.

이처럼 쓰다 소키치와 오카와 슈메이 그리고 미노다 무네키는 '부여받은 것'이라는 동일한 호칭을 다르게 해석하면서 각각의 논리를 구축하고 있었다. 쓰다 소키치의 입장은 철저하게 중국적인 것과 인도적인 것을 부정해야만이 일본적인 것을 찾을 수 있다고 주장한 것이었고, 오카와 슈메이는 서구적인 것을 철저하게 소거시키면서, 일본이 중국의 유교와 인도의 불교를 수용하면서 새롭게 창조한 문화를 중시해야 한다고 보고 있었다. 미노다 무네키는 표면적으로는 쓰다 소키치나 오카와 슈메이가 전개한 중국문화와 인도문화의 유입 논리에 동조하면서도, 그것에는 새롭게 문화를 창출한 것이 아니라, 이미 일본에 고래부터 존재하던 일본적인 것을 찾아내어 그것을 부활시켜야 한다고 보고 있었다.

4. 탈각의 온톨로지(ontology)들

쓰다 소키치, 오카와 슈메이, 미노다 무네키는 '탈각'의 논리가 다르게 나타나고 있었다. 쓰다 소키치는 철저하게 중국을 소거하는 문제를 구체적으로 국학자들이 갖는 주체성 문제와 연결하여 전개했다. 쓰다 소키치는 에도(江戶)시대의 유학자들도 사실은 중국식 사고방식에 익숙해져 있었기 때문에, 그것을 인지하지 못했고, 그 외부로 나아가는 것이 불가능[30]했다고 보았다.

---

29) 蓑田胸喜,「世界文化史の新回顧と新展望」, 앞의 책, p.562.

중국식 사고방식에서 탈각하는 것, 아니 이미 내재화 해 버린 인식론적 사고
로부터 탈각하는 것이 겪는 어려움을 설명한 것이었다.[31]

　심지어 중국 사상에 반(反)하거나 새롭게 일본인의 도(道)를 세우려고 하
는 노력 그것 자체도 이미 중국 사상에 의존하고 있었다고 보았다. 쓰다 소
키치는 일본 내부에서 나타난 국학자의 논리도 실은 무의식적 중국 사상에
갇혀 있었고, 그것으로부터 자유롭지 못했다고 보았다. 구체적으로 쓰다 소
키치는 가모노 마부치(賀茂真淵), 오규 소라이(荻生徂徠) 그리고 모토오리
노리나가(本居宣長)를 언급했는데, 이들도 중국 사상의 자장으로부터 자유
롭지 못했다고 비판했다. 쓰다 소키치는 다음과 같이 설명한다.

　　소라이학이 순자(荀子)의 사상에 근거, 그것에 대항하기위해 마부치(真淵)가 나
　　왔다. 그것은 노자(老子)로부터 시사를 받은 것으로 마부치 스스로가 노자의 도
　　(道)는 일본의 도와 가깝다고 한 것, 노자를 이용하여 대도(大道)라는 말을 사용
　　한 것이다. 중국으로부터 탈각한 것이 아니다. 마부치가 '황신(皇神)의 도'라는
　　용어를 사용한 것은 절반은 유가에서 말한 선왕(先王)의 도에서 전(轉)한 것인데,
　　그 근본은 유가의 도에 대해 일본의 도를 세우려 한 것은 틀림없는 의의를 갖는

---

30) 津田左右吉, 『支那思想と日本』 岩波書店, 1939年, pp.51~52.
31) 津田左右吉, 위의 책, pp.66~67. 중국에 대한 반항 그것도 중국사상이 이미 포함되어
　　있다는 것에 주의해야 한다. 국학자의 주장에 그러한 점이 보인다. 국학자는 종래
　　신도의 소설(所說)이 유교 의미와 불교 의미에 뒤덮여 감춰진 은폐된 것이라고 비난
　　했는데, 그것은 유교도 불교도 외국의 도(道)로서 일본의 도가 아니라는 것인데, 그
　　들은 일본에는 유교/불교의 도와는 다른 일본의 도가 있고, 그것은 진정한 도라고
　　주장한 것이다. 그렇지만 도라는 개념은 중국 특유의 것으로 국학자가 이렇게 생각
　　한 것은 부지불식간에 중국사상에 추종하는 것이었다. 도의 본원을 생각할 때 그것
　　이 어떤 의미에서 초인간적이고 어떤 무엇인가에 사고가 도달하지 않으면 안 되었다.
　　선왕의 도, 천지의 도라는 것 같은 관념이 그곳에서 파생되는데, 도 있는 것은 중국인
　　자신뿐이고 양이(攘夷)에게는 그것이 없다고 하고, 문화적으로도 정치적으로도 타민
　　족 혹은 국가와의 대립을 인정하지 않는 중국인에게 중국의 도라는 것은 사려(思慮)
　　되지 않았다. 그렇기 때문에 일본인에게는 오랜 역사에 의해 정치적/대외적 의의에
　　일본이라는 의식이 점차로 길러져왔기 때문에 그곳에 중국 전래의 도 관념을 연결시
　　키고 도의 본원을 그것에 두려고 했던 것이다.

데, 황신은 중국의 선왕에 대항하는 의미였던 것이다. 그럼에도 불구하고 '천지 (天地) 자연의 도'라는 것과 '황신의 도'라는 것이 어떻게 연결되는지가 분명하지 않다. 한유(漢儒)와 같은 사고방식을 취하지 않은 것은 자연의 도를 선왕이 정한 도와 대립하는 의미에서 찾아낸 것에서 알 수 있다. 그러나 마부치가 중점을 둔 것은 '자연의 도'였는데, 그것은 '황신의 도'라고 한 두 번 가볍게 이야기 된 것에 지나지 않는다. 그러나 노리나가 때가 되면 마부치의 사상을 일전(一轉)시킨『나오비노미타마(直昆靈)』에 나타나듯이, 도는 인간이 만든 것이 아닐 뿐만 아니라 천지자연의 도도 아니고, '신이 시작한 도'라고 설파한다. 인간이 만든 것도 아니라고 하는 것에서는 유가의 선왕 또는 성인의 도에 대해 그것을 비(非)사상화 하는 사고방식이고, 또한 자연의 도가 아니라고 하는 것은 노자 풍으로 보는 사고방식에 반(反) 하는 것으로서, 중국 사상에 나타난 두 개의 상반된 도에 대한 견해를 동시에 배격하고, 그곳에서 일본의 '신의 도'를 세우려고 했던 것이다. 그렇지만 '신의 도'를 시작했다고 하는 사고방식은 신대 이야기의 어디에서도 도출해낼 수 없으며, 그가『고사기전』에서 설파하고 있는 신의 성질과도 일치하지 않는데, 이것에서, 실은 이것이 소라이파의 학설인 선왕 혹은 성왕의 신을 다시 만든 것에 지나지 않는 것으로, 간접적으로 순자의 사상을 계승한 것이라고 할 수 있다. 선왕 성인은 인간이기 때문에 그 의미에서는 선왕 성인의 도는 인위의 도인데, 즉 선왕 성인은 일반인과는 다른 특수한 사람이기 때문에 노리나가의 사상에서는 그것을 사람이 아니라 신으로 의인화하는 것으로 가능했다. 그렇기 때문에 그곳에서 그러한 전화(轉化)를 이룰 수 있었던 것이다. 단 모토오리 노리나가가 말하는 '신의 도'란 신으로부터 부여받은 도덕적 규범으로서 인간이 의식적으로 그것을 지키지 않으면 안 된다는 것이 아니라, 자연의 풍속 그것이 내재해 있고, 인간은 스스로가 알지 못하는 사이 그것에 따르는 것이라고 하며, 그곳에 마부치의 사상을 따른 노자로부터 온 사상적 흔적이 존재하며, 소라이학의 도 개념과는 일치하지 않는 점도 있지만, 도가 신으로부터 시작되었다고 하는 사고방식은 소라이학에서 온 것이다.[32]

즉 쓰다 소키치가 보기에는, 모토오리 노리나가가 유가(儒家)의 선왕론이

---

32) 津田左右吉, 앞의 책, pp.68~70.

나 성인의 도에 대한 비(非)사상을 제시했고, 자연의 도가 아니라고 논한 것은 노자 사고방식의 반(反)을 통해서 만들어 낸 것으로 '상반된 두 개의 도 개념'을 배격하면서 일본의 신의 도를 설정한 것으로 보여졌다.

그것은 모토오리 노리나가의 새로운 논법일 수 있지만, 쓰다 소키치는 모토오리 노리나가가 내세운 성인이나 선왕의 도라는 것 즉 '신의 도'를 이야기한 것은 소라이를 반복한 것으로, 그 소라이가 순자를 계승한 것에서 만들어 낸 것으로, 이 사상 자체를 소급해 보면 결국 모토오리 노리나가도 개념의 전화(轉化)를 시도한 것처럼 보이지만, 그 유래는 중국적인 것에 여전히 갇혀 있었다고 보았다.

그렇기 때문에 "일본에서는 일본 내부에서 중국 사상 그것이 중국사상이라는 것도 알지 못하게 될 정도로 지식 사회의 상식이 된 것이 많고, 그것은 중국의 서책을 읽는 것이 학문의 유일한 방법이었기 때문으로 노리나가 스스로가 알지 못하는 사이에 중국사상을 자신의 주장에 기초로 둔 것도 중요한 이유 중의 하나"[33]라고 지적했다. 즉 쓰다 소키치는 중국 사상을 받아들인 일본에서는 이미 그것이 상식화 되어 있었기 때문에 모토오리 노리나가가 '중국'을 상대화 하여 세운 국학 논리 그 자체도 이미 중국 사상에 기초하고 있는 것이어서 완전한 탈각이라고 볼 수 없다는 것이었다.[34]

---

33) 津田左右吉, 앞의 책, pp.75~76. '신(神)의 도(道)' 즉 천황의 천하를 나타내주는 도라는 것도 송학에 반항에서 온 모든 것을 정치적으로 다룬, 도는 천하를 다스리는 도라고 한 소라이학의 사상에 한 유래가 있고, 그리하여 그것도 또한 상대의 유가 특히 순자 멀리는 마부치(真淵)가 있다. 천하를 다스리는 도라는 것도 또한 신대의 이야기 어디에도 존재하지 않는다.
34) 오구마 에이지저, 조현설역, 『일본 단일민족신화의 기원』 소명출판, 2003년, p.382. 오구마 에이지의 논리를 보면, 쓰다 소키치가 모토오리 노리나가를 비판한 이러한 논리에 대해, "쓰다 소키치는 모토오리를 비판하고 있지만, 엄밀한 텍스트 비판 위에서 인지를 초월한 텍스트로 신화를 신성화 한 방법론은 모토오리와 같은 것이었다"고 기술했다. 물론 신화 신성화 방법론이 같은 것일지 몰라도, 적어도 쓰다 소키치가 모토오리 노리나가를 비판하는 논리는 중국 사상에 대해 '무지각적인 무사상성'에 있었다.

한편으로 오카와 슈메이는 "우리나라(일본 : 필자)도 당말(唐末)의 중국처
럼 정치를 가볍게 여기게 되고, 타약음탕(惰弱淫蕩)의 풍조가 성행했다. 우
리나라의 천황이 타국의 군주와는 다르다는 것은 말할 것도 없지만, 헤이안
조정(平安朝)시기의 기록에는 '황제(皇帝)' 또는 '제왕(帝王)'이라고 적고 즉
위 의식까지도 중국에 모방하기에 이르렀다. 심하게는 우리나라의 신지(神
祇)를 설명하는 것에 있어서 중국 문헌에 의거하기도 했다. 중국의 신지와는
전혀 그 의의나 내용이 다름에도 불구하고, 헤이안시기 학자들은 이러한 사실을
깨닫지 못하고, 우리나라(일본 : 필자)의 신(神)까지도 중국의 고전에 의거하여
해석했던 것"35)이라며, 중국으로부터 자유롭지 못했던 부분을 지적했다.

이처럼 표면적으로만 본다면 오카와 슈메이와 쓰다 소키치가 갖는 논리가
유사한 것처럼 보인다. 그렇지만, 오카와 슈메이는 쓰다 소키치와 달리, 그러
한 중국적인 것을 일본 내부에서 극복하기 위해 '자각'이 일어났던 것, 즉 그
것으로부터의 탈각이 이루어진 사례를 제시한다. 그 예로서 오카와 슈메이는
일본의 역사 자체를 자각의 역사, 즉 패러다임의 변용이 일어난 사례를 제시
하면서 〈기존적인 것에 대한 탈각한 논리로서 전환(転煥)〉이 일어난 사건이
라고 설명한다. 이 논리는 오카와 슈메이의 독특한 역사 해석의 하나이기도
했다.

일반적으로 미나모토 요리토모(源賴朝)나 호조씨(北条氏)는 천황에 대한
악행을 저지른 불충자로서 비판적으로 다루었으나, 오카와 슈메이는 오히려
미나모토 요리토모를 근왕가로 기술했다. 그리고 호조씨는 '민중을 돌본 안
민(安民) 정치가'라고 평가했다. 오카와 슈메이는 미나모토 요리토모의 가마
쿠라막부 창립이 갖는 의미를 패러다임의 전환 논리로 해석해 냈다. 즉 오카
와 슈메이가 중시한 것은 안민정치 개념이 새롭게 생겨난 시대, 그것이 이미
새로운 시대를 만들어 낸 것이고 '인식 체계의 전환'이 일어난 것이라고 여긴
것이다. 호조씨 집권 시기부터 개인을 중시하던 사회로 넘어가고 공공의 사

---

35) 大川周明, 『日本二千六百年史』 毎日ワンズ, 2013年, p.80.

회 개념이 탄생된 것이라고 보았다.

오카와 슈메이는 이러한 논리를 학문 세계에도 적용시켰다. 오카와 슈메이는 '새로운 패러다임'이란 새로운 학문이 갖는 의미로 연결시켰다. 즉, 새롭다는 것의 의미를 재해석했다. 새롭다는 것의 〈의미〉는 대상 혹은 범위가 아니라, 대상과 범위가 동일하더라도 그것을 보는 정신이 어떻게 새로운 것인가라는 점에 있다고 보았다. 그것은 일본국민의 독립된 정신의 세계[36]로 연결시켰다.

이를 오카와 슈메이는 신학문에 대해 설명하는데 도입했다. 신학문이란 고학(古学)을 가리키는 것으로, 이 신학문인 고학은 유교 및 국문학이라는 두 개의 방면으로 구분했다. 대표적으로 게이추(契沖)와 이토 진사이(伊藤仁齋)를 제시했으며 이 둘의 비교를 통해, 신학문의 의미를 논했다.

> 이토 진사이는 '있는 그대로의 공맹(孔孟)의 본의'를 개명하는 것 보다는 오히려 자신이 연구하고 사색하고, 감득(感得)하는 관념, 또는 이상을 논맹(논어와 맹자)의 고서(古書)에 의해 주장하는 것이었고, 게이추 학은 오로지 사실의 정세(精細)한 연구를 근저로 하여 그 리(裡)에 잠재된 근본의(根本義)를 아는 것에 있었다. 이 객관적·귀납적인 점에서 게이추의 학문은 그 주제로 하는 곳이 가장 옛 것이었음에도 불구하고, 진정한 의미에서의 신학이다.[37]

즉 오카와 슈메이는 게이추가 옛 것을 상대로 하면서, 그 안에서 새로운 이(理)를 발견했기 때문에, 그것은 신학이라고 볼 수 있다고 보았다. 대상이 아니라 그 대상을 바라보는 자의 인식 즉 정신세계를 중시했기 때문이었다. 동일한 대상을 바라본다 해도 그것에 대해 새로운 해석을 도출해 내는 것은 새로운 정신이 존재한다고 본 것이다.

오카와 슈메이는 대상이 중요한 것이 아니라 그것을 해석하는 개인의 인

---

36) 大川周明, 앞의 책, pp.211~212.
37) 大川周明, 앞의 책, p.216.

식에 중점을 두었다. 즉 개인에 의해 세상이 재구성될 수 있다고 본 것이었다. 그 연장선상에서 오카와 슈메이는 "일본에서 태어난 모든 국민은 모두이 생명을 자기의 내부에 갖고 있다. 우리들의 생명의 깊은 곳에 들어가면그곳에 등자(澄刺)하여 약동하는 생명이 있다. 이 현실의 생명을 시간질서에따라 인식하는 것이 다름 아닌, 역사이다. 그리하여 역사란 자아의 내용을시간질서에 따라 조직하는 체계이기 때문에 일본역사를 배우는 것은 일본인의 진정한 면목을 아는 일이다. 육상산(陸象山)은 『육경(六経)』을 통한 자기의주각(註脚)라고 했다. 역사도 마찬가지"[38]라며 개인의 정신세계의 중요성을 강조했다.

다시 말해서 육경이라는 것도 결국 어떤 개인의 이론에 의해 각주를 다는것에 불과한 것으로, 역사라는 것도 사실에 근거를 두면서도 그것은 개인 자신이 주각 하는 것이라고 보았다. 그것은 그 세상과 이론이 서로 들어맞는보편성을 갖는 세계 그것이 완전한 주각이 이루어지는 것이라고 여겼다. 바로 오카와 슈메이가 왜 개인의 인식을 중시했는지를 알 수 있는 대목으로, 보편의 세계는 개인의 인식에서 창출될 수 있다고 보았던 것이다. 그런데 이러한오카와 슈메이의 논리 즉 각 개인이 일본역사의 전체를 자기의 내부 속에갖고 있다는 것에 대해 미노다 무네키가 비판했다.

미노다 무네키의 입장에서 보면 역사는 개인의 인식을 넘는 초자아적인것으로, '일본에서 태어난 모든 국민은 모두 이 생명(일본역사의 전체)을 자기 내부에 갖고(宿)하고 있다'고 논한 오카와 슈메이의 해석은 잘못된 것이고, 그것은 국체를 부정해 버린 사견(私見)이었던 것이다.

개인의 사견적 인식 세계란 보편적인 세계에 도달할 수 없는 한계를 갖는것이기 때문이다. 미노다 무네키는 그 단적인 예로 오카와 슈메이가 가마쿠라 막부를 평가하면서, 가마쿠라 시대를 설명하기 위해 사용한 참고 문헌이갖는 문제점을 제시했다. 즉 오카와 슈메이가 논한 것처럼 만약 개인이 전체

---

38) 大川周明, 앞의 책, p.2.

를 다 아우르고, 보편을 창출해 낼 수 있다고 한다면, 오카와 슈메이가 사용
한 『신황정통기(神皇正統記)』가 전체적이고 보편적인 해독이 가능했어야 했
는데, 오카와 슈메이가 읽은 『신황정통기』는 오카와 슈메이 '개인적 인식의
한계성=인간의 한계성' 때문에 그 내용 조차도 파악하지 못했고, 저서의 일
부분만을 인용하는 오류를 범하고 있다고 논했다.

그렇기 때문에 오카와 슈메이가 주장하는 것처럼 '객관적 정신으로서의 역
사의 전체를 '자기 자신의 주각이다'라고 하는 것은 유아독존이며 사관(史觀)
과 사상법의 오류'라고 비판했던 것이다. 미노다 무네키는 "역사적 정신의 객
관성인 초(超) 개인성을 무시 · 부인하고 모든 '부분이 전체이다'라고 말하는
것과 마찬가지이다. (…) 불충(不忠) 불신(不臣)의 흉악사상은 이 전체와 부
분, 역사와 개인의 관계를 명변확인(明辯確認)하지 못한 학술 논리학의 방법
론적 오류에 근거하는 것"[39]이라며, 이를 불충적인 흉악사상이라고까지 비판
했다.

왜냐하면 미노다 무네키는 역사적 정신의 객관성 초개인성을 무시하고 부
인하는 것이라고 보았기 때문이다. 그렇기 때문에 미노다 무네키는 오카와
슈메이가 제시한 가마쿠라 막부에 대한 평가 즉 민정이 실시된 것으로 논하
는 논리도 부정적이었다. 일본에서 미나모토 요리토모에 의해 시작된 천황
정치의 변형인 가마쿠라 막부의 무가 정치는 '반국체'라고 보았기 때문이다.
천황에 대한 불충은 반국체 사상으로 천황을 부정하는 것은 모두 부정되어
야 하는 논리였다.

그렇지만 오카와 슈메이의 입장, 즉 개인이 개인의 인식 세계에 의해 역사
를 재구성하는 행위 즉 그것이 부분적인 인용이든 전체의 오류이든 개인의
정신적 세계에서 무엇을 논하고자하는가라는 그 시선에 중점을 두고 있었기
때문에, 미노다 무네키가 비판하는 논리와는 다른 차원이었던 것이다.

오카와 슈메이는 동일한 저서나 자료라도 그것에도 새로운 것을 제시하고

---

39) 蓑田胸喜, 『大川周明氏の學的良心に愬ふ : 「日本二千六百年史」に就て』 原理日本社,
1940年, p.7.

도출해 내면 그것은 새로운 사상을 제시한 것이며, 그것이야말로 자각인 것
이라고 주장했던 것이다. 이러한 논리에 대해 미노다 무네키는 개인의 인식
이 개관적 세계를 완성해 낼 수 없다는 측면을 강조하여 오카와 슈메이가
주장하는 개인적 인식의 새로움을 찾아내는 논리, 즉 그러한 탐색의 의미를
배척하면서, 도겐(道元)이 주장한 논리를 인용하여 "있는 그대로의 세계를
통해 '있는 그대로의 세계를 그대로 보는 것, 그대로 인지하는 것'을 역사관
의 원리로 해야 한다"[40]고 주장했다.

　미노다 무네키는 개인은 '하나의 개(個)'에 불과하기 때문에 그 개인이 세
계적 개관성에 도달할 수 없다는 논리에서 탈각하지 못하고, '있는 그대로의
현실 세계'를 '고민하지 말고 있는 그대로를 받아들이는 것'에 집착했던 것
이다.

　이러한 미노다 무네키는 외래사상을 일본화 한 성덕태자, 신란(親鸞), 야
마가 소코(山鹿素行)를 높게 평가했다.[41] 특히 야마가 소코를 중시했는데,
그것은 야마가 소코가 『중조사실(中朝事實)』에서 제시한 만세일계의 논리를
각성하는 것이며, 그것을 선양하는 것이 원리일본 자체를 낳는 것이라고 보
았다.[42] 미노다 무네키는 개인의 입장에서 재구성되는 역사 인식이 만들어
낼 수 있는 부정적, 반발적, 반항적 흐름을 차단하는 것으로, 일본 내부에서
고대로부터 이어지는 천황, 즉 국체의 논리에 대해 오카와 슈메이처럼 '개인
이 주각해서는 안 되는 것'이었다.

---

40) 蓑田胸喜, 앞의 책, p.32.
41) 蓑田胸喜,「日本世界観」,『原理日本の信と学術』しきしまのみち会大阪支部発行, 1980
　年, p.215. 蓑田胸喜,『学術維新』原理日本社, 1941年, pp.75~76. 원문을 보면 다음과
　같다. 吾等事以前より異朝之書物を好み, 日夜勤候て, (…) 異朝より渡り候書物大方
　不, 二一覧 - 候。依レ之不レ覚異朝之事を諸事宜存じ候。(…) 此段は我等計に不レ限
　古今之学者皆左様に心得候て, 異朝をしたひ学び候。近頃初而存知入て甚誤成りと
　知候。信レ耳不レ信レ目, 棄レ近而取レ遠候事, 不レ及二是非, 誠に学者之通病に候。
　(配所残筆).
42) 蓑田胸喜,「日本世界観」, 앞의 책, p.208.

결과적으로, 쓰다 소키치는 일본의 도(道)를 세우는 것 자체도 이미 일본인 내부에 침잠해 있는 중국 사상의 자장에 갇힌 것이라고 보았다. 중국 사상에 대한 반(反)이나 탈(脫)사상을 갖기 위해서는 그 원천적인 중국적인 것을 완전하게 삭제하지 않으면 안 된다는 논리였다.

그렇기 때문에 가모노 마부치, 오규 소라이, 그리고 모토오리 노리나가도 결국은 중국식 사고방식에서 탈각하는 것이 아니라 그 내적 특징들의 논리들이 '중국 사상에 갇힌 것'이라고 비판했던 것이다. 그렇지만, 오카와 슈메이는 만약 개인의 인식 속에서 기존의 것, 즉 옛것이라고 간주되는 것이라도 그것을 새롭게 해독하면서 패러다임의 전환이 있으면 그것은 새로운 자각이라고 보았다. 그렇기 때문에 게이추와 같은 사상적 방법론을 인정했다.

미노다 무네키의 경우는 쓰다 소키치의 논리나 오카와 슈메이의 논리와는 달리, 인간이 주관적 인식을 갖고 세계성을 창출해 낼 수 있는 것은 한계가 있기 때문에 그것은 도겐이나 신란, 성덕태자 특히 야마가 소코처럼 자아의 내부에 존재하는 것 그것 자체의 세계를 인식하는 것이 새로운 세계를 자각하는 것이라고 주장했다. 주체적 자각 방식에는 서로 다른 세 가지 원리가 경합하면서도 결국 일본 내부의 일본적인 것이 무엇인가를 창출하는 논리로 수렴되어 가고 있었던 것이다.

5. '공동 생활'에서 '공공성=천황' 국가로

여기서 다시 주목해야 하는 것이 '실생활'에 관한 해석이 갖는 특징이다. 쓰다 소키치, 오카와 슈메이, 미노다 무네키는 공통적으로 이 실생활이라는 개념을 중시했다. 쓰다 소키치는 서책의 지식과 실생활을 분리하는 방식을 취했다. 지식과 실생활의 차이, 즉 후자 쪽인 실생활을 중시하던 쓰다 소키치는, 일본이 중국의 문물을 직접적으로 향유한 것은 주로 귀족계급이었지 민중이 아니었다고 보았다. 귀족 계급이 지식적으로는 중국화 했지만, 그것과는 별도로 민중의 생활 즉 일본인의 실생활은 중국화한 것은 아니었다며 지식계급과 민중을 분하는 방식을 취했다.

이분법을 통해 쓰다 소키치가 강조한 것은, 중국에서 배운 중국적인 것이 직접적으로 민중의 일상생활에 관여하는 것이 거의 없었고, 일본과 중국의 민중과 민중의 접촉이 아니었다는 점에 착목했다. 그리하여 "일본인은 일본인만의 세계에서 생활했던 것"[43]이라고 주장했다.

더 나아가 쓰다 소키치는 "인도와 중국이 풍토도 다르고, 인종도 다르고, 사회조직도 정치형태도 다르며, 생활풍습도 다르고 생활 기분도 전혀 다르다. 상호 교섭도 없다. 별개의 세계였다. 하나의 세계를 이루지 않았다는 것은 공동의 생활을 하지 않고 공공의 역사, 바꾸어 말하면 공동의 역사를 갖고 있지 않다는 것이다. 역사는 생활의 전개이기 때문에 하나의 생활에 대해 하나의 역사가 있는 것으로 공동의 생활이 없이 떨어진 두 개의 민족이 하나의 역사를 가질 리가 없다. 역사가 없으면 문화도 없다. 문화는 역사에 의해 형성된 역사적으로 발전하는 것이기 때문"[44]이라며 중국이나 인도가 일본과 공동의 역사도 갖고 있지 않으며, 더욱이 공동의 생활이 없었다는 점을 내세웠다.

일본의 민족생활의 역사적 발전은 중국이나 인도와 무관하게 진행되었다는 점[45]을 강조함과 동시에 〈공동생활〉이 없었던 민족이 하나의 역사를 가질 수 없는 것임을 재차 강조했다. 쓰다 소키치는 공동생활 역사를 갖지 않으면 문화 자체도 형성되지 않는다고 본 것이다. 이는 '공동생활=역사=문화'가 삼위일체라는 논리에 근거한 것이었다. 반대로 '공동생활=역사=문화'를 통한 공공성을 제창하고 있었던 것이다.

이를 근거로 쓰다 소키치는 '현대 생활'을 기준으로 두고, 일본의 현대 생활을 중심에 두는 생활주의를 강조하면서, 중국 사상을 탈각하고 세계적 사

---

43) 津田左右吉, 『支那思想と日本』岩波書店, 1939年, p.155.

44) 津田左右吉, 앞의 책, pp.146~148. 岩崎惟夫, 「津田左右吉の中國・アジア觀について」, 『史潮』 新39号, 弘文堂, 1996年, p.48.

45) 津田左右吉, 앞의 책, p.156. 일본과 중국은 전혀 별개의 세계로 보고, 귀족계급이 중국 문물을 모방하려고 했던 것인데 그 모방이 그친 이후에는 더욱더 그러했다. 일본의 역사는 일본만으로 독자로 전개해 왔다고 주장한 것이다.

상으로 나아가는 방법을 전개했다. 즉, 일본 문화 속에 이미 현대문화, 세계
의 문화가 존재한다고 간주하고, 일본에 존재하는 것이 세계문화 자체이고,
그것은 동시에 세계의 일본문화가 존재하는 것이라고 보았다. 그것은 다시
일본 문화를 세계화하는 것을 통해 일본문화가 가진 일본적 특수성이 나타나는
것이며, 그것이 세계문화 발전에 기여하는 것이라고 설명했다.

그것은 타민족과 대립하는 의미에서의 독자 문화가 아니며 그렇다고 타민
족으로부터 받아들인 것에 의해 만들어 진 것도 아닌 것에서 세계문화로서
일본의 독자성을 체현해야 한다[46]는 보편론이었다. 여기에 쓰다 소키치의
논리적 특수성 즉 쓰다 소키치의 객관적 자아론이 나타난 것이다. 일본문화
가 특수하지만, 그것은 세계문화와 대립되는 것이 아니고, 동시에 그러한 일
본문화를 세계화함으로서 특수성은 극복되는 것이기도 하면서 그것은 일본
문화의 특수성이라는 양립론을 활용하고 있었다.

이는 일본의 '독자적 원형=국체'의 '천황=세계성'을 제시하는 것으로 연결
되었다. 일본의 단독적인 사상으로 저류(低流)해 온 국체적 특징인 천황의
특수성을 다시 세계문화와 대립하지 않는 논리로서 세계화 하려는 것과 조
우시킨 것이다. 쓰다 소키치는 황실과 씨족에 대한 관계 즉 황실과 국민의
관계를 설명하고 있었다.

신대사의 목적은 황실의 유래를 이야기하는 구체적인 설명이기 때문에 (…) 당시
의 국가는 이들 씨족이 오늘날의 의미에서 말하는 국민의 위치에 있기 때문에
이론상 황실과 씨족에 대한 관계 즉 황실과 국민의 관계인 것이다. 신대사가 이

---

46) 津田左右吉, 앞의 책, pp.198~199. 쓰다 소키치는, "일본의 문화는 일보의 문화임과
동시에 현대에 있어서 세계의 일본문화이며 동시에 세계의 문화가 일본에 있어서의
세계문화이기도 하다. 일본의 문화를 세계화하는 것에서야말로 그곳에 비로소 처음
으로 일본문화의 일본적 특수성이 나타나는 것이며 동시에 그것이 세계문화를 높여
가는 것도 되는 것이다. 일본문화는 타민족과 근본적으로 대립하는 의미에서 독자의
문화가 아니고, 과거처럼 이민족으로부터 받아들인 문물의 일본화에 의해 형성된
것도 아니고, 세계문화의 일본에 있어서의 독자의 나타남이 아니면 안 된다"고 논했다.

관계를 어떻게 보고 있는가라는 것은 앞서 언급한 것처럼 황실을 모든 씨족의 종가로 하고, 혈족관계로 그것을 잇고(維) 있다. 종가라는 것은 즉 하나의 씨족이 중심점이라는 것이다. 그 의미를 오늘날의 말로 말하면 황실은 국민의 내부에 있고 민족적 결합의 중심점이며, 국민적 결합의 핵심이 되어 있다. 그 관계는 혈연으로 연결된 한 가족의 친밀함으로서 위력에서 생긴 압종(壓從)과 복종이 아니다. 황실이 만세일계(萬世一系)인 근본적인 이유는 여기에 있기 때문에 국민 적 단결의 핵심이기 때문에야 말로 국민과 함께 국가와 함께 영구한 것이다. 황 실의 진정한 위엄은 여기에 있다.[47]

쓰다 소키치의 핵심은 '신대사가 기록될 시기에는 황실과 씨족의 관계가 중심이 되던 시대였는데, 씨족은 지금으로 말하면 국민에 해당하는 것으로, 그렇기 때문에 그 내용은 황실과 국민의 관계를 이야기한 것'이라고 제시했 던 것이다.

특히 황실을 모든 씨족의 종가이고 혈족관계로 그것들이 연결되고 있는 것으로 '황실은 국민의 내부에 있고 민족적 결합의 중심점이며, 국민적 결합 의 핵심이라고 보았다. 그렇기 때문에 일본 내부에, 황실은 국민의 내부'에 있고 만세일계인 이유를 알 수 있다고 본 것이다. 그리하여 황실은 국민적 단결의 핵심이고, 이는 국민과 국가가 함께 영구한 것이 될 수 있다고 보았 다. 그것은 바로 '국민의 외부로부터 임하는 것'이 아니었다.

이것은 일본의 천황을 세계적 보편성으로 설명하기 위해 오카와 슈메이가 동원한 중국의 천(天) 사상이라는 외래 사상을 도입한 것과는 반대였던 것이 다. 즉 오카와 슈메이는 영구성과 보편성을 강조하기 위해 외부적 개관 인식 으로서 세상을 아우르는 천 개념을 가져왔다.

이 천 개념이 조상숭배 사상을 연결되고 있었기 때문이다. 즉 오카와 슈메 이는 "동양인으로서 조상의 정신, 조상의 신앙, 조상의 유풍을 옛날 그대로를 호지하고 이를 후대에 전하는 것을 가장 신성한 의무로 생각하고 있었다. 동

---

47) 津田左右吉, 『神代史の新しい研究』 二松堂書店, 1913年, pp.197~199.

양은 과거의 진정한 가치 있는 것을 호지하고 문화의 중절(中絶)이 없는 전통을 계승할 수 있었다"[48]며, 조상 숭배가 외부적 보편성인 천 개념과 연결된다고 보았다.

그렇기 때문에 오카와 슈메이는 "아세아의 보수주의의 진정한 의의는 결코 모든 것에 대한 애착에 있는 것이 아니다. 만세불역이란 모든 것이 불변하고 고집하는 것이 아니다. 그것은 신앙, 도덕, 제도, 풍습 모든 문화현상에서 일시적인 것과 영원한 것을 분별하여 그 영원한 것을 어디까지나 호지하는 것이지 않으면 안 된다. 아세아 보수주의는 바로 이 지심(至深)의 정신인 것"[49]이라고 보고 이 보수주의 논리가 일본에 존재한다고 논했다. 이는 중국이 이전에서 경험했던 송학 유교라는 것이 존재했지만, 그것이 사라졌는데, 이번에는 일본에서 그 '동양=아시아'가 융합되는 논리 그것이 바로 조상숭배라고 보았다. 이것이 일본에서만 유지되고 있고, 그것이 곧 국조의 직계인 천황으로 연결되고, 그것은 공동생활의 역사라고 설명한다.

> 가족이 결합하여 부족을 형성하게 되고, 모든 가족의 공동조상으로서 의식된 부족신이 각 가족의 조상보다 높은 지위의 신으로 숭배된다. 나아가 부족이 하나의 국가로 통일되고 부족전체의 조상이 국조로 국민적 숭배의 대상이 된다. 대부분의 나라에서는 건국당초의 정신이 단절되었기 때문에 국조와의 종교적 연대가 소멸했다. 그렇지만 우리나라에서는 건국 이래 국가의 역사적 진화가 중절하지 않았을 뿐만 아니라 국조의 직계인 천황이 연면하게 국가에 계속 군림해 왔다. 따라서 일본국민과 천황의 관계는 지금도 종교적이다. 그런데 종교의 본질은 '자기 생명의 본원'을 경(敬)하고, 그것에 따르는 것에 있는데, 효는 일족일문의 생명의 본원에 충이라는 국가의 그것에 귀일하는 것이라고 말한다. 다시 말해서 충은 국조에 대한 효일뿐 만 아니라 그것이야말로 충효일본이라고는 것이라고 본다. 이것은 천황숭경은 도(道)의 획득이며, 국조의 직계인 천황이 연면하게 국가에 계속 군림해 온 '종(宗)'이기 때문에, 천황은 확실하게 국민의 종교적 숭배의

---

48) 大川周明, 「大東亞秩序建設」, 『大川周明全集』 第2卷, 岩崎書店, 1962年, pp.836~837.
49) 大川周明, 「大東亞秩序建設」, 앞의 책, pp.871~872.

대상이 되었던 것이다. 그리하여 우리들은 황실을 중심으로 비할 데 없는 강고한 공동생활을 영위해 왔다.[50]

오카와 슈메이 역시 천황은 확실하게 국민의 종교적 숭배의 대상이었고, 그것은 공동 생활 속에서 영구적으로 이어져 온 역사라고 강조했다. 즉 '공동의 생활=일본국민의 역사=천황임'을 제시했던 것이다. 이러한 논리는 결국 일본의 조상론이 '천황론'으로 변환되었던 것이다.

> 우리나라는 천하일성(天下一姓)의 국가였기 때문에 국가초기는 일본의 천황과 국민은 주로 부자(父子)의 정(情)으로 연결되고 있었다. 흔히 말하는 군신(君臣) 의 의(義)는 원래 엄존했지만, 그것이 분명하게 나타나는 것은 국가생활 내용이 복잡 다양해진 이후의 일로서, 국가초기에는 부자의 정이 군민의 연대(絆)로 작용하였다. 이미 부자관계인 이상 모든 국민이 천황 아래 평등한 것은 당연한 것이다. 원래 국민 중에 지우(智愚) 있고, 현부초(賢不肖)가 있기 때문에 도덕적 불평등은 어떠한 시대에도 있지만, 아버지가 자녀에 대해 행하는 것처럼 천황은 만민에 대해 일시동인(一視同仁)이었다.[51]

바로 오카와 슈메이가 서구 인식에 의해 부정되었던 동양 찾기의 결과물이었다. 아세아가 하나로서 중국과 인도문화의 융합을 일본의 천황에서 찾아낸 것이다.

그리하여 생활의 역사론이 미노다 무네키에 의해 "인류생활의 중심은 일본이다. 그리하여 '일본'은 인류생활의 또한 우주의 중심이고, 인류생활의 우주도 '일본'을 통해서만 존재하는 것이다. 우리들 일본인에 있어서는. 게다가 인류문화사상의 또한 세계 현세에 있어서의 일본은 동양문화의 정신적 가치의 현실적 파지자(把持者)로서 자립 국가이다. 그 내부에서 파멸몰락이 울부짖어지는 서양문화를 그 세맥(細脈)에 받아들여 원리적으로 섭진(攝盡)하고,

50) 大川周明, 『人格的生活の原理』宝文館, 1926年, pp.59~60.
51) 大川周明, 앞의 책, p.38.

이미 확립된 세계문화단위이다. 그렇기 때문에 '일본'은 일본인 우리들의 사상과 생활의 종합적 현령(現靈)·현신(現神)"52)이라는 논리로 나타났다.

그러면서 미노다 무네키는, 서구적인 것과 동양적인 것을 모두 부정하고 일본에 이미 내재하는 보편성을 강조했다. 바로 현재의 '생활 그 자체=천황의 역사'를 받아들이는 것 즉 있는 그대로를 수용하는 것이었다. 이는 원리일본사의 논리이기도 했으며, 원리일본사의 대표자인 미쓰이 고우노(三井甲之)의 논리이기도 했다. 일본 국민 생활의 사상적 산물인 전통 속에 일본 및 세계 문화와 인류생활의 이상을 실현할 수 있다고 선언하고 있었다.53)

그 연장선상에서 미노다 무네키는 일본을 '그대로 세계적인 것'54)이라고 피력했다. 미노다 무네키의 인식에는 일본이 세계문화를 내장하고 있는 것으로, 그것은 '동서문화 융합과 통일'을 이미 실천한 것이라고 보고 있었다. 역설적으로 동서문화의 융합과 통일이 일본에서 이루어졌기 때문에, 일본문화를 통해 역으로 세계문화를 찾아 낼 수 있다고 여긴 것이었다.55)

이는 원리일본사가 내건 원리사의 목표 강령인 "세계문화단위로서 이미 확립된 원리일본을 규명하고 선설(宣說)하여 우리들의 인류 사상 생활사 상에 있어서, 국제 국민 생활 경영으로서 부단히 개혁해 갈 것"56)이라고 주장하는 방식으로, 세계화로 연결시켜가고 있었다.

그 실행은 더 구체적으로 '인식론=이상론=형이상학론'이 아니라 '실천론=현실론=형이하학론'으로 연결시키는 방법을 제시했다. 즉 『메이지천황어집(明治天皇御集)』을 함께 읽고 함께 암송하는 것은 시키시마노미치(しきし

---

52) 蓑田胸喜,「大川周明氏の『日本及日本人の道』を評す」,『蓑田胸喜全集』第3卷, 柏書房, 2004年, pp.603~604.
53) 蓑田胸喜,『学術維新原理日本』上卷, 原理日本社, 1933年, p.4.
54) 蓑田胸喜,「世界文化史の新回顧と新展望」,『蓑田胸喜全集』第4卷, 柏書房, 2004年, p.582.
55) 蓑田胸喜,『世界文化単位としての日本』原理日本社, 1940年, p.52.
56) 原理日本社,「原理日本社綱領」,『原理日本の信と学術』しきしまのみち会大阪支部発行, 1980年, p.37.

まのみち)로 가는 근본적 수행의 하나라고 여겨 이를 강조했다. 즉 "와카는 일본어의 노래이며 일본인의 사상 감정을 노래한 것으로 그것을 '공동생활자'에 전하는 것"[57]으로, 이 시키시마노미치라는 것은 국어를 통해 개인생활을 공공생활에 연결하는 것이라는 것이라고 논했다. 미노다 무네키는 미쓰이 고우노의 논리처럼, 공동생활자로서의 서로의 감정을 연결하고 『메이지천황어집』을 배송하는 실천을 강조하면서 개인 생활을 공공 생활에 연결시켰던 것이다.

이처럼 쓰다 소키치와 오카와 슈메이 그리고 미노다 무네키는 공통적으로 생활이라는 용어를 중시하고 있었다. 역사를 재구성하는 논리에 생활 개념을 도입한 것은 당대에서도 새로운 시도였다. 생활을 중시하는 논리에는 역사를 지식 개념에 한정한다거나 이데올로기적 개념이 아니라 현실적이라는 의미에서 이를 중시하는 시점이 존재하고 있었다. 그럼에도 불구하고 이 생활에 담겨진 사적 공간이, 공적 공간과 결합되어 버리는 것에 문제가 존재했던 것이다.

쓰다 소키치는 중국이나 인도의 생활과 다르게 전개된 일본의 생활공간을 부각시키고, 그것이 역사적 경험을 함께 나눈 과정 속에서 형성된 공공 공간의 기억임을 상기시켜, 생활을 공공의 공간으로 탄생시켜 냈다. 오카와 슈메이는 가족의 제사를 설정하면서도 그것이 결국 조상과 연결되고, 일본 사회 전체 구조로 연결시켜가면서 사적 공간이 공적 공간으로 통합되어 간 논리를 설명해 냈다.

미노다 무네키는 원리일본사는 논리를 바탕에 두고, 사적 공간 속에서도 천황 어집을 암송하는 실천을 통해 공공성을 만들어 갈 수 있다고 보았다. 오카와 슈메이, 쓰다 소키치, 미노다 무네키는 결국 동일한 '공공=천황의 국가'를 창출하는 논리에서 만나고 있었던 것이다.

---

57) 三井甲之, 「しきしまのみちの原論」, 『原理日本の信と学術』 しきしまのみち会大阪支部発行, 1980年, pp.243~244.

6. 반전의 내셔널리즘·내셔널리즘의 반전

이상으로 쓰다 소키치, 오카와 슈메이, 미노다 무네키에게 나타난 사상적 특징과, 그것이 공공 천황론으로 연결되는 과정을 검토해 보았다. 특히 이 세 이론이 갖는 공통점은 '부여된 것'에 대한 극복 방법에서 출발하고 있었는데, 이에 대한 자각, 탈각의 문제를 설명해 내는 방식에는 차이성이 존재했다. 결국 쓰다 소키치, 오카와 슈메이, 미노다 무네키가 만들어낸 공동생활= 역사=문화 논리가 '일본 천황'의 합리화로 주창되고, 일본 내부 내셔널 아이 덴티티로 연결된 것임을 밝혀냈다.

구체적으로 쓰다 소키치는 중국과 인도 문화는 일본에서는 '일부 지식층' 에서만 한정적으로 이루어진 것으로 실제 민중들과는 동떨어진 것이라고 설정한 것에 특이성이 존재했다. 이를 바탕으로 이러한 '부여된 것'으로부터 벗어나 진정한 아이덴티티로서 일본적인 것을 획득해야 한다고 주장했다. 그렇기 때문에 쓰다 소키치가 주장하는 것은 '현대적=서구적=세계적인 생활 문화' 그 자체에서 일본문화나 동양문화를 새로 보아야 한다고 주장한 것이다.

이와는 반대로 오카와 슈메이는 동양과 서양은 엄연한 차이성을 갖는데, 하나의 동양이 왜 동양문화의 주체를 갖지 못했던 이유 그것은 서구적 인식론에 사로 잡혔었기 때문이라고 보았다. 그래서 오카와 슈메이는 서구적 사고방식을 극복하고, 동양의 특성을 찾기 위해 동양 역사를 자각적으로 보아야 한다고 보았다. 그것은 일본이 중국문화와 인도문화를 받아들이는 과정에서 새롭게 창출한 국민 생활의 공동 문화를 보아야 한다고 주장했다.

미노다 무네키 또한 동양과 서양의 문화적 차이를 인정하는 것에서 출발했다. 특히 서구와 동양이 원래는 희랍문화에서 출발했는데, 서양은 서구 문화적 특성에 의해 발전했고, 동양은 동양에서 새롭게 문화를 구축했다고 보았다. 즉 서구에서 육성된 서구 이론인 마르크스주의, 사회주의, 자유주의는 서구적 논리로서 일본에서는 맞지 않으며, 동시에 그것에 대한 사색이나 인식의 천착도 이루어져서는 안 된다고 보았다. 즉 일본의 현실에서 존재하는 일본문화 그대로를 받아들여야 한다고 주장한 것이다.

이처럼 쓰다 소키치, 오카와 슈메이, 미노다 무네키는 서로 차이성을 가지면서도 공통적으로는 생활개념을 키워드로 역사를 재구성해냈다. 이 생활이라는 키워드는 쓰다 소키치가 중국과 인도를 배제하는 논리로 사용되었고, 오카와 슈메이와 미노다 무네키는 일본인의 공동생활에서 이어져 온 공동의 문화를 찾는 이론으로 작동했다. 결과적으로 쓰다 소키치가 주장한 일본의 세계문화, 오카와 슈메이가 주장한 구축되어 온 공동생활문화로서 일본문화, 미노다 무네키가 주장한 '있는 그대로'의 생활 문화는 공통적으로 '천황'이었던 것이다.

이처럼 천황과 공동생활의 논리가 얼개를 이루어 서로 다른 입장이었지만, 일본이 '생활=천황=공공성'이라는 국민국가의 내셔널리즘을 구축해 낸 것이었다. 원래는 '공공=생활공간', '사적=생활공간'이 존재하고, 생활이 공공에 다 수렴되는 것이 아니었음에도 불구하고, 중국과 인도의 생활적 차이를 배제시키는 논리 속에서 '공공=생활=천황국가'를 제창해 낸 것이다. 그렇기 때문에, '생활자=민중=국민=공공'을 일체화 시켜 국민의 질서를 규정하고, 반(反) 공공적 인식을 진압했던 것이다. 쓰다 소키치, 오카와 슈메이 미노다 무네키는 '평민적/생활 천황주의'를 '공동생활'에서 찾고, 이를 확대시켜 공동환상을 만들어 냈던 것이다.

제3장
'주체성' 구조와 '동양' 표상의 곤란성
―쓰다 소키치, 오카와 슈메이, 미노다 무네키의 착종―

1. 상대적 객관성이라는 물음

쓰다 소키치(津田左右吉), 오카와 슈메이(大川周明), 미노다 무네키(蓑田胸喜). 이들은 인식의 객관성에 착목하여 '진정한' 주체성을 갖고 '동양론'을 구축하고자 한 점에서 공통적이었다. 물론 굳이 이 세 명을 내세우지 않더라도 이미 잘 알려진 것처럼 많은 사상가들이 '동양'을 이야기했다.

그럼에도 불구하고 이들이 문화를 규정하는 방법 속에는 '스스로도 하나의 문화에 속해 있다고 간주하면서 다른 문화를 보는' "상대적 개관성"[1]이라는 사상적 접근방법을 갖고 있어서 이들에 주목하는 아주 특이할 만한 점이 있었다. 그렇기 때문에 이들의 이러한 사상성과 연관성을 규명하는 것은 '상대적 동양론' 구축이 갖는 의미를 재고하고 그 의의를 현재적 문재로 연결시키는 것은 의의가 있다고 본다. 특히 인식론적 주체성 확립이 무엇이고, 이에 근거하여 형성되는 동양 상(像)의 상충적인 얽힘은, 일본이 근대 신내셔널리즘을 갖게 되는 전환점 자체를 찾아내는 계기가 될 수 있을 것이다.

구체적으로 들어가자면 쓰다 소키치, 오카와 슈메이, 미노다 무네키가 일본 내의 주체적 사상을 찾아내기 위해 중국이나 인도와의 관련성을 설명하는 방식을 취했고, 동시에 서구문화를 상대화 하는 동양론을 세우고자 하는

---

1) R. ワグナー(Roy Wagner), 山崎美穂・谷口佳子訳, 『文化のインベンション(The invention of culture)』玉川大学出版, 2000年, p.25.

점에서 공통성이 존재했다. 실은 중국이나 인도의 동양문화라는 것도, 서구 문화도 모두 '외래적'인 것이었음에도 불구하고, 그 외래적인 것 속에서 자국 문화의 보편성을 찾으려고 시도했던 것이다.

먼저 쓰다 소키치의 경우를 본다면, 쓰다 소키치는 외래문화와 사상 특히 중국과 인도의 관련성을 부정하고, 서구 문화와의 관련성을 긍정하면서 일본 문화의 독자성을 찾으려 했다. 오카와 슈메이는 일본이 중국과 인도의 외래 사상과 교섭을 통해 일본문화가 창조되어 왔다고 항변하면서 일본문화의 독 창성을 논했다. 반면 미노다 무네키는 외래문화와의 교섭이 존재했다는 점은 수긍하지만, 그것은 새로운 문화를 융합해 낸 것이 아니라, 일본 내에서 원초 적으로 존재하는 우수한 문화의 고유성을 발견하는 것이 중요하다고 논했다.

이러한 세 층위는, 이소마에 준이치(磯前順一)가 논하듯이 "인간은 사회적 존재이고, 공동성을 배제한 초월적 개인으로서는 존재할 수 없다. 역사를 말 한다는 것이 개인의 자유에 맡겨지는 것이 아니라, 장소를 둘러싼 상황에 의 해 방향지어질 수밖에 없다. 어떤 목소리가 승인을 얻고, 어떤 목소리가 사 라지는가"[2]라는 승인의 문제와도 연결된다.

이는 쓰다 소키치, 오카와 슈메이, 미노다 무네키의 분석에도 유효한 제언 이다. 역사를 보는 주체성이나 동양론에 대한 목소리들은 당대에 승인을 받 거나 소거되면서 아니 오히려 그 승인과 소거를 판금해 내는 배경이 무엇인 지도 고찰할 필요성을 일깨워 주는 것이다.

이를 인지하면서, 이 세 명이 각각 개인의 주체성에 대해 어떠한 입장을 취 하고 있는지부터 확인해 보기로 한다. 쓰다 소키치는 한 개인의 주체에 보편 성을 갖는 것이 매우 어렵다고 보았다. 그렇기 때문에 과거의 역사를 논할 때 중시해야 하는 것은, 과거를 이야기하는 현재 그 사람의 시점 그 자체를 파악해야 한다고 보았다. 그렇기 때문에 과거 역사를 논한다는 것은, 역설적 으로 현재적 시점이 무엇인가를 반증해 주는 것이기 때문에 현재를 아는 것

2) 磯前順一, 「「国史」という言説空間」, 『現代思想』 第27卷 第12号, 靑土社, 1999年, p.24.

이 중요하다고 여겼다.

즉 논자의 인식에 내재된 의도나 욕구를 그 자체가 무엇인지 인지하게 해 주는 것에 방점을 두었다. 그래서 쓰다 소키치는 동양 개념은 시대 시대마다 당대의 역사적·시대적 인식론의 특징에 근거하여 재현된 허구적인 창조물 이라고 보았다. 특히 중국문화와 인도문화 그리고 일본문화를 하나로 보는 동양문화를 공무(空無)하다고 주장하는 그 유명한 동양문화의 부정론이었 다.[3] 이 동양문화 부정은 곧 일본정신의 부정이라고 받아들여져 '동양부정= 일본정신의 부정'으로 간주되어, 공동체 의식의 공동(空洞)화를 선동하는 것 이라고 오카와 슈메이로부터 비판을 받았다.[4]

오카와 슈메이는, 역사란 개인의 취사선택이기는 하지만, 역사 속에서 사 상적 전환이 일어나는 사건이나 사실들을 찾아내어 그 배경과 의의를 설명 해야 한다고 보았다. 즉 오카와 슈메이는 쓰다 소키치의 입장과 달리 동양· 아시아·일본 문화의 존재를 인정하면서, 이들의 교섭을 근거로 문화가 구축 되어 왔다는 입장을 취했다. 즉, 일본 내에서 존재하는 일본적 옛 문화가 외 래 문화인 중국과 인도와의 접촉을 통해 일본문화로 융합되어 신문화를 창 조해 냈다고 보는 입장이었다.

오카와 슈메이와 쓰다 소키치는 동양문화를 보는 시선이 서로 대조적이었 다. 그럼에도 불구하고 이 둘은 미노다 무네키로부터 '동일한 논자'라고 공격 을 받는다. 미노다 무네키는, 쓰다 소키치와 오카와 슈메이가 정반대의 입장 이기는 하지만, 결과로서는 동일한 논리로 맞닿아 있다고 본 것이다. 어째서 미노다 무네키의 관점에서 쓰다 소키치와 오카와 슈메이가 동일하게 보였는 가하면, 역사란, 한정된 개인의 인식으로 '전체를 논할 수 없다'는 입장을 전

3) 吉野浩司,「「亜細亜」という地域の枠組みについて」,『東アジア評論』第3号, 長崎県 立大学東アジア研究所, 2011年, p.210. 津田左右吉,『支那思想と日本』岩波書店, 1938年, pp.106~110.
4) 오구마 에이지(小熊英二), 조현설역,『일본단일민족 신화의 기원』소명출판, 2003年, p.430. 大川周明,「新東洋精神」,『大川周明全集』第2卷, 岩崎出版社, 1962年, p.985.

제하고 있었기 때문이다. 즉 개인의 인식은 공간과 시간적 제약을 받는 것이기 때문에 아무리 외부와 내부를 인지한다고 해도 보편적 개인 인식이란 존재할 수 없으며, 문화를 부정하거나 새롭게 문화를 구축하는 논리는 '무리'라고 보았기 때문이다. 미노다 무네키는 이러한 개인의 인식이 갖는 한정성 논리를 연장시켜 동양과 서양이 갖는 동서양문화 자체에도 대입했다. 즉 동양이든 서양이든 그것은 각각의 지역 내부 환경 속에서 특수하게 각각 창출된 것이라고 여겼다. 그것은 보편성을 담보할 수 없는 개별적인 하나의 영역으로서의 전통이며 사유방식이라고 보았다. 그렇기 때문에 서로 다른 개별적인 것을 마치 서구가 보편적인 것처럼 여겨 서구이론을 일본에 대입시킨다거나, 혹은 새로운 동양을 천착하는 논리는 한계를 가질 수밖에 없다고 보았다.

미노다 무네키는 현재의 일본 '있는 그대로'를 직시하고, 일본적인 것이 무엇이었는가 그것을 재현해야 한다는 사유방식을 갖고 있었다. 이러한 인식론적 입장의 미노다 무네키는 쓰다 소키치가 '서구 이론 수용자=서구 숭배자'로, 오카와 슈메이가 '일본 문화를 재구성하는 구축주의자'로 보였다. 오카와 슈메이는 개인의 인식이 보편성을 만들어낼 수 있는 것처럼 여기는 유아독존자(唯我獨尊者), 즉 주관주의자, 민주주의적인 척하는 패도(覇道)주창자, 자유적 개인주의자로 비춰졌다.[5]

그리고 쓰다 소키치는 서구 논리인 자유주의나 개인주의를 바탕으로 보편을 추종하는 주체성 결여자라고 비판을 받았다. 오카와 슈메이는 일본문화를 새롭게 탐색하지만 그 탐색 속에 내장된 한계성을 자각하지 못한 유아독존주의자로서 주체성 결여자라고 비판 받은 것이었다.

결국 쓰다 소키치와 오카와 슈메이를 비판한 미노다 무네키는 일본 내부의 고층(古層)에 저류(底流)하는[6] 일본의 우수한 독자적 문화를 찾아내어, 그것에 순종적으로 따라야 하는 논리를 믿어야 한다는 관점을 견지한 것이

---

5) 蓑田胸喜, 「大川周明氏の学的良心に愬ふ」, 『蓑田胸喜全集』第6巻, 柏書房, 2004年, p.206. pp.306~307.
6) 竹内洋, 「丸山真男と蓑田胸喜」, 『諸君』第36巻 第3号, 文芸春秋社, 2004年, p.209.

었다. 서구추종이나 내부 재구축을 오카는 쓰다 소키치와 오카와 슈메이의
논리를 모두 차단하고, 일본적인 것을 '있는 그대로 받아들인다'는 초역사적
본질주의라는 정태적 입장을 내세웠다. 이는 '타자'를 절대적으로 받아들이
지 않는 미노다 무네키의 '자아 절대주의자'적 입장[7]이었던 것이다.

그렇지만 결국 미노다 무네키의 이러한 인식은 쓰다 소키치가 사용한 인
식 소거론, 오카와 슈메이가 제시한 타(他)문화 수용과 자국문화 구축론 또
한 표리부동한 '자아 절대주의 확장'이라는 다르지만 동일한 문제점을 내장
하고 있었던 것이다. 바로 이 세 층위의 '자아 절대주의적 확장' 혹은 이러한
논리들의 제휴가 갖는 내적 차이의 일본중심주의 담론이 외현적으로 동일하
게 동양론의 핵심적 모순이 존재했던 것이다.

2. 자명성에 대한 다층적 원리

서두에서 밝혔듯이 쓰다 소키치, 오카와 슈메이, 미노다 무네키는 역사를
바라보는 개인의 인식에 대해 각각 다른 어프로치를 갖고 있었다. 쓰다 소키
치는 1913년『신대사의 신연구(神代史の新しい研究)』를 시작으로『지나사
상과 일본(支那思想と日本)』(1938년)을 발간하면서, 일본의 기기(記紀) 신
화의 신대사(神代史) 서술이 후대 통치자인 천황의 유래를 기록하기 위해 각
색한 것 즉 후대인이 만들어낸 것으로 객관적 역사적 사실(史実)이 아니라고
주장했다.[8]

---

7) 植村和秀,「蓑田胸喜の西田幾多郎批判-論理的解析(二・完)」,『産大法学』41卷 1号,
    京都産業大学法学会, 2007年, p.20.
8) 쓰다 소키치는『문학에 나타난 우리 국민사상의 연구(文学に現はれたる我が国民思
    想の研究)』(4권, 1916년-21년),『고사기 및 일본서기의 신연구(古事記及び日本書紀
    の新研究)』(1919년),『신대사의 연구(神代史の研究)』(1924년, 개정판),『고사기 및
    일본서기의 연구(古事記及び日本書紀の研究)』(1924년, 개정판),『일본상대사연구(日
    本上代史研究)』(1930년),『상대일본 사회 및 사상(上代日本の社会及び思想)』(1933
    년)을 저술했는데, 이 저서들은 공통적으로 신대사를 부정하는 논리를 담고 있었다.

즉 천황의 역사를 기록한 신대사를 부정하고 있었다. 이러한 쓰다 소키치는 도쿄(東京)제국대학에서 '동양정치사상사' 강사로 초빙되어 강연했는데, 이 강연 내용을 둘러싸고 미노다 무네키가『원리일본』에 비판적 글을 발표하면서 '사건화'되었다. 쓰다 소키치의 기존 저서가 발행금지 되는 그 유명한 쓰다 소키치 사건9)이 발생했다. 신대사라는 신화의 부정에 대한 내용이 아니라, 그 신화 부정이 황실의 존엄을 모독했다는 황실 부정론으로 받아들여졌던 것이다. 이와 동일한 시기에 오카와 슈메이도『일본이천육백년사』(日本二千六百年史)(1939년)를 간행했는데, 이 또한 미노다 무네키로부터 황실 모독이라며 비판을 받게 된다.10)

이는 앞서 언급한 것처럼 시대적 상황 속에서 어떤 목소리가 승인을 받게 되고, 어떤 목소리가 권력을 획득하는가의 문제로 연결된다. 실제 쓰다 소키치가 1913년부터 '신대사' 부정론을 주창했지만, 1939년이라는 시대가 되어 비판의 대상이 된 것이었다. 마찬가지로 오카와 슈메이의『일본이천육백년사』도 1913년에 집필한『열성전』에서 시작하여 「일본문명사의 의의 및 가치」와『일본문명사』를 거쳐 발간된 것이었다. 바로 국체명징을 부르짖는 시대적 상황에 의해 비판의 대상이 되었고, 그 시대적 인식 속에서 목소리 소거 논쟁이 진행되고 있었던 것이다.11)

竹内洋,「帝大肅正運動の誕生・猛攻・蹉跌」,『日本主義的教養の時代』柏書房, 2006年, p.39.

9) 竹内洋,「帝大肅正運動の誕生・猛攻・蹉跌」, 위의 책, pp.39~40.

10) 오노 마코토(大野慎)가 「오카와 슈메이씨의 이천육백년사를 논박한다(大川周明氏の二千六百年史を駁す)」(일본협회, 1940년)를 발표했다. 그리고 미노다 무네키가 「오카와 슈메이씨의 학적 양심에 호소한다-「일본이천육백년사」에 대하여(大川周明氏の学術良心に愬ふ:「日本二千六百年史」に就て)」(원리일본사, 1940년)에서 오카와 슈메이를 비판했다.

11) 1919년 「국민생활의 중심으로서의 황실(國民生活の中心としての皇室)」을 거치면서 1921년 10월『일본문명사(日本文明史)』를 간행했다.『일본문명사』가 1929년에『국사개론(國史槪論)』, 1931년『국사독본(國史讀本)』, 1939년『일본이천육백년사』로 간행되었다.『국사독본』은 선진사(先進社, 1931년), 국민운동사(国民運動社, 1933년), 일본청년사(日本靑年社, 1935년), 유정사(有精社, 1936년), 동아회(東亜会, 1938)으로

특히 오카와 슈메이의 『일본문명사』와 『국사독본(国史読本)』, 그리고 『일본이천육백년사(日本二千六百年史)』로 저서 제목이 바뀌는 과정에서 나타난 변용을 한 눈에 볼 수 있다.

〈표5〉 『일본문명사』, 『국사독본』, 『일본이천육백년사』를 참고하여 필자작성

『일본문명사』 (1921년)	『국사독본』 (1931년)	『일본이천육백년사』 (1939년)
서문	머리말	서론
일본문명의 의의 및 가치	일본민족 및 일본국가	일본민족 및 일본국가
상대일본의 국민적 신앙	일본국가의 건설	일본국가의 건설
—	유교 및 지나 문명의 전래	유교 및 지나문명의 전래
다이카(大化) 개신의 문명사적 의의	다이카(大化) 혁신(革新)	다이카(大化) 개신(改新)
불교는 어떻게 우리나라에서 번영했는가	불교는 어떻게 하여 일본에서 번영했는가	불교는 어떻게 하여 일본에서 번영했는가
나라(奈良)시대 문화	나라조정(奈良朝)의 문화	나라조정(奈良朝)의 문화
왕조시대에 있어서의 장원제도	헤이안(平安) 천도	헤이안(平安)천도
왕조말기 무사 세력의 통일	귀족정치의 타락과 무사세력의 대두	귀족정치의 타락과 무사세력의 대두
가마쿠라(鎌倉) 문명의 의의	미나모토씨(源氏)와 헤이씨(平氏)	미나모토씨(源氏)와 헤이씨(平氏)
종교개혁자로서의 도겐(道元) 선사(禅師)	가마쿠라막부(鎌倉幕府)의 정치	가마쿠라막부(鎌倉幕府)의 정치
가마쿠라 막부의 민정(民政)	가마쿠라시대의 일본정신	가마쿠라의 일본정신
몽고내습 전후	—	종교개혁자로서의 도겐(道元) 선사(禅師)
		무로마치(室町)시대의 특질
건무(建武)중흥 전후	건무중흥(建武中興)	건무중흥(建武中興)
—	무로마치막부(室町幕府)	무로마치시대(室町時代)
전국시대의 문명사적 의의	전국시대의 의의	전국시대의 문명사적 의의
신시대의 개척자 오다 노부나가(織田信長)	신시대의 개척자 오다 노무나가	신시대의 개척자 오다 노부나가
호우타이코(풍태각, 豊太閤)과 일본정신	해외발전정신의 발흥과 그 좌절	해외발전정신의 발흥과 그 좌절

발행되어 간다. 그렇지만 그 내용이나 목차 등은 변하지 않았다. 단지, 1936년의 것과 1938년의 것은 '표지'가 바뀌는 정도였다.

『일본문명사』 (1921년)	『국사독본』 (1931년)	『일본이천육백년사』 (1939년)
기독교의 전래	서양문명이 접촉과 그 배척	기독교의 전래
크리스탄 금제(禁制)	—	크리스트(切支丹) 금제
도쿠가와 초기 문화	도쿠가와시대(德川時代)의 사회 및 국가	도쿠가와시대(德川時代)의 사회 및 국가
도쿠가와 시대 국가조직	도쿠가와시대 초기의 문화	도쿠가와(德川) 초기 문화
도쿠가와 시대 사상계의 신 정신	도쿠가와시대(德川時代) 사상계의 신(新)정신	도쿠가와시대(德川時代) 사상계의 신(新)정신
도쿠가와 시대 태서문명의 섭취	도쿠가와시대(德川時代)의 서양학술	도쿠가와시대(德川時代) 태서문명의 섭취
막말(幕末) 일본의 국난	—	막말(幕末) 일본의 국난
붕괴되어야 할 봉건제도	붕괴되어야 할 봉건제도	붕괴되어야 할 봉건제도
—	존황(尊皇)과 양이(攘夷)와 도막(倒幕)	존황(尊皇)과 양이(攘夷)와 도막(倒幕)
혁명으로서의 메이지유신	메이지유신	메이지유신
제2유신에 직면한 일본		
세계대전과 일본	제2의 유신에 직면한 일본	세계유신에 직면한 일본
세계사를 경유하고 있는 두 가지 문제		

　다시 『국사개론』과 『국사독본』, 『일본이천육백년사』를 비교해보면, 『국사 개론』에서 『국사독본』으로 새롭게 변용되었음을 알 수 있다. 이것은, 1929년과 1931년 사이에 오카와 슈메이가 내용 자체를 재구성하면서 진행된 것이라는 점을 알 수 있게 해준다.

〈표 6〉 『국사개론』과 『국사독본』, 『일본이천육백년사』을 참고하여 필자작성

『국사개론』 (1929년)	『국사독본』 (1931년)	『일본이천육백년사』 (1939년)
개강인연	머리말	서론
역사란 무엇인가	일본민족 및 일본국가	일본민족 및 일본국가
왜 역사를 배우는가	일본국가의 건설	일본국가의 건설
현대의 비역사적 경향	유교 및 지나 문명의 전래	유교 및 지나문명의 전래
지나역사의 안목	다이카(大化) 혁신(革新)	다이카(大化) 개신(改新)
지나의 왕도와 일본의 신도	불교는 어떻게 하여 일본에서 번영했는가	불교는 어떻게 하여 일본에서 번영했는가

『국사개론』 (1929년)	『국사독본』 (1931년)	『일본이천육백년사』 (1939년)
천황현신의 신앙	나라조정(奈良朝)의 문화	나라조정(奈良朝)의 문화
일본국민과 황실	헤이안(平安) 천도	헤이안(平安)천도
동양사에 있어서의 남북세력	귀족정치의 타락과 무사세력의 대두	귀족정치의 타락과 무사세력의 대두
일본민족의 생성	미나모토씨(源氏)와 헤이씨(平氏)	미나모토씨(源氏)와 헤이씨(平氏)
일본의 일성(一姓)과 지나의 백성(百姓)	가마쿠라막부(鎌倉幕府)의 정치	가마쿠라막부(鎌倉幕府)의 정치
국초(国初)에 있어서의 순(純) 일본적 제상(諸相)	가마쿠라시대(鎌倉時代)의 일본정신	가마쿠라(鎌倉時代)의 일본정신
이방(異邦)문명의 도래 이전	—	종교개혁자로서의 도겐(道 元) 선사(禪師)
위험사상으로서의 유교	—	무로마치(室町)시대의 특질
유교가 실제로 준 영향	건무중흥(建武中興)	건무중흥(建武中興)
다이카 개신	무로마치막부(室町幕府)	무로마치시대(室町時代)
나라조정의 문화	전국시대의 의의	전국시대의 문명사적 의의
나라조정 불교의 해독(害毒)	신시대의 개척자 오다 노무나가(織田信長)	신시대의 개척자 오다 노부나가(織田信長)
헤이안(平安) 천도	해외발전 정신의 발흥과 그 좌절	해외발전 정신의 발흥과 그 좌절
헤이안조정에 있어서의 국민정신의 혼수(昏睡)	서양문명이 접촉과 그 배척	기독교의 전래
귀족정치의 타락	—	크리스트(切支丹) 금제
무사계급의 대두	도쿠가와시대(德川時代)의 사회 및 국가	도쿠가와시대(德川時代)의 사회 및 국가
가마쿠라막부(鎌倉幕府)	도쿠가와시대 초기의 문화	도쿠가와(德川) 초기 문화
무로마치막부(室町幕府)	도쿠가와시대(德川時代) 사상계의 신(新)정신	도쿠가와시대(德川時代) 사상계의 신(新)정신
해외발전정신의 발흥과 그 좌절	도쿠가와시대(德川時代)의 서양학술	도쿠가와시대(德川時代) 태서문명의 섭취
서양문명의 접촉과 그 배척	—	막말(幕末) 일본의 국난
도쿠가와시대의 황실 및 교 토 귀족	붕괴되어야 할 봉건제도	붕괴되어야 할 봉건제도
다이묘(大名) 및 무사(武士)	존황(尊皇)과 양이(攘夷)와 도막(倒幕)	존황(尊皇)과 양이(攘夷)와 도막(倒幕)
유교 및 중국문명의 저작 (詛嚼)	메이지유신	메이지유신
존황론의 대두	제2의 유신에 직면한 일본	세계유신에 직면한 일본

『국사개론』 (1929년)		『국사독본』 (1931년)	『일본이천육백년사』 (1939년)
막부정치의 말로 양이(攘夷)와 도막(倒幕)의 유신(維新)		제2의 유신에 직면한 일본	세계유신에 직면한 일본

다시 말해서, 오카와 슈메이의 저서 내용은 결국 『일본문명사』에서 출발하여, 『국사개론』으로 재구성되었다가 다시 『일본문명사』로 돌아가 『국사독본』, 『일본이천육백년사』로 재편했던 것임을 알 수 있는 것이다.

쓰다 소키치와 오카와 슈메이가 비판을 받던 시기는 1940년, 즉 진무(神武) 천황 즉위를 기준으로 2600년에 해당하던 해였다. 메이지 천황의 신성성을 강조하며 교육칙어 제창 50주년도 겹치면서, 국사(国史)에 자긍심을 갖고, 국민 사상에 동요가 일어나지 않도록 주장하며, 대동아의 신질서 건설을 부르짖던 시대였던 것이다.[12] 국체사상의 동요[13]나 황국사관[14]이 흔들려서는 안 되는 상황이었고, 아니 국체사상, 황국사관을 통제하고 이러한 사상을 견고히 하려는 시대였던 것이다.

이러한 시대적 상황을 감안하면서, 쓰다 소키치, 오카와 슈메이, 미노다 무네키의 '연구 시각=주체성'이 어떻게 국체주의와 거리를 두는지 아니면 맞닿아 있는지 살펴보아야 할 것이다. 첫째, 그것은 개인의 인식에 의해 역사를 기술하는 역사 기술자의 인식에 대한 물음이었다.

쓰다 소키치는 기본적으로 한 개인의 인식은, 그 개인의 생활 전체의 상태에 의해 형성된 것이라고 보았다. 그래서 결국 인간은 생활 전체에 의해 형성된 인식을 바탕으로 하고 있기 때문에 사물에 대한 관찰이나 사색도 결국 그 사람의 사상에 의해 대상을 해석되는 것이라고 보는 입장이었다. 물론 그렇기 때문에 그곳에 개인적 특색이 존재하지만, 대상 전체를 관통하는 관찰

---

12) 田中保平, 「紀元二千六百年記念号發行の辭(紀元二千六百年年記念)」, 『彦根高商論叢』 第28号, 彦根高等商業學校研究會, 1940年, pp.1~2.

13) 里見岸雄, 『國体思想史』 展伝社, 1992年, pp.27~37.

14) 長谷川亮一, 『「皇國史觀」という問題』 白澤社, 2009年, pp.1~6.

능력을 갖거나 혹은 일관된 해석 논리를 갖는 것이 필요하다고 보았다. 즉
자기 입맛에 맞는 단편적 감상은 금물이며, 특히 학술연구로서 성립의 가부
가 이것에서 결정된다고 보았다.15) 쓰다 소키치는 대상을 바라보는 자의 자
의성(恣意性)이나 주관적 판단을 저지하고 객관성을 유지할 수 있는 '인식론
적/객관적 균형'을 중시했던 것이다.

　이러한 인식론에 대해 이에나가 사부로(家永三郎)가 "쓰다 소키치는 연구
자의 주체적 입장을 강력하게 발휘하여 연구자 스스로의 사상상(思想上)의
가치 기준에 의해 과거의 사상을 평가하고 있다는 것도 간과해서는 안 된다.
역사학에 있어서 연구자가 주체성을 전혀 갖지 않고 완전하게 나를 비우고
대상을 순(純)객관적으로 인식한다고 하는 것은 원리적으로 불가능하고, 그
것을 표면적으로 주창하는 실증주의 사학자에게 있어서도 현실에서는 하나
의 주체성을 갖고 연구하고 있다는 사실은 부정할 수 없다"16)고 제시한 것처
럼, 서구적 이론인 실증주의 사학에 빠진 것도 하나의 주체성을 갖는 것이었
다고 보았다.

　그렇지만, 그 주체성은 사실 주체성이 아니었다. 연구자가 자신을 비우고
역사를 순수 객관적으로 인식한다는 것은 원리적으로 불가능하다는 것을 감
안하다하더라도, 실증주의 사학자들이 시도한 역사기술은 주체성이 결여되
어 있었다는 의미이다. 즉 실증주의 사학에 빠져서 실증주의 논리로 역사를
보는 것 자체는 '물론 하나의 주체성'이라고 인정하지만, 그 자체가 주체성을
갖는 것은 아니었다. 다시 말해서 실증주의를 맹신하고, 실증주의를 액면그
대로 일본역사에 대입시켰기 때문이다.

　메이지기(明治期) 서구에서 유입된 실증주의 사학이라는 방법론은, 방법
론으로서는 선진적이고 새로운 이론이었지만, 그것을 그대로 받아들여 일본
역사들에 대해 연구하는 방법이 자료의 실증성 자체에 집착하게 만든 것은,

15) 津田左右吉, 『文學に現はれたる我が國民思想の硏究 : 平民文學の時代(上)』 洛陽堂,
　　1919年, p.Ⅲ.
16) 家永三郎, 『津田左右吉の思想史的硏究』 岩波書店, 1972年, p.104.

한편으로는 주체적 입장이지만, 그것은 진실한 주체성을 가진 역사 연구법이
아니었다.

즉 '서구적 이론=새로운 시각'이라는 인식으로 그것을 모방한 것은 무(無)
주체적이었던 것이다. 바로 이러한 무주체성을 극복하고자 한 것이 쓰다 소
키치였다. 이에 나가 사부로는 이러한 쓰다 소키치를 '객관적인 사상이 갖는
인식론적 특성을 보여주는 것'[17]이라고 보았다. 쓰다 소키치는 주체적 입장
이 무엇인가라는 문제를 중시했고, 쓰다 소키치 스스로도 그것을 보여주었다
는 점에서 독특한 이채를 띠고 있었다는 것이 이에나가 사부로의 논점이었다.

여기서 등장하는 것이 객관적 인식이라는 것인데, 그럼 그 개관적 인식이
란 어떻게 개인의 사회적 틀을 넘어 형성될 수 있는 것일까. 그것에 대한 방
법론으로서 쓰다 소키치는 '기존 인식을 부정하는 방법'을 통해서 가능하다
고 보았다. 다시 말해서 '인식된 사상에 대한 인식'에 대한 재구성을 시도하
는 것이라고 본 것이다. 그것은 곧 '사상화 된 것'으로 나타난 것들이 과연
진정한 사상인가라며 의혹을 갖는 것이었다.

쓰다 소키치는 기존에 갖게 된 논리들이나 역사에 대해 비판과 부정을 통
한 방법론에 의해 재생산된 '인식' 그 자체의 형성을 중시한 것이다. 동시에
철저한 내부 반성을 촉구하는 방식이었다. 그것은 바로 객관적 과거를 보는
인식의 형성도 중요하지만, 그것이 갖는 한계가 존재하기 때문에 그것을 극
복하기 위해서는 '현재의 자아가 어떠한 의도로 역사를 보고 있는가를 아는
것'이 중요하다고 보았다. 이것은 쓰다 소키치가 실제로 역사를 기술하면서
사용한 이중적 방법론이었다. 즉, 쓰다 소키치는 역사를 볼 때 중요한 것은
과거에 존재했던 그것이 어떤 의미에서 미래에 의미가 있는가를 설명해야
한다고 보았다.

이러한 쓰다 소키치의 논리를 잇세 요코(一瀨陽子)는 "첫째는 역사가가 과
거의 시점에 위치를 두고 미래를 이해할 수 없다는 시점에서 서서 그 생활

---

17) 家永三郎, 앞의 책, p.104.

과정=역사를 서술하는 것과 둘째는 역사가가 현재의 시점에 위치를 두고 과거를 반성하는 시점에 서서 그 생활 과정=역사를 서술하는 방법"[18]으로 구분하여 기술했다. 후자 쪽에 중점을 두어 현재의 시점에서 과거를 비평적이고 반성적 입장에서 생활 과정=역사를 기술한다고 보는 점을 제안했다.

이러한 의미에서 보아 현재의 인식에서 과거가 표상되는 것이라는 점에 쓰다 소키치의 특징이 있는데, 그것을 다시 읽어보면 그 내용이 단순하게 역사를 논할 때 '역사는 현재 인식의 표현'이라고 제언하는 것에 그친 것이 아니라, 그렇기 때문에 현재 생활에서 갖고 있는 '지향이나 욕망'이 무엇인지를 자각해야 한다는 논리도 내포하고 있었다. 즉 과거를 보면서 미래를 상정하지만, 그것은 현재의 인식에 의해 '발견'되는 것인데, 그 현재의 인식이 어떠한 것인지를 '인지'하지 않으면 과거도 없고, 동시에 미래도 주체적으로 존재하지 않는 것이라고 보았다.

그렇기 때문에, 현재 주체성이 갖는 문제에 끊임없이 화두를 던지고 있었던 것이다. 즉 과거를 보는 이유는, 미래의 원리를 알기 위함인데, 그것 자체가 이미 현재 그 개인의 욕구에 의해 과거가 선택되어 그 원리가 나타나는 것이라고 여긴 것이다. 그렇게 때문에 그것을 통해 미래의 원리를 찾으려고 하는 것이 갖는 문제라고 여긴 것이다. 즉 과거에서 유형적인 것을 찾기도 하고 어떤 법칙에 귀납하고자 하는 욕구, 즉 의도가 이미 어떤 무엇인가에 기준을 두었고, 또한 그것에 의해 미래의 어떤 지향점을 설정해서는 안 된다고 보았다.[19]

---

18) 一瀬陽子, 「津田左右吉にみる戰前と戰後の間」, 『言語文化學』vol.14, 大阪大學言語文化學會, 2005年, p.26.

19) 津田左右吉, 「歷史の矛盾性」, 『史苑』 2卷 1号, 立敎大學史學會, 1929年, pp.14~18. 쓰다 소키치는, 역사가의 인식이 반영된다는 의미를 설명했다. 즉, 현재가 미래로 변혁되어 가는 것을 잘 인지하는 것이 역사가의 역할인데, 그것이 어떻게 그 경로로, 어떠한 방식으로, 어떠한 심리가 작용하여 변혁이 일어나는가, 혹은 어떻게 변혁되었는가, 어떠한 점에 있어서 현재의 생활과 다른 생활이 만들어지는가를 보아야 한다고 논했다. 그래서 역사가는 현재 살고 있는 것이기는 하지만, 과거의 요소가 존재하는 것인데, 과거가 현재 생활 정신에 그대로 현존하는 것은 또 아니지만, 현재의

이를 떨쳐 내기위해서는, 앞서 언급한 것처럼 현재에 있어서 과거를 보려는 역사 연구가의 욕구 자체, 즉 의도가 무엇인가를 감지해야 한다고 여긴 것이다. 이처럼 쓰다 소키치가 역사를 보는 개인의 의도나 인식적 입장이 무엇인지를 알아야 한다는 것은, 동시에 역사가 개인이나 시대의 현실 속에서 재구성되는 것 자체의 인식을 계속 끊임없이 현실에서 물어야만 했다.

오카와 슈메이는 "역사가 단순하게 기록의 천착(穿鑿)이 아니며 기록은 역사의 재료에 불과하며, 재료를 하나의 원리에 의해 취사선택하는 과학"[20]이라고 보았다. 즉 역사란, 현실의 원리에 의해 과거의 사실을 취사선택하는 과학적 지식이라고 보았다. 오카와 슈메이가 역사를 개인에 의한 과거의 재구성 즉 개인의 인식에 의해 '선택된 것'으로 설명하고 있는 부분은, 일견 쓰다 소키치와 유사하다.

그리고 쓰다 소키치가 역사학의 실증사학적 방법론을 비판했듯이 오카와 슈메이 또한 역사 연구가 실증적 방법을 마치 역사 연구의 유일한 것인 것처럼 인지하는 방법론과는 거리를 두었다. 고증적이고 실증적인 것은 반드시 필요하지만, 그것이 역사학 방법이 갖는 본래 취지가 아니며, 오히려 역사를 보는 시각에 혁신적 인식이 필요하다고 주장했다.

이러한 논점은 1921년에 간행했던 『일본문명사』에 이미 나타났었다. 이 저서가 간행되었을 때 마쓰모토 요시오(松本芳夫)는, "모든 선택의 원리, 해석의 근거가 되는 것은, 역사가의 인생관 및 세계관이다"[21]라며, 역사가 역

생활에 과거가 살고 있는 것은 말할 수 있다고 보았다. 그러니까 과거를 보는 것은 현재를 보는 것이며, 현재를 보는 것으로 현재가 어떻게 전화(轉化)하는가를 볼 수 있다고 생각한 것이다. 그래서 미래에 대한 지향점이나 욕구도, 흔히 말하는 지도원리도 이러한 물음에서 나오는 것으로, 즉 현재의 욕구에 의해 과거가 보이듯이, 그것을 통해 미래의 원리를 찾으려고 하는데, 그것은 과거에서 유형적인 것을 찾기도 하고 법칙에 귀납하고자 하는 것도, 어떤 것에 준거를 두고 미래에 대한 지향을 정할 수 있는 것이 아니라고 여겼다. 중요한 것은, 현재의 욕구가 무엇인가를 감지해야 하고, 그것을 감지하기 위해서는 현재 생활 그 자체를 이해해야 한다고 논했다.

20) 大川周明, 「日本的言行」, 『大川周明全集』 第1卷, 岩崎出版, 1961年, p.366.
21) 松本芳夫, 「東西新史乘 日本文明史(大川周明著大鐙閣發行)」, 『Shigaku』1(3), 慶應義

사 기술자의 인식론 표출이라고 논평했었다. 그 후 이『일본문명사』를 재구
성하여『일본이천육백년사』로 발간되었는데, 이『일본이천육백년사』가 간
행되자, 그 내용에 반박하는 오노 마코토(大野愼) 조차 역사 서술이 역사가
의 인식 반영이라고 보아 비판의 대상은, 역사 서술자의 시점에 있음을 강조
하고 있었다.

오노 마코토는『일본이천육백년사』가 "혁신 일본의 지도원리를 설파한 하
나의 교서(教書)이다. 사실의 강석(講釈)을 들으려고 하는 것이 아니라, 박사
가 과거의 사실(史実)을 어떻게 판단하고 시국(時局)을 업는 일본 국민에 대
해 어떠한 방향을 암시하는가를 기대하는 것으로, 사실(史実)의 기술이 정확
한가, 아닌가의 문제가 아니다"[22]라며, 역사서는 역사 기술자가 어떤 원리를
보여주는가라는 점에 있었다.

이러한 당대 논평에서도 알 수 있듯이, 오카와 슈메이의 역사관 혹은 역사
를 해석하는 인식은『일본이천육백년사』를 통해 잘 알 수 있다. 오카와 슈메
이는, 역사 자체는 '발전의 경로를 보여주는 것'이라고 보았다. 그런데 그 발
전 경로는, 정확하게 과거, 현재, 미래로 구분하거나 나눌 수 있는 것이 아니
며, 미래는 이미 현재가 되고, 현재는 과거가 되는 것처럼 흘러가는 것, 즉
생명적인 것이라고 보았다.

현재는 과거와 미래가 동시에 존재하는 것이었다. 즉 어느 시대, 어느 때
이든 현재가 존재했고, 그것은 역사가 된 것이라고 본 것이다. 그것을 통합
적으로 보는 논리에서 일본 전체의 역사를 들여다보는 논리를 가져왔다. 그
리하여 일본의 역사를 본다면, 일본 역사란 일본의 국민적 생명의 발현인데,
이 생명은 개인 내부에 깃들어 있는 것으로, 그것을 시간 질서에 따라 인식
하는 것이 다름 아닌 역사라고 보았다. 즉 역사란, '과거에 있어서 현재를 설
명하고 현재에 의해 미래를 찰지(察知)하는 것'[23]이라고 간주한다.

塾大學文學部, 1922年, p.119.

22) 大野愼,『大川周明氏の二千六百年史を駁す』日本協會出版部, 1940年, pp.6~7.

23) 大川周明,「國史概論」,『大川周明全集』第1卷, 岩崎出版社, 1961年, p.414. 大川周明,

오카와 슈메이는 이를 역사 편찬과 연결하여 설명해 냈다. 즉 역사를 정리하기 위해 국사를 편수(編修)한다는 것은 '국민적 자각'의 일종이라고 보았다. 즉 자신이 지나온 경로를 한 발 떨어져서 객관화 하는 작업이며, 그것은 자각이라고 본 것이다. 그런데 "자각은 반성을 동반한다. (…) 강대한 국민적 자각 및 반성의 소산이다. 그렇다면 그 자각은 어떻게 생겨났는가. 그것은 일본민족의 발전이 일정한 정도에 달했다는 것은 말할 것도 없지만, 그 내면적 사정 외에도 직접적으로 동시에 유력한 외면적 자극이 있었기 때문"24)이라며, 자각은 내부적 반성과 외부의 자극이 필요한 것이라고 보았다.

물론 이러한 부분에서 일부분 쓰다 소키치와 맞닿아 있기는 했지만, 쓰다 소키치가 주장한 것처럼 현재에 내재된 의도성을 인지해야 한다는 논리는 아니었다. 오히려 의도성을 갖고 그 자각의 논리를 체현해 내야 한다고 주장하는 것이었다. 즉 오카와 슈메이가 강조한 것은 어디까지나 반성과 자극을 통해 역사를 들여다보지만, 그것은 개인의 자각을 가져오기 위한 현재적 필요에 의한 것이라고 보았기 때문이다.

오카와 슈메이의 입장에서는 역사를 논할 때 갖는 그 의도가 무엇을 담고 있는가라는 문제를 오히려 강조했다. 그것은 자각을 만들어내는 것이며, 그 자각을 불러일으키기 위해서 현재에서 과거를 취사선택하는 것이라고 본 것이다. 이는 쓰다 소키치가 경계한 논리, 즉 현재의 욕구에 의해 과거를 보는 문제와 그 의도된 시각에 의해 기술되고 호출되는 과거를 다시 미래의 원리로 활용해서는 안 된다는 점을, 오카와 슈메이는 역으로 중시했던 것이다.

이러한 인식과는 달리 미노다 무네키는 역사를 보는 새로운 관점을 제시했다. 미노다는 '인류생활의 경험 내용이 문자로 표현된 것'25)이 역사라고 보

『日本二千六百年史』 每日ワンズ, 2013年, p.12. 2013년에 단행본으로 발간된 『일본
이천육백년사』는 초판본 원본을 살리면서, 논쟁 이후 본문 중에 삭제된 부분도 함께
제시해주고 있어, 초판과 개정판 사이에 어느 부분이 삭제되고 어떻게 변용되었는지
를 파악할 수 있는데 도움이 되어 본 논고에서는 이 저서를 사용했다.
24) 大川周明, 『日本二千六百年史』 每日ワンズ, 2013年, p.11.
25) 蓑田胸喜, 『學術維新』 原理日本社, 1941年, p.9.

았다. 그리고 그러한 역사 기록에서 진리를 찾아내야 한다는 점을 중시했다. 그런데 이 역사라는 것, 즉 인류 생활의 경험을 문자로 표현하고 있는 것에 내재된 진리를 어떻게 해석할 것인가에 대해서는 쓰다 소키치나 오카와 슈메이와는 다르게 해석하고 있었다.

즉 미노다 무네키는, 인간에게 있어서 경험 내용이란 객관적으로 부여된 것이며 그것이 진리[26]라고 보아야 한다고 규정했다. 그렇기 때문에, 미노다 무네키는 오카와 슈메이가 "역사의 시대 구분도 자아의 내용을 시간 질서에 따라 조직하는 체계라고 한 것은, 역사 연구가 역사 철학을 필요로 하고, 전체적 통일로서 체계를 요하는 것은 말할 것도 없지만, 역사 자체는 민족, 국가, 인류 생활의 불가사이의 전개 그 자체, 그 기술로서 그것은 내용으로 보고 형식으로 보아도 결코 체계가 아니다. 체계가 아닌 것이야말로 역사"[27]라며, 역사를 자아의 의도에 따라 체계화 하는 것이 아니라고 보았다.

즉 자아의 인식을 근거로 역사는 체계화 할 수 있는 것이 아니라는 입장이었다. 물론 미노다 무네키는 역사적 사실이 인간의 집단적 정신생활이며, 개인이 자기의 정신생활에 의해 이에 참여하고 귀명(歸命)할 수 있는 점에 있어서 사학은 주관적 정신 활동을 떠나서는 존립할 수 없다는 점은 인정했다. 그렇기 때문에 그것이 역사적으로 생명을 종섭(綜摂)하면서 공간적 관계와 시간적 전개에 있어서, 이를 초월하는 부분이 존재한다고 보았다.[28]

즉, 미노다 무네키는 역사가 인간 생활이나 인간 정신의 표현인데, 그것은 측정할 수 있는 것이 아닌 불가사의한 것이기 때문에 어느 한 개인이 역사 전체를 '본인 내부에 깃들어 있는 인식'을 통해 체계화 할 수 없다고 본 것이다. 오카와 슈메이가 역사를 체계화하고 역사를 개인의 인식과 시간 질서 속에 가두려고 하는 측면을 비판하는 것이었다. 이러한 측면에서는 미노다 무네

---

26) 蓑田胸喜, 『学術維新原理日本』 上巻, 原理日本社, 1933年, pp.56~57.
27) 蓑田胸喜, 「大川周明氏の学術良心に愬ふ」, 『蓑田胸喜全集』 第6巻, 柏書房, 2004年, pp.312~313.
28) 蓑田胸喜, 위의 책, pp.313~314.

키의 논리는 오카와 슈메이보다 더 '열려있는 것'처럼 보인다.

그렇지만, 미노다 무네키가 논하는 역사 체계화 부정론은, 다시 깊게 들여다보면, 인간은 영원히 주관적인 세계를 벗어나 객관적 인식을 소유할 수 없는데, 한 인간의 내면에 세계성이 깃들어 있을 수 없으며, 그것을 깨닫고 사색이나 명상에 의해 이론을 체계화해서는 안 된다는 것이었다. 그리하여 미노다 무네키가 새롭게 제시한 것이 '원리'라는 단어였다. 즉 "원리란 하나하나의 사실에 대해서 말하는 것이 아니라 하나하나의 사실을 통괄하는 개념이다. 이 개념을 점점 밀고 올라가서 최후에 그것 이상 거슬러 올라갈 수 없는 곳까지 도달했을 때 그것을 원리라고 한다. 그럼 '어떠한 원리인가'하면 그것은 자아주의도 아니고, 그렇다고 해서 이상주의도 아니다. 그것은 오히려 무(無)주의"29)라고 보았다. 그러니까 어떤 사상이나 이론을 가져서는 안 된다는 논리였다.

이러한 원리를 중시한 미노다 무네키는 '자연 수순(隨順)의 현실주의'를 강조했다.30) 즉 '있는 그대로의 현실'에 순응하는 점에 핵심이 존재했다. 즉, 쓰다 소키치의 경우는 역사가 자신의 현재적 인식 그 자체가 갖는 역사성을 통해 주체를 재구성해 낼 수 있다고 보았고, 오카와 슈메이는 역사는 현재적 시점에 의한 재구성이지만, 그것을 통해 새로운 자각의 논리를 만들어 내야 한다는 의미에서, 작위성 자체를 자각이라고 보고 있었다.

미노다 무네키는 역사는 개인의 인식을 초월하는 것으로, 개인은 인식론적 한계를 갖고 있기 때문에, 역사는 있는 그대로를 받아들여야 한다고 보았다. 결국 이 세 층위의 역사서술관이나 자아 객관성 문제는 서로 다른 방향으로 나아가는 토대가 되었던 것이다.

---

29) 竹内洋, 佐藤卓己編, 『日本主義的教養の時代』 柏書房, 2006年, pp.2~3.
30) 蓑田胸喜, 『學術維新原理日本』 上卷, 原理日本社, 1933年, p.52.

3. 배제하는 '배제의 논리'

반복적으로 언급하지만 쓰다 소키치, 오카와 슈메이, 미노다 무네키는 역사 해석을 실시하고, 그것을 미래로 연결하는 방법을 찾고자 하는 점에서 공통적이었다. 즉 역사의 기술이나 또한 그렇게 기술된 사회적인 것은 곧 작위적인 것임을 인지하고 있었다.

특히 역사나 사회가 무엇인가에 의한 작위적인 것을 자각했다는 의미는, 사카이 나오키(酒井直樹)가 지적하듯이 "사회적 현실 구축이 개인의 의식을 조작하거나 통제한다는 논리"[31]를 인지했다는 의미가 아니라, 이 과정을 초월하여 사회적 현실은 개인의 의식이 조작되거나 통제된다는 논리를 깨달은 것이며, 그렇기 때문에 그것을 건설하는 주역으로 등장하고자 했다.

단언하자면, 의식을 작위적으로 조작하거나 통제하는 논리를 적극적으로 활용해가는 모순을 갖게 된 것이다. 즉 의식이 작위적인 것이기 때문에 주체적으로 그것을 자각하고, 그것에 대한 상대화 논리가 아니라, 오히려 더욱더 그 의식을, 의도적으로 조작하고 통제하지 않으면 안 된다는 논리를 가지려고 했다는 점이다. 문제는 전자를 내세우면서 후자 쪽으로 교묘하게 전생(轉生)하는 것에 있었다.

쓰다 소키치는 메이지기(明治期)에 유입된 외국의 제도 문물은 정부의 손에 의해 이식되는 시대적 상황 속에서도, 결국 그 정부라는 것도 국민생활의 기초위에서 이루어진 것이기 때문에, 그러한 문화나 제도도 받아들이게 된 것은 오히려 모두 국민의 내적 요구로부터 생겨난 것이라고 보았다.

쓰다 소키치는 이러한 논리를 근거에 두고 "국민문화의 원동력은 국민자신에 있는 것"[32]이라는 논리를 내세우며 정부와 국민을 분리시켰다. 즉 서구 문물에 대한 수용방식이 국민들의 수용 능력에 의해 발전되었다고 보는 입

---

31) 酒井直樹, 『過去の聲』 以文社, 2003年, p.405.
32) 津田左右吉, 「文学に現れたる我が国民思想の研究 - 貴族文学の時代」, 『津田左右吉全集』 別卷 第2卷, 岩波書店, 1966年, pp.57~58.

장이었다. 표면적으로 일본 내부로 들어오는 새로운 제도 문물이 정부 주도
로 이루어지는 것으로 비춰지지만, 그것의 수용 주체는 국민에게 있다는 주
장이었다. 이러한 논리는 정부와 거리를 두는 대립구조 설정이었으며, 결국
은 국민이 그것을 만들어 가는 것이라고 주장하기 위한 것이다. 이러한 쓰다
소키치의 국민 주체론은 다시 오카와 슈메이의 일본인 주체론으로 확장 되
었다.

오카와 슈메이는 일본의 내부의 문제를 강조했다. 오카와 슈메이는 "개조하
기 위해서는 국민적 생명의 내부에 숨겨진 위대한 것, 고귀한 것, 견실한 것
을 인식하고, 이를 부흥시키는 것에 의해 현재 성횡하고 있는 사악(邪惡)을
타도하지 않으면 안 된다. 간결하게 말하면 개조 또는 혁신은 자국의 선을
통해 자국의 악을 토벌하지 않으면 안 된다. 그렇기 때문에 건설의 원리는
결코 이를 타국에서 찾아서는 안 되고, 실로 나의 내부에서 찾지 않으면 안
된다"33)며, 개조나 개혁은 '내부에서 발견'되는 국민 내부에 힘을 강조했다.

이러한 오카와 슈메이의 내부론은, 일본 내부에 이미 일본에 내장된 것을
자각하고, 그것을 통해 세계성을 만들어 내야 한다고 논리로 이어진다. 즉
"서구를 모방해서 해결할 것인가, 서구의 사회주의를 차용하여 새로운 일본
을 조직할 것인가, 우리들은 결코 아니라고 답한다. 우리들은 아세아정신의
권위에 의해 일본의 개조는 단순한 서구의 비천한 모방에 있어서는 안 된다.
일본은 아세아국가로서 아세아 본래의 정신인 자유, 내면적 평등, 정신적 통
일을 천년 동안에 단련해 왔다. 그리고 아세아에서 일본만이 서구의 과학적
지식을 소화해냈다. 동시에 일본만이 순수한 독립국으로서 그 자유의 창조의
대업을 따를 수 있는 지위에 있다. 혁명구라파와 부흥 아세아가 앞으로 전개
될 세계사의 경위"34)라며 서구의 모방을 넘고, 아세아의 본질을 유지하고 있
는 〈일본 내부〉에서 이루어져야 한다고 주장했다. 일본 내부의 힘 논리가 동

---

33) 大川周明, 『國史讀本』先進社, 1931年, p.3. 大川周明, 『日本二千六百年史』每日ワン
ズ, 2009年, p.10.
34) 大川周明, 『日本文明史』大鐘閣, 1921年, p.450.

심원을 그리는 형태로 아세아 그리고 세계적인 것으로 확대되어 갔다.

이러한 오카와 슈메이의 '자국의 선을 통해 자국의 악을 토벌한다'는 주장에 대해 미노다 무네키 역시 이에 동의하면서 "선옥악옥(善玉惡玉)식 사상법은 종합적인 것을 요하는 사관으로서는 너무도 단순한 상식론"[35]이라고 표명한다. 즉, 일본 내부에서 주체성을 갖고 일본 내부에서 일본의 문제를 해결해야 한다고 보는 것은 미노다 무네키에게 있어서는 '너무나도 당연한 상식'이었던 것이다.

이러한 측면에서 본다면 표면적으로는 쓰다 소키치, 오카와 슈메이, 미노다 무네키가 일본 내부 즉 일본의 일반 민중/국민/대중이 주체가 되어 일본을 개조해 가야 한다는 인식은 공통적이었음을 알 수 있다. 그럼에도 불구하고 개인과 국민이 가져야 하는 개별적 주체성에 대해서는 차이가 존재했다.

쓰다 소키치는 일본 내부에서 일본인으로서의 주체는 철저하게 일본 내부에서 전개되어 온 역사를 '객관화 하는 인식'으로만 가능하다고 보았다. 즉, 쓰다 소키치는 자신이 일본의 시대적 사조 흐름에 영향을 받으면서도 그것을 대상화 하여 '국민이 과거에 지내 온 사적(史的) 진상을 규명'하고자 하는 시각이었다. 이는 '자신 내부에 절대주의'를 갖고 세계를 보는 논리에 대한 반발이었다. 이러한 인식에 대해 오이 겐스키(大井健輔)는, 쓰다 소키치 사학이 '번민의 결과 잉태한 자기 인식의 학문'[36]이라고 설명했다. 즉 쓰다 소키치는 메이지기의 시대적 상황에 놓여 있으면서도 제국주의와 충돌하는 논점, 즉 자아 주체성을 번민했던 것이다.[37]

35) 蓑田胸喜,「大川周明氏の学術良心に愬ふ」, 앞의 책, p.3.
36) 大井健輔,『津田左右吉 : 大日本帝國との對決』勉誠出版, 2015年, pp.33~58.
37) 植木孝次郎,「日本古代史研究と學問の自由」,『歷史評論』No.363, 校倉書房, 1980年, p.11. 塩出環,「帝大肅正運動と原理日本社」,『日本文化論年報』第4号, 神戸大學國際文化學部日本文化論大講座, 2001年, p.64. 메이지시대의 내적 사조 흐름, 즉 사실주의나 실증주의를 수용하면서도 그것과는 달리 일본의 천황주의의 근간이 되는 신대사에 대해 후대 수사가(修史家)의 허구이며 가공이라고 주장하는 신대사・상대사 말살을 주장하는 것이 독특했던 것이다.

이를 통해 쓰다 소키치는 『지나사상과 일본』에서 "일본인의 생활의 기조를 이루는 것이 흔히 말하는 서양문화, 즉 현대의 세계문화인 것은 분명한 사실이기 때문에 그것을 현대의 생활에는 거의 교섭이 없는 중국문화나 인도문화와 대립적으로 다루려고 하는 것은 현실 생활 그것에 모순되는 것으로, 따라서 그 두 개를 종합 한다 혹은 조화시킨다고 하는 것은 성립되지 않는다"[38]라며 동서의 문화를 결합하고, 혹은 조화 시킨다는 논리는 이루어질 수 없는 것이라고 논했다.

쓰다 소키치는 일본 신대사 자체도 부정하면서, 동시에 일본에서 생겨난 일본 문화가 '서구문화=세계문화'인데, 이를 어떻게 중국이나 인도문화, 그리고 일본문화를 하나로 묶는 동양문화라고 할 수 있는가라고 비판한 것이었다. 쓰다 소키치의 논리는 철저하게 일본 내에서 전개된 인식론을 부정하고 탈피하는 방법을 동양문화 부정을 통해 제시한 것이다.

오히려 오카와 슈메이는 신대사를 중시하면서, 그것이 일본 내부의 역사서에 나타난 것을 평가해야 한다고 보았다. 즉 중국을 의식하면서 발간한 기록한 최초의 역사 기록인 『일본서기』와 『고사기』에서 찾아 냈다. 즉, "기기의 신대권(神代卷)은 유대(猶太)의 창세기나 인도의 구사론(俱舍論)처럼 우주 생성 그것을 주제로 하는 것이 아니라, 그것은 오로지 심혈을 기울이는 (…) 천양무궁(天壤無窮)할 황실의 연원을 밝히고 황통(皇統)이 유래하는 것을 유원(悠遠)하게 삼엄(森嚴)하게 역설하는 것에 있는 것이다. 천황이란 천신(天神)으로서 황제의 의미이다. 우리들의 조상은 천신(天神)으로서 황제인 군주를 받들고, 이 일본국을 건설했다. 그리하여 우리나라는 문자 그대로 신국(神国)이다. 천황은 현신(現神)이고, 천황의 치세는 신세(神世)라는 것을 믿고 있다. 말하자면 간나가라노미치(神ながらの道)란 천황이 신의 뜻 그대로 일본 국가를 통치하는 길(도, 道)이고, 동시에 일본국민이 신의 뜻 그대로 천황을 받들어 모시는 길을 말한다"[39]고 보며, 일본 내부에서 발생한 천신으

38) 津田左右吉, 『支那思想と日本』岩波書店, 1939年, pp.193~194.
39) 大川周明, 앞의 책, 2013年, pp.25~28.

로서 황제인 군주를 제창하고 간나가라노미치가 신의 뜻 그대로 일본을 통치하는 길이라고 설명했다. 즉 신대사를 부정하지 않는 방식으로『일본서기』와『고사기』를 해독해 내고 있었다.

중요한 것은 이처럼 오카와 슈메이가『일본서기』와『고사기』의 기록을 바탕에 두고, 외부 문화로서 중국 사상과 접촉하는 과정을 제시하면서, 이를 다시 '일본=우리 것'으로 변용시키는 논법 속에 역사가 존재한다고 보는 논리이다. 주축 즉 중심이 존재한다고 보면서 그것이 중국 사상을 수용했고, 그것을 통해 다시 변용이 일어나고, 또 인도 사상을 접하면서 그것들이 일본화되어 가는 생성의 과정을 중시한 것이었다.

즉, "아세아 정신의 양극(兩極)이라고도 할 수 있는 이들 사상 및 문명은 일본정신에 의해 올바르게 방향을 부여받았기 때문에 오늘날까지 그 생명을 호지(護持)하고 장양(長養)해 온 것"[40]이라며 일본이 그것을 유지하고 있다고 주창했다. 중국의 유교와 인도의 불교를 수용하면서 발전시켜 온 '일본=국가'를 창조해 왔고, 현재에도 계속 창조되고 있는 것으로, 그것이 일본의 민중·국민의 힘이라고 보았고, 그것이 '일본 정신'이라고 명명했다.

즉 오카와 슈메이는 중국문화와 인도문화를 수용하면서 '기기신화=천황의 존재'를 유지했다는 의미에서 새롭게 기억의 부활을 제창한 것이었다. 중국의 유교와 인도의 불교를 스테레오타잎적으로 원용하고, 그것이 천신으로서 황제인 군주를 재구성해 내는 동양의 보편 논리로 설정해 냈다. 즉 내부적인 것이 외부의 중국과 인도의 문화의 영향으로 융성해진 것이라고 보는 논리인 것이다. 이처럼 수용과 창조의 논리를 담지하는 것, 이것이 바로 일본정신이었던 것이다.

특히 오카와 슈메이는 창조가 본질적으로 내부에서 갖고 있는 것을 통해 외부의 융합이 이루어진다고 보는 입장이었다. 쓰다 소키치가 일본 신대사 상대사를 부정한 것과는 달리 오카와 슈메이는 그 신대사의 내용을 중시하

---

40) 大川周明, 앞의 책, 2013年, p.18.

면서, 그것이 중심이 되어 새로운 문화 즉 중국과 인도, 서구를 받아들이면서 새롭게 창조되는 것이라고 주장했다.

이러한 논리들에 대해 미노다 무네키는, 먼저 쓰다 소키치의 논리 즉 『기기』가 '후대의 창출물'이라고 보는 논리를 철저하게 비판했다. 미노다 무네키는 "쓰다 소키치씨는 진무 천황에서 주아이(仲哀) 천황까지에 걸친 『고사기』와 『일본서기』의 기사는 조칙을 포함해 『고사기 및 일본서기의 연구』에 모두 후대의 수사가(修史家)의 허구이고, 전부 가공담(架空譚)이라고 기탄없이 단정하고, 조작이라던가 만든 이야기라던가, 마지막에는 날조라고 하는 것처럼 반도덕적 열악(劣惡)을 의미하는 평어(評語)를 사용"[41]하는 것이라며 비판했다.

그리고 동시에 오카와 슈메이가 천황을 '천신'이라고 적은 것, 황제를 스메라기(スメラギ)로 훈독한 것은, 그 어법이나 사상법이 외국의 '제왕신권설'을 생각하게 하는 것으로 "천황의 본질에 명분을 흐리게 하는 자의적 독단"[42]이라며 오카와 슈메이를 비판했다. 그런데 아이러니컬하게도 이 오카와 슈메이의 비판 논리는, 미노타 무네키 자신이 비탄한 쓰다 소키치의 논리에 근거한 것이었다. 즉 쓰다 소키치가 천신을 황제로 연결시킨 논리에 대해 "제왕의 권력의 상징을 천(天)으로 하고 제왕이 천의 대리자로서 지상(地上)의 민(民)을 대한다는 것은 천자와 민중을 본래 상하로서 상대적인 것으로 하고, 격리된 위치에 있는 것으로 설정했다. 단지 치자와 피치자라는 관계라는 외부로부터 연결된 것이다. 그렇기 때문에 민중은 언제라도 천자와 민중을 잇는 실줄(糸)을 끊을 수가 있다. 실제로 혁명이라는 것이 항상 이루어지고 있는 것은 이 때문이다. 이러한 관계이기 때문에 중국인의 정치사상은 일면적으로는 매우 민주적임에도 불구하고 제왕의 권력은 지극히 전제적이다. 천이라는 말이 전제적 의미를 보여주는 것이다. 우리 신대사의 정치사상은 이것과 전혀 다르다"[43]고 기술한 내용을 그대로 오카와 슈메이의 '천신=황제

41) 蓑田胸喜, 『津田左右吉氏の大逆思想』 蓑田胸喜刊行, 1939年, p.8.
42) 蓑田胸喜, 앞의 책, 2004年, p.4.
43) 津田左右吉, 『神代史の新しい研究』 二松堂書店, 1913年, p.199.

론'에 대입시켜 비판했다.

메이지 천황을 전제자로 표현한 것 또한 오카와 슈메이의 인식론적 한계라고 미노다 무네키는 비판한다. 왜냐하면 쓰다 소키치가 설명한 것처럼, '천(天)'이라거나 전제자적 위치는 국민과 인위적인 관계이며, 혁명이 일어날 수 있기 때문이었다. 그리고 오카와 슈메이가 '군주를 받들어 모시고 일본을 건설했다'고 표현한 것에 대해서도 철저하게 미노다 무네키는 비판적이었다.

이는 쓰다 소키치가 『기기(記紀)』에 나타난 개국(開國)에는 일반 민중과는 거리가 있다는 논리와 반대로서 오카와 슈메이는 일본 조상 즉 고대의 국민들이 군주로서 받들어 모신 것으로 상위 층이 빠진 것을 문제 삼은 것이었다. 즉 오카와 슈메이가 주장하듯이 '민중이 군주로 받들어 모신 것'은 지배층이 빠진 논리이고, 쓰다 소키치가 '건국 신화는 민중과 별개의 것'이라는 주장하는 논리 속에는 민중이 빠졌다는 논리로 서로 정반대의 입장으로, 한쪽 면만을 보고 주장하는 단편론이었기 때문이다.

미노다 무네키는 일본 개국 신화는 천황의 조상인 신에 복종하여 받들면서 시작된 것이라는 쓰다 소키치의 논리를 가져오면서 오카와 슈메이의 민중이 받들어 모신 논리를 보완하고, 다시 오카와 슈메이가 주장한 민중이 받들어 모신 것이라는 논리를 가져와 쓰다 소키치가 주장한 민중 배제를 보완해 냈던 것이다. 쓰다 소키치와 오카와 슈메이가 반대의 논리를 갖고 천황의 조상신 논리를 전개한 것을 역으로 활용하고, 이 둘이 논리를 비판하고 있었던 것이다.

그리고 더 나아가 미노다 무네키는, 쓰다 소키치가 중국문화와 인도문화 부정에 대해 문화적 세계로서의 동양 그리고 일본 말살론이라고 이를 비판했다. 그리고 이러한 발상 자체가 쓰다 소키치가 주장하듯이 일본 내에 이미 '서구적=세계적 문화'가 존재한다고 보는 논리가 이미 서양문화 즉 세계문화론적인 서구 의존적 의지 표현이라고 간주했다. 이러한 쓰다 소키치 쓰다 소키치의 학설은 동양문화의 폐기론이며, 동양말살론, 일본말살론[44]이라고 간

---

44) 蓑田胸喜, 앞의 책, 1939年, p.14.

주되고, 쓰다 소키치를 철저한 서구주의자라고 비판하는 사상을 미노다 무네키는 갖게 된 것이다.

미노다 무네키는, 개인의 인식은 어디까지나 한계를 갖는 것이라는 입장을 고수했다. 즉 개인의 만들어내는 논리, 즉 그것이 융합이든 내면적 성찰이든, 그것은 한 사람의 인식이 갖는 한계를 가질 수밖에 없다고 보았다. 이는 오카와 슈메이가 주장했던 논리, 즉 개인 안에 전체를 볼 수 있는 가능성 그 자체를 부정하는 논리에서 시작했다.

미노다 무네키는 "생물학적 생명의 종(種)은 개(個) 안에 그 전체가 깃들어 있다고 해도 인류의 역사적 생명에 있어서는 그 문화적/사상적 가치 내용이 무한정하고 복잡 다양하기 때문에 각각의 개인은 결코 자기 속에 역사의 전체를 깃들게 할 수 있는 것이 아니다. 진정한 의미에 있어서의 역사적 생명은 자각적 정신사인데, 그것은 본래 개인을 종섭(綜摂)하는 전체로서의 인류 단체 생활의 시간/공간적 사이(間)에서의 정신적 교통의 세계이다. 따라서 각각의 개인은 그 시간 공간적 제약 때문에 어떠한 노력을 해도 완전하게 그 전체를 자기 속에 영략(領略)할 수 없다"45)고 주장했다. 그렇기 때문에 미노다 무네키는 "객관적 정신으로서의 역사의 전체를 '개인 자신의 주각'이라고 보는 것은 유아독존적 철저주의의 사관 사상법의 오류이며, 오히려 있는 그대로의 현실을 받아들여야 한다"46)고 주장했다.

앞서 언급했듯이 쓰다 소키치나 오카와 슈메이가 주장한 것처럼, 미노다 무네키 역시 실증주의라는 역사학적 방법론을 서구에서 받아들여 그 실증주의적 방법론에 매몰되어 역사 연구를 고증하는 논리를 비판했다. 미노다 무네키의 입장에서도 학자들이 서구적 방법론에 함몰되는 논리를 비판적으로 바라보고 있었다.

그런데 미노다 무네키가 보기에는 쓰다 소키치나 오카와 슈메이는 서구 사학적 방법론에 매몰된 실증주의 사학가들과 별반 다를게 없어 보였던 것

---

45) 蓑田胸喜, 앞의 책, 2004年, p.6.
46) 蓑田胸喜, 앞의 책, 2004年, pp.31~32.

이다. 즉 쓰다 소키치는 서구 우월주의에 빠져 일본이 서구와 동일하다고 보는 것에는 '일본'이 빠져 있는 것으로 보였다. 그리고 오카와 슈메이 역시 서구 마르크스주의나 개인주의라는 유행 담론에 빠져 일본 문화를 그것에 대입시킨다는 의미에서 '무사상주의자'로 보였던 것이다. 이들 모두가 서구의 마르크스주의나 개인주의 사상을 근대사상이라고 착각하는 것으로 이는 모두 위험사상이라고 간주했다. 즉, 서구의 인식을 일본에 받아들이는 논리도 서구적인 것에 오염되는 것이다.

또한 서구 인식을 마치 일본적인 것으로 변용시켜 일본을 새로 바라보겠다고 하며 그것을 새로운 주체를 만들어 보겠다는 노력 그것은 학자의 배신으로 비춰졌다. 미노다 무네키의 입장에서는 이러한 두 가지 입장, 특히 후자적 입장도 결국은 오카와 슈메이가 논한 것처럼 개인의 각주로서밖에 작용하지 못한다고 보았던 것이다.

결국 개인은 자신의 주관적 세계에 머무르게 되고, 세계적 객관화 논리에는 도달할 수 없다는 점을 강조하여, 이성에 의해 이론과 투쟁한다거나 탐구하는 것 그것 자체를 부정했던 것이다. 그렇기 때문에 미노다가 주장하는 결론은, 현실 세계에 수순하는 것이 가장 중요하며, 대상 즉 일본을 주관적 조작에 의해 산출하려고 해서는 안 된다는 것[47]이었다.

이러한 차이점들이 존재하기 때문에, 결국 미노다 무네키로부터 쓰다 소키치와 오카와 슈메이는 비판을 받게 된다. 그리고 쓰다 소키치나 오카와 슈메이가 주장하는 개인의 인식론이나 주체성 논리는 서구 사회에서 서구적으로 만들어진 사회주의나 개인주의, 자유주의도 받아들인 것이거나, 동시에 그것을 일본에 대해 무언가 새로운 사상을 탐색하는 것 그것도 부정되는 것이었다.

다시 말해서 서구사상으로서의 개인주의, 자유주의, 주지주의를 탈피하는 것이 일본인으로서의 주체를 찾는 것임과 동시에 일본 내부에 대해서도 탐

---

47) 植村和秀, 앞의 책, 2007年, p.9.

144 제1부 역사와 기억-작위와 인식

구를 시도하지 않는 것이 주체를 찾는 것이라고 본 것이다. 서구적인 것도
부정하면서, 동시에 일본내부에 대한 사상적 탐구 그것도 안 되는 것이었다.
결국 이것은 메이지기에 일본 내에서 서구를 받아들이면서 서구적 논리를
추종하면서 생긴 일본주의 혹은 서구적인 것을 수용하지만, 일본 내부의 독
자성을 재구성하기 위해 일본을 탐구하는 의미의 일본주의를 모두 부정하면
서 새로운 일본주의를 주장하는 첫걸음을 내디딘 것이 미노다 무네키였다.

이것은 '일본주의'를 '새로운 일본주의'로서 '원리일본'을 주창하는 길48)이
었는데, 이는 쓰다 소키치와 오카와 슈메이의 방식을 잘라내면서 만들어가는
근대적 신내셔널리즘이었다. 결과적으로 그것은 서구적인 사상을 수용한다
거나 일본 내부의 사상 신념에 의혹을 가져서는 안 되는 것이었는데, 그것은
결국 역사에 대한 비판적 태도를 취한 연구 자체가 비판의 대상으로 나아가
고 있었으며, 학문의 독립이나 연구의 자유라는 것도 논리 자체도 허락하지
않았다.

4. 〈방법으로서〉의 '동양'과 일본의 재구성

쓰다 소키치는 앞서 언급한 것처럼 중국문화와 인도문화를 부정하면서,
동양문화라는 것이 존재하지 않는다고 주장했다. 그렇지만 그 내용을 잘 읽
어보면, 쓰다 소키치의 동양부정론은, 중국과 인도 부정을 담보로 일본문화
를 찾고자 하는데 있었다.

쓰다 소키치는 중국, 인도, 일본을 동일시하지 않으려는 의미에서 동양을
부정했다. 다시 말해서 일본문화는 일본의 독자적인 것으로, 그것은 일본의
역사적 변용 과정에서 이루어낸 것이고, 이것은 중국문화나 인도문화와는 이
질적인 것이라고 강조했다. 쓰다 소키치의 논리는 일본 문화를 독자화시키기

---

48) 植村和秀, 앞의 책, 2007年, p.31. 蓑田胸喜, 『學術維新』 原理日本社, 1941年, pp.
   102~103.

위한 논리를 세우기 위해 〈방법으로서〉의 '동양'을 동원하고 있었다.[49] 그렇
기 때문에 중국문화와 인도문화, 그리고 일본문화를 통합해서 부르는 '동양'
에 대해서는 부정적 입장을 취했다.[50]

특히 쓰다 소키치가 동양문화나 동양을 논할 때 유념한 것은, 그러한 호칭
이 어떻게 생겨났는가라는 '유래'에 주목했다. 동양이라는 지역은 사실 애매
한 것인데, 이는 학자의 입장에 따라 동일하지 않다는 점을 강조하며, 동일한
동양이라고 하더라도 좁게는 일본과 중국을 가리키고, 극동이라고 불리는 등
한결같지 않다는 것을 강조했다. 지역적 의미로서 동양과 정치적 의미로서
동양은 달라지는 것을 보고, 그 이유가 이 호칭을 사용하는 '동기'에 의해 다
르다고 설명했다.

그래서 쓰다 소키치는 동양이라는 호칭에 대한 역사적 유래부터 검토해야
한다고 여겼고, 동양과 서양의 분계선이 어디에 있는가라는 근원적인 문제부
터 설명해야 한다고 여긴 것이다. 특히 무엇에 의해 그 경계선이 설정되었
고, 학자들마다의 견해가 어떻게 다르며, 또한 그것이 시대에 따라 어떻게
변화했는지를 검토했다.

> 원래 동양 명칭에는 중국에서 시작되었지만, 중국에서의 동양 호칭은 모두 제번
> (諸蕃) 땅으로서 만이(蠻夷)의 땅이었기 때문에 중국 자신은 동양 속에 포함하지
> 않았다. 이것이 일본에서 동양이라는 말에 새로운 의미를 부여하게 되었고, 그것
> 을 채용하여 문화적 의의에서 오히려 중국을 중심으로 하는 것이 되어 버렸다.
> (…) 중국인이 번인(蕃人)의 나라, 중국의 변외(邊外)의 나라를 동양/서양 두 개
> 로 나누던 것과는 다르며, 세계문화권을 크게 두 개로 나누어 그것에 동양과 서
> 양의 명칭을 붙인 것인데, 명칭의 의미가 전혀 다르게 바뀌었다.[51]

즉, 쓰다 소키치가 제시하는 것은 동양이라는 호칭이나 그 개념의 문제를

---

49) 子安宣邦,「方法としての江戸」,『江戸の思想』10, ぺりかん社, 1999年, pp.2~12.
50) 津田左右吉, 앞의 책, 1939年, pp.115~117.
51) 津田左右吉, 앞의 책, 1939年, pp.109~110.

제시함과 동시에 어떻게 그 호칭이 형성되고 변용되는가에 중점을 두었다. 그 원인 즉 배경을 구체적으로 설명하는 방식이었다. 원래는 중국에서 처음 사용된 동양 호칭에는 중국 자신이 들어가지 않았고, 동양을 일본에서 처음 사용했을 당시 중국을 포함시켰다고 보았다.

일본이 동양에 중국을 포함시킨 이유는, 일본이 중국에서 발생한 유교 사상 혹은 유교 학문을 받아들였기 때문에 서양의 문화와는 대립하는 의미에서 중국과 일본이 동일한 도덕적 문화를 갖는 것이라고 간주한 것에 연유한 것이라고 보았다. 그것은 동양 호칭을 사용하기 시작할 당시 일본 내에서 서양 사상을 학습한 자들이 있었음에도 불구하고 중국과 일본이 유교라는 동일문화권에 속해 있다고 하는 사상적 논리가 존재했기 때문이라고 본 것이다.

즉 사상의 근저에는 유학을 통해 '부여받은 지식'이 존재했기 때문이며, 그렇기 때문에 '그러한 생각이 발생한 것'[52]이라고 보았다. 쓰다 소키치는 동양의 의미가 정치적인 것을 동반하는 것으로, 이는 일본이 동양의 중심이 되려는 사고방식과 반대라는 것을 알아야 한다고 그 문제점을 지적했다. 특히 이동양 호칭을 합리적인 것이라고 주장하기 위해 나타난 논리, 즉 서양이 물질문명, 동양이 정신문명이라고 하는 것 자체가 이미 잘못된 시각이라고 보았다.[53]

그렇지만 오카와 슈메이는 동양과 서양이 서로 다르게 존재한다는 것을 사상적 기초로 했다. 오카와 슈메이는 "아세아는 혼연한 하나를 이루고 서양문명과 상대하는 동양문명을 이루고 있다. 원래 동양정신은 다른 국토에 있어서, 다른 표현을 하고 있다. 게다가 그들은 모두 하나의 태양(太洋)에서 기복(起伏)하는 남파여파에 지나지 않는다. 아세아 제국의 모든 문명은 모두 통일적인 아세아를 이야기한다"[54]라며 동양정신은 나라마다 다르지만, 그것은 조그만 파도에 지나지 않는 것으로 하나라고 보았다.

---

52) 津田左右吉, 앞의 책, 1939年, p.110.
53) 津田左右吉, 앞의 책, 1939年, p.112.
54) 大川周明, 앞의 책, 1921年, p.8.

그런데 "이 지구는 7세기 회교문화의 지배하에 놓여 그 문화는 헬레니즘 문화의 깊은 영향을 받았다. 그리하여 이 헬레니즘 문화를 공통 기반으로 하던 것에 의해 이 문화세계는 구라파 문화세계와 일맥 연결을 갖고 있다. 따라서 이 문화권의 고유 생활 감정 및 이에 상응하는 인생관 및 생활양식은 결코 동양 즉 대동아권 내의 그것과 동일하지 않다. 그럼에도 불구하고 양자는 그 본질적 특징에 있어서 현저하게 유사하고, 아세아의 양 문화군은 공통의 특색에 의해 이를 구라파 문화로부터 구별할 수가 있다"[55]고 논했다. 즉 공통의 헬레니즘 문화의 영향을 받았지만, 서구는 물질문명으로 발전했고 동양은 정신문명을 갖고 있다고 보았다.[56]

오카와 슈메이는, 특히 아세아문화는 표면적으로는 서로 달라 보이지만, 아세아는 하나라고 보았다.[57] 이를 "동양 또는 아시아라는 말은 지리학 상의 명칭으로 아무런 정신적 내용 혹은 문화적 내용을 갖지 않는다고 하는 주장이 상당한 세력을 얻고 있다. 바꾸어 말하면, 지리학적 명칭 이외에 동양 또는 동양문화라는 것은 없다는 주장이다. 이 주장의 가장 유력한 지지자 혹은 주장자는 쓰다 소키치 박사이며, (…) 이들 의견에 의하면 동양에는 서양사와 의미를 같이 하는 역사가 없다. 서양에 있어서는 하나의 문화가 전개되고 따라서 하나의 서양사가 형성되었지만, 동양에 있어서는 그러한 것이 없다는 것이다"[58]라며 동양문화 부정 주장에 대해 반론했다.

그리고 오카와 슈메이와 동일선상에 있을 법한 미노다 무네키 또한 쓰다 소키치와 마찬가지로 동양과 서양을 특징짓는 물질문화 정신문화의 구별에 대해서는 부정적이었다.

　　본래 물질문화와 정신문화라는 두 개의 독립된 문화영역이라는 것은 없다. 문화

---

55) 大川周明, 「大東亞秩序建設」, 『大川周明全集』 第2卷, 岩崎出版, 1962年, pp.834~835.
56) 大川周明, 앞의 책, 1921年, p.448.
57) 大川周明, 앞의 책, 1962年, p.806. pp.809~831.
58) 大川周明, 앞의 책, 1962年, p.985.

의 창조자나 역사의 주체는 모두 인간이며, 인간 문화 활동의 역원(力源)은 정신
이다. (…) 인간의 노력 활동은 모두 정신적인 것으로 정신문화는 물론 물질문화
도 정신적 활동의 산물이다.[59]

즉, 미노다 무네키는 물질문화 자체도 이미 인간 정신활동의 산물이기 때
문에 물질문화와 정신문화의 구별은 무용이라고 보는 입장이었다. 미노다 무
네키가 물질문화와 정신문화의 구분을 부정한 것은 쓰다 소키치와 동일했다.
그렇지만 쓰다 소키치는 서양문화와 동양문화를 대비하여 가치의 고하를 논
하는 논리 즉, 서양문화는 물질적이고 동양문화는 정신적이라고 하는 것을
주장하는 것을 무의미하다고 보는 것이었다. 즉 정신적인 것과 물질적인 것
으로 나누는 것 자체도 불가능한 것으로, 문화라고 하는 것은 정신의 작용에
의해 인간의 생활이 깊어지거나 풍부하게 되는데, 이것이 인간의 생활인 이
상 순수하게 정신적이고 물질적인 것은 구별할 수 없다고 본 것이다.[60]
한편 쓰다 소키치가 정신문화와 물질문화를 구분하는 것을 비판하는 이유
는, 정신에 의해 물질이 산출된다는 미노다 무네키의 입장을 존중해서가 아
니었다. 쓰다 소키치는 일본인의 생활 속에 이미 서양문화 즉 현대 세계문화
가 존재하기 때문에 굳이 서구와 동양이 물질문화와 정신문화로 구분할 필
요가 없었기 때문이었다.
그렇기 때문에 쓰다 소키치의 입장에서는 현대 생활에 교섭이 거의 없는
중국 문화나 인도 문화를 서구문화와 대립적으로 다룰 필요조차 없다고 보
았다. 왜냐하면, 서양에 본원을 발하는 현대문화를 기조로 일본인은 이미 생
활하고 있고 일본은 이미 서구적 문화를 향유하고 있다고 보았기 때문이다. 이
는 일본이 이미 서구=세계문화를 갖고 있는 경지에 도달한 것인데, 중국과 인도
는 그러한 경지에 도달하지 못하고 있다고 보았기 때문이다.

59) 蓑田胸喜, 「世界文化史の新回顧と新展望」, 『蓑田胸喜全集』 第4卷, 柏書房, 2004年,
   pp.522~523.
60) 津田左右吉, 앞의 책, 1939年, p.190.

즉 중국과 일본은 문화를 만들기 위해 역사의 시간을 통과해 왔지만, 그것
은 시간이 길었던 것일 뿐 역사가 짧았다는 레토릭을 가져왔다. 즉 서양이
중세사와 근세사를 거쳐 현대로 나아왔듯이 일본도 그러한 역사적 통과 시
간을 거쳐 현재 서구와 동일한 현대 문화를 갖게 되었지만, 중국이나 인도는
중세사도 근세사도 없으며, 현대라는 것은 전개되지도 않은 상태 즉 '고대에
머물러 있는 것'으로 '고대사의 연장'이라고 주장했다. 그러한 중국과 인도의
문화를 일본에서 조화시킨다는 것은 불가능한 것이라는 논리였다. 그 해결책
으로는 동양문화라던가 중국 사상으로부터의 탈피를 요구했다.[61]

쓰다 소키치의 입장에서 보면, 동양이라는 호칭 속에는 지역적, 정치적,
시대적으로 다르며, 누가 논하는 가에 따라 달라진다는 것을 전제로 하면서
도 일본이 동양의 지도자 역할을 해야 한다고 주장하는 논리를 내세우고 있
었다. 그러면서도 일본이 중국적 사고방식을 벗어나지 못하고 있다는 점에
모순을 느낀 것이다. 그렇기 때문에 이러한 동양 호칭에는 '기형적'이라고 본
것이다. 실제 동양에서는 일본 본위적인 즉 일본 우월적인데, 사상적으로는
중국 존숭 논리에서 벗어나지 못한다는 점이었다.

쓰다 소키치의 인식 속에서는 철저하게 중국으로부터 일본을 떼어내는 것만
이 동양을 새로 창출하는 논리라고 여긴 것이었다. 즉, 쓰다 소키치는 중국문
화 지배인식을 탈피해야 만이 일본의 특이성을 찾는 길이라고 본 것이다. 즉,
'중국사상은 중국의 특수한 정치사상, 특수한 사회조직, 또한 중국인의 특수한
생활, 특수한 심리를 떠나서는 의미가 매우 적은 것' 즉 보편성이 결여된 것[62]
이라는 이유가 여기에 존재했고, 일본이 철저하게 중국문화와 인도문화와의
거리 두기를 통해서 이루어지는 것이라고 보았다.

즉, 일본인 스스로가 일본 내부에서 일본의 과거 문화가 가진 독자성에 대
한 견고한 신념을 갖지 못하고, 그것을 동양문화라고 명명하는 것은, '중국

---

61) 津田左右吉, 앞의 책, 1939年, pp.197~198.
62) 岩崎惟夫, 「津田左右吉の中國・アジア觀について」, 『史潮』 新39号, 弘文堂, 1996年,
　　p.47.

문화에 종속된 것'이라고 여긴 것이다. 쓰다 소키치는, 일본문화는 현대 문화적이며, 세계성을 갖고 있는 문화라고 보았기 때문이다. 즉 일본 문화로서의 독자성이 구비되어 있다는 것을 충분히 자각하지 못하고 있다고 본 것이다.[63] 이것은 무엇을 의미하는가. 쓰다 소키치는 일본의 주체성은 철저하게 중국적/인도적인 것을 배제하고 부정하고, 현대 문화 속에 즉 일본 문화 속에 구비된 세계성을 통해서만이 가능하다고 보는 논리인 것이다.

쓰다 소키치는 오히려 중국문화나 인도문화를 부정하고 배제하면서 일본의 독자성을 강조하는 논리를 주장하는 입장이었고, 그것은 '세계문화=현대 일본문화'에 내재된 세계성을 가지고 오면서, 과거에 일구어 온 것들 속에서 일본적 독자성을 분별해 내야 했던 것이다. 그 방법으로서는 그것들을 객관적으로 되돌아보는 방식을 취하는 것인데, 그것은, 일본이 중국 사상을 어떻게 받아들였는가, 그 자체의 과정을 더듬어 보는 방식이었다.

그러나 오카와 슈메이는 '왜 동양과 서양을 구분'하면서, 동양문화의 존재를 찾아야하는가 하면, 그것은 동양문화라는 것은 즉 "서양이 아직 역사에 나타나기 이전에 일찍이 완성된 문화구성체를 구축했었다. 그렇기 때문에 동양은 그 생활 형태를 통해 모든 자여(自余)의 문화에 우월한 것이라고 생각하고, 고래부터 전통을 호지(護持)하기위해 노력하고, 구라파에서 보이는 것처럼 진보에 대한 욕구를 느끼지 않았다"[64]라며, 동양은 이미 서양보다 일찍이 완성된 문화를 갖고 있어, 그 문화를 지키고 유지하는 것이 동양문화의 특징이라고 보았기 때문이다. 오카와 슈메이의 입장에서는 동양문화가 서양 문화가 발전하기 이전부터 존재하는 것이었기 때문에 그것을 찾아내는 것에 방점을 두고 있었다.

한편 미노다 무네키 역시 동양문화와 서양 문화사이에 존재하는 차이성을 인정하고 있었다. 그렇기 때문에 오카와 슈메이와 마찬가지로 쓰다 소키치가 『지나 사상과 일본』에서 주장한 동양문화 부정에 대해서 비판적이었다. 미

---

63) 津田左右吉, 『支那思想と日本』岩波書店, 1939年, pp.7~13.
64) 大川周明, 앞의 책, 1962年, pp.836~837.

노다 무네키는 "동양문화 부정론은 민족 지역으로서의 지나, 인도, 일본 공통의 동양문화라는 것을 존재하지 않는다고 한다. 그러나 중국의 유교도 인도의 불교도 그 발상지에서 소멸하고 또한 멸하고 있음에도 불구하고 일본문화 속에 섭취되고 장양되어 있는 역사적 현실에서는 동양문화는 일본문화의 부분적 요소가 되어있기 때문에 쓰다 소키치 씨가 이 사실과 함께 유교 불교에 대표되는 중국문화, 인도문화의 가치를 모두 부인하고 말살하는 이론을 결국 일본문화에까지 적용하는 것은, 시대착오도 보통이 아닌 18세기적 합리주의에 근거한 비과학적인 것으로 반국체적인 망론(妄論)"[65]이라고 보았다. 미노다 무네키는 오카와 슈메이와 동일한 입장에서 쓰다 소키치의 동양문화 부정론을 비판했다. 그리고 오카와 슈메이와 마찬가지로 동서양 문화의 문화적 근원은 동양에 존재했었고, 그것이 지역적 특징과 연동되어 시간이 흐르면서 달라진 형태로 나타난 것이라고 보았다. 즉 미노다 무네키는 동서양이 문화적으로 상이하게 된 역사를 되짚어 설명했다.[66]

미노다 무네키 역시 동양문화와 서양문화를 구분했지만, 그것은 원 모체가 희랍이라는 동일문화에서 발생한 것이라고 설정했다. 그것이 서양문화로 발전한 것은 서양적 특성 속에서 이루어졌고, 동양문화는 동양적 특성 속에서 이루어졌다고 논했다. 미노다 무네키는 쓰다 소키치가 동양을 부정한 것과는 다른 위치에서 동양을 중국과 인도와 연결시켜 해석하면서도, 쓰다 소키치와 동일한 방법론으로서 동양과 서양이 각각 어떻게 자신들의 문화를 이루어왔는가라는 그 시대적 배경을 설명해 냈다. 동시에 오카와 슈메이의 논리 또한 중시했다. 즉 미노다 무네키가 동양과 서양이 각각의 문명을 창출해 왔다는 것도 인정하고 있었다.

그렇지만, 오카와 슈메이의 논리는 어디까지나 서양이든 동양이든 어떻게 "끊임없이 새로운 요소를 자신에게 동화시켜 가는가라는 점에 중심을 두었

---

65) 蓑田胸喜, 「日本世界觀」, 『原理日本の信と學術』 しきしまのみち會大阪支部發行, 1980年, p.222.
66) 蓑田胸喜, 앞의 책, 2004年, pp.525~526.

고, 새로운 요소 섭취에 노력하지 않는 국가는 그 생명은 점차로 침체되고, 마침내 그 존재를 잃는다"[67]는 점에 초점을 맞추고 있었다. 오카와 슈메이의 관점은 동양과 서양의 문물을 어떻게 섭취해왔는지, 교류를 통한 변용을 주장하는 입장이었다.

물론 미노다 무네키는 동양이라는 호칭을 설명하는 것은 아니었지만, 서양문화나 동양문화의 특징인 문화의 형성과 변용이 갖는 의미를 철학 문화로 빗대어 설명한다. 즉 '하나의 문화'는 '하나의 지역적 특성'에 연유하는 것이라고 설명했다. 미노다 무네키는 이 논리를 더 구체화 시켰다. 즉 문화 교류 다시 말해서 교류를 부정하는 것은 아니지만, 그 교류 속에는 문화의 소멸과 진보로 나누어 질 수 있다며 그 차이를 설정했다.

서구는 서구적 특성에 의해 서구의 특성이 나타난 것, 인도는 인도의 특성에 의해 인도 문화가 나타난 시대적 배경을 구체적으로 설명하는 방식으로 그것을 증명했다. 그 결과로서 동서양의 원천 문화였던 희랍문화가 그 위대함을 가졌음에도 불구하고 외부와의 교류에 의해 소멸한 것이라고 보았고, 마찬가지로 중국 문화 역시 소멸해 버렸다고 제시한다. 전자인 희랍 문화의 소멸 원인은 우수한 주변 민족과 접촉에 의해 그 문화를 수용하지 못하면서 지배당한 것이었고, 중국문화가 소멸한 원인은 '내부적 사상 문제'에 의해 소멸된 것[68]이라고 보았다.

미노다 무네키의 입장에서는 문화적 교류에 의해 문화가 진보할 수도 있지만, 소멸될 수도 있다고 보았다. 즉 외부 문화에 압도되거나 혹은 내부의 사상 속에서 가진 문제점에 의해 자신의 문화가 소멸될 수 있다고 여겼다.

미노다 무네키는 문화 교류에 의해 외부적 요소를 전면적으로 수용하는 것도 문제가 존재하고 동시에 내부의 사상적 특징을 유지하지 못하면 그 문화가 소멸한다는 논리를 획득하면서, 외부적 요소와 내부적 요소 속에서 소멸하지 않는 일본 문화를 살리려고 했던 것이다.

---

67) 大川周明, 앞의 책, 1921年, p.3.
68) 蓑田胸喜, 앞의 책, 2004年, pp.540~541.

5. 공동(空洞)의 동양 공동체

이상으로 본 장에서는 쓰다 소키치, 오카와 슈메이, 미노다 무네키의 주체론 해석, 그리고 그와 연결된 방식으로 나타나는 동양론에 대한 표상 방식을 살펴보았다. 특히 이 세 층위의 연구방법을 통해 시대적 인식이나 시대적 파퓰리즘의 극복인가 새로운 시대 이론에 대한 영합인가라는 논리를 들여다보고자 했다.

이를 위해 쓰다 소키치, 오카와 슈메이, 미노다 무네키를 관통하는 공통인식으로서 역사를 보는 주체성에 대한 문제, 내적 자생론에 대한 차이, 동양 표상이 갖는 의미를 살펴보았다. 이 세 문제는 각각 별개로 작동한 것이 아니라, 상호 연결되면서 동양론이 체현되었음을 밝혀냈다.

구체적으로 쓰다 소키치는 개인이 갖는 인식은 한계를 극복하기 위한 방법으로 '과거'를 부정하는 방법으로 출발했다. 그를 통해 쓰다 소키치는 '기존 인식'을 상대화 할 수 있다고 보았다. 그렇기 때문에 동양이라는 개념도 부정하면서 철저하게 그 역사관을 탈피하고자 했다. 오카와 슈메이는 역사가 현재 인식에 의해 취사선택되는 것이라고 보았다. 이를 근거로 역사 속에서 어떻게 개인과 국가의 각성을 이루어내었는가를 제시하고자 했다. 그것은 바로 내부에 존재하는 것은 외부와의 교류에 의해 새롭게 내부에서 주체성이 생성된다는 혼합론에 힘을 실었다. 미노다 무네키는, 역사란 개인을 초월하는 것이라고 간주했다. 그것은 외부를 받아들이는 것도 아니며 내적 반성이나 부정을 통해서 이루어지는 것이 아니라 이미 내안이 존재하는 인식 그 자체를 역사화 하는 것이라고 보았다. 전자는 쓰다 소키치의 동양부정론에 대한 부정론으로 활용되었다. 서구적 논리에 매몰된 쓰다 소키치의 인식이 '일본문화=고유성'을 소거시킨다고 보았다. 그리고 후자는 오카와 슈메이 비판에 활용되었다. 즉 내부의 철저한 분석을 통해 인식의 객관화를 만드는 것에 대한 부정이었다. 오카와 슈메이처럼 일본문화 자체를 사색하거나 탐색하는 것도 고유성의 소거라고 보아 이를 부정했던 것이다.

결과적으로 '쓰다 소키치=동양부정=일본 세계주의', '오카와 슈메이=동서

융합론=일본 보편주의', '미노다 무네키=일본고유론=일본(세계/보편)주의'라
는 세 개의 층위로 나뉘어져 버렸다. 형태적으로 이 세 원리들은 차이성을
갖지만, 결론적으로는 일본 세계주의=일본주의로 회수되고 있었던 것이다.
일본이 세계성을 갖는다는 '다르지만 동일한' 이데올로기를 수행하는 내셔널
리즘 기획자'들'이었던 것이다.

제2부

국민사와 제국
− 복수성과 목소리

제4장
쓰다 소키치의 '국민사' 구상
─다민족제국 속의 단일민족 국가론의 역할─

1. 국민사의 재검토란 무엇인가

국민사(national history)[1]란 무엇인가. 본 장에서는 이를 쓰다 소키치(津田左右吉)의 '국민사' 구상과, 그것을 둘러싼 담론들의 배치및 포석들을 통해 고찰해 보고자 한다. 쓰다 소키치는 아시아태평양 전쟁 이후 일본에서는 다이쇼(大正) 데모크라시 시기를 대표하는 역사학자로서 평가를 받아 왔다.

본래 쓰다 소키치는, 자신을 동양사학자로서 인식하고 있었는데, 이러한 그의 자의식과는 달리 쓰다 소키치는 오히려 일본고대사 분야에서 높은 평가를 받아왔다. 쓰다 소키치에 대한 평가로서는 일본사상사 연구자인 이에나가 사부로(家永三郎)의 『쓰다 소키치의 사상사적 연구(津田左右吉の思想史的研究)』(1972년)가 오늘날에 이르기까지 대표적이다. 어쨌든 간에 전후 쓰다 소키치 이해의 획기적인 연구서이다. 이에나가 사부로는 쓰다 소키치를 아래와 같이 평가했다.

> 천황제를 합리화·근대화 하고, 민주주의 발달에 대한 장애는 제거했지만 동시에 심정적으로 존숭하는 황실을 유지하여 오히려 안전한 위치를 차지하게 했다. 천황제 틀 안에서의 민주주의자였다.[2]

---

1) 磯前順一, 「植民地主義としての天皇制国家論-西川長夫の「主体の死」をめぐる思考より」, 『国家の論理といのちの倫理』新教出版, 2014年.
2) 家永三郎, 『津田左右吉の思想史的研究』岩波書店, 1972年, p.344.

일본 천황제 국가 틀 안에서의 민주주의자라는 평가를 내린 이에나가 사부로의 저작은 약반세기 이전에 간행된 저서임에도 불구하고, 기기론(記紀論)을 비롯한 쓰다 소키치의 연구 전모나 사상적 변천을 파악하는데 있어서 아직도 기본적 연구서로 자리 잡고 있다.

특히 쓰다 소키치와 식민주의와의 관련성에 대한 고찰이 결여되어 있는 점, 천황제 없는 민주주의가 근대 일본의 원(原)모습이라는 것을 암묵적인 전제로 하고 있었다는 점은, 이론적인 틀로서 설득성이 결여된 것이라는 비평을 받고 있다.

이에나가 사부로는, 쓰다 소키치의 사상과 학문적 성과를 단일민족국가를 기준으로 한 인식이 주류였던 전후 일본의 민주주의의 시점에서 논평한 것이었다. 이러한 암묵의 전제가 붕괴한 이상 새로운 시점에서 쓰다 소키치의 국민국가론을 분석하는 시점을 제시하지 않으면 안 되는 상황을 맞이한 것이다.

쓰다 소키치가 저술 작업을 개시한 다이쇼기(大正期)의 일본은, 전후 일본 사회에서 보기에 민주주의가 보급되었던 사회라고 간주되었다. 그러나 미국의 일본 근대사가인 앤드류 고든(Andrew Gordon)이 '제국주의적인 민주주의(imperial democracy)'[3]라고 명명한 것처럼, 그것은 식민지지배를 포섭한 제국주의 체제였던 것이다.

다시 말해서 식민지 피지배자가 일본제국의 신민으로서 규정되었음에도 불구하고, 여기서 이야기한 민주주의란, 의회나 선거권을 갖는 것을 허락하지 않고, 일본 호적을 갖는 것을 인정하지 않는 식민지에 대한 사회적 차별을 전제로 하는 것에 지나지 않았다. 그러한 식민지에 있어서의 공공성을 그레이존(gray zone)이라고 정의한 것은[4] 한국에서는 잘 알려진 사실이다.

여기서 주목할 만한 것이 앤드류 고든이 '제국주의적인 민주의'라는 용어

---

3) Andrew Gordon, Labor and Imperial Democracy in Prewar Japan, Berkeley, Los Angele and Oxford : University of California Press, 1992, pp.7~10.
4) 尹海東, 沈熙燦訳,「植民地近代と公共性―変容する公共性の地平」,『宗教と公共空間』東京大学出版会, 2014年.

내부에 제국주의와 민주주의를 모순적인 관계로서 제시하고 있는 점이다.5) 그런데 만약 그것이 민주주의가 본성적으로는 제국주의를 동반하지 않는다고 하는 의미라고 여긴다면, 본 논고와는 이해를 달리하는 것이 될 것이다. 필자의 관점에서 본다면 단일민족 국가가 다민족 제국주의와 아무런 인연이 없다고 하는 것은 있을 수 없는 것처럼, 앤드류 고든이 생각하는 진정한 민주주의도 또한 제국주의로부터 자유로울 수 없기 때문이다.

오히려 제국주의의 착취나 차별이라는 요소야말로 민주주의에 있어서의 평등성을 일정 한도 내에서 가능하게 하는 불가결한 요인이라고 생각하는 것이 본 논고의 출발점이다. 그것은 인류학자 탈랄 아사드(Talal Asad)가 비평하는 '리베럴 민주주의(liberal democracy)'의 문제는 물론이거니와, 더 나아가 조르조 아감벤(Giorgio Agamben)이 말하는 민주주의 그것 자체가 배제의 작용을 포함하지 않을 수 없다고 지적하는 근원적인 물음과 연결된다.

즉, 배제나 폭력이라는 현상은 평등이나 자유의 이념으로부터 일탈한 것이 아니라, 오히려 그 이념을 추구하면 할수록 불가피하게 발생하는 '근대 본질'에 동반되는 것이라고 생각하기 때문이다.

이처럼 제국주의 내부에 존재하는 민주주의의 역설적 성격, 즉 불평등을 전제로 하는 것으로 밖에 성립할 수밖에 없는 평등을 생각할 때 쓰다 소키치의 '국민사' 구상이라는 것도 또한 이러한 제국주의 속에서 생겨난 사상으로서 재검토되어야 할 시기에 와 있다고 생각한다.

2011년 동일본대지진 이후 일본에서는 전후 민주주의 사회에 대한 재검토 필요성이 대두되었는데, 실은 민주주의 관념이 도호쿠(東北)지방이나 오키나와(沖繩) 등의 국내 변경지역의 희생 위에서 성립된 환상이라는 것이 분명하게 드러났다.6)

---

5) Andrew Gordon, Labor and Imperial Democracy in Prewar Japan, Berkeley, Los Angele and Oxford : University of California Press, 1992, p.9.

6) 磯前順一, 「あとがき, 震災の後に-アイデンティティの傷について」, 『閾の思考-他者・外部性・故郷』 法政大学出版局, 2013年.

한편 이러한 전후 민주주의의 허망함이 분명하게 드러난 오늘날, 보다 강고한 국가 이데올로기가 국민의 동요를 억제하기 위해서 필요하다고 주장하는 목소리도 높아지고 있다. 대표적인 것으로 천황제의 강화, 국가신도의 재평가라는 우경화가 그것이다.

이러한 관점에서 볼 때 쓰다 소키치가 전후 일본의 민주주의를 예고하면서 단일민족 국가론을 주장했고, 그와 동시에 천황제를 문화적 상징으로 내세우면서 그것을 아이덴티티의 근간에 두려고 한 것은, 오늘날 일본사회가 내셔널리즘으로 경사되어 가는 상황을 고려할 때 우리들에게 새로운 고찰의 계기를 불러일으켜준다.

아일랜드출신의 인류학자 베네딕트 앤더슨이 『상상의 공동체』에서 지적하듯이, 국민국가 혹은 네이션이라는 수평적(horizontal)인 상상의 공동체는, 실은 제국주의 체제 속에서 식민지지배를 전제로 상상 가능하게 되었던 것이다. 이렇게 본다면, 쓰다 소키치의 '국민사' 구상도 또한 식민지를 잃은 전후 일본사회의 단일민족 국가를 일찍이 예견한 것이라기보다는, 식민지를 전제로 하는 제국주의 속에서 존재해 온 것이라고 여겨진다.

그러한 의미에서 본 장에서는 쓰다 소키치의 담론 분석을 통해, 고든이 말하는 다이쇼기 제국주의적 민주주의가 어떠한 내실을 갖고 있었는가를 밝혀내고자 한다. 다이쇼기에 관한 분석은, 전체주의적인 아시아 태평양전쟁 시기를 일본근대사에서 일탈한 광기의 시기라고 제외시켜 다이쇼기와 전후사회를 일직선으로 일본 미래의 평등한 민주주의 사회로 결부시키는 궤변을 위한 것이 아니다. 오히려 그 반대로, 국민의 국가주의에 의해 지탱된 일본의 민주주의 구상이 식민지로부터 착취를 전제로 한 제국주의 체제 속에서 비로소 성립가능한 것이었다는 점을 논의하고자 하는 것이다.

이는 전후 일본의 민주주의 체제 혹은 아시아 여러 나라에 대한 경제적 착취를 니시카와 나가오가 국내식민지[7]라고 명명한 일본열도의 변경지역이

---

7) 西川長夫, 『植民地主義の時代を生きて』平凡社, 2013年, p.229.

희생되면서 성립된 착취 체제에 지나지 않는다는 점이다. 그렇기 때문에 민주주의라는 이름 아래 일본사회의 평등성이 현실에 존재한다고 하는 환상 속에서 일본 국민을 포섭하려고 전후 또한 천황제가 민주 주권을 상징하는 정치적인 문화장치로서 기능해 왔다. 그러한 점에서 쓰다 소키치의 역사 구상은, 그것이 국민국가 역사의 중핵에 천황제를 배치하는 것이었기 때문에 전후 일본사회가 어떻게 자기 환상 속에서 평등함을 꿈꾸어 왔는가를 고찰하기 위한 좋은 연구재료가 된다.

다시 말해서 쓰다 소키치의 '국민사' 구상을 묻는 것은, 제국주의라는 경험이 일본이나 동아시아 국가들에게 과연 어떠한 것이었는가를 분석하는 시험이기도하다. 다민족 제국주의에 대한 대체(alternative) 혹은 대안이라고 간주한 단일민족 국가주의도 그 외부에 존재하는 비국민에 대한 배제와 내부에 포섭된 많은 국민을 억압함으로서 비로소 성립하는 것이 가능했던 불평등이었으며 억압적인 체제였던 것이다. 조르조 아감벤이 제기한 것처럼 외부로 향한 배제는 내부로의 포섭을 위한 논리였으며, 내부에의 포섭은 외부를 배제하기 위한 것이었듯이,[8] 동아시아에서 전개된 고유 경험의 역사를 세계사의 보편적 문제로서 심화(深化)해 갈 수 있는 계기로 삼고자 하는 것이다.

이러한 작업 과정 속에서 일본이 가해자이고 한국이 피해자라는 이항대립적 사고법을 뛰어넘어, 일본제국의 어두운 그림자와 함께 한국이 가진 국민국가의 그림자도 함께 생각해 보기로 한다. 그리고 인류사 공통의 문제로서 민주주의의 평등과 차별의 관계를 재검토 하는 논의로 동아시아의 역사가 열려가기를 희망한다. 그것이 윤해동씨가 주창한 트랜스 히스토리(trans-history)[9]의 강함을 가까운 영역에서 실천하는 것이 될 것이다.

---

8) ジョルジョ・アガンベン, 高桑和巳訳, 『ホモ・サケル-主権権力と剥き出しの生』以文社, 2003年.

9) 尹海東, 「트랜스내셔널 히스토리(Transnational History)의 가능성-한국근대사를 중심으로」, 『역사학보』 200, 역사학회, 2008年.(裵貴得訳, 「トランスナショナル・ヒストリーの可能性-韓国近代史を中心として」, 『季刊日本思想史』 76, ぺりかん社, 2010年).

1) 쓰다 소키치와 시대상황 : 구메 구니타케(久米邦武) 논문
「신도는 제천의 고속(神道は祭天の古俗)」

1873년생인 쓰다 소키치는 1891년, 일본의 원호(元號)로 말하자면 메이지
(明治) 24년 18살 나이에 도쿄전문학교(후에 와세다〈早稻田〉대학으로 승격)
을 졸업한다. 이 1891년은 도쿄대학 사료편찬소 교수였던 구메 구니타케가
「신도는 제천의 고속」이라는 논문을 발표했던 시기로서, 일본 사학사에 잊지 못
할 해였다. 이 논문에서 구메 구니타케는 다음과 같이 기술했다.

> 실은 하늘에 제사를 지내고 복을 구하는 곳에서 태고의 제천은 유속(遺俗)이다.
> 일본인의 일본인다운 진면목인 것이다. 지나(支那)도 조선도 처음에는 불제(祓
> 除, 재앙을 물리치는 것)를 위한 제천의 속(俗)에서 발달했는데, 일찍이 시세의
> 변천에 의해 그 본(本)을 잃었다. 따라서 국체도 변화했으며 부정의 국가 영역이
> 되었지만, 일본만이 건국 초기의 천신(天神)의 후예를 천황(天皇)으로 받들어 굳
> 건하게 고속(古俗)을 잃지 않았다.[10]

이처럼 구메 구니타케는 신도란, 동아시아에서 광범위하게 나타난 하늘을
제사지내는 공통된 습속(習俗)이라고 기술했다. 단 중국이나 한국은 이 습속
이 일찍이 쇠퇴했지만, 일본에서는 천황제와 함께 오늘날까지 쇠퇴하지 않고
계속해서 제사를 모신다고 보았다. 공통성을 전제로 하면서도 그 차이성을
지적한 것이다. 이러한 제천의 고속(古俗) 존속이야말로 일본이 동아시아의
다른 국가에 비해 우수한 나라라는 것의 증거라는 결론을 도출한다.

그런데 이 논문이 1892년에 저널리스트 다구치 우키치(田口卯吉)가 주재
하는 『사해(史海)』(8호)에 재 게재되면서, 공중(公衆)의 눈에 띠게 되어 신도
가들에게 의해 '아메노미나카누시(天御中主神)에서 하나의 계통으로 연면하

---

10) 久米邦武,「神道は祭天の古俗」,『久米邦武歷史著作集』第3巻, 吉川弘文館, 1990年,
p.273. 다민족제국주의적인 구메 구니타케의 신도관(神道觀)에 대해서는 磯前順一,
「植民地朝鮮における宗教概念をめぐる言説編成-国家神道と固有信仰のあいだ」,『
植民地朝鮮と宗教-帝国史・国家神道・固有信仰』三元社, 2012年.

게 이어진 황통도 가공 설에 귀착한다'라는 평가를 받게 된다. 그리고 '한 사
람의 의견이기는 하지만 황실에 대한 불경이 매우 극심한 것으로, 국체를 훼
손하고 천하의 재생을 그르쳤을 뿐만 아니라, 우리 국민의 역사도 능멸하는
것'이라며 큰 비난을 샀다.[11] 결국 구메 구니타케는 도쿄대학 교수직을 사임
하게 된다.

구메 구니타케에 대한 비난의 이유는, 일본민족의 고유한 천황제가 동아시
아에 보편적으로 존재했던 하나의 습속이라는 점에 있었다. 그런데 실은, 구
메 구니타케의 입장에서는, 천황제를 능욕시키기기는커녕 오히려 동아시아 여
러 나라에 대한 천황제의 우월성을 주장하고자 하는 의도에서 나온 것이었다.

> 지구상의 제(諸) 나라는 모두 신도에서 나온 것이며, 많은 변화가 있었다고는 하
> 지만 국본(國本)을 유지하고 질서 있게 진화한 것은 일본뿐이다. 신도(神道) 시기
> 에 정해진 국가의 제왕(帝王)을 봉재(奉載)하였고, 이를 개변하지 않았으며, 신도
> 의 고속을 존속시켜 폐기하지 않았다. 이처럼 활발한 신진대사의 세계를 통과하
> 여 시운(時運)에도 뒤처지지도 않았다. (…) 타국을 보아라. 국조(國祚)를 변경하
> 려고 제위(帝位)는 국민의 경쟁물이 되어 언제나 국가의 기본을 안정시키기 위해
> 애를 쓰고 있는 것이 아닌가. 우리나라의 만세일계(萬世一系)인 천황을 받들어
> 모시는 것은 이 지구상에 또다시 얻을 수 없는 역사이다.[12]

이처럼 구메 구니타케의 그것은 종교적 정열이라고 할 수 있는 천황제 지
지 발언을 통해 그것을 알 수 있다. 그런데 왜 쓰다 소키치의 논의를 전개하
면서 이러한 구메 구니타케의 논고를 소개하는가 하면, 그것은 쓰다 소키치
의 저작이 발표되기 이전 일본 역사연구를 둘러싼 당시의 담론 상황을 파악

11) 倉持治休, 本郷貞雄, 藤野達二, 羽生田守雄,「神道は祭天の古俗と云へる文章に付問
答の始末」,「日本近代思想史のなかの久米事件」,『久米邦武歴史著作集別巻』吉川弘
文館, 1991年, pp.214~215에서 인용. 구메 구니타케의 신도관 변천에 대해서는 山崎渾
子,「久米邦武とキリスト教」,『久米邦武歴史著作集別巻』吉川弘文館, 1991年 참조.
12) 久米邦武,「神道は祭天の古俗」, 앞의 책, pp.295~296.

하기 위해서이다. 물론 이에 대해서는 오구마 에이지(小熊英二)가 『단일민족 신화의 기원-일본인의 자화상』(1995년)에서 지적한 것처럼 두 가지 시선이 존재한다.[13]

그 하나는 구메 구니타케처럼 동아시아의 공통성으로서 파악하면서도 그 이후의 역사전개 과정에서 일본에 절대적인 차이가 나타났다고 주장하는 논리이다. 즉 공통성과 차이성을 조합하는 입장이다. 이미 그 당시 일본에는 서양으로부터 비교신화학이 전래되었다. 그런데 비교신화학이 동아시아 혹은 서양세계와의 심성 공동성을 제시했었든지간에, 구메 구니타케의 논리에 의거하는 한, 결국 그 공통성 부분의 토양을 어떻게 수용했는가에 따라서 일본과 타국가들 사이에는 결정적인 차이가 존재하게 된다.

비교신화학은 일본 내에서 일본과 타국가 사이에 존재하는 상통성을 보게 했고, 그 명칭이나 형식상의 차이는 단지 형태상의 차이일 뿐이라는 것을 깨닫게 해주었다. 그러니까 신화 내부에 담겨진 보편성을 인지하게 해 준 것이다. 그 결과 일본은, 타국에 대한 일본의 탁월성은 충분하게 보장되었기 때문이다.

또 다른 하나의 견해는, 일본인은 이민족인 중국인이나 조선인과는 전혀 다른 것으로, 어떠한 공통성도 존재하지 않는다는 입장이다. 그것은 구메 구니타케가 비판한 세속적인 우익 진영의 견해이기도 하다. 천황제 및 신도를 일본민족의 독자적인 것으로 간주하는 단일민족 논리를 전제로 한 것이었다.

이처럼 천황제와 신도를 둘러싼 두 개의 해석 중 어느 쪽이 진정한 사실에 근거한 것인가라고 하는 물음은, 당시에도 견해가 일치하지 않았던 것처럼 오늘날에도 결론을 낼 수 있는 문제가 아니다. 요나하 준(與那覇潤)이 밝히듯이 '민족'이라는 일본어 개념 그것 자체가 서양에 문호를 개방한 이후에 서구적 개념에 의해 형성된 것에 지나지 않기 때문이다. 원래 근대 이전에는

---

13) 小熊英二, 『単一民族神話の起源-〈日本人〉の自画像』新曜社, 1995年. 이외에 인종 논쟁에 관한 연구사에 대해서는 구도 마사키(工藤雅樹)의 논고가 있다. 工藤雅樹, 『研究史・日本人種論』吉川弘文館, 1979年.

민족이라는 개념 자체가 존재하지 않았던 것이다.[14] 이러한 상황 하에서는 신도가 '민족 종교'인가 혹은 '그렇지 않은가'라는 물음 자체가 의미를 갖지 않는다.

여기서 확인해 두고 싶은 것은 일본이 타이완(臺灣) 할양이나 한국 병합 이전 즉 일본이 제국주의라는 국가제도를 취하기 이전부터, 천황제 및 신도를 자민족에 한정하려고 하는 입장과 타민족과의 문화적 공통성을 전제로 삼고자 하는 입장이 병존하고 있었다는 역사적 사실이다.

전자는 전후 일본의 단일민족국가라는 담론과 연결되는 이론이며 후자는 제국주의 해외침략을 정당화하는 다민족통합의 논리이다. 그러나 이 두 논리는 배타적인 관계에 있는 것이 아니다. 상호간에 상대 입장을 비판하면서도 일본의 지식인이나 정치가 사이에는 서로 상보하면서 공존하던 담론이었다.

타이완 할양이나 한국병합 등 일본이 외지 식민지를 획득하는 제국주의 체제를 실행하기 이전부터 제국주의를 정당화하는 구메 구니타케와 같은 담론이 등장한 사실은 근대 서양적 국민국가 제도의 성질을 생각하는데 있어서 매우 중대한 시사점을 안겨준다. 왜냐하면 구메 구니타케와 같은 담론은, 기존에 단일민족국가에서 제국주의로 전환되었다고 보는 역사적 이해가 픽션일 뿐만 아니라, 국민국가라는 제도 속에 제국주의적인 것이 이미 내포되어 있었다는 것을 명시(明示)해주고 있기 때문이다.

한 걸음 더 나아가 메이지 초기에 외지 식민지 획득에 앞서 류큐(琉球) 병합이나 홋카이도(北海道) 개척 등 내지 식민지라 부르던 지역에 침략이 진행되고 있었다는 점을 병렬적으로 고려한다면, 니시카와 나가오(西川長夫)가 이미 지적한 것처럼, 제국주의와 단일민족국가를 이율배반적으로 다루는 시점이 이미 명백해진다는 이론이 성립된다.[15]

단일민족국가라는 주권국가는, '민족'이라는 담론이 확정되지 않은 단계에

14) 与那覇潤, 『翻訳の政治学-近代東アジアの形成と日琉関係の変容』岩波書店, 2009年, 第Ⅰ·Ⅱ部.
15) 西川長夫, 『植民地主義の時代を生きて』平凡社, 2013年, 第Ⅰ·Ⅱ部.

서 식민지를 균질화 하는 것으로, 다른 아이덴티티를 갖고 있던 사람들을 동일한 국민의식 속에 무리하게 조합시키려는 정치적 장치인 것이다. 필자는 그것이, 양자를 포섭하는 개념의 담론이기도 하면서, 동시에 정치적 제도로서 국민국가가 존재했다고 간주하는 입장이다.

그럼 먼저 본 논고에서 다루는 국민, 제국, 민족의 의미에 대해 언급해 두기로 하자. 이미 사카이 나오키(酒井直樹)가 지적했듯이 이들 용어는 서구어와 일본어 사이에서 형성된 번역의 뒤틀림인데, 자주 그 해석에 대해서는 혼란 현상을 동반한다.16)

'국민(nation)'이란 베네딕트 앤더슨(Benedict Anderson)이 지적하듯이 상상된 '수평의 공동체'로서 받아들여진다.17) 단, 그 '수평함'이란 어디까지나 상상된 것으로 현실에서는 다양성과 차별로 가득 찬 공동체를 내실로 갖는다. 특히 전전(戰前) 일본에서는 동일한 호적을 갖는 일본 민족이라 하더라도 선거권을 비롯한 사회적 권리에서 남녀 차이나 적자(嫡子)와 비적자(非嫡子) 사이에 차이가 존재했던 것처럼, 국민'들' 사이에 큰 차별이 존재했었다.

그리고 동일한 '일본국민=신민'이라 하더라도 민족이 다르다고 인식하면 그 차별은 한층 더 심해졌다. 지배자 측은 이러한 차별을 전제로 하면서, 차별받는 사람들을 국가에 헌신하도록 동원하는 장치로서 상상의 수평적 공동체인 국민 아이덴티티를 적극적으로 이용했던 것이다.

단, 그 국민 구성 방식에는 '단일민족 국민주의'와 '다민족 국민주의'로 나타난다. 단일민족 국민주의란 하나의 민족-혈통, 혹은 언어의 연대에 의한 공동체-에 의해 하나의 국민국가가 구성되는 것이 근본적이라고 상상하는

---

16) 이 부분은 아래에 표기 참조. 사카이 나오키(酒井直樹)의 지적에 대한 필자의 회답이다. Naoki Sakai, "Comment on "Discursive Formation around 'Shinto' in Colonial Korea" by Isomae Jun'ichi," https:·· divinity. uchicago. edu · sites · default · files · imce · pdfs · webforum · 092012 · Naoki%20Sakai%20response%20to%20Isomae%20FINAL.pdf

17) ベネディクト・アンダーソン, 白石さや・白石隆訳, 『増補・想像の共同体-ナショナリズムの流行と起源』NTT出版, 1997年, 第2章 참조.

입장이며, 제2차 세계대전 이후 한국이나 일본이 이에 해당한다.

한편 다민족 국민주의는 복수의 민족이 하나의 국민국가를 구성하고 있다고 보는 입장으로, 쓰다 소키치나 구메 구니타케가 활동한 전전의 일본 제국 혹은 현재의 아메리카 합중국과 같은 예가 그것이다. 이를 사카이 나오키는 국민국가의 한 카테고리로서 '제국적 국민주의'[18]라고 명명했다.

이 제국적 국민주의를 전제로 한 일본제국의 경우 조선인이나 타이완인 등등 식민지 주민도 동일한 일본제국의 신민으로서 일본인이라는 국민 범주에 포섭시킨 것이 된다. 또한 아메리카 합중국에서는 끊임없이 이민이 유입되기 때문에 하나의 인종이나 민족이라는 범주로는 모든 국민을 균질화 할 수 없다. 그 때문에 영어라는 모어(母語)를 기즈나(연대)로 하는 국민국가 내에 복수의 민족을 포함하여 형성하는 것이 된다. 국민국가가 가질 수 있는 비균질성을 적극적으로 인정한 다음, 다시 국민이라는 수평적 혹은 균질한 것을 상상 가능하게 하는 것이 '제국적 국민주의'인 것이다.

또는 스위스처럼 동일한 국민이라는 의식을 가지면서도 지역에 따라 서로 다른 복수의 언어를 사용하는 국민국가도 존재한다. 그들은 동일한 스위스인이라는 국민 아이덴티티를 단일 언어의 경계를 넘어 공유한다. 그러나 거기에서도 '수평의 공동성'으로서의 국민이 상상된다.[19] 거기에서 상기되는 것은 앤더슨이 국민의 지표로 내걸었던 '균질하고 공동(空洞)한 시간(Homogenous empty time)'[20] 즉 균질한 시간에 귀속되는 감각이다. 이질적인 언어로 쓰인 신문을 읽고 있어도 스위스인은 하나의 동일한 정부에 귀속되어 국민국가 전원을 관통하는 동일한 시간의식 아래 귀속된다. 시간관념 뿐만 아니라 그 배후에 있는 문화적 의식―스위스라고 한다면 직접 민주제의 공

---

18) 酒井直樹, 『日本／映像／米国-共感の共同体と帝国的国民主義』 青土社, 2007年, p.20.
19) 스위스의 국민국가의 양상에 대해서는 앤더슨도 언어의 관점에서 논술하고 있다.
　　ベネディクト・アンダーソン, 白石さや・白石隆訳, 앞의 책, pp.213~217.
20) ベネディクト・アンダーソン, 白石さや・白石隆訳, 앞의 책, p.50, 이소마에 준이치 새로 번역.

유-이라고 할 수 있을 것이다. 그 하위에 언어로 상징되는 문화적 차이가 존재한다고 의식하는 것이다.

그러한 의미에서 가라다니 고진(柄谷行人)이 지적하듯이, 국민국가란 단일 언어나 민족이 아니라 근대 산업자본주의와 국민경제에 의해 균질화 된 상상의 공간, 즉 '사람들에게 그것을 위해(국가를 위해 : 필자) 죽는 것이 영원히 사는 것을 의미하는 것 같은 기분으로 만드는 존재'로서 이해할 수 있을 것이다.[21]

여기서 우리들은 근대 이전의 한어(漢語)인, '국(國)'이나 '민(民)'이라는 말속에 녹아있던[22] 국가와 국민 그리고 제국과 국민이 관계를, 근대 서구어의 함의에 근거하여 이를 분리해내는 것이 가능한 지점에 다가갈 수 있다.

이러한 두 종류의 국민주의, 단일민족 국가와 다민족 제국이 병존하는 관점을 고려한다면, 구메 구니타케의 논의도 당시 일본사회로부터 완전히 비국민적인 것으로서 탄압받은 것이 아니라는 것을 이해할 수 있다. 사실, 이 필화 사건 이후 구메 구니타케는 도쿄대학을 사임하고 쓰다 소키치의 모교인 와세다(早稻田)대학 교수로 취임하여 연구자로서 사회적 지위를 보증 받았다.

전후 일본역사학의 사학사에서 제시하는 평가처럼 광신적인 언론 탄압 희생자로서 구메 구니타케를 자리매김 시켜버리면[23] 단일민족 국가와 제국주의의 공범관계를 분석할 수 없게 된다. 구메 구니타케 또한 쓰다 소키치가 그러했듯이 강렬한 천황주의자였다는 점을 간과해서는 안 될 것이다. 단, 구메 구니타케는 단일민족 국가주의자인 쓰다 소키치와 다른 방식으로 청일전

---

21) 柄谷行人,「帝国とネーション」,『〈戦前〉の思考』文藝春秋, 1994年, p.23, p.25.
22) 원문은 융즉적(融卽的)이라고 표기하고 있는데, 이 융즉적이라는 말은 프랑스의 인류학자인 레비브륄(Lucien Lévy-Bruhl)이 사용한 것으로, 개인 심리가 근원적 저변부터 사회화 되어 있는 상태를 가리킨다. 즉 사회적으로 생각한다는 의미인데, 이는 개인 심리적 사고방식이 그 소속 집단/공동체에 귀속되어 있음을 표현해 주는 말로 그것을 융즉(融卽)이라고 여긴 것이다.
23) 宮地正人,「近代天皇制とイデオロギーと歴史学ー久米邦武事件の政治史的考察」,『天皇制の政治史的研究』校倉書房, 1981年.

쟁 이후에 본격화하는 다민족 통합정책을 예견하는 듯한 천황제 국가 이해
방식을 정치 제도보다 앞서서 개념화 했을 뿐이다.

2) 일본제국의 성립

1907년 쓰다 소키치는 만철(滿鐵) 도쿄지사의 만선지리역사조사실에서 근
무하게 된다. 이 직장을 소개한 것은 학습원(學習院)대학의 시라토리 구라키
치(白鳥庫吉)[24]였다. 시라토리 구라키치는 1909년 「지나고전설 연구(支那古
伝説の研究)」를 발표했는데, 이는 청조고증학적[25]에 방법에 근거를 두어 고
전설 비판을 전개했다. 이보다 한 걸음 더 나아가 쓰다 소키치는 근대고고학
과 서양신화학의 성과를 이에 연결시켜『기기(記紀)』비판론을 전개했다.[26]

일본은 타이완에 이어 조선을 식민지화 한 제국주의 국가라는 소망을 구
체화 해 갔다. 이러한 분위기 속에서 1911년 도호쿠(東北)대학교수 무라오카
쓰네쓰구(村岡典嗣)의 저작『모토오리 노리나가(本居宣長)』가 간행된다. 무
라오카 쓰네쓰구의 연구는 독일의 니이부우르는 뵉크(August Boeckh)의 문헌
학을 바탕에 두고 에도(江戶)시대 국학자인 모토오리 노리나가의 사상을 그
림동화(Grimms Märchen)처럼 내셔널 아이덴티티를 부흥시키는 과학적 학
문으로서의 '일본사상사'로 재해석해 냈다.

모토오리 노리나가는 스스로의 학문을 '국학(national learning)'이 아니라
'고학(ancient learning)'이라고 칭했다. 국학이라는 명칭은 근대 내셔널리즘
의 발흥 속에서 부여된 것에 불과한 것이다.[27] 무라오카 쓰네쓰구가 제시한
중요한 논점은, 모토오리 노리나가론을 통해, '근세 고학'은 근대 서양열강에

---

24) 三ツ井崇,「東洋史学者·白鳥庫吉における史論と時局」, 漢陽大学比較文化研究所主
催会議 발표 논문,「日本の『植民地主義歴史学』と帝国」, 2013年 5月.
25) 木下鉄矢,『「清朝考証学」とその時代─清代の思想』創文社, 1996年.
26) 磯前順一,『記紀神話のメタヒストリー』吉川弘文館, 1998年, Ⅳ章 참조.
27) 磯前順一,「近世神道から近代神道学へ-東大神道研究室旧蔵書を手掛かりに」,『近代
日本の宗教言説とその系譜-宗教·国家·神道』岩波書店, 2013年, pp.229~230.

비견할 수 있는 내셔널 아이덴티티를 창출하는 '근대 국학'으로서 새로운 역할을 부여한 점에 있었다.

그러나 앞서 언급한 것처럼 근대 단일민족 국가와 제국은 밀접한 관계가 있으며 양자는 간단히 분리되는 것이 아니었다. 더 나아가 근대 서양 모듈인 국민국가도 제국도 한편으로는 근세 동아시아적인 요소가 섞여 있다. 예를 들어 과거 역사에 눈을 돌려본다면 동아시아 여러 지역과 일본의 깊은 관계성을 논하는 구메 구니타케의 논의가 결코 이단적인 것이 아니라는 것을 쉽게 알 수 있다.

가령 천황가가 오(吳)나라 태백(太伯)의 후예이고, 오나라가 멸망한 후 일본에 건너왔다고 하는 설은 고대로부터 일본에는 뿌리 깊게 존재해 왔다. 구메 구니타케의 역사학이 서양의 대학제도에 의거한 도쿄제국대학에 자리를 얻음과 동시에 다른 한편에서는 문헌비판 수법이 청조고증학의 흐름을 흡수하면서 동아시아 전통 속에서 신도를 해석하려는 그의 시점은, 근대 이전 중화주의의 유산을 이어받으면서 그것을 서양 근대적 제국주의에 연결하고자 했다.

단일민족 국가와 다민족 제국, 서양과 동양, 그러한 요소들이 복잡하게 뒤얽혀 당시 일본제국은 확립되어 가고 있었다. 그런 와중에 도쿄대학 교수이며 국가주의자인 이노우에 데쓰지로(井上哲次郎)의 『국민도덕 개론(国民道徳概論)』이 1912년에 간행되었다. 메이지 시대가 종언하고 다이쇼 시대가 시작되던 시기였다. 같은 해에 대역(大逆)사건이 일어나고 공산주의 사상이 가진 가능성이 파괴됨과 동시에 내무성 주도로 제(諸) 종교가 적극적으로 황국 일본을 칭송하는 삼교회동이 이루어진다.[28] 여기서 천황제 국가라는 시스템을 부정할 가능성은 제로에 가까워졌다.

이러한 상황 속에서 국민도덕론 이데올로기스트(ideologist)인 이노우에 데쓰지로는 가족국가론을 주창했다. 이 가족국가론 즉 '군주는 신민의 부모'

---

28) 磯前順一, 『近代日本の宗教言説とその系譜』岩波書店, 2003年. 磯前順一, 『宗教概念あるいは宗教学の死』東京大学出版会, 2012年.

라는 논리에 근거를 두고 있었다. 이노우에 데쓰지로는 국가 전체가 종합적으로 하나의 가족제도를 이루고 있다는[29] 관제(官制) 내셔널리즘(official nationalism)을 추진하는 것이었다.

가족국가론 논리 속에는 천황의 적자인 국민은 가부장 제도 아래에서 절대적인 권위를 가진 아버지 천황의 근엄한 사랑에 감사하기 때문에 절대적으로 복종하지 않으면 안 되는 것이었다. 그리고 여기에서 규정된 국민[30]이란, 제국의 신민(imperial subject)을 가리키는 것이며 일본 민족뿐만 아니라 조선인이나 타이완인 즉 식민지화 된 외지 이민족, 아이누나 류큐인(琉球人) 등등 내국 식민지에 포섭된 민족들도 포함하고 있었다. 이에 대해 이노우에 데쓰지로는 다음과 같이 발언했다.

> 오늘날 조선인을 비롯해 많은 이민족이 일본 영토 내에 있는데, 풍속, 언어, 사상 등등 여러 면에서 이질적인 것이 있다. 그렇지만 그들은 일본국민이라는 점에서 모두 무세력(無勢力)이다. 즉 그들은 모두 전패자(戰敗者)이다. 이들 모두는 교육에 의해 일본 민족으로 동화시켜야 한다. 일본국민으로 통일할 필요가 있다.[31]

동일한 신민이면서도 일본민족과 법적으로 차별을 받는 식민지인들은 동일한 일본 국적을 갖고 있으면서도 다른 민족 호적이 거주지에 따라 부여되었다. 동화를 강요하면서도 동시에 그 전체 속에서는 차별받는 2급 국민으로서 그들을 규정하는 것이었다.[32]

이노우에 데쓰지로의 경우를 본다면, 조선인이나 지나인은 각각 다른 민

---

29) 井上哲次郎, 『国民道徳概論』三省堂書店, 1912年, pp.213~214. 磯前順一, 「明治20年代の宗教・哲学論-井上哲次郎の「比較宗教及東洋哲学」講義」, 『近代日本の宗教言説とその系譜』岩波書店, 2003年.

30) ベネディクト・アンダーソン, 白石さや・白石隆訳, 앞의 책, p.48.

31) 井上哲次郎, 앞의 책, p.73.

32) 遠藤正敬, 『近代日本の植民地統治における国籍と戸籍-満洲・朝鮮・台湾』 明石書店, 2010年.

족으로서 호적을 단위로 하는 민족 집단에 해당하는데, 일본에서 국민이란 그러한 민족의 차이를 넘어 국적을 공유하는 제국의 신민 전체를 가리키는 것이었다. 그 속에서 천손(天孫)민족이라는 개념이 다민족적인 일본 국민에게 일본 민족의 탁월성을 보증한다.

> 일본민족을 형성한 것은 여러 민족들 중에서도 가장 우수한 민족이었던 (…) 천손민족이다. (…) 전체를 통일한 결과 일본 민족 국가라는 것이 성립된 것이다. 천손 민족의 우수한 권세에 의해 다양한 민족을 모두 정복하고, 통일되어 일본 국가라는 것이 처음으로 성립되게 되었다. 즉 천손민족에 동화되었던 것이다. 일본국민의 통일은 필경 그 심연(深淵)에 있다고 생각한다.[33]

이처럼 이노우에 데쓰지로는 다민족을 내포하면서 일본 국민이 성립한다는 논리를 갖고 있었는데, 기존의 일본사상사 분야에서는 이를 간과하고 있었다. 거기에는 민족과 국민의 동일시라는 논리가, 식민지 상실 이후 전후 일본사회의 관점이 과잉적으로 투영되어 있었던 것이었다.

이와 같이 메이지 말년에 서양문헌학에 근거하여 일본 국민성을 수립하려는 시도는 일본국민이라는 수평의 공동체를 구현하는 이데올로기적인 역할을 담당했다. 물론 그 국민을 다민족에서 이루는가 아니면 단일민족만으로 구성하는가라는 것은, 각각의 입장을 주장하는 당사자의 자의식을 고려할 수 있지만, 이는 상호 보완적인 관계를 이룬다. 양자가 동일한 국민국가 바리에이션(variations)으로 공존하는 것으로, 일본국민을 1급 국민인 일본민족 그리고 2급 국민으로서 타민족을 차별하는 역할을 담당한 것이다. 그러면서 동시에 동일한 일본국민으로 포섭하는 역할을 했던 것이다.

그러나 그것은 식민지 피지배자 입장에서 본다면, 일본인이 되라고 강요했음에도 불구하고 일본이 되지 못한다는 더블 바인드(double bind)[34] 상태

---

33) 井上哲次郎, 앞의 책, p.70.
34) Gayatri Chakravorty Spivak, An Aesthetic Education in the Era of Globalization,

를 의미하는 것이기도 했다. 한편 이러한 일본제국주의 아래 식민지인들의
고생을 눈으로 직접 보는 것으로, 일본민족은 자신들이 국민임과 동시에 선
민적인 민족이라는 이중의 의미에서 순수한 일본인이라고 확신을 갖게 된다.

그런 와중에 쓰다 소키치의 국민사는, 이러한 일본의 국민국가가 가진 단
일민족적 경향을 획일적으로 상징하는 것이었다. 그것에 대해 다민족적인 경
향을 대표하는 것이 구메 구니타케였던 것이다. 그리고 도쿄제국대학 교수인
가케이 가쓰히코(筧克彦), 도리이 류조(鳥居竜蔵) 그리고 조선총독부의 역사
편찬 사업에 깊게 관여한 구로이타 가쓰미(黒板勝美)였다.[35]

특히 신도에 관한 저작을 보면, 가케이 가쓰히코는 1912년에 『고신도대의
(古神道大義)』, 도리이 류조는 1920년에 「민족상으로 본 조선·지나·시베리
아」를 발표하고, 일본과 아시아의 관계에 대해 논의를 전개했다. 그것은 쓰
다 소키치가 1913년에 『신대사의 새로운 연구』를 비롯해 1919년에 『고사기
및 일본서기의 신연구』 더 나아가 이 두 저서의 개정판인 1924년의 『신대사의
연구』, 『고사기 및 일본서기 연구』 등 자신의 기기론(記紀論)을 세상에 내놓고
있었다. 쓰다 소키치에 의한 포괄적인 일본문학 사상사론의 연작 『문학에
나타난 우리나라 국민사상의 연구』도 1916년에서부터 1921년 사이에 발표
했다.

일련의 이러한 연구가 평가를 받고 있던 쓰다 소키치는 1918년 와세다대
학 교수 자리를 차지하게 된다. 그것은 구메 구니타케가 와세다 대학 사학과
교수를 쫓겨난 해에 해당한다. 구메 구니타케가 79세이고 쓰다 소키치가 46
세였다. 가케이 가쓰히코와 쓰다 소키치는 같은 나이로 46세였고, 도리이 류
조는 48세였다. 23살 이상이나 위인 구메 구니타케에 비해 쓰다 소키치나 구
메 구니타케, 가케이, 도리이 세 명은 거의 동세대이고 가장 활동이 왕성한
시기로서 신세대 연구자이기도 했다. 그중에 가케이 가쓰히코는, 신도는 일

Cambridge (Mass) : Harvard University Press, 2013, pp.10~20.
35) 구로이타 가쓰미(黒板勝美)에 대해서는, 李成市, 「コロニアリズムと近代歴史学」, 『植
民地主義と歴史学』 刀水書房, 2004年.

본뿐 만 아니라 전 세계 속에 분유(分有)되어야 할 보편종교라고 주장하고
있었다.

> 아마테라스 오미카미(天照大神)의 어심(御心)은 세계 만민(萬民)의 정신이다. 타
> 민족을 배척하고 일본민족 혼자서 독전(獨傳)하는 것이 아니다. (…) 이 단서가
> 일본이며 일본이 중심이다. 모범이 일본이라는 것은 본래 동심일체인 세계인류
> 들 사이에 그 일부분을 담당한 것에 지나지 않는다. 일본을 본(本)으로 신앙의
> 덕광(德光)을 세계에 미치고 있는 것이 일본의 권한이라는 대도(大道) 그 자체는
> 개인에게 우연한 것도, 일본에만 한정되어 신성한 것이 아니라 세계 만국에 유효
> 한 것이다.36)

구메 구니타케가 신도는 동북아시아에 퍼져있는 습속이이라고 했는데, 가
케이 가쓰히코는 그 범위를 확대하여 신도는 전 세계에 퍼질 수 있는 것이라
고 생각했다. 그는 공자, 노자, 석가모니 그리고 예수37) 조차도 일본 신사(神
社)의 아마테라스 오미카미와 함께 합사(合祀)될 수 있다고 생각했다.
한편 도리이 류조는 일본의 신도와 그 친연성을 조선반도나 동북아시아에
한정하여 전개했다는 점에서 가케이 가쓰히코보다 구메 구니타케 쪽에 가까
웠다. 그러나 그 친연성 원인을 구메 구니타케처럼 습속에서 찾은 것이 아니
라 일선동조론이라는 민족으로서의 동질성에서 찾았다는 점에 새로움이 있
었다.

> 예를 들면 조선은 유교 국가라고 했는데 실은 그렇지 않다. 일반 인민에게 보급
> 되어 있는 신앙으로서는 일종의 살만(薩滿)과 같은 무녀가 있고, 질병이나 액난
> 이 있을 때는, 그 무녀(巫女)에 의한 주술을 필요로 한다. (…) 이처럼 일본의
> 원시신도와 동일한 습속이 있고, 일본 민간신앙과 조선의 민간신앙 사이에는 연
> 결성이 있다. 이러한 연구 입장에서 보면 일본인과 조선인은 동일한 민족이라는

---

36) 筧克彦, 『皇国之根柢・万邦之精華・古神道大義』 清水書店, 1912年, p.252.
37) 筧克彦, 위의 책, p.422.

것이 증명된다.[38]

여기서 도리이 류조가 말하는 민족이란, 조선인과 일본인은 하나의 조상을 갖고 있다는 것, 혈연의 연대를 근거로 하는 인종을 의미한다.[39] 일본인과 조선인은 동일한 일본제국의 국민일 뿐만 아니라, 신체적인 특질을 함께 하는 동일민족이라고 다루었다. 그것은 조선민족이라는 독립적 아이덴티티를 불식시키는 논리였다.

물론 이러한 일선동조론에 대해 조선민족뿐만 아니라 모든 일본민족이 찬동한 것은 아니다. 가케이 가쓰히코가 논하듯이 민족이나 인종이라는 개념을 매개로 하지 않더라도 조선민족을 비롯한 타민족을 일본민족이 이민족인 채로 동화하는 것이 가능하다고 보는 견해도 널리 존재하고 있었다. 그것은 후에 대동아공영권을 지지하는 민족제국주의로 연결되어 가는 입장인 것이다.

이러한 다민족의 다양성을 포섭하면서도, 그것을 일본민족에 동화하는 역할을 보증 삼는 것이 가케이 가쓰히코, 이노우에 데쓰지로, 구메 구니타케의 문장에도 확연하게 나타나듯이, 그것은 만세일계 국체의 근원인 아마테라스 오미카미의 위광이었다. 아마테라스 오미카미가 일본 제국의 국체에 기초를 이루고 있다는 견해는 일선동조론이라는 다른 입장을 취하는 도리이 류조에게도 공통된 것이었다. 도리이는 1920년에 발표한 논문 「무사시노의 유사이전(武蔵野の有史以前)」에서 일본역사가 다민족과의 교섭에서 이루어진 것이라고 논한다.

> 우스데파(薄手派)와 아쓰데파(厚手派) 두 부족은 모두 함께 유사이전 당시 무사시노에 살고 있었다. (…) 우리들 조상 즉 우리들이 흔히 말하는 고유일본인(야요이식(弥生式) 토기를 제작 사용한 자들)은 이곳에 침입해 와서 그들(우스데파 아쓰데파 두 부족)과 접견하고 충돌했다. (…) 그들은 고유 일본인은 유사이전에

38) 鳥居龍蔵, 「民族上より観たる鮮・支・西伯利」, 『東方時論』 5(4), 1920年, p.106.
39) 鳥居龍蔵, 「民族上より観たる鮮・支・西伯利」, 위의 잡지, p.102.

있어서 선주 아이누를 어느 정도까지 정복한 후에 들어 온 원시시대 우리들 조상
에 이어서 양도한 것이라고 생각된다. 그들은 역사시대 초기 가타리베(語部) 즉
구니쓰카미(国津神)로서 (…) 유사이전의 고유일본인이 침입하고 더 나아가 원시
시대에 이르러 이즈모파(出雲派)가 들어오고, (…) 천손파(天孫派) 사람들이 (…)
이곳에 온 것이다.[40]

  도리이에 의하면 일본열도에 최초에 살고 있던 것이 우스데파, 아쓰데파
라고 불리던 조몽문화를 담당하던 두 부족으로 현재의 아이누에 해당한다.
이후 고유일본인이라고 명명하던 도작(稻作)문화를 담당하던 야요이인 - 도
리이 류조의 논문에서는 현대 일본인 및 조선인이라는 일선동조 민족을 의
미한다 - 이 이주하여 선주민 아이누를 지배한다. 민족 유입은 그것에 그치
지 않고 오쿠니 누시쿠니(大国主命)가 이끄는 이즈모파 민족 더 나아가 천황
가로 연결되는 천손계 민족이 차례로 도래하고 거주민들을 지배해 간다.
  이노우에 데쓰지로는 이러한 이민족의 접촉에 의해 일본인이라는 하나의
민족이 생성되었다고 보았다. 한편 도리이의 논의에서는 서로 다른 민족으로
서 존재하던 제(諸) 집단을 천손계 민족이 지배하는 것으로서 정치적인 통일
이 이루어졌다고 논하는 입장이었다.
  당시 순수한 단일민족으로서 일본인이 역사의 시작부터 존재했다고 하는
견해를 취하는 연구자는 적었다. 즉, "일본인은 잡종이다. (…) 점차로 혼화
(混化)해 가면서 마침내 일본민족이 형성된 것이다. 역사이전 까지 거슬러
올라가 그러한 훌륭한 통일체가 있었다고 생각하는 것은 틀린 것"[41]이라는
기본적인 입장 아래에서 대부분의 연구자 견해는 일치하고 있었다. 다민족국
가를 통일한 것이 천황가였다. 바로 이 복수성과 단일성 양극 사이에서 연구
자들은 일본민족 혹은 일본국민의 아이덴티티를 학설로 만들어냈던 것이다.

40) 鳥居龍藏,「武蔵野の有史以前」,『日本考古学選集・鳥居龍藏集上』築地書館, 1974年,
   pp.18~19.
41) 井上哲次郎,『国民道徳概論』三省堂, 1912年, pp.66~67.

그러한 범위 내에서 파생되어 나오는 일본민족과 국민을 둘러싼 다양한 담론들의 포석 속에 쓰다 소키치에 의한 단일 민족국가주의의 기기론도 존재했다.

본 장에서 논의하고자 하는 것은, 이러한 담론 배치 속에서 성립된 쓰다 소키치의 논리가 단일민족 국가를 앞세우는 전후 일본과는 다른 정치적, 이론적 문맥 속에서 어떠한 위치를 차지하고 있는가라는 점에 있다.

그것은 제국기의 문제 상황을 복원해 줄 뿐만 아니라 단일민족 국가론, 더 나아가 그 모체를 이루는 국민국가 이론이 숨겨 놓은 함정을 오늘날에 '근대의 증상(symptom)'으로서 치료하는 작업이 될 것이다.

2. 쓰다 소키치의 단일민족 국가론과 식민지주의의 그림자

1) 국민문학론

1910년부터 1920년대에 전개된 쓰다 소키치 소치키의 기기론을 보기로 하자. 8세기 초두에 편찬된 『고사기』와 『일본서기』 즉 천황가에 의한 일본열도 지배를 역사와 정통성을 논하기 위해서 일본민족의 유래를 이야기하는 최고의 저작물로서 근대 내셔널리즘이 고양되던 와중에 공정(公定) 교과서로서 다시 부상했다.

그러나 그 내용은, 신들의 이야기를 대부분 포함하고 있어 역사적 사실로서 그 신빙성이 의심되는 경우가 적지 않았다. 고전문헌학 뿐만 아니라 서양으로부터 신화학도 유입되어 왔기 때문에 기기(記紀) 기술도 황당무계한 신화에 지나지 않는 것이 아닌가 걱정했던 것이다. 이러한 내셔널 아이덴티티가 내포하는 신화와 역사의 애매한 경계선을 지적한 당시의 작품 중에 1912년에 발표한 모리 오우가이(森鷗外)의 소설 「그렇듯이(かのように)」가 있다.

오늘날은 교육을 받아 신화와 역사를 하나로 생각하는 것이 불가능하다. 세계가 어떻게 생겨나고 어떻게 발전해 왔는가, 인류가 어떻게 생겨나고 어떻게 발전해

왔는가를 학문에 손을 대면 (…) 무엇인가를 이곳저곳에서 생각하게 된다. 생각
하는 것이란, 신화를 사실로서 볼 수가 없다는 점이다. 신화를 역사와 분명하게
분리하여 생각함과 동시에 조상(先祖)이나 기타 신령의 존재에 의문을 갖게 된
다. 그렇게 된 전도(前途)에는 위험이 도사리고 있는 것이 아닐까.[42]

　객관적인 사건으로서의 역사가 주관적인 상상으로서의 신화와 양자의 구
별이 애매모호한 것으로 여겨졌던 메이지기 말년에는, 신화를 감싸고 있던
안개 속에서 확실한 사실만을 꺼내는 것이 중요한 임무로 여겨졌다. 신도론
으로 세상을 떠들썩하게 했던 구메 구니타케는 "역사는 사회현상의 자연을 비
추는 사생(寫生)이다. (…) 만든 이야기는 사학에 이익이 없다"[43]고 근세까
지의 강담물(講談物)이나 군기물(軍記物)로부터 객관적 사실을 선별하는 주
장을 통해 세상에 나온 역사가였다.
　여기서 확증된 객관적 사실이란, 물리적인 사건인가 그 외의 다른 것을 포
함하는 것인가를 따지지 않을 수 없다. 그리고 신령을 둘러싼 기술이란 황당
무계한 이야기로서 기각되어야 하는 것인가라는 물음이 나타났다. 그것이 내
셔널 아이덴티티의 기원을 둘러싼 기술이라고 한다면, 그러한 기원의 기초를
자리매기는 욕구 그것을 포기하지 않으면 안 되는가 등등, 앞서 언급한 모리
오우가이의 문장은 당시 일본 지식인들의 이러한 갈등을 여실히 보여주는
것이었다.
　쓰다 소키치의 기기론은 이러한 상황 속에서 새로운 역사적 사실을 확정
하는 방향타로서 신선한 바람을 타고 등장했다. 1916년에 간행된 초기 저작
『문학에 나타나 우리 국민사상의 연구 : 귀족문학 시대』에서 쓰다 소키치는
기기의 성격을 다음과 같이 규정했다.[44]

42) 森鷗外, 「かのように」, 『森鷗外全集』 2, 筑摩書房, 1971年, p.237. 宮川康子, 「歴史と
　　神話との間-考証史学の陥穽」, 『江戸の思想』 8, ぺりかん社, 1998年.
43) 久米邦武, 「太平記は史学に益なし」, 『久米邦武歴史著作集』 第3巻, 吉川弘文館, 1990
　　年, p.175.
44) 家永三郎, 『津田左右吉の思想史的研究』 第3篇, 磯前順一, 『記紀神話のメタヒストリー』,

신대사는 관부(官府) 혹은 궁정 저작물로서 국민의 이야기는 아니다. (…) 자연적
으로 성립된 국민생활의 표상 즉 국민정신의 결정(結晶)은 아니다. (…) 그렇기
때문에 신대사는 (…) 어디까지나 귀족적 성격을 갖고 있다.[45]

즉 6세기 야마토 정권이 창출한 사상 상의 사실, 혹은 심리상의 사실[46]로
서 기기에 그려진 세계를 쓰다 소키치는 물리적인 사실로서 구별하는 것에
성공했다. 거기에는 『기기』가 역사를 낳은 것이 아니라 역사의 일부로서 『기
기』가 존재한다는 인식론상의 역전 현상이 일어나고 있었다. 그때까지 '말과
사물'의 관계라는 것은 도리이 류조 등이 일본선주민 논쟁이 보여주듯이 발
굴된 고고학적 유물은 『기기』의 기술을 전제로 한 다음 그 물리적 증거로서
해독되는 것에 지나지 않았다.

그러나 쓰다 소키치의 연구를 통해 말과 동시에 사물로부터 독립한 역사
라는 추상적인 세계가 확립되면 『기기』의 기술도 고고학 유물과 함께 그 역

4장 참조. 磯前順一, 「言葉と物のあいだ・記紀と考古学」, 『記紀神話と考古学-歴史
的始原へのノスタルジア』 角川学芸出版 2009年 참조. 이에나가(家永)가 "쓰다 소키
치의 『기기』 비판은 기본적 입장이 확립된 것은 『고사기 및 일본서기의 신연구(古事
記及び日本書紀の新研究)』(1919)를 완성하던 시점이라고 보아야 할 것"(p.239)이라
고 지적했듯이, 쓰다 소키치의 기기론(記紀論)은 세 시기로 나누어진다. 제1기가
1913년 『신대사의 새로운 연구(神代史の新しい研究)』를 시작으로 『문학에 나타난
우리 국민사상의 연구(文学に現はれたる我が国民思想の研究) 귀족문학의 시대(貴族
文学の時代)』(1916년), 『고사기 및 일본서기의 신연구(古事記及び日本書紀の新研究)』
(1919년) 시기까지. 제2기가 이들 저서를 개정한 『신대사의 연구(神代史の研究)』와
『고사기 및 일본서기의 연구(古事記及日本書紀の研究)』(1924년)에서 『지나사상과
일본(支那思想と日本)』(1938년)을 발표한 시기. 이 시기에 쓰다 소키치의 저서가 이
와나미(岩波)서점에서 간행되었다. 제3기가 전후 재개정판으로 발행된 『일본 고전의
연구(日本古典の研究) 상・하(上・下)』(1946・1948년)이 간행된 시기이다. 제국기
(帝国期)의 쓰다 소키치의 학문의 정치적 위치를 논하는 본 논고에서는 이 중에서
제1기를 중심으로 제2기의 저서까지 다루었다.
45) 津田左右吉, 『文学に現はれたる我が国民思想の研究・貴族文学の時代』(岩波文庫版
第1巻), 1977年, p.50.
46) 津田左右吉, 『古事記及び日本書紀の新研究』, 『津田左右吉全集』(別巻第1), 岩波書店,
1966年, p.201.

사적 세계를 구축하는 하나의 재료에 지나지 않는다는 새로운 인식이 등장
한다. 이러한 인식론상의 변화와 동반하여 사람들은 『기기』의 권위로부터
해방되어 그 기술을 매개로 하는 것이 아니라, 고고(考古) 유물로부터 직접
일본 역사를 그려내는 것이 가능하게 되었다.

예를 들면 당시 기예의 고고학자였던 야마우치 기요오(山內淸男)는 『기기』
와는 달리 원시사회의 역사를 다음과 같이 기술했다.

> 조몽토기는 결국 우리들이 상정하고 있던 하나의 계통 토기라고 인정할 수 있을
> 것이다. 그렇지만 그 존속 기간은 매우 길었고, 광범위(가라후토〈樺太〉 치도리
> 〈千鳥〉에서 류큐〈琉球〉까지)하게 걸쳐 있었다. (…) 각 시대, 각 지방의 토기를
> 상세하게 비교하는 것은 이 차이를 매워가고 년대 및 지방을 달리하던 조몽토기
> 가 각각 그 형식적 관계가 밀접하다는 것이 점점 판명되고 있다. 연대나 지방에
> 의해서 확실하게 나눌 수 없는 하나의 토기가 조몽토기인 것이다.[47]

야마우치 기요오는 야요이식 토기의 모체는 조몽식에 있다는 지설(持說)
을 전개했다. 그리고 고카네이 요시키요(小金井良精)는 아이누를 인종의 섬
이라고 표현했는데, 즉 고카네이 요시키요는 '조몽식 문화권을 문화의 섬'이
라고 생각하고 있다며, 다민족이 흥망(興亡)하는 역사를 대신하여 문화적 연
속체로서 일본 역사를 보는 시점을 제공했다.[48] 여기서 야마우치 기요오가
말하는 문화란, 자연과학으로부터 분리된 정신과학의 독자성을 설파하는 신
칸트파의 개념이다.

그것은 생물학적인 혈통에 근거를 둔 인종 개념을 대신하여, 문화적 연대
로서 민족을 재해석하는 쓰다 소키치의 단일민족 국가론에 호응하는 다이쇼

---

47) 山內淸男, 『日本遠古之文化・補注付・新版』, 『山內淸男・先史考古学論文集・第1冊』
　　先史考古学会, 1967年, pp.1~2. 佐原真, 「山內淸男論」, 『佐原真の仕事1 考古学への案
　　内』 岩波書店, 2005年.
48) 江上波夫, 甲野勇, 後藤守一, 山內淸男, 八幡一郎, 「座談会 日本石器時代文化の源流
　　と下限を語る」, 『ミネルヴァ』 1-1, 1936年, p.46.

기에 등장한 새로운 시점이었다. 이전에 이노우에 데쓰지로는 일본민족을 복수 민족으로 이루어진 혼성체라고 설명했었는데, 쓰다 소키치나 야마우치 기요오의 등장으로 혼합인가 순수인가라는 인종적인 물음 그 자체가 불필요하게 되었다. 인종적인 논의는 자연과학에서 결론 없는 논의로만 시종일관했기 때문에 오히려 이러한 문제설정으로부터 거리를 두고 인식론적인 문화로서 민족을 다시 해석하면 좋다고 하는 방향으로 전환이 일어났다.

쓰다 소키치가 물론 신화를 비판하기는 했지만, 그러나 쓰다 소키치가 『기기』의 권위를 부정하는 입장을 취한 것은 아니었다. 만약 그랬다고 한다면 에도 시대 유학자인 야마가타 반토(山県蟠桃)와 같은 물리적 신빙성 관점에서 『기기』를 황당무계한 것이라고 전면적으로 부정하는 계몽주의적 비판 범주를 넘어서지는 못했을 것이다. 쓰다 소키치의 기기론은 그 권위의 원천을 물리적 차원에서 국민의 심리적 표상으로 이행시켰다는 점에서 획기적인 것이었다.

그 『기기』 해석은 그의 스승인 시라토리 구라키치(白鳥庫吉)의 중국문헌 비판 '황당무계로서 믿을 수 없는 전설도 필경 국민의 역사적 산물임에 틀림없다'[49]라는 시각을 자신의 기기론에 전개한 것이다. 그것을 쓰다 소키치나 시라토리 구라키치에 앞서서 방법론적으로 일찍이 이를 명시한 것이 무라오카 쓰네쓰구(村岡典嗣)였다. 그는 서양 문헌학에 준거하여 모토오리 노리나가의 『기기』 해석에 대해 다음과 같이 논했다.

> 모노오아와레(もののあわれ) 사상을 중고(中古)시대 문명적 의의의 일면을 밝혀낼 수 있었던 것은 말할 것도 없이 (…) 그의 고도설(古道説)에서 설파하는 것도 (…) 고대인의 의식의 재현으로 본다면 그대로 문헌학의 훌륭한 성적이다. (…) 이것은 실로 뵉크(August Boeckh)의 문헌학에 비유될 수 있을 것이다.[50]

49) 白鳥庫吉,「支那古伝説の研究」,『白鳥庫吉全集』第8卷, 岩波書店, 1970年, p.382. 白鳥庫吉,「『神代史の新しい研究』序」,『人と思想・津田左右吉』三一書房, 1974年. 津田左右吉,「白鳥博士小伝」,『津田左右吉全集』第24卷, 岩波書店, 1965年.
50) 村岡典嗣,『本居宣長』岩波書店, 1928年[1911年], pp.362~363.

이렇게 무라오카 쓰네쓰구나 시라토리 구라키치의 연구를 개재하여, 『기기』라는 문자 텍스트는 쓰다 소키치의 해석 아래 국민의 심리적 소산으로 재생하게 된다. 그것은 다름 아닌 『기기』가 설파하는 천황의 일본국민 지배의 정통성을 새로운 형태로 재(再)긍정화를 시도한 것이었다.

그러나 지금도 간과하는 부분이 있는데, 그것은 쓰다 소키치의 기기론은 어디까지나 국민문학사론인 『문학에 나타난 우리 국민사상연구』의 일부로서 자리매김 시키는 것이다. 이 『문학에 나타난 우리 국민사상의 연구』라는 저작은 쓰다 소키치가 국민아이덴티티 형성 과정의 체계적인 서술을 시도한 것이었다.

본 저서에서는, 상대(上代)에 전래한 중국 문화가, 시대의 추이와 함께 귀족으로부터 무사, 그리고 평민에게로 그 수용 층을 순차적으로 하강해 간다고 전개하는 것이었다. 전래 당초 이러한 중국 문화는 일본 사회에 있어서는 너무 관념적인 체계화 된 존재였기 때문에, 그 수용은 야마토정권의 관인(官人) 등 일부 지식층에만 머무르고 있었다고 보았다. 그 중국적 문화의 대표물이 쓰다 소키치에게는 『기기』, 그중에서도 한문체로 쓰인 국사 『일본서기』였던 것이다. 『기기』가 민중의 생활로부터 유리된 중국 사상이었다는 것을 쓰다 소키치는 '『기기』의 신대사(神代史)는 일반적으로 여겨지듯이 민족의 기원이나 유래를 설명한 것이 아니다'[51]라며 다음과 같이 지적했다.

> 신대 권(卷)은 그 기재 속에 상대인의 종교적 신앙, 또한 그것에 근거를 두면서 일반 신앙과는 반드시 일치하지 않는 지식사회에 있어서 발달한 종교사상이 포함되어 있지만, (…) 하나의 사상체계를 구현하는 것도 아니다. (…) 예부터 전해져 온 일본인의 신(神) 신앙과 중국의 서책으로부터 부여된 지식과는 전혀 별개의 존재이기 때문에 이러한 생각방식에 의해 일본인의 신앙생활 그것을 사상으로서 체계화 하는 것은 불가능했었을 것이다.[52]

---

51) 津田左右吉, 『我が国民思想の研究・貴族文学の時代』(文庫版第1巻), 岩波書店, 1977年, p.27.

중국문화와 일본사회의 관계에 근거하여 언어문화와 사회의 엇갈림에 착목한 쓰다 소키치는, 언어문화가 현실 사회를 있는 그대로 표상한다는 통설을 받아들이지 않는다. 오히려 비개념적인 사회는 언어문화가 가진 체계성과는 다른 단편적 성질을 갖는다는 견해를 취한다. 특히 양자 사이에 미개와 문명이라는 정도의 차이가 있는 경우 언어문화의 침식에 대해 현실 사회는 대항하지 못하고 후자가 가진 비개념적인 단편성은 전자의 체계적 이론 속에 편입되어 버리고 만다.

이러한 시점에서 본다면 쓰다 소키치가 설파하는 평민문학의 도래라는 사태도 일방적으로 기뻐할 것만은 아니라고 받아들일 수 있다. 평민문학이나 평민문화라 하더라도 언어문화 그 자체가, 표상력을 갖는 자와 갖지 못하는 자의 간극을 낳는 힘을 갖고 있는 이상, 그 내부로부터 지배/피지배 관계가 소멸되는 것은 아니다. 이 어긋남이야말로 쓰다 소키치의 논의에 있어서 천황제 및 『기기』가 야마토 왕권으로부터 각 지역 사회에 퍼져 간 비밀이라고 보았던 것이다.

이 언어문화와 민족적인 삶 사이의 격차는 일본문화의 자발적인 진전을 저해하는 방향으로 움직인다. 쓰다 소키치는 '옛날에 전래한 동일 중국의 고전 지식, 그것에 나타난 동일 중국 사상이 언제까지나 일본 지식 사회에 커다란 권위를 갖고 있고, 한편으로 본다면 그것이 국민생활의 역사적 발전에 따라 그 사상계에 끊임없이 어떤 자극을 부여함과 동시에 한편으로는 그것이 항상 일본인의 사상을 속박하고 억압하고 그 발전과 심화를 방해하는 것이 된다'[53]고 기술한다.

그러나 시간의 경과 속에서 그 저어(齟齬)는 점점 해소되어 간다. 처음에는 막연하게 존재하던 일본적인 것이 개념적인 문화의 개재에 의해 점차로 국민문화로서 조탁(彫琢)되어 간다. 그 역사적 획기성을 쓰다 소키치는 '이것에 의해 비로소 지식으로부터 정(情)이, 외면적 도의(道義)로부터 문학이

52) 津田左右吉, 『支那思想と日本』 岩波書店, 1938年, pp.54~55, p.64.
53) 津田左右吉, 앞의 책, 1938年, pp.3-4.

해방된다'⁵⁴⁾고 하고 에도 국학의 출현 논리를 도출했다.

> 문예나 학문이 국민의 한 계급에 보급되게 된 점에 있어서는 당시 문화의 건전한
> 일면을 이야기해주는 것이다. (…) 이 계급적인 구별이 없이 평민 사이에 발달하
> 고 평민에 의해 인도된 문예가, 상류사회를 지배하는 곳에 도쿠가(德川)와 문화
> 의 건전한 일면이 있다.⁵⁵⁾

더 나아가 메이지 시대에는 서양문화와의 접촉을 통해 천황을 상징으로
내세워 국민에게 그 개념적 세계를 실행하게 하는 국민국가─쓰다 소키치는
그것을 '평민문화'라고 부른다─가 확립되어 간다. 그러한 의미에서 『기기』
는 편찬 당초는 일부 궁정인에 의한 관념적인 산물이라는 영역을 벗어나지
못했지만, 국민문화의 자각 과정의 시발점이며, 도래할 천황제 국민국가를
선취하는 것으로 미리 축하해야 할 존재로서 쓰다 소키치의 국민문학사 속
에 자리매김 되었다. 그리고 쓰다 소키치는 천황을 상징적 대표로 하는 이러
한 평민문화의 성립을 말 그대로 정치적인 단위로서 '국민의 탄생'이라고 받
아들였다.

> 국민으로서 역사는 우리들 민족이 하나의 국민으로서 정치적으로 통일된 때부터
> 시작하는데 어느 한 민족이 하나의 정치적 권력 하에 통일된다는 것은 그 민족의
> 역사 성과임에 틀림없기 때문에 (…) 하나의 국민으로서 통일된 후에 국민사는
> 즉 민족사로서 볼 수 있는데 그 이전에는 이 두 가지를 혼합해서는 안 된다.⁵⁶⁾

앞서 언급해 온 것처럼 다민국 제국주의 입장을 취하지 않는 쓰다 소키치

---

54) 津田左右吉, 『我が国民思想の研究・平民時代の文学・中』(岩波文庫版第8巻), 岩波書
   店, 1978年, p.154.
55) 津田左右吉, 앞의 책, 1978年, p.84.
56) 津田左右吉, 「上代史の研究方法について」, 『津田左右吉全集』 第3巻, 岩波書店, 1963
   年, p.395.

의 논의에도 민족과 국민은 구별되어야 한다고 피력하고 있다.[57] 쓰다 소키
치에게 있어서 민족이란 '연속되고 일관된 생활 과정'[58] 즉 정신과학을 주창
하는 독일 철학자 딜타이(Wilhelm Dilthey)가 말하는 '생(生)' – 무규정(無規
定)으로 인간 존재를 감싸는 생활이나 역사 전체적인 것 – 에 해당한다.[59]

그러나 민족이 국민국가로서 정치적 단위를 형성하기 위해서는 단순하게
무자각적인 '생(生)'의 연속성을 유지하는 것만으로는 불충분하다. 중국으로
부터 들어 온 개념화 된 문화적 세계에 의해 민족의 '생'은 국민이라는 것으
로 자각화 해 갈 필요가 있었다. 여기에서 이전에는 무자각적인 '생'의 담당
자였던 민족은 중국문화에 지탱 받은 지식층과 결합하고, '생'과 문화가 상호
침투한 국민으로 변용되어 간다.

철학사적으로 보면 이러한 민족적 '생'에서 국민적 문화로의 변용이라는
도식은 메이지 후기부터 다이쇼에 걸쳐 유행한 딜타이의 '생(生)'의 철학과
신칸트파 문화인식론이 접합하면서 생겨난 것이다. 그렇기 때문에 쓰다 소키
치는 이러한 '생'으로서의 민족을, 개인이 포섭되는 전체적인 모체로서 이해
하는 한편 그것이 인종적인 혈연의 연대로서가 아니라 신칸트파적인 문화적
공동체로서 받아들였다.

이 쓰다 소키치의 국문학사를 지탱하는 '언어문화와 비개념적 사회 사이의
질적인 격차'라는 시점이야말로 다른 국민사상 연구와는 차이성을 갖는 것이
며, 오늘날에도 비판적으로 계속 읽어가야 할 가치 있는 것이다. 그것은 역
사의 시원 시기부터 일본 민족의 특질이 모두 갖추어져 있었다고 강변하는
국가주의자도 천황제의 역사적 기원을 폭로하는 것으로 그 권위를 상대화하
려는 유물론자와는 또 다르다. 그들의 이해는 비개념적 사회도 본래는 체계

---

57) 上田正昭, 「津田史学の本質と課題」, 『人と思想・津田左右吉』 三一書房, 1974年, p.191.
58) 津田左右吉, 『我が国民思想の研究 貴族文学の時代』(文庫版第1巻), pp.11~12.
59) 上田正昭, 「津田史学の本質と課題」, 앞의 책, pp.194~195. 大室幹雄, 「津田左右吉の〈生〉と〈情調〉」, 『人と思想 津田左右吉』 三一書房, 1974年, pp.412~414.

성을 갖고 있었을 것이며, 외부에서 유입되어 온 지배적 문화에 의해 억압된 그 체계성을 회복하면 된다고 하는 사고 방식에 머무르게 된다.

이점에서 쓰다 소키치의 연구는 하가 야이치(芳賀矢一)의 「국문학사십강 (国文学史十講)」(1899년)이나 후지오카 사쿠타로(藤岡作太郎)의 『국문학 전사(國文學 全史) 헤이안조정(平安朝)편』(1905년)은 모두 동시대의 와쓰지 데쓰로(和辻哲郎)의 『일본고대 문화』(1920년), 후속으로 와타나베 요시미치(渡部義通)의 『고사기 강화 신대편』(1936년)과 또 다르다. 이 시점을 더 전개해 간다고 한다면 일본사회 저변에 이르는 개념적 문화의 확대과정을 일본 민족이라는 관념 아래 비개념적 사회가 얽어매는 복종으로서도 동시에 비개념적 사회에 의한 지배적 문화의 환골탈태(換骨奪胎)라는 양의적(兩義的) 해석이 가능해 질 것이다.

물론 외래문화를 계기로 하는 한편 문화의 구축 주체로서의 일본민족의 일관된 존재를 믿는 그의 자세를 긍정하는 것은 아니다. 쓰다 소키치는 언어문화에 의한 체계적인 개념화를 기뻐해야 할 것으로 환영하기위해 결국은 지식인에 의한 민족의 목소리 '회복=대변'이라는 민중론이 취하는 지(知)의 패권주의 논리와 거의 차이가 없는 결론에 도달할 위험이 있었다.

쓰다 소키치 뿐만 아니라 국민 아이덴티티 확립과 밀접한 관계를 갖고 있는 역사학의 경우 그러한 의식이 아시아 멸시로 흘러들어가는 배타적인 국민의식으로 전화할 위험성을 내포하고 있었다. 이미 1929년 단계에서 마르크스주의자 도우마 세이타(藤間生太)가 쓰다 소키치의 국민국가론을 대동아공영권이라는 이름 아래의 제국주의에 대한 비판이라며 다음과 같이 높이 평가했다.

우리들은 생각한다. 맞다 동아신질서, 동아협동체라도 부르고 있을 때 사실로서 이미 일본문화와 중국문화가 역사적으로 동일한 것이 되는 것은 매우 감사한 일이다. 그러나 그것이 사실이 아니라고 한다면 우리들은 눈을 감고 일본문화와 중국문화의 동일을 주창하고 동아협동체론을 주창하는 것에 정치적 의의를 갖는 것이다. (⋯) 우리들은 가령 과학적 연구에 의해 쓰다 소키치 박사와 마찬가지로 (⋯) 과거에 있어서 양 민족의 문화 차이를 인식할 수 있다고 해도 그것은 조금도

현재 우리들 일본민족의 행위에 나쁜 영향을 미치지 않는 것이다.[60]

여기에는 다민족 제국주의를 부정하는 것으로서 오히려 단일민족 국가가 단순하게 긍정되어 버리는 전후 마르크스주의 역사학의 논리적 함정이 나타난다. 그러나 쓰다 소키치의 단일민족 국가론은 타민족으로부터 떼어낸 일본민족만을 논하는 것은 아니다. 오히려 중국이라는 이민족과의 관계성 속에서 밖에 존재할 수 없는 것으로서 일본민족을 논의했던 것이다. 예를 들면 쓰다 소키치는 중국을 정체된 사회라며 다음과 같이 논했다.

> 중국 사상은 상대(上代)에 있어서 그것이 일단 형태를 갖게 된 다음에는 커다란 변화도 진전도 없고, 거의 그대로 후세까지 이어졌다. 중국 사회가 고정되고 중국 문화가 고정되었던 것처럼 그와 동반하여 그 사상도 고정된 것이었다. (…) 중국에는 처음부터 현재적 의미에 있어서의 국가는 형성되지 않았다. 따라서 그 민중은 하나의 집단으로서 국민을 이루는 것이 아니라 단지 사람들이 개개로 제왕(帝王)의 권력에 복종하고 있을 뿐이었다. (…) 그 문화는 실은 권력계급의 문화인 것이다.[61]

쓰다 소키치의 중국 멸시 인식은 널리 알려져 있는데, 예를 들면 마스부치 다쓰오(增淵龍夫)는 "쓰다 소키치에게 중국 문화는 일본 독자의 생활이나 문화 형성에, 달리 말하자면 자신의 역사적 형성에 본질적인 관련성을 갖지 않는 이물(異物)"[62]이라고 비판했다. 내셔널리즘의 모체를 이루는 문화내셔널리즘은 타자의 존재 없이는 스스로의 아이덴티티를 지탱할 수가 없는 것이다.
정신분석학자 지그문트 프로이트(Sigmund Freud)는, 문화와 내셔널리즘

60) 藤間生大, 「古代史研究の回顧と展望(昭和14年度)」, 『日本庄園史』近藤書店, 1947年, p.410.
61) 津田左右吉, 『支那思想と日本』岩波書店, 1938年, p.3. p.21.
62) 增淵龍夫, 『日本の近代史学史における中国と日本-津田左右吉と内藤湖南』《リエスタ》の会, 2001年, p.13.

의 관계에 대해 "문화의 이상으로부터 잉태된 나르시시즘적인 만족은 문화권
내부에서 문화에의 적대적인 자세를 효과적으로 억압하는 힘이 될 수 있다.
(…) 그것에 의해 억압된 계급은, 문화권 외부에 있는 사람들을 경멸할 권리가
있다고 생각하게 되고, 스스로의 문화권에 있어서 억압되고 있는 것을 변상으로
하기 때문이다"63)라고 기술했다.

자신에 대해 확고한 자신을 갖고 있지 않기 때문에 더욱 타자를 멸시하기
도 하고 타자의 아부에 의해 공허한 나르시시즘 원망을 보완하려고 한다. '상
상의 공동체'의 원천인 상상력은 나르시시즘이라는 병으로부터 무관한 것이
아니었다.

근대 서양으로부터 수용된 모듈인 국민국가를 형성할 수 없는 민족에 대
한 멸시 인식, 거기에는 서양근대주의자로서의 쓰다 소키치의 일면을 볼 수
있을 것이다. 더 나아가 쓰다 소키치는 "서양 문물에 접하게 되면서 지식사
회에도 비로소 지나 문물이나 지나 사상에 의구심이 생겨났다. (…) 지나 사
상이 이 시대가 되어 권위를 잃는 것은 당연한 것이다"64) 라고 말하고 있다.

앞서 기술한 것처럼 쓰다 소키치는 신칸트파나 딜타이 철학 그리고 신화
학 등 서양 사상에 조예가 깊었고, 그러한 개념적 세계와 일본인의 일상생활
을 연결시키려고 노력했던 것이다. 쓰다 소키치는 일본이나 중국을 통합하는
동양문화는 존재하지 않는다고 설파하는 한편, 근대 일본문화에 대한 서양문
화로부터 받은 깊은 규정력의 존재를 다음과 같이 설파했다.

> 동서 문화를 종합하고 혹은 조화하는 것에 일본의 사명이 있다고 보고, 그러한
> 의미에서 오늘날의 일본은 동양문화를 유지하지 않으면 안 된다고 하는 생각도
> 있는 듯하다. 이것도 또한 실제로는 의미가 없는 것이다. (…) 현대 일본인의 생
> 활 기조를 이루는 것이 흔히 말하는 서양문화 즉 현대 세계문화라고 하는 것은

63) ジークムント・フロイト, 中山元訳, 「幻想の未来」, 『幻想の未来／文化への不満』 光
　　文社古典新訳文庫, 2007年, p.26.
64) 津田左右吉, 『支那思想と日本』岩波書店, 1938年, p.101.

분명한 사실이기 때문에 그것을 현대 생활에는 거의 교섭이 없는 중국 문화나 인도문화와 대립적으로 다루는 것은 현실 생활 그것에 모순된다.[65]

이러한 근대국민국가에의 높은 평가 인식에 의해 쓰다 소키치가 중국뿐만 아니라 식민지인 조선에 대해서도 극도의 무관심적인 태도를 일으킨 것도 상상하기 어렵지 않다. 사실 "일국민으로서의 자각은 대부분 대외관계로부터 생겨나는데 정부가 국가의 통일과 거의 동시에 착수한 한국 경략(經略)도 단지 정부의 외교정책뿐으로 국민생활과는 직접 관계가 없는 것이었다. (…) 그것이 식민지가 된 것이 아니라 경제적 관계조차도 거의 발생하지 않았던 것 같다"[66]라고 쓰다 소키치는 기술했다. 더 나아가 조선 민족에 대해서는 일본민족과 대비시키면서 다음과 같이 말했다.

국민 실생활이 이국 문화 때문에 압도되는 것이 없고, 지나 문화의 전체 공기, 색조 등등 그 기본 근거 정신이 일본에 이식되지 못했다. (…) 정치적 독립이 유지되었다는 것과 마찬가지로 지리적 상태가 하나의 원인일 것이다. 이러한 사정에 의해 일본 민족은 한반도 주민 등과는 달라서 자연스럽게 국민으로서의 독립적 정신을 길렀다. 따라서 점차 일종의 국민문화를 형성할 수가 있었던 것이다.[67]

중국과의 관계에서 조선민족과 일본민족이 대조적인 관계에 있고, 조선민족은 독립된 국민문화를 형성하지 못했고 해석하고 있는 것이 확인된다. 이러한 타민족에 대한 무관심, 심지어 멸시 감정이 도마 세이타(藤間生太) 등 마르크스주의자들이 쓰다 소키치에게 기대한 것처럼, 확실히 제국주의로부터 일본이 손을 뗄 수 있는 계기도 될 수 있을 것이다. 분명히 전후 일본의 내셔널리즘 예는 그 전형적인 것이었다.

---

65) 津田左右吉, 위의 책, pp.193~194.
66) 津田左右吉, 『我が国民思想の研究 貴族文学の時代』(文庫版第1巻), p.38.
67) 津田左右吉, 위의 책, pp.46~47.

그러나 단일민족 국가의 담론이 식민지를 잃은 전후 상황이 아니라 타민족을 침략한 제국주의 상황 아래에서 존재했다고 한다면 그곳에서 발휘된 정치적 효과는 전후와는 자연스럽게 다른 것이 된다. 제국주의라는 사회상황 속에서 타민족을 멸시하는 태도를 유지한다고 한다면, 단일민족 국가론은 1급 국민, 타민족을 2급 국민으로 하는 제국주의를 지탱하는 자민족중심주의 논리로서 작동해 간다.

여기서는 단일민족 국가의 논리가 제국주의와 쌍을 이룰 때 어떠한 정치적 효과를 발휘하는 것인가라는 논의로 되돌아갈 수 있을 것이다. 단일민족적 국민국가로부터 다민족적 제국주의로도 아니고, 다민족적 제국주의로부터 단일 민족적 국민국가로 가는 시간적 전개도 아니다. 그러한 단계적 시간 계열이 아니라 말 그대로 단일민족적 국민국가와 다민족적 제국주의 이론이 공존했을 때 어떠한 정치적 효과가 나타났는가 그 공범관계를 꿰뚫어보지 않으면 안 되는 것이다.

단일민족 국가론이 제국주의와 동시에 발생했다고 본다면 제국주의로부터 해방될 것이었던 단일민국가론도 여전히 구식민지에 있어서도 구 종주국에 있어서도 제국주의의 그림자를 끌고 가고 있는 것이다. 이렇게 본다면, 제국주의로부터 무관계적인 단일민족주의, 혹은 단일민족국가로부터 무관계적인 제국주의라고 하는 것이 처음부터 가능했던 것일까. 그러한 물음을 제국기(帝國期)에 성립한 쓰다 소키치의 역사학은 일견 제국주의로부터 해방된 것처럼 생각되는 단일민족국가의 국민들에게 들이대고 있는 것이다.

2) 제국기(帝國期) 단일민족 국가론

일본제국은 1932년 만주국을 건설하고, 1933년에 일본공산당원들의 천황주의에의 전향, 1935년에는 조선반도에서 심전개발운동, 1937년에는 중일전쟁을 전개하고, 더 나아가 1941년부터는 아메리카합중국을 비롯한 연합국과 태평양전쟁을 개시하는 등 총력전 체제에 돌입한다. 그에 동반되어 제국 신민에 대한 사상적 단속을 강화해 간다.

이러한 일련의 흐름 속에서 쓰다 소키치 저작이 발간 금지되는 사태가 발생한다. 1939년 11월에 도쿄대학 교수인 남바라 시게루(南原繁)에 초청을 받아 도쿄대학 법학부에서 시간강사로 동양정치사상사를 담당하던 쓰다 소키치의 강의에 대해 우익단체 원리일본사의 미노타 무네키(蓑田胸喜) 등에 의해 집요한 질문 공세를 받았다. 미노다는 도쿄대학 종교학과를 졸업한 이후 천황기관설을 주창한 미노베 다쓰키치(美濃部達吉) 등과 도쿄대학 법학부 교수들에 대해 '황실의 존엄을 모독한다'.[68]라며 맹렬한 비판을 전개했던 인물이다.

같은 해 12월에는 미노다 등이 참가하는 기관지『원리일본』임시증간호가 간행되는데, 여기에 "황기 2600년 봉축직전에 학계 공전의 불상사, (…) 쓰다 소키치 씨의 대역사건, 신대사 상대사 말살론 학술비판"[69] 이라는 선언문구 아래 다음과 같은 쓰다 소키치의 기기론에 대해 가혹한 공격을 실시한다.

> 지금 이 쓰다 소키치씨의 논설에 이르러서는 일본 국체의 심연 성립이나, 신대/상대의 사실(史實)을 근본적으로 부정하는 것으로 황조(皇祖), 황종(皇宗)을 비롯해 이번에 봉축하는 14대 천황의 존재를, 그리고 신궁황릉(神宮皇陵)의 의의도 함께 말살해 버리는 것이기 때문에 이것은 국사상 유례없는 사상적 대역행위이다.[70]

대역이란 천황이나 황후들에 위해를 가하는 대역죄를 의미하는 것인데, 1910년 고토쿠 슈스이(幸德秋水) 등의 사회주의자가 일제히 검거되고, 1911년에 많은 이들이 사형에 처해졌다는 것은 아직도 대부분의 국민들 기억에 남아있었다. 미노다 무네키 등은 쓰다 소키치의 연구를 이 대역죄에 비유하며 많은 독자들을 공포 속으로 몰아넣고, 쓰다 소키치를 비국민으로서 지탄

68) 家永三郎,『津田左右吉の思想史的研究』岩波書店, 1972年, p.373.
69) 原理日本社編,『原理日本』第15卷 第11号(通卷138号), 原理日本社, 1939年 表紙.
70) 蓑田胸喜,「津田左右吉氏の神代史上代史抹殺論批判」,『原理日本』第15卷 第11号(通卷138号), 原理日本社, 1939年, p.23.

했다. 1939년 12월에는 미노다 무네키가 쓰다 소키치를 불경죄로 고소하고, 다음해 1월에 쓰다 소키치는 와세다대학 교수를 사직하지 않을 수 없게 된다. 그리고 12월에는 쓰다 소키치의 고대사 관계 저작이 발행금지 처분을 받게 되고, 3월에는 쓰다 소키치 및 출판사 이와나미(岩波)서점이 출판금지법 위반이라는 죄명으로 기소된다.

그 결과 1942년 5월에 도쿄형사지방재판소로부터 금고 3개월, 집행유예 2년의 유죄판결을 받게 된다. 쓰다 소키치와 이와나미 두 피고도 함께 공소했지만, 심리를 진행하지 않았다. 이후 공소 자체가 자연 소멸하게 된다. 이 이해할 수 없는 경위에 대해 이어나가 사부로는 '아마도 사법 당국은 이와 같은 천황제의 관념적 지주(支柱)에 관한 근본적 문제에 대해 재차 공소심에서 논쟁이 반복되는 것을 불리하게 생각하여 문제를 묻어버리는 것이 득책이라고 지배 권력은 판단했던 것은 아닐까[71]라고 추론했다.

이러한 일련의 사건이 일어난 것은, 일본제국이 총력전에 돌입한 시기와 맞물리고 있었다. 전체주의로 나아가는 사회 사조를 상징하는 사건이 바로 1940년 11월에 열린 '황기 2600년 축하 식전'이었다. 1941년에 간행된 교부국(문부성의 외국)의 『신민의 길』에서는 그 식전(式典) 모습이 국민에게 커다란 기대를 거는 정부의 포부와 함께 다음과 같이 기술하고 있었다.

세계사는 크게 새로운 방향으로 움직이고 있다. 우리나라의 역사적 사명에 근거한 도의적 세계 건설 이상은 동아신질서 건설에 커다란 발걸음을 통해 그 실현의 서막에 서 있다. (…) 기원2600년을 축하하는 성전(盛典)은, (…) 궁성(宮城)외원(外苑)식장에서, 쇼와(昭和) 천황 황후폐하의 행행계(行幸啓)를 받들고, 성대하면서 엄숙하게 실시되었다. (…) 국민은 개국의 심연을 기억하고 진무(神武) 천황 창업의 웅도(雄圖)를 받들어, 국사의 성적(成跡)을 뒤돌아보고, 황국의 끝없는 융창을 경축했다. (…) 우리나라는 황조 아마테라스 오미카미가 황손 니니기노 미코토(瓊瓊杵尊)에 신칙을 전수하고 이 도요아시하라(豊葦原) 미즈호노쿠니(瑞穂

71) 家永三郎, 앞의 책, 1972年, p.402.

国)에 강림한 것으로 만세일계(萬世一系)의 천황, 황조(皇祖)의 칙서를 봉하여 영
원할 것이다.[72]

황기(皇紀) 2600년이란, 초대 진무 천황이 나라현(奈良県) 가시하라신궁
(橿原神宮)에서 즉위했다는 시기로, 이 해부터 1940년까지 즉위 행사가 실시
되었다고 계산한 것이었다. 서양식 시간 표기법인 서기에 대항하여 일본제국
의 독자적 역년을 내세운 기획이었다. 정부는 초대 진무 천황 능묘를 비롯해
그 관련 유적을 학술적인 조사라는 이름 명목으로 새롭게 정비해 냈다.

그리고 관민 모두 관광 캠페인을 벌여 천황가의 조상신이 다카마가하라
(高天原)로부터 강림했다고 하는 미야자키현(宮崎県) 다카치호(高千穂) 봉우
리에서 그 손자인 진무 천황이 동천(東遷)하여 즉위한 장소라고 하는 나라현
(奈良県) 가시하라신궁, 그리고 황조신인 아마테라스 오미카미를 제사지내는
미에현(三重県) 이세신궁(伊勢神宮)이 크게 다루어졌다.[73]

내지의 일본인뿐만 아니라 만주국 황제인 아이신가쿠라 후기(愛新覚羅溥
儀)를 비롯해 많은 제국신민들이 진무 천황과 연관된 지역을 방문했다. 쓰다
소키치의『기기』비판은, 이 진무 천황의 실재 설를 부정하는 것이었기 때문
에 민간 우익 세력뿐만 아니라 당시 일본정부도 입장이 매우 곤란했다. 본래
쓰다 소키치의『기기』비판은, 근대 서양의 합리주의에 적합한 것으로써 천
황제를 재생시키려는 시도였었다.

그것은 쓰다 소키치의『기기』비판이 일부 사람들이 오인한 것처럼 천황
제에 대한 파괴적인 비판을 꾀한 것은 결코 아니었다. 일본사상사 학자 이에
나가 사부로의 지적하듯이 오히려 천황제를 정신적 지주의 합리적 재편성을
통해 더욱 더 강화화려는 목표를 갖고 있었다.[74] 그러나 악화하는 전쟁 국면

---

72) 文部省教部局,『臣民の道』文部省教学局, 1941年, pp.29~30.
73) ケネス・ルオフ, 木村剛久訳,『紀元二千六百年 消費と観光のナショナリズム』朝
　　日新聞社, 2010年, 第3章 참조. 千田稔,『高千穂幻想「国家」を背負った風景』PHP新
　　書, 1991年. 高木博志,「近代における神話的古代の創造-畝傍山・神武陵・橿原神宮,
　　三位一体の神武「聖蹟」」,『人文学報』83, 京都大学人文学研究所, 2000年.

속에서 천황제 국가를 위해 죽음을 국민들에게 요구하는 일본제국 입장에서 는『기기』의 권위를 전면적으로 긍정할 필요가 생겨나고 쓰다 소키치의『기 기』비판 재해석은 허용할 수 없는 것으로 전환되었다.

이러한 미노타 무네키 등의 국수주의자들에 의한 천황의 비실재성에 관한 쓰다 소키치에 대한 공격뿐만 아니라, 사노 마나부(佐野学) 등 천황주의자로 전향한 구(舊)마르크스주의자들도 "일본이 이 정도로 국가 전체를 통해 전쟁 에 종사하고, 그 한가운데서 동아신질서나 동아협동제 등의 정치이념을 발견 하여 그 실현에 맹진하려는 순간 (…) 동양이 존재하지 않는다고 발언하지 않으면 안 되는 정치적 의미는 어디에 있는가"[75]라며 쓰다 소키치의 단일민 족 국가론에 비판을 가했다.

앞서 언급한 것처럼 이미 메이지 전기에 천황제를 논한 구메 구니타케의 논문이 필화사건에 처해있었다. 이때에는 천황제의 근간을 이루는 신도를 동 북아시아 전역에 걸쳐있는 습속이라고 해석했기 때문에 일본 국체를 모독하 는 것으로서 구메 구니타케는 재야 국학자들로부터 비판을 받았다. 그러나 아시아 태평양 전쟁 시기가 되면 오히려 구메 구니타케처럼『기기(記紀)』나 신도(神道)를 동아시아 전역에 존재하는 것으로서 해석하는 쪽이 대동아공 영권역을 지지하는 것으로 시국과 일치하는 것이 되었다. 야마토(大和) 주 권, 나아가서는 일본민족만의 텍스트로서『기기』를 이해하던 쓰다 소키치의 견해는 지배적 이데올로기를 거스르는 것으로 비춰졌던 것이다.

이러한『기기』나 신도를 둘러싼 언설 분포를 보면, 다민족 제국과 단일민 족 국가 이론이 일본 제국 내부에서 병존하면서도 시대 상황에 의해 우익단 체나 혹은 정부에 의해 그 일부분이 한쪽만 시대적 사조로서 전면에 나타나 고 변화해 가는 것을 볼 수가 있다. 쓰다 소키치의 출현에 의해『기기』라는 '말과 세계'의 일체성에서 해방된 역사 공간이 담론으로서 탄생했지만, 그것 은 다시『기기』의 세계 속으로 말려 들어가 버리는 결과를 낳았다. 물론 리

---

74) 家永三郎, 앞의 책, 1972年, p.411.
75) 某氏佐野学,「新支那思想原理の諸前提の探求」,『公論』1939年 12月号, p.25.

베럴리즘이나 마르크스주의를 신봉하는 지식인들은 지금에 와서 『기기』를 그대로 실재의 역사라고 믿는 것이 얼마나 그들의 합리적 사유에 반하는 것인가를 알고 있을 것이다. 그러나 그것을 비판하는 것은, 사회적 혹은 육체적인 죽음을 의미하는 것이었다. 그렇기 때문에 다시 막연한 「그렇듯이(かのように)」(모리 오우가이)의 영역으로 『기기』의 권위는 부상되었다.

전사(戰死)라는 불안을 품게 된 국민들은, 지식인들을 포함해 만세일계인 천황의 이름 아래 죽는 것의 의미를 적극적으로 발견해 내고자 했다. 교토학파 철학자 다나베 하지메(田邊元)는 1939년 봄 「역사적 현실」이라는 제목으로 실시한 강연에서 "역사에서 개인이 국가를 위해 몸을 받치는 것이 생사(生死)를 초월하는 것이다. 스스로 자진하여 자유롭게 죽는 것으로서 죽음을 초월하는 것, 이외에 다른 죽음을 넘는 방법은 생각할 수 없다"[76]라며 학생들에게 피할 수 없는 죽음의 운명을 받아들이도록 각오할 것을 논했다. 그리고 제국의 신민들이 스스로의 목숨을 바치는 국가는, 만세일계인 천황의 형태로 체현된 것이라고 구체적으로 그려냈다.

> 천황의 지위는 단순하게 민족의 지배자, 종족의 수장에 그치는 것이 아니다. 일군만민(一君万民), 군민일체(君民一体)라는 말이 나타내듯이, 개인은 국가와의 통일 속에서 자발적인 생명을 발휘하도록 불가분적으로 연결되어 살고 있다. (…) 이것이 일본 국가가 자랑스러워할 특색이며, 그러한 국가의 이념을 체현하는 것이 천황이라고 생각한다.[77]

천황제 국가를 위해 죽음 이외에는 방법이 없다는 '어둠의 시대(한나 아렌트, Hannah Arendt)'[78] 속에서도 겨우 이성을 유지한 자들은 1940년대에 들어서면 자신들의 사상이 표명 불가능하게 되었기 때문에 스스로 자진하여

---

76) 田辺元, 『歴史的現実』, 『歴史的現実』 こぶし書房, 2001年, pp.72~73.

77) 田辺元, 『歴史的現実』, 위의 책, p.62.

78) ハンナ・アレント, 阿部斉訳, 『暗い時代の人々』 ちくま文庫, 2005年, p.42.

절필하게 된다.[79] 하니 고로(羽仁五郎)나 이시모다 다다시(石母田正) 등 마르크스주의 역사학자들이 그러했다.

쓰다 소키치 또한 1939년말 불경죄로 고소된 이후에는 저작을 거의 발표하지 않게 된다. 일본제국 신민들의 선택지는 '죽음 공동체'인 '천황제 국가'를 적극적으로 선양(宣揚)하던가 아니면 소극적으로 묵인 하는 것 중에 하나를 선택할 수 밖에 없었다.

그것은 내지인 일본인뿐만 아니라 식민지인들에게 있어서도 동일한 문제였다. 사카이 나오키는, 앞서 언급한 다나베 하지메의 교토대학 강연에 식민지로부터 유학을 온 학생들도 포함되어 있을 가능성을 시사 한 다음 "제국 내에서 차별받던 마이너리티가 국민으로서 통합되는 것을 보증하는 이념의 상양(賞揚) 수사는 동시에 일본제국주의나 일본 국가의 침략성을 내면화 하여 일본인으로서 죽을 준비를 마이너리티 출신의 개인에게 요구하는 제도의 정당화는 안 되는 것이다"[80]라며 다음과 같은 사실을 지적했다.

> 다나베 하지메의 사생(死生) 강연이 개최된 1943년에는 이미 타이완이나 조선의 청년 남성들이 일본국민의 군대로서 대량 징병 되었을 뿐만 아니라 (지원병제가 실시되고 있었지만 조선과 타이완에서 정식으로 징병제가 실시된 것은 다음 해의 일이다. 단, 여기서 지원이라는 말에 환상을 갖지 않는 것이 좋다. 제2차 세계 대전 중 일본계미국인의 대부분은 강제수용소에서 나오기 위해 병역을 지원했다는 것을 기억하자), 일본인으로서 나라를 위해 목숨을 바치는 것을 요구받았던 것인데, 실제 다수의 타이완인이나 조선인으로부터 '천황폐하의 적자'라며 태평양 아시아 각지에서 죽어갔다.[81]

79) 磯前順一, 「暗い時代に-石母田正『中世的世界の形成』と戦後歴史学の起源」, 『アリーナ』18号, 中部大学, 2015年.
80) 酒井直樹, 「「日本人であること」-多民族国家における国民的主体の構築の問題と田辺元の「種の論理」」, 『思想』882號, 岩波書店, 1997年, p.11.
81) 酒井直樹, 「「日本人であること」-多民族国家における国民的主体の構築の問題と田辺元の「種の論理」」, 위의 잡지, p.12.

여기에는 국가권력으로부터 강제적인 전향뿐 만 아니라 자발적인 전향이
라는 문제가 존재한다. 이러한 시대적 상황 속에서 도쿄제국대학 인류학교실
교수인 하세베 곤도(長谷部言人)에 의해 등장한 일본민족론이었다. 형질인
류학자인 하세베 곤도는 일본민족을 단순한 문화적 범주에서가 아니라 이를
다시 인종으로서 생물학적 범주 아래에 '일본 석기시대인은 일본인'이라는
명쾌한 입장을 내세웠다.

> 그러니까 후년에 도래한 한인(韓人), 한인(漢人) 등을 수용하여 혼혈이 생긴 사
> 태가 있었다는 것에 구애되어 일본인 스스로가 혼혈민족이라고 하는 것은 매우
> 심각한 오류이다. 대동아 건설 방침에 악영향을 미친다. 이는 요컨대 대동아건설
> 에 있어서 일본인은 태어나면서부터 대동아의 중심이 되는 특수성을 갖고 있으
> 며, 주위의 제 민족에게 친근하게 대했고, 그들의 모두에 대해 항상 친화와 공평
> 으로 접한 일본인의 본래 면목이라는 것을 정시(正視)해야 한다.[82]

하세베 곤도 설의 등장에 의해 쓰다 소키치가 주창해 온 문화론으로서의
단일민족 국가설이 다시 인종론으로 정의되어 간 것이다. 그리고 이 설이 대
동아공영권이 성행하던 시기의 담론이라는 것에 또 의의가 있다. 그러한 상
황을 인류학사를 연구하는 사카노 도오루(坂野徹)는 다음과 같이 설명했다.

> 일본의 식민지(홋카이도, 타이완, 조선, 미크로네시아)에는 많든 적든 일본인에
> 의한 대량 식민이 진행되었다. 그러나 (…) 대동아공영권을 현실화하기위해서는
> 소수자에 의한 다수자의 지배시스템을 확립할 필요가 있었고, 통치 정책상 현지
> 주민사이의 혼혈아가 생겨나는 상황은 바람직하지 않게 되었다. (…) 만약 일본
> 인과 현지 주민과의 혼혈이 대동아공영권 지역의 각지에서 증가한다면 일본인이
> 원주민화 하고, 다수의 아시아인 사이에 무산무소(霧散霧消)해 버릴 우려가 있
> 다.[83]

---

82) 長谷部言人,「大東亜建設ニ関シ人類学者トシテノ意見」,『昭和社会経済史料集成』16,
　　大東文化大学東洋研究所, 1991年, p.34.

하세베 곤도의 논의 또한 쓰다 소키치와 마찬가지로 일본제국의 다민족 지배라는 정치상황을 비판하는 것은 아니었다. 오히려 다양한 제 민족을 지배하게 된 일본제국이 '식민지 없는 제국'[84] 이념을 노래하는 대동아공영권 아래에서, 개별 민족이 갖는 서로 다른 특질을 분명하게 변별한 다음, 그것을 지배하는 일본민족의 우월성과 순수성을 긍정하려 했던 것이다. 이 논의가 쓰다 소키치처럼 비판을 받지 않은 것은 명확하게 일본제국의 식민지지배를 지지하고 있었기 때문이며, 확실하게 일본 인종의 실재성을 설파하는 것이었기 때문이다.

쓰다 소키치가 『기기』에 내제된 기술의 물리적 실재성을 비판한 것과 정반대로 하세베 곤도의 논의는 일본 인종의 실재를 확신하는 객관적인 과학 담론으로서 우경화해 가는 일본제국 내부에서 적극적으로 환영받았던 것이다.

한편, 하세베 곤도 설에 대해 당시 교토대학 교수였던 형질인류학자 기요노 겐지(清野謙次)는 혼혈을 적극적으로 장려 하는 입장, 즉 "이 모든 인종이 그 장점을 통해 타 인종의 단점, 즉 부족한 것을 보완하기 위한 종족 해방"[85]을 제시하면서 하세베 곤도 이상으로 커다란 인기를 얻었다. 1940년 전후에 하세베 곤도와 기요노 겐지의 대립상황은, 물론 쓰다 소키치 연구서를 발행금지로 내몰기는 했지만 일본국민의 아이덴티티가 여전히 단일민족 국민과 다민족 국민 사이에서 흔들리는 더블 바인드 상태에 있다는 것을 보여주고 있는 것이었다.

사카노 도오루가 지적하듯이 "하세베 곤도처럼 혼혈(동화)을 전면 부정해 버리면 황국 신민 사이에 균열을 생기게 할 수도 있다. 물론 역으로 기요노 겐지처럼 혼혈을 강조하면 일본인의 아이덴티티를 붕괴시킬 위험성도 갖고

83) 坂野徹, 『帝国日本と人類学者・1884-1952年』 勁草書房, 2005年, p.448.
84) ピーター・ドウス, 「植民なき帝国主義-「大東亜共栄圏」の構想」, 『思想』 814号, 岩波書店, 1992年. Prasenjit Duara, Sovereignty and authenticity : Manchukuo and the East Asian modern, Lanham : Rowman & Littlefield Publishers, 2003.
85) 清野謙次, 『日本人種論変遷史』 小山書店, 1944年, p.71.

있어 일본인이라는 관념적 통일 (⋯) 당시 대동아공영권 경영이라는 관점에
서 일본인의 혼혈을 둘러싼 문제는 커다란 초점이었다"[86]는 것이었다. 그러
나 기요노 겐지는 통일체로서 일본인이라는 존재를 의심하지 않았다. 기요노
겐지에게 "일본국이야말로 철두철미 일본인의 고향"[87]이라는 전제는 흔들림
없는 것이었다. 물론 그 일본인 우월성이라는 상상력을 지탱한 것은, 천황제
라는 아이덴티티 창출 장치에 의해서였다.[88]

3. 전후 일본과 영웅 시대론

1) 전후 일본의 단일민족 국가론

한국문학 연구자인 김철은 2000년에 방영된 한국 다큐멘터리 프로그램에서
'흔히 말하는 가미카제(風神) 특공대원으로서 전사한 조선인 청년들'[89]의 육성
을 들었을 때 일반 한국인들의 당혹감을 다음과 같이 표현했다.

> 그들 가미카제 특공대원들이 특별히 의식적으로 친일파였다기보다는 조금이라
> 도 인생을 나은 것으로 하기 위해 군대에 지원하여, 결국에는 전장에서 죽어갔
> 다. 당시 식민지 어디에서나 볼 수 있었던 평범한 청년들에 지나지 않는다는 것
> 을 이 다큐멘터리는 전하고 있다. 일본제국주의 전쟁에 동원되어 희생된 [동포]
> 청년들의 죽음에 대한 해설자의 동정에 가득 찬 목소리를 들으면서 한편으로 시
> 청자는 '천황폐하 만세'라고 외치는 그 동포 청년의 최후의 육성을 듣지 않으면

86) 坂野徹, 앞의 책, p.145.
87) 清野謙次, 『日本民族生成論』 日本評論社, 1946年, p.4.
88) 安丸良夫, 『近代天皇像の形成』 岩波書店, 1992年. 磯前順一, 「法外なるものの影で-
　　近代日本の「宗教／世俗」」, 『喪失とノスタルジア』 みすず書房, 2007年. 磯前順一, 「祀
　　られざる神の行方-神話化する現代日本」, 『現代思想』 第41巻 第16号(12月臨時増),
　　青土社, 2013年.
89) 金哲, 「抵抗と絶望」, 『東アジア歴史認識論争のメタヒストリー-「韓日, 連帯21」の試み』
　　青弓社, 2008年, p.44.

안 된다. 그 기묘한 착종 현상에 더하여 친일파 청산 시선이 중첩될 때 이 다큐멘터리를 시청하면서도 의식의 혼란은 피할 수 없는 것이었다.[90]

이러한 그레이존(gray zone)에 놓인 식민지인의 기억이 불러오는 순수한 아이덴티티에의 강박관념을 김철은 "이 욕망과 집착의 다른 한편에는 박탈과 결손 그리고 더럽혀진 식민지라는 기억, 오염과 분열로 넘쳐 변용하는 문화적 잡종으로서의 자화상이 자리 잡고 있다. 그들 기억은 신체에 달라붙어있어 지울 수가 없는 진득진득한 오물이며, 그것으로부터 도망치는 순간 다시 도달하게 되어 버리는 악몽이다"[91]고 묘사한다. 이러한 비순수함으로부터 도망치기위해 현재 한국인들은 결코 현전(現前)하지 않는 민족이라는 순수성을 찾아 헤매게 되었다고 지적한 것이다.

> 이 오염된 기억으로부터 빠져나가기 위한 손쉬운 방법은, 그것을 '내가 아닌 것'이라고 명명하는 것, 달리 말하자면 그것을 나의 기원으로부터 삭제 또는 단절해 버리는 것이다. 어떠한 오염과 분열이 있다고 하더라도 그것은 일시적인 일탈이고 왜곡에 지나지 않으며, 순결한 영원한 나 (…) 예를 들면 민족이 (…) 존재하는 한 '나'는 분열하지 않을 것이다.[92]

대부분의 일본인은 이러한 일본제국이 가져온 동아시아인들에 대한 가해자로서의 역사적 중압감에 견디지 못하고, 단일민족 국가로서의 일본이라는 본래의 건전한 모습이라고 믿으려고 한다. 그 때문에 신도는 일본열도에서만 볼 수 있는 민족종교라는 담론이, 국내외의 일본연구나 신도연구에 있어서 횡행한다.[93]

---

90) 金哲, 「抵抗と絶望」, 위의 책, p.45.
91) 金哲, 「抵抗と絶望」, 위의 책, p.48.
92) 金哲, 「抵抗と絶望」, 위의 책, p.48.
93) Jun'ichi Isomae & Jang Sukman, "The Recent Tendency to "Internationalize" Shinto : Considering the Future of Shinto Studies," Asiantische Studien Etudes Asiatiques

일본제국이라는 과거는 민족의 건전함으로부터 일탈한 시기에 불과하며 식민지에 설치한 신사도 일본인의 식민자를 위한 '해외 신사'에 지나지 않는다는 강변을 반복한다.[94] 일본인은 과거의 침략을 사죄한다고 하더라도 그것은 일시적인 실수였기 때문에 전후 민족종교로 돌아간 신도 및 국민의 문화적 상징인 천황제는, 현재에 있어서는 문제가 되지 않는다고 생각한다.

여기서 구(舊)제국주의자들의 전후 내셔널리즘이 작동하기 시작한다. 그것은 과거에 침략의 상처를 받은 구식민지 사람들을 보면서 자신들은 상처 없는 건강한 자라고 믿는 환상이 유지되는 것이다. 물론 전후 일본인은 자신들이 종주국의 가해자측 입장이라는 것을 인정하려고 하지 않는다. 오히려 공습으로 본토가 불탄 것을 본 경험이나 혹은 원폭이 히로시마나 나가사키에 떨어졌다는 과거를 통해 피해자 의식을 갖게 되었다.[95]

여기에서 전전(戰前)에 제국이었던 역사적 책임을 포기하고 싶은 생각에서 전후에 단일민족 국가를 긍정해 가는 심리적인 프로세스를 읽어낼 수 있다. 이러한 전후 일본사회 상황 속에서 쓰다 소키지의 단일민족국가론이 전중기(戰中期)와는 일변(一變)하여 높게 평가되는 것은 쉽게 이해할 수 있다. 발행금지가 되었던 쓰다 소키지의 저작도 전후 얼마 안 있어 간행된다. 그리고 1948년과 1950년에 사이에, 고대사 관계 저작들이 『일본고전의 연구(상·하)』로 재편집되고, 이와나미서점에서 지금까지 간행된다.

이에나가 사부로가 지적했듯이, 이 개정작업에서 '전전 판에서 천황이 신

LXVI-4, 2012, pp.1081~1098. · 磯前順一, 『閾の思考―他者・外部性・故郷』法政大学出版, 2013年, 서장 참조.

94) 嵯峨井健, 『満洲の神社興亡史-"日本人の行くところ神社あり"』芙蓉書房, 1998年. 菅浩二, 『日本統治下の海外神社-朝鮮神宮・台湾神社と祭神』弘文堂, 2004年. 해외신사 문제점에 대해서는, 이하의 논고가 있다. 青野正明, 「朝鮮総督府の農村振興運動期における神社政策-「心田開発」政策に関連して」, 『国際文化論集』第3 號7, 桃山学院大学, 2007年, pp.261~264. 中島三千男, 「「海外神社」研究序説」, 『歴史評論』602号, 校倉書房, 2000年, p.62.

95) 磯前順一, 「無垢なるナルシシズム-『はだしのゲン』と戦後日本の平和主義の行方」, 『『はだしのゲン』を読む』河出書房新社, 2014年.

이라며 사상적 존재를 인정했던 것을 전후 판에서는 대폭 수정하여, 안민 입장으로부터의 황실(皇室) 숭경친애(崇敬親愛) 사실의 강조'96)로 수정이 가해졌다.

그러나 김철이 한국인이라는 아이덴티티에 물음을 던졌듯이 처음부터 순수한 일본인이란 누구를 가리키는 것일까. 김철은 "1945년 흔히 말하는 해방 이후 한국사회에서 일본은 새로운 국민적 통합을 이루지 않으면 안 되는 존재였다. 일본이라는 절대 악의 존재에 반사되어 부상되는 순결한 선량한 나의 모습이다. 이러한 자화상이야말로 전쟁과 독재, 부패로 뒤섞인 한국인의 피폐해버린 생을 견디게 하는 강력한 위안이었다. 그 자화상이 환상에 지나지 않는다는 것을 어렴풋이 알고 있었다고 해도 그 환상으로부터 깨어나기보다는 그 속에서의 감미로움을 선택하는 것이 편안한 상황이었다"97)고 기술했다. 이러한 김철의 기술을, 해방을 패전으로, 한국을 전후일본으로, 일본을 제국일본 혹은 군국주의로 바꾸어 본다면 그것이 한국인의 욕망뿐만 아니라 제국의 지배자들도 포함한 어느 누구나 도망칠 수 없는 '아이덴티티 병'을 척결(剔抉)한 것임을 알 수 있다.

마조리티(majority)가 순수한 것으로 존재하기 위해서는 불순한 것으로서 상상되는 마이너리티가 항상 창출될 필요가 있다. 그것은 마이너리티를 분리시켜내면 해결되는 것이 아니라, 마조리티가 마조리티로서 존재하기 위해서는 끊임없이 새로운 마이너리티를 만들어 낼 필요가 있다는 의미이다. 그것과 동시에 마이너리티도 또한 자신들이 마조리티가 되려는 욕망을 갖는다.

일본제국의 경우도 식민지 사람들에 대한 착취가 있었기 때문에 제1급 국민이라는 일본민족의 자의식도 존립가능 했다. 그러나 식민지인들에게 제국의 일원으로서 귀속의식을 갖게 하기 위해서는 동일하게 제국의 신민이라는

---

96) 家永三郎, 앞의 책, pp.568~569. 전후 일본의 정치적 문맥에 있어서의 쓰다 소키치의 사상적 위치에 대해서는 다음과 같은 원고가 있다. 道場親信, 『占領と平和〈戰後〉という經驗』青土社, 2005年, 第7章・第9章 참조.
97) 金哲, 「抵抗と絶望」, 앞의 책, p.47.

아이덴티티를 그들에게 부여하지 않으면 안 된다. 일본제국이 성립되기 위해
서는 평등과 차별의 원리가 동시에 기능하지 않으면 안 되었던 것이다. 여기
서는 다민족 제국과 단일민족 국가의 주장 두 원리를 서로 보충해주면서 분
장(分掌)하는 제국이데올로기의 양륜(兩輪)이었다.[98]

　이러한 상황 속에서 쓰다 소키치의 단일민족 국가론은 일본인이 동아시아
타민족과는 다른 탁월한 민족이라고 하는 나르시스틱 한 감각을 식민지 주
민들에게 둘러싸인 제국의 지배자인 일본민족에게 부여해 왔다. 그리고 식민
지를 잃은 전후에는 자신들이 순수하고 탁월한 1급 민족이라는 나르시스즘
을 온존시키는 역할을 담당해 왔다.

　전후 이 나르시시즘이 제국의 내부측 식민지와의 관계가 아니라 오늘날에
는 외부로 독립한 타 국민국가와의 관계에서 환기되는 것에 지나지 않는다.
오히려 전후 단일민족 국가는 제국과 같은 내부에 존재하는 자국민인 이민
족과 마주하지 않고 해결되어 자민족을 자화자찬하는 나르시스즘을 제어하
는 장치가 작동하지 않은 상태가 되어버린 것이다. 적어도 근대 일본에 있어
서 이러한 순수성의 욕망을 만들어낸 것이 천황제였다는 것은 의심할여지가
없다. 천황가에 대해 쓰다 소키치는 다음과 같이 기술했다.

　　오늘날식 표현대로 말하자면 황실(皇室)은 국민의 내부에 있고, 민족적 결합의
　　중심점이 되어 국민적 단결의 핵심이 되어 있는 것으로, 이는 국민의 외부로부터
　　그들에게 바라는 것은 아니다. 그 관계는 혈연으로 연결된 일가(一家)의 친밀함
　　이고, 위력에서 생겨난 압종(壓從)과 복종이 아닌 것이다. 황실의 만세일계인 근
　　본적인 이유는 여기에 있는데, 이것은 국민적 단결의 핵심이기 때문에 국민과
　　함께 국가는 영구한 것이다.[99]

98) 津田左右吉, 『神代史の新しい研究』, 『津田左右吉全集』(別卷 第1), 岩波書店, 1966
　　年, p.123.
99) 井上哲次郎, 앞의 책, p.81, p.49.

이 내용은 다이쇼 시기 쓰다 소키치가 논한 것인데, 이 쓰다 소키치의 입장은 전후에도 변함이 없었다. 그리고 앞서 기술한 것처럼 구메 구니타케나 가케이 가쓰히코 등등의 전전 다민족 제국주의자들에 의한 천황제 이야기도 또한 '이것만큼은 결코 타국에는 존재하지 않는', '만세일계의 황통(이노우에 데쓰지로)[100] 라고 생각하는 점에서 쓰다 소키치의 주장과 동일한 것이었다. 거기에서 단일민족 국가와 다민족 제국의 어느 입장을 취하든 간에 천황제야말로 근대일본의 국민국가를 지탱하는 신념과 제도의 중핵으로 지속되고 있었다는 것을 알 수 있다.

주지하다시피 전후 일본사회는 냉전 체제에 아메리카 합중국의 극동전략 속에서 소와(昭和) 천황의 전쟁책임은 의도적으로 덮어 두었다. 그 대신에 A급 전범이 처벌받음으로써 국민 대부분도 자신들은 이전에 벌어졌던 전쟁과는 책임이 없다는 생각을 갖게 되는 것이 가능하게 되었다.

그렇기 때문에 천황제는 지금도 국민의 무구함이라는 환상을 지탱하는 이데올로기장치로서 가장 중요한 역할을 지속적으로 담당하고 있는 것이다. 이러한 전후 일본 사회 상황에 대해 영상작가인 모리 다쓰야(森達也)는 "전쟁이란 일부 지도자의 의지만으로는 시작되지 않는다. 그들을 지지하는 국민과의 상호작용이 필요하다. 전쟁을 A급 전범에게만 떠맡겨서는 안 된다. 우리들은 피해자이기도하면서 동시에 가해자의 후예이다"[101]라고 비판을 가했다. 그러나 그것은 현재 일본사회에서는 소수 의견에 그치고 있다.

오히려 오늘날 일본인 대부분은 A급 전범만 합사하지 않는다면 수상(首相)이 야스쿠니(靖国)신사를 참배하는 것은 나쁘지 않다고 느끼는 사람이 대부분이다. 가령 수상이 야스쿠니 신사를 참배하는 것은 위헌이라고 생각해도, 그가 메이지 신궁이나 이세 신궁에 참배하는 것에 대해서는 정교분리라

---

100) 森達也, 「(あすを探る社会)我々は加害者の末裔である」, 『朝日新聞』朝刊, 2014年 1月 30日.

101) 喜安朗, 『天皇の影をめぐるある少年の物語・戦中戦後私史』刀水書房, 2003年, 제3장 참조.

는 헌법규정에 위반하는 것이라고 생각하고 있지 않다. 또한 원폭이 투하된 히로시마(広島)공원 가까이에는 야스쿠니 신사의 지방분사와 같은 호국(護国)신사가 있는데, 이 양자가 접목하듯이 히로시마 시가지에 공존하는 것에 의문을 제기하는 것은 거의 없다. 오히려 천황제 비호가 있었기 때문에 전후 비전(vision) 서약은 지켜져 왔다며, 양자의 연결을 적극적/긍정적으로 받아들이는 경향이 강하다.

여기에는 A급 전범을 이질적인 타자로 배제함으로서 자신들과 천황을 동일화시켜 무구한 일본민족의 본체로 받들어 올리려는 '순수성 병'이 확연하게 보인다. 그렇기 때문에 대부분의 국민들은 자신들의 결혼식이나 설날 하쓰모우데(初詣)를 이들 천황가와 인연이 있는 신궁에서 거행하는 것에 위화감을 느끼지 못한다.

이러한 정황 속에서야말로 쓰다 소키치의 학문이 전후가 되어 단일민족 국가 내셔널리즘을 지탱하는 이데올로기적 지주로서 크게 부상하게 된 것은 쉽게 이해할 수 있다. 이러한 전후의 지배적 사조 아래 일본의 근대란, 민주주의로 관철된 사회이고, 쓰다 소키치의 사상이 나타난 다이쇼기는 전후의 민주주의의 선구를 이루는 시기로서 높게 평가된다. 동시에 쓰다 소키치를 탄압한 전중기는 그 민주주의의 이념으로부터 일탈한 시기로서 부정된다. 그러나 거기에는 자유주의적인 민주주의에 의해 도래하는 자유가 국내외의 식민지나 마이너리티에 대한 차별이나 착취 없이는 존재하지 않는다는 인식이 결정적으로 결여되어 있다.

그렇다고 한다면 여기서 세워야 되는 물음은, 단일민족 국가주의와 다민족제국주의의 어느 쪽인가가 올바르다고 하는 것이 아니라 국민이라는 수평의 공동체 '균질화 된 공동의 시간'에 의해 관통된 상상의 공동체 그것 자체가 불가피하게 포함하는 배제와 차별의 구조에 대한 문제이다. 가라타니 고진(柄谷行人)이 말하는 자본의 트랜스 내셔널 운동의 산물이기도 한 것이다.

게다가 오늘날까지 상기(想起, imagine)되어 온 근대일본 사회는 앤더슨이 말하듯이, 신 없는 시대의 '공동한 시간'에 의해 구축된 것이 아니다. 이 공공 공간에 인간이 포섭되기 위해서는 일시동인(一視同仁)이라는 천황의 시선에 사로잡히지 않으면 안 되었던 것이다.[102] 국민의 상징인 천황의 시선에 접촉하는 것으로서, 이들은 일본국민으로서 사회적 권리와 함께 균질한 공간으로 수용되어 간다. 그러나 여기서는 동시에 비국민으로서 배제된 사람들도 낳게 된다.

그것은 단순하게 국민이 기본적 인권이 보장된 자유로운 사회적 존재이고, 비국민은 그것을 박탈된 부자유적인 존재라는 것이라고 의미하는 것이 아니다. 국민도 또한 일본민족이라는 아이덴티티에 동화하는 것으로 약간의 사회적 자유를 부여받는 정도라는 점에서는 자신이 가진 '잠재적 가능성(potentiality)'[103]이 박탈되고 있기 때문이다.

이탈리아 미학자 조르조 아감벤이 말하는 이 잠재적 가능성이란, 아이덴티티를 부여받은 역사적 문맥 속에 고정화 된 것 자체를 탈구시키는 능력을 의미한다. 그것은 자신을 타자에게 승인되는 것 같은 유능한 국민이 되고 싶어 하는 욕망으로부터 신체 껍질을 벗기는 삶의 방식을 가능성으로서 제시하는 것이다.

물론 국민 내부에서도 지역 공동체나 가족 혹은 직장에서도 마조리티와 마이너리티라고 하는 차이에 의해 재생산되어 간다. 일본사상사가 마루야마 마사오(丸山眞男)가 "자유스러운 주체 의식이 존재하지 않고 개개인(各人)이 행동 제약을 스스로의 양심 속에 갖지 않고 보다 상급자(따라서 궁극적 가치에 가까운 것)의 존재에 의해 규정된다"[104]고 논평했듯이, 유일 예외자인 천황을 지지하는 것으로 국민들의 아이덴티티도 또한 무구한 예외적 존재로서 자기 긍정화 되는 것이 된다.

그렇게 함으로써 비로소 배제와 차별이 어디에도 존재하지 않는 조화적인

---

102) ジョルジョ・アガンベン, 高桑和巳訳, 「バートルビー-偶然性について」, 『バートルビー-偶然性について』 月曜社, 2005年.
103) 丸山真男, 「超国家主義の論理と心理」, 『増補版 現代政治の思想と行動』 未来社, 1964年[1956-1957], p.25.
104) 李基白, 泊勝美訳, 「民族文化の伝統と継承」, 『民族と歴史-現代韓国史学の諸問題』 東出版, 1974年, p.191.

'수평의 공동체'가 상상가능하게 된다. 이러한 내셔널리스틱 한 국민공동체
에서는 좋지 않았던 제국의 과거나 구식민지의 존재가 배외주의적인 적의
(敵意)의 대상이 되는 것은 당연하다. 결코 현전하지 않는 수평 공동체라는
환상에 동화한 국민들은 자신들이 마이너리티나 구식민지 사람들을 배제하
고 있다는 사실, 더 나아가서는 자기 자신의 잠재적인 가능성도 또한 배제되
면서 포섭되었다는 현실을 인정하려고 하지 않는다.

　여기에서 쓰다 소키치의 중국에 대한 멸시는, 전후 일본이 국민국가를 유
지하는데 있어서 불가결한 상상력의 회수로(回收路)가 된다. 본 논고에서 재
삼이야기 하듯이 앤더슨은 국민국가를 상상의 공동체로 형용했는데, 쓰다 소
키치의 담론으로부터는 천황제를 매개로 한 일본의 국민국가를 둘러싼 상상
력의 행방을 확인할 수가 있는 것이다. 그것은 천황제 국가의 역사적 흔적이
각인해 온 구식민지가 그 반동으로서 단일민족 국가에 대해 과잉적인 갖는
환상과 결코 무관하지 않다.

　사실 전중기에 쓰다 소키치로부터 교육을 받은 한국 역사가 이기백은『민족
과 역사』(1975년)라는 저서에서 "외래문화도 새로운 문화 창조에 공헌한다.
(…) 그럼으로써 비로소 민족 문화가 전통을 한층 더 빛나게 할 수 있다"[105]
라며 민족문화가 외래문화와의 상호관계 속에서 형성된다고 논했다. 그곳에
는 역사적 변화상으로서의 민족문화를 받아들이는 시점과 함께 '한국 내지
동양이 후진적 사회라고 하는 것이 명백하다'라고 하는 일본을 예외로 하는
동아시아 정체 사관은, 쓰다 소키치 사학과의 친연성이라고 볼 수 있다.[106]

　쓰다 소키치사학이 설파하는 단일민족 국가론을 전후 한국에 도입함으로
서 다민족 제국에 지배받은 식민지주의의 그림자로부터 스스로를 해방시키
면서 그곳에 부수하는 정체 사관까지가 스스로의 담론에 받아들이게 된 구
식민지의 역사학자의 갈등을 엿볼 수 있다.

　단일민족 국가는 결코 다민족 제국주의로부터 해방된 것이 아니다. 동아

105) 李基白, 위의 책, 1974年, p.13.
106) 津田左右吉, 『我が国民思想の研究 貴族文学の時代』(文庫版第1巻), pp.48~49.

시아의 단일민족 국가론을 다민족 제국주의나 포스트 식민주의와의 관계에
서 재정위할 필요가 있다.

오늘날 상황에서 쓰다 소키치의 담론은, 식민지주의로부터 해방된 단일민
족국가 이데올로기를 완성하기위한 모범으로서가 아니라, 오히려 단일민족주의
에 숨겨진 식민주의적 욕망을 파악하기 위해 분석해야 하는 것이다.

2) 영웅시대론과 주체성

쓰다 소키치에게 있어 단일민족이라는 균질한 국민국가의 내부에는 조화
로 가득 찬 것이었다. 그곳에 대립이나 갈등은 존재하지 않았다. 공공 생활
을 부여하는데, 그것은 국민적 일체성이 없었던 것과 연결시켰다. 그것을 쓰
다 소키치는 고대에 있어서의 서사문학의 부재라는 형태로 다음과 같이 기
술한다.

> 고대 우리들 민족에는 공공 생활이 없었고, 또한 이민족과 접촉밖에 없었기 때문
> 에 민족정신이 긴장하지 않았다. 국민 전체를 흥분시키는 전쟁 같은 것도 없었고
> 따라서 국민적 영웅이라는 인물도 나타나지 않았기 때문에 국민을 감동시키는
> 설화 제목도 없고 그러한 설화를 낳을 정도로 고조된 정신이 없었다. (…) 그렇기
> 때문에 문자가 없는 상대(上代)에 사장(詞章, 시가나 문장)을 갖추어 전송(傳誦)
> 할 만한 서사시 같은 것은 생겨나지 않았던 것이다.[107]

쓰다 소키치에 의하면 전투 기억인 서사 문학이 존재하지 않은 것은 일본
의 국민성이 온화하다는 것을 말해주는 것이라고 본다. 그것은 천황과 호족
관계에도 대입되는 것으로 천황제가 존속해 온 것 자체가 일본에 있어서의
조화적인 공동성의 존재를 이야기하는 좋은 증거가 된다.

> 우리들 조상은 개인으로서든 민족으로서든 그 생활에 있어서 크게 결핍이나 고

---

107) 津田左右吉, 『我が国民思想の研究 貴族文学の時代』(文庫版第1卷), p.31.

통을 느끼지 못할 정도의 상황이 좋은 토지에 살고 있기 때문에 그 결핍을 보충하고 그 고통을 제거하여 생활의 내용을 풍부하게 하려는 노력의 마음이 적다. 따라서 자신 스스로가 자신의 문화를 개발해가려는 노력이 약했다. (…) 대부분의 호족 등은 기쁜 마음으로 황실에 복종했기 때문에 황실과 제 씨족 간에는 친화적인 관계가 성립되게 되었다. (…) 일반국민에 대해서 말하자면 국가의 통일도 그 실제 생활에는 그렇게 큰 변동을 일으키는 것이 아니었다.[108]

이에 대해 마르크스주의 역사학자 이시모다 다다시는 1943년에는 발표한 「우쓰호노모가카리의 각서(宇津保物語の覚書)ー귀족사회의 서사시로서의 (貴族社会の叙事詩としての)」속에서 쓰다 소키지의 견해와 대립하는 듯한 고대일본에 있어서의 영웅시대의 존재를 이렇게 말했다.

영웅은 자신이 속하는 사회집단을 전체적으로 대표하고 그 집단의 정열과 윤리, 결점조차도 체현하는 자이기 않으면 안 되는데, 모든 영웅은 그 집단 자체가 객관적으로 보아 전진적인 역사적 사명의 짐을 짊어진 진자로서 옛 구조에 대립하던 단계, 따라서 또한 내부적 대립이 아직 전체를 피폐시키지 않는 역사적으로 젊은 집단에서만 발생한다.[109]

쓰다 소키지와 같은 영웅시대 부재론이 보여주는 균질화 된 조화적 공동체의 내부는 인간관계나 공동체가 본래적으로 갖고 있는 긴장관계를 그 외부로 방출한다. 그 시점에서 본다면 내부를 균질하다고 하는 행위 그 자체가

108) 磯前順一, 「暗い時代に-石母田正『中世的世界の形成』と戦後歴史学の起源」, 『アリーナ』 18号, 2015年. 磯前順一, 「歴史的言説の空間-石母田英雄時代論」, 『記紀神話のメタヒストリー』吉川弘文館, 1998年. 磯前順一, 「日常という リアリティー-石母田正『歴史と民族の発見』」, 『喪失とノスタルジア-近代日本の余白へ』みすず書房, 2007年. 磯前順一, 「石母田正と敗北の思考-1950年代における転回をめぐって」, 『戦後知の可能性-歴史・宗教・民衆』出川出版社, 2010年.
109) 石母田正, 「宇津保物語の覚書-貴族社会の叙事詩としての」, 『石母田正著作集』第11巻, 岩波書店, 1990年, pp.34~35.

폭력적인 것이 된다. 내부를 균질화 하기 위해서는 외부와 경계선을 긋고 공동체에 적응하지 못하는 자는 타자로서 외부로 배제할 필요가 있다. 그 결과 내부의 질서에 복종하는 자 만이 공동체 성원으로서 승인된다. 이러한 논리적 귀결을 암암리에 내포하는 쓰다 소키치의 논의는, 타자의 철저한 배제와 내부구성원의 동화라는 단일민족 국가론이 성립되기 위한 논리적 전제를 암시하는 것이다.

한편 다민족 제국에서는 항상 이민족과의 사이에 긴장관계를 품고 있어, 끊임없이 벌어지는 전투 기억이 영웅시대로서 결정(結晶)된다. 그것은 일본 제국의 내지와 외지 사이뿐만 아니라, 과거의 역사에 있어서는 이즈모(出雲) 민족과 야마토(大和) 민족이나, 근대에 있어서는 내지라고 간주하던 지역이라 하더라도 이민족끼리의 충돌이 반복되는 것으로 나타났다. 그것이 천황가를 중심으로 하는 천손민족에 의해 일본민족으로 통일되어 가는 것이 제국주의자들이 그려낸 일본의 영웅시대이었다. 그 통일과정의 전투기억이 영웅서사문학에 결정(結晶)된 것이라고 본 것이다.

예를 들면 경성대학 교수인 국문학자 다카기 이치노스케(高木市之助)는 1933년에 발표한『일본문학에 있어서 서사시 시대(日本文学における叙事詩時代)』속에서 다음과 같이 헤겔을 모방하여 영웅시대의 특질을 정의한다.

> 영웅시대는 그 전후를 비교해 보면 제 씨족 또는 제 민족 간의 접촉이 빈번하고, 자주 원정이나 이주가 이루어졌다. 전투는 이 시대를 특징짓는 중요한 영웅들의 일이었기 때문이다. 또한 의욕적인 기백이 행동적인 영웅시대를 기록하는 특질이 이것저것 설명이 필요없는 것이 되었다.[110]

더 나아가 다카키 이치노스케는 고대 일본에서의 영웅시대 존재에 대해 "우리 나라 역사상 또는 전설상에 이러한 영웅시대를 추측하는 것, 자세하게

---

110) 高木市之助,「日本文学における叙事詩時代」,『高木市之助全集 1, 吉野の鮎・国見攷』講談社, 1976年, p.92. 高木市之助,『国文学50年』岩波新書, 1967年, p.9.

는 『기기』의 내용을 이루는, 예를 들면 스사노오노 미코도(素盞烏尊)라던가 진무 천황이라던가 내지는 야마토다케루노 미코토(日本武尊)라고 하는 자들의 시대를 사실(史實)로서 혹은 전설로서 생각해, 그곳에 당시의 사회기구 상에 혹은 주종관계 상에 또는 그 외에 다른 습속(習俗) 상에 영웅시대의 제상(諸相)을 찾는 것은 결코 불가능하지 않다"[111]고 명언했다.

이에 대해 애초부터 일본민족이라는 균질한 통일체의 존재를 전제로 논의를 전개하는 쓰다 소키치에게는 영웅시대의 존재를 인정할 여지는 존재하지 않는다. 동일한 『기기』라는 텍스트가 영웅시대 존재인가 그렇지 않은가를 둘러싸고 서로 대립하는 입장에서 일본 제국 내부에서 해독된 것이다.

한편 마르크스주의자인 이시모다 다다시는 일본민족이 다민족을 지배하는 제국주의를 명확하게 부정하면서도 다민족 제국에 편재(遍在)하는 민족 간의 긴장관계를 일본민족의 내부로 끌어들인다. 이시모다 다다시는 제국주의를 긍정하는 다카기 이치노스케의 논의를 끌어안으면서, 그것을 계급대립 시점에서 일본민족의 내부로 도입했던 것이다. 그렇게 함으로써 일본민족이라는 내부는, 이질화(異質化)되어 외부와의 경계선이 열리게 된다. 타민족에 긴장관계를 강요하여 자신의 내부를 안정시키는 것이 아니라, 오히려 자신의 내부에도 타자와 동일한 긴장이나 갈등을 껴안은 것으로 내부인가 외부인가 혹은 조화인가 갈등인가라는 이항대립이 탈구(脫臼)되어 간다. 그것을 이시모다 다다시는 '영웅시대'라고 표현했던 것이다.

이시모다 다다시는 '반성적 개인'은 '농촌사회로부터 해방된 귀족층에 성립해야한다'고 하는 한편 '반성, 회의, 비평, 객관적 시야를 가진 귀족층이 '집단적 성격'이 강한 '농촌사회'와 교섭을 갖는 것으로 그 반성적 비평성이 '공적, 공동적 의식'으로 연결되어 간다고 생각했다.[112] 그리고 이러한 영웅적 주체의 원형을 『헤이케 이야기(平家物語)』에 등장하는 인물들에게서 도출했다.

---

111) 高木市之助, 「日本文学における叙事詩時代」, 앞의 책, p.91.
112) 石母田正, 「宇津保物語の覚書」, 앞의 책, p.15 · p.18.

우리들은 돌연 태양이 빛나는 산야에서 인간 집단과의 격렬한 격투 무대로 이끌린다. 튼튼한 육체, 용기, 기략, 개인을 초월한 집단 생명 그것을 위한 자신의 희생은 헤이케 이야기가 창조한 새로운 중세의 동국적(東國的) 영웅의 전형적 성격이고, 그것은 왕조 말기의 퇴폐한 개인주의, 나약함(怯懦), 무기력한 사회에서는 존재하지 않는 인간 형태이다.[113]

여기에 동일한 단일민족주의의 입장을 취하는 쓰다 소키치와 이시모다 다다시의 사이에도 인간의 주체성에 대한 근본적인 이해의 상이(相異)가 존재하는 것을 볼 수 있다. 쓰다 소키치와 이시모다 다다시의 대립은 전전의 제국기 뿐만 아니라 단일민족 국가를 다테마에(建前)로 하는 전후에도 계속 이어진다. 우연성(偶然性) 논리를 가져옴으로써 쓰다 소키치는 자신의 영웅시대 부재론을 전개했다.

객관적 사실로서 사후적으로 보면 예상대로 되지 않은 것은 그렇게 되지 않은 필연의 과정이 존재하기 때문이다. 생활을 영위해가는 사람에게 (…) 그것은 어디까지나 우연인 것이다. 그리고 그 우연한 것으로부터 나아가 다음의 우연이 생겨난다. 이렇게 생각하면 인간이 만들어 가는 것, 세상에서 일어나고 있는 모든 것은 우연의 연속이라고 말할 수 있을 것이다.[114]

쓰다 소키치가 말하는 우연이란, 필연에 구속되지 않는 사회이다. 그는 인간의 자유라는 개념에 대해 동일한 '계박(繫縛)'을 탈하고 구속을 받지 않는 의식'을 공유하면서도 '도덕을 기초로 하여 (…) 가르침을 받은 행동'을 실행하는 서양의 그리크스트교적인 이해와는 다른 것이었다. 일본에서는 '구속을 받지 않고 생각하는 대로 생을 보내는 것'을 생각하는 '일반인의 생활태도로서는 승인하기 어려운'[115] 의미가 있다고 분석했다.

113) 石母田正,「宇津保物語の覚書」, 앞의 책, p.34.
114) 津田左右吉,「必然・偶然・自由」,『津田左右吉全集』第20卷, 岩波書店, 1965年, p.14.

이것에 대해 이시모다 다다시는 '필연'과 '우연'은 대립 쌍을 이루어 그 필
연 속에 존재하는 자유를 얻어내기 위해서 인간의 주체적 의지와 행동이 존
재한다고 주장했다. 모든 것이 우연이라고 한다면 인간이 의지를 가질 필연
성이 없다고 이시모다 다다시는 생각했던 것이다.

> 성립된 조건은 그대로 존속의 조건이 아니다. 왜냐하면 그 조건이 붕괴된 후에
> 혹은 붕괴되고 나서 비로소 인간의 필사적인 노력이 시작되기 때문이다. 이 노력
> 이 정치라고 생각한다. 이 노력의 성부(成否) 즉 조건과 노력의 경합이 존속의
> 문제를 결정한다. (…) 우연을 필연으로 해석하는 것은 역사를 살해하는 행위일
> 뿐이다.[116]

'우연'이 최대한의 생명을 갖고 약동할 수 있는 '장소=법칙'[117] 바로 이곳
에 인간의 주체적인 의사가 개재할 가능성이 생겨난다. 이러한 이시모다 다
다시의 영웅시대론에 대해 동일한 마르크스주의 진영으로부터도 천황제적인
제국주의에 높은 위험성이 존재할 수 있다는 비평이 나왔다.[118] 이시모다 다
다시의 논의가 천황제의 근간을 이루는 『기기』에 민족의 주체성 흔적을 찾
는 점에서 어쩔 수 없이 천황이 재차 영웅의 전형으로서 전면에 나타날 수밖
에 없는 걱정에서 나온 비판이었다.

분명히 다카기 이치노스케부터 이시모다 다다시에 이르는 영웅시대론의
계보를 고려한다면, 역시 이러한 면에서도 제국주의와 단일민족주의는 종이
한 장 차이라고 말할 수 있을 것이다. 이시모다 다다시처럼 천황에 체현된

115) 津田左右吉, 「自由といふ語の用例」, 『津田左右吉全集』 第21卷, 岩波書店, 1965年,
　　 p.80, p.82, p.84.
116) 石母田正, 『中世的世界の形成』 岩波文庫, 1946年, p.283.
117) 石母田正, 위의 책, p.283.
118) 北山茂夫, 「日本における英雄時代の問題に寄せて」, 『論集日本文化の起源』 2,
　　 平凡社, 1971年. 原秀三郎, 「日本における科学的原始・古代史研究の成立と展開」, 『歴
　　 史科学大系』 1, 校倉書房, 1972年.

민족의 의지를, 개인 단위에 중점을 이동시킬 때 제국주의가 내포하는 타민
족지배의 폭력은 자민족의 내부뿐만 아니라 개인이라는 주체의 내부에도 파
고드는 것이 된다. 그 폭력을 자신의 문제로서 감수할 수 있는가 아니면 자
신과는 무관한 것이라고 단정하는가에서 전후 민주주의의 활용방식도 정반
대의 것이 된다.

이러한 『폭력의 예감』(도미야마 이치로〈富山一郎〉)[119]을 쓰다 소키치처
럼 자신의 주체의 외부에 방축(放逐)할 때 결과로서 폭력이 없는 공동체가
일본이라는 단일민족 사회의 내부에 상상가능 하게 된다. 그곳에 상징천황제
를 국시(國是)로 하는 전후 일본의 국가체제가 대부분의 일본인에 의해 압도
적으로 지지되어 온 이유도 존재한다. 국민들은 폭력을 내포하는 개인의 주
체적 의사를 포기하고, 천황이 상징하는 단일민족 국가에 적극적으로 복종하
는 것으로서 대인적 조화의 국가공동체를 전전의 제국주의를 대신하여 유지
하는 것이다.

마치 그 공동체에는 배제된 비국민이나 마이너리티라는 이름의 타자가 존
재하지 않고, 말 그대로 '포섭하면서 동시에 배제하는(조르지 아감벤) – 외부
가 내부의 배제로만으로 내부가 외부를 포섭하지 않는'[120] 성질의 국민화는
있을 수 없다는 것처럼 말이다.

좀 더 쓰다 소키치의 영웅시대 부재론을 주의 깊게 읽어보면 '민족정신이
긴장하지 않고 있었기' 때문에 '고대 우리들의 민족에는 공공생활이 없었고'
라고 적고 있듯이 일본에 있어서의 공공성의 결여에 대한 비판적인 뉘앙스
도 읽어낼 수 있다. 그러나 다시 주의 깊게 일련의 그의 저작을 읽는다면 공
공성의 부재는 '국민'을 뺀 민족의 시기에도 있었던 것으로 근세 이후에도 국
민이 형성된 것으로 공공성은 일본에서도 확립된다고 생각했다는 것을 알

119) 富山一郎, 『暴力の予感-伊波普猷における危機の問題』岩波書店, 2002年.
120) ジョルジョ・アガンベン, 上村忠夫訳, 『残りの時-パウロ講義』岩波書店, 2005
年, p.169. ジョルジョ・アガンベン, 岡田温司, 多賀健太郎訳, 『開かれ-人間と動
物』平凡社, 2011年, p.59.

수 있다.

이 점에서 "쓰다 소키치가 『우리나라 국민 사상의 연구(1916년-1921년)』에서 공공적 국민론이라고 칭할 만한 국민론을 전4권으로 전개한 것에 대해서는 (…) 진정한 국민은 공공성 획득과 함께 성립된다는 것으로, 이 관점에서 전체 역사를 비판적으로 검토해 온 것을 가리킨다"121)고 하는 이와자키 시노부(岩崎信夫)의 해석은 쓰다 소키치의 공공성 이해를 정확하게 파악한 것이다.

그러나 그렇다고 하더라도 쓰다 소키치는, 조화적인 공동체라는 영웅시대가 부재했기 때문에 일본사회의 긍정적인 특질을 방기하는 것은 아니다. 이 점에 대해 쓰다 소키치는 다음과 같이 기술한다.

> 다행히 우리나라는 대륙적 세력의 영향을 직접적으로 입지 않는 위치에 있는 섬나라이기 때문에 정치적 독립에 상처를 입지 않았다. 이곳에 국민 최대의 자긍심이 있다. (…) 앞서 수입시대, 모방시대가 도래하고 이후 긴 시간을 거쳐 서서히 국민화가 이루어졌다. (…) 단, 민족 생활의 근저가 확고해지고 (…) 특색 있는 국민문화가 반드시 그 사이에 발전해 왔다.122)

쓰다 소키치는 온화한 민족적 특질이 영웅시대를 결여했기 때문에 유지되었고, 그렇기 때문에 중국이나 서양과는 이질적인 공공성이 '국민문화'로서 근대에 있어서 확립될 수 있었다고 간주한 것이다. 그리고 말할 것도 없이 천황제야말로 일본국민에게 공공성을 체현하는 것이라고 보게 되었다. 쓰다 소키치의 천황제에 대한 발언을 확인해 보자.

> 이러한 민족이 있던 시기에 있어서 우리 황실 아래 통일된 것이다. (…) 지방적 소군주는 대체적으로 커다란 저항 없이 복종했고, 그 대부분은 옛 그대로 호족으로서 지배하던 토지인민을 소유했던 것 같다. (…) 대체적으로 말하면 일단 통일

---

121) 岩崎信夫, 「津田左右吉の中国・アジア観について」, 『史潮』 39, 1996年, p.50.
122) 津田左右吉, 『我が国民思想の研究・貴族文学の時代』, 앞의 책, pp.46~47.

된 후에는 대부분의 호족 등은 긍정적으로 황실에 귀복(歸復)했기 때문에 황실과
제 씨족 사이에는 친화적인 관계가 성립되게 되었다. 그렇기 때문에 황실도 위력
을 갖고 그들을 억압하는 것이 적지 않았다. (…) 조금 후에 생긴 것이긴 한데
황실의 본원을 설명하기 위해 만들어진 신대사(神代史)가 (…) 황실이 모든 씨족
의 종가로서 그 조상을 동일하게 하는 혈통을 동일하게 하여 국민이라는 일대가
족의 내부에 있고, 그 핵심을 이루는 것이라고 하여 황실의 위력은 강하게 보이
게 하기 보다는 친애의 정을 중심으로 하는 것을 설파한 것도 역시 이러한 실제
상태에서 잉태된 것이다.123)

공공성을 확립하기 위해서는 개인이나 공동체 사이의 대립이나 긴장관계
라는 폭력으로 전환될 수 있는 윤리적 계기가 존재한다는 것은 쓰다 소키치
에게는 생각지도 못한 일이었다. '내가 그대로 너라는 경계선이 없는 세계가
천황 품에 안겨 망막(茫漠)하게 퍼져나갈 뿐'이었다. 이러한 폭력의 착각을
결여한 공동성을 둘러싸고 프랑스 철학자인 자크 데리다(Jacques Derrida)는
일본의 단일민족 국가론을 고려한 다음, 아래와 같은 발언을 제시했다.

담론이 근원적으로 폭력적이라면 담론은 스스로에 폭력을 보탤 수밖에 없고 스
스로를 부정하는 것에 의해 스스로를 확립할 수밖에 없다. (…) 동의(同意)로서의
(…) 싸움은 가능한 최소한의 폭력이고 최악의 폭력을 억제하는 유일한 방법이
다. 다시 말해서 원시적이고 윤리 이전의 침묵의 폭력, 낮의 반대조차도 없는
상상도 하지 못하는 밤의 폭력, 비폭력의 반대조차도 없는 듯한 절대적 폭력의
폭력, 즉 순수무(純粹無) 혹은 순수무의미(純粹無意味)를 억제하는 유일 수단인
것이다.124)

이러한 폭력에 대한 무자각이야말로 보다 악렬한 폭력을 잉태한다고 한다

---

123) 津田左右吉, 『我が国民思想の研究 貴族文学の時代』, 앞의 책, pp.38~39.
124) ジャック・デリダ, 川久保輝興訳,「暴力と形而上学-エマニュエル・レヴィナス
    の思考に関する試論」,『エクリチュールと差異』上巻, 法政大学出版局, 1983年,
    p.251. 이소마에 준이치 새로 번역.

면 쓰다 소키치의 의도와는 반해서 영웅시대 부재론을 민족성으로서 긍정하
는 단일민족 국가론이야말로 쓰다 소키치의 찬동자일 뿐만 아니라 이시모다
다다시를 비판한 마르크스주의자에게도 무구한 나르시시즘에의 욕망을 비대
화시켜 그 내부로부터 무의식적으로 폭력적인 배제를 실시하게 했던 것이다.
  자신이 무구한 존재라고 하는 환상을 포섭해 가기 때문에 그곳에는 타자
에 대한―외부에 대립하는 타자뿐만 아니라 내부에 잠재하는 타자, 그리고
무엇보다도 자기 자신이라는 타자에 대해―상상력이 결정적으로 결여되어
간 것이다.
  물론 이러한 나르시시즘으로부터 쓰다 소키치나 이시모다 다다시도 또한
무관계였던 것은 아니다. 이미 지적한 것처럼 쓰다 소키치의 중국 멸시는 단
일민족 국가라는 순수한 내부를 상상하기 위해서 그러한 상상력을 희생시킨
것임에 틀림없다. 이시모다 다다시도 또한『중세적 세계의 형성(中世的世界
の形成)』에서 "중국에서는 가장 및 가로(家老)가 가족전체의 지배자로서 타
(他) 성원은 그 내부에 소가족을 형성해도 개인으로서의 독립성이 매우 낮았
던 것에 비해 우리나라의 족적(族的) 결합을 구성하는 집안들의 가장은 족적
결합으로서 고도의 독립성을 가졌다는 상이성이 전자의 정체성과 후자의 활
동성을 특징짓는 기초를 이루는 것"[125]이었다고 말하고 있다. 그도 또한 일
본을 예외로 하는 아시아정체론 입장을 취한 것이다. 서로 대립하면서도 전
후 일본의 역사학을 견인해 온 양웅의 단일민족 국가론이 제국주의의 그림
자에 뒤덮여 있었다는 것은 간과할 수 없는 사실이다.
  재차 확인하자면 민족이라는 개념은 안소니 스미스(Anthony Smith)[126]가
논하듯이 국민에 선결하여 역사적으로 존재한 것이 아니다. 오히려 민족은
국민이라는 개념이 갖는 균질성에 대한 대체 보조 작용으로서 그 단일성을
전복하는 복수성으로서 혹은 역으로 국민을 포섭하는 이질성이기 때문에 그

125) 石母田正,『中世的世界の形成』岩波書店, 1946年, pp.221~222.
126) アンソニー・スミス, 高柳先男訳,『ナショナリズムの生命力』昭文社, 1998年
    [1991年].

복수성을 뒤집는 단일성으로서 국민이라는 담론의 탄생과 동시에 그 이전의
역사적 과거에 소급되는 형태로 상상된 것이 지나지 않는다.

오히려 이러한 민족의 존재를 자발적인 것으로여겨 제국의 여백에서 찾는
상상 행위야말로 근대 내부에 있어서 처음으로 발생한 것이다. 그 욕망이 과
거로의 투영 속에서 최초에 본래적인 수평 공동체로서의 단일민족 국가가
성립되고 그 다음에 그곳에서 일탈한 결과로서 제국주의가 된다는 도식이
단일민족 국가를 지향하는 일부 국민들의 상상 세계 속에서 그려진 것이다.
그러나 이 도식이 일본에서 본격적으로 전면에 나타난 것은 제2차 세계대전
이 종료한 전후이다.

패배에 의해 식민지를 포기하지 않을 수 없는 상태에 빠진 일본 국민이
자신들 국민국가의 기원을 다민족적인 제국이 아니라 그 중핵을 이룬 일본
민족이라는 단일민족 국가에서 찾으려고 했던 것이다. 여기에서야말로 쓰다
소키치의 단일민족 국가론에 입각한 학문이 일약 전후의 일본사회의 지배적
담론이 되어가는 계기가 되었던 것이다.[127]

그렇기 때문에 외지 식민지가 미획득 되던 시대인 메이지유신으로부터 청
일전쟁 사이의 기간이 건전한 내셔널리즘 시기로서 칭송받게 된다. 그러나
이미 그러한 국민국가 여명기에 있어서 조차도 류큐나 에조치(蝦夷地)가 내
지 식민지로서 포섭되었고, 그 내실은 다민족적인 제국이라고 부르는 것이
가능한 상태에 놓여있었다.

결국 근대 일본에서는 단일민족 국가와 다민족 제국이란 표리일체를 이루
는 것에 지나지 않는다. 앞서 언급한 것처럼 류큐인이나 아이누인을 이민족
으로 취급한다면, 메이지기 초기부터 일본은 다민족 제국이었다. 한편으로
일선동조론 시점에 선다면 조선반도를 식민지로 손에 넣은 시대조차도 일본
은 단일민족 국가가 되어 버린다. 이러한 애매한 양의성 아래에서 지금도 국

---

127) 전후 쓰다 소키치가 야나기타 구니오와 함께 소속되어 있었던 잡지 『마음(心)』의
    동인에 대해서는, 다음과 같은 참고 문헌이 있다. 久野収, 鶴見俊輔, 藤田省三, 「日本
    の保守主義−「心」グループ」, 『戰後日本の思想』岩波同時代ライブラリー, 1995年.

민국가라는 개념은 존재하고 있는 것이다.

이러한 과거 역사를 인정하다면 다민족 제국주의는 정의(正義)는 아니지만, 단일민족 국가는 건전한 정치제도라고 하는 소박한 이항대립적인 견해를 취하는 것은 이미 불가능해진다. 물론 단일민족 국가론이 틀리고 제국주의가 맞다는 아니 그 반대 견해도 인정할 수 없다. 왜냐하면 반복해서 확인해 온 것처럼 다민족 제국주의와 단일민족주의는 동화와 차별의 논리로서 국민국가를 서로 보완하는 관계에 있기 때문이다.

이 공범관계를 인정한 후 양자의 토대인 국민국가 그것을 비판해 갈 필요가 있다. 그것으로서 국민국가를 단일민족 국가론만으로 동일화 되어가는 것이 아니라, 제국주의도 포섭한 근대 시스템으로서 넓은 시점에서 파악하지 않으면 안 된다. 국민국가를 근본으로부터 비판하는 논의로서 김철의 말을 인용해 두기로 하자.

> 포스트 식민지사회의 '국민화'야말로 피식민자(=노예)에 해방의 환상을 주는 것이며, 그로 하여금 계속해서 꿈을 꾸게 하는 것이다. 모든 생과 죽음을 국민, 민족, 민족, 국가의 이름으로 발화하고 환원해 버리는 내셔널리즘의 주체화(=노예화) 전략에 대한 저항은 지금은 '길 없는 길, 방법 없는 방법'을 걷는 절망과 싸우지 않으면 안 된다. 수많은 다른 다양한 주체 형성 가능성을 무시, 억압하면서 끊임없이 '국민(민족)적 주체'만을 강요하는 폭력에 저항하는 것, 증오를 증폭시켜 그것을 통해 스스로를 유지해가는 사회체제를 거부하는 것으로서 타자에의 부정을 유일한 아이덴티티의 기반으로 하는 반주체적인 주체의 형성을 거부하는 것으로 국가가 아닌 다른 세계에 대한 상상력을 조직하는 것—이들 행동어딘가에 '길 없는 길을 걸어가는', '저항의 주체'가 나타날 수 있을까. 그렇다면 우리들은 아마도 '한국'과 일본이라는 단일의 국민주체로서가 아니라 타자와 그 다양하고 복잡한 존재의 가능성으로서 받아들이는 평등한 연대, 제국주의의 진정한 청산에의 길을 발견할 수가 있을 것이다.[128]

---

128) 金哲, 「抵抗と絶望」, 앞의 책, p.54.

이 김철이 지시한 길이야말로 제국주의와 거리를 유지하면서도 단일민족 국가라는 또 하나의 국민국가에 옭아매어지는 것을 회피할 유일 방도라고 생각된다. 그것은 천황제적인 단일민족주의를 주장한 쓰다 소키치도, 천황제를 비판하면서도 마찬가지로 단일민족주의에 회수된 이시모다 다다시와도 다른 사고를 개척해 나갈 수 있을 것이다.

그러기위해서는 폭력(Gewalt)을 외부에 배제한 것으로 순수무구한 내부(= 자기)를 제정(制定)하는 것이 아니라, 그 위력을 스스로의 내부에 이질성을 가져오는 것으로서 받아들이는 것으로, 오히려 내부와 외부의 경계를 탈구축하고, 각 개인을 정위(定位)하는 주체 및 주체 간(間)의 관계를 변용시키기위한 힘(force)으로 변용시켜갈 필요가 있다. 발터 벤야민이 말하듯이 위력이란 재액을 부르는 폭력이 될 수도 있고, 그러한 위험을 제거하는 힘이 될수도 있는 것이다.

역사학자 아미노 요시히코와 비인(非人)이라고 부르던 사람들의 예를 통해 차별받음으로서 오히려 일상의 질서로부터 해방된 중세 일본의 자유의 모습을 다음과 같이 설명했다.

> 게가레(穢)가 당시 사람들에게 있어 나중에 게가레(汚穢)와는 다른 공포의 사태였다고 한다면 그것을 정화시키는 '기요메(清目)'로서의 힘을 가진 이들 사람들이 외경되는 측면을 갖고 있었던 것은 당연하다. 이것은 비인이 평민 공동체의 공동체로부터 이탈 혹은 배제되고 금기시되는 면이 있다는 것과 모순되는 것이 아니라 오히려 이러한 사람들이 신불에 직속하고 게가레(穢)를 정화시키는 힘을 가진 직능민의 일종으로서 사회 속에 위치 지어졌다.[129]

---

129) 網野善彦, 『中世の非人と遊女』講談社学術文庫, 2005年[1994年], p.95. 단, 아미노 요시히코는 본래 성(聖)스러운 존재였던 것이 점차로 천시(賤視)된 것이라고 하는 종교학자 엘리아데(Mircea Eliade)의 세속화론을 활용하여 전개하고 있기 때문에, 성(聖)과 천(賤)이라는 것의 이중성을 띤 존재의 모습을 상정하는 것이 불가능한 결정적인 한계를 갖고 있다. 오히려 이중성이야말로 아감벤이 '호모 싸케르'라고 부르는 것이다.

신성성과 천시란 통상적으로 인간이 아닌 자로 간주된 비인의 정부(正負) 양면을 보여주는 것으로 성스러운 존재이기 때문에 차별되고, 차별되기 때문에 신성한 존재가 될 수 있는 것이다. 그러한 스티그마(stigma)가 각인되어야 그들은 규제 질서로부터 해방된 자유를 얻을 수 있다.

그러한 의미에서 그들의 자유는 쓰다 소키치가 지적하듯이 기성(既成) 질서로부터의 자유인 것이다. 그러나 그 한편으로 아미노 요시히코(網野善彦)와 마찬가지로 아감벤이 지적하듯이 그것은 질서 속에서 일정한 역할을 부과하기위한 포섭을 위한 배제라는 것도 확실하다.

천황이든 천민이든 그들이 예외로서 포섭되는 것으로 공민(公民)들의 순수한 아이덴티티도 균질한 공동체의 일원으로 확보되는 것이 되는 것이다. 단, 공민들도 공동체에 포섭되는 것으로, 자기 자신의 잠재적인 자유로부터 배제되지 않을 수 없다. 이러한 배제와 자유, 혹은 불평등과 평등이 표리일체가 되어 만들어내는 불균질화(不均質化)의 매커니즘을 이시모다 다다시도 쓰다 소키치도 그들의 정치적 입장은 다르지만, 모두 리베리스트였기 때문에 그 주체성을 둘러싼 논의를 놓치고 만 것이다. 여기에 제국주의에서 일탈한 전후 일본사회에 새롭게 부여한 미국 출신의 리베럴 민주주의가 내포하는 본질적인 한계가 존재한다.[130]

암암리에 배제나 동화가 추진되는 오늘날의 사회 상황에서 이러한 불균질화 매커니즘이 끊임없이 작동하고 있는 것을 조화로운 공동체라는 이념으로 은폐해 버리게 두어서는 안 된다. 그것을 위해서야말로 자신의 주체로부터 폭력의 예감을 말소시켜버리는 것이 아니라 그 위력을 폭력을 제거하는 능력으로서 스스로의 내부를 통과시키는 것으로서 자신과 그 공동성의 양상을 변용해 가는 '복수성(plurality)'(한나 아렌트)[131]의 사고가 지금 요구된다.

---

130) 리버럴 민주주의에 대해서는 탈랄 아사드(Talal Asad)의 업적이 있다. タラル・アサド, 苅田真司訳, 『自爆テロ』青土社, 2008年[2007年].
131) ハンナ・アレント, 志水速雄訳, 『人間の条件』ちくま学芸文庫, 1994年[1958年], p.20.

단, 복수성의 세계란 아렌트가 상정한 것 같은 수평이 퍼져나가는 다양한 가능성을 존중하는 것만은 아니다. 그것은 인간사회의 수직관계로서의 차별이나 격차를 포함하는 폭력에 가득 찬 상하관계 세계를 포함하고 있다.[132] 이 곤란함 때문에 이러한 모순에 가득 찬 현실이 이미 초극되었다고 생각하거나 자신도 또한 마조리티로서 안전한 입장에 동화되었다고 생각하고 싶다는 사고하는 것 차제를 방기해버리는 '악의 범용함'[133]의 유혹 앞에서 다시한번 멈춰 서서(hesitate)(사카이 나오키, 酒井直樹)[134] 생각할 필요가 있을 것이다.

132) 磯前順一, 「〈公共宗教〉再考-排除と複数性, そして世俗主義」, 『宗教と公共空間』 東京大学出版会, 2014年. 磯前順一, 「複数性の森にこだまする神々の声-天皇・国民・賎民について」, 『他者論的転回-宗教と公共空間』 ナカニシヤ出版, 2016年.

133) ハンナ・アレント, 大久保和郎訳, 『イェルサレムのアイヒマン-悪の陳腐さについての報告』 みすず書房, 1966年, p.221.

134) 酒井直樹, 「否定性と歴史主義の時間-1930年代の実践哲学とアジア・太平洋戦争期の家永・丸山思想史」, 『マルクス主義という経験-1930-40年代日本の歴史学』 青木書店, 2008年.

제5장
복수성의 목소리
−천황, 국민, 천민에 대해 −

1. 공공성의 금기·금기의 공공성

'공공 종교'를 논의하는 자들을 보면, 첫째 공공성을 '좋은 것'이라고 말한다. 둘째, 누구나가 공공성에 참입할 수 있다고 한다. '공공'이라는 말은 영어로 'public'인데, 일본어로서는 'public good'을 의미하는 '공익'을 의미하는 것과 중첩되어 사용되는 경우가 적지 않다.[1]

그렇다고 한다면 '공공성이라는 공간'은 인간이 상호간에 친밀하게 있을수 있는 공간으로서만 존재해야 한다. 그러나 현실 세계 어딘가에는 매일 전쟁이 일어나고, 일본 사회에서도 증오에 가득한 살인이나 이지메(괴롭힘)가일어나고 있는 것은 어째서 일까. 필자에게는 오히려 인간이 자신을 근거 없는 전제로 선의에 넘치는 인간이라고 믿으려고 할 때 악의에 가득 찬 사건들이 발생한다는 생각이 들지 않을 수 없다.

인간 사회가 '불균질한 것(uneven)[2]'이라는 것을 인정하고 논의해 갈 때

---

1) 2012년도에 열린 일본종교학회의 공개 발표 「시험되는 종교의 공익(ためされる宗教の公益)」 등등 참조.
2) '불균질함'을 둘러싼 시점은, 디페시 차크라바르티(Dipesh Chakrabarty)와 해리 하루투니언(Harry Harootunian)의 대화에서 많은 시사를 받았다. Harry Harootunian, "'Modernity' and the Claims of Untimeliness," Postcolonial Studies, Vol.13, no.4, December 2010. "Uneven Temporalities · Untimely Pasts : Hayden White and the Question of Temporal Form," in Philosophy of History After Hayden White, edited by Robert Doran, Bloomsbury, 2013. "Remembering the Historical Present," in Critical

비로소 '불균질함'이 '불평등'으로 전환되는 것을 방지할 수 있는 것은 아닐까라고 생각한다. 필자는 이 '불균질함'을 평등한 다양성으로 분절화 할 수가있는 계기로 삼고자 한다. 반대로, 본질적으로 인간이 평등하다는 것을 전제로 했을 때, 그 이념으로서의 평등함이 현실의 불균질함을 은폐하고 불균질함이 불평등으로 분절화 될 위험성을 보여주고 싶다.

3.11 이후 노출된 전후 일본사회의 문제 중 하나는 이러한 평등의 이념을은폐하고, 오히려 적극적으로 추친 해 온 불평등한 현실이었다는 것을 생각게 한다. 그것은 원전 정책이나 미군기지 정책이라는 국가에 의한 지방 착취뿐만 아니라, 우리들의 일상생활의 이곳저곳에서 일어나고 있다. 이것은 지배자의 문제뿐만 아니라, 그 권력을 아래에서 지탱하는 사회 전체가 안고 있는 심각한 문제이다. 이러한 자기 기만(欺瞞) 상황에서 빠져나가기 위해서는불균질한 현실에서부터 논의를 시작하고, 평등한 사회를 실현하기 위해 그것을 어떻게 분절화해 갈 것인가를 고민해야 한다고 본다. 이것이 바로 본 논고를 관통하는 기본적 시좌이다.

이미 한나 아렌트가 『인간의 조건』에서 공공성을 논하면서 제시한 것처럼, 고대 그리스에서는 공공성이 결여된 사적 공간이 존재했기 때문에 공공공간은 성립할 수 있었다.[3] 공공 공간이란 사회권을 가진 공간임에 틀림없는데, 그것은 사회권을 갖지 못한 사람들이 사적 공간으로 내몰려겼기 때문에 일부 사람들이 향유한 장소였던 것이다. 그리스의 폴리스(police)에서는공공 공간에 참가할 수 있는 것은 가부장이었으며, 여성이나 노예는 사적공간에 머물렀다. 여기서 공공성이란 자연권으로서 존재하는 것이 아니라, 사람들을 수탈하는 것을 통해 특권적으로 성립가능했던 인공적 구축물이라는것을 알게 된다. 그렇다고 한다면 공공 종교를 타자에게 열린 것이라고만 보

Inquiry, 2007. Dipesh Chakrabarty, Provincializing Europe : Postcolonial Thought and Historical Difference, Princeton and Oxford : Princeton University Press, 2000 · 2007.

3) ガヤトリ・チャクラヴォルティ・スピヴァク, ジュディス・バトラー, 竹村和子訳, 『国家を歌うのは誰か?』岩波書店, 2008年, pp.13~17.

고, 이를 상찬하는 것은, 현실을 직시하지 않는 희망적·이상적인 인식이라는 것이 된다. 원래 타자라는 말은 후술하겠지만, 아주 복잡한 의미를 갖고 있다.

본 장에서는 오히려 불평등하고 가혹한 현실을 그 표현 행위 속에서 구제해 내는 것이야 말로 학자들이 표현하는 이상이 현실에 활용될 수 있는 설득성을 갖는 것이라고 생각한다. 학자가 지식인의 한 단면을 담당하는 '대리 표상'(에드워드 사이드)이라는 발화 행위가 '서발턴은 말할 수 없다'(스피박)라는 현실 격차를 필수 전제로 하는 이상, 역시 발화 행위는 현실의 모순을 비춰내는 것이 아니면, 사람들이 그 표현에서 현실을 이겨내고 희망을 갖도록 할 수 없을 것이다.[4]

그렇다고 한다면 공공 공간을, 단지 좋은 것이라고 축복만하는 것이 아니라, 어떻게 공공 공간을 인공물로서 구축해 갈수 있을까를 논하지 않으면 안될 것이다. 원래 공공성이란 대체 무엇을 의미하는 것이었을까. 그 논의에 들어가기 위해 여기서 하나 '이야기'를 소개해 두기로 하자.

아르헨티나의 동화로서 유명한 '벌거벗은 임금님'을 현대판으로 다시 고친 이야기이다. 이 아르헨티나 이야기를 거론하는 이유는, 이 이야기자체가 공공 공간에 반드시 터부가 존재한다는 교훈을 도출해 낼 수 있기 때문인데,[5] 현대판에서는 더 많은 금기를 가진 폭력성이 이야기된다.

즉 벌거벗은 임금에게 "한 소년이 '임금님은 벌거벗었다'라고 외쳤는데, 이로서 다른 사람들도 눈앞에 보이는 광경이 거짓이 아니라는 것을 알게 된다. 그러나 임금은 지금에 와서 속았다는 것을 인정할 수 없기 때문에 벌거숭이인 채로 행진을 계속한다는 이야기가 '벌거숭이 임금님'"이다.

---

4) エドワード·サイード, 大橋洋一訳, 『知識人とは何か』 平凡社, 1995年[1993年].
   G.C. スピヴァク, 上村忠男訳, 『サバルタンは語ることができるか』 みすず書房, 1998年.
5) ハンス·クリスチャン·アンデルセン, 大畑末吉訳, 「皇帝の新しい着物」, 『アンデルセン童話集』 岩波文庫, 1964年.

그러나 필자가 들은 현대판 이야기에는 이 다음 이야기가 있다. 그 소년은 국민들에게 처형되었다는 쇼킹한 결론이다. 국민 스스로가 임금님이 최고급의 옷을 입고 있다는 환상을 부정하기 싫어, 진실을 고한 소년을 살해했다는 것이다. 그리고 임금님이 훌륭한 옷을 입고 있다는 환상은 아직도 계속되고 있다고 말한다.

여기서 우리들은 공공성에 관한 교훈을 도출해 낼 수가 있다. 정신분석가 라캉이 지적한 것처럼 현실 그 자체를 인간이 인식할 수 있는 것이 아니라 우리들은 현실을 공동 환상을 통해 인식하고 있는 것이다. 그리고 실제로는 대부분의 사람들이 자신이 현실을 정확하게 보고 있지 않다는 것을 희미하게나마 알고 있다.

그렇기 때문에 임금님부터 국민에 이르기까지 모든 사람이 '자신은 아무것도 안 보인다. 내가 바보란 말인가'라는 생각을 마음 속에 의문을 품고 있지만, 그 의문을 타인에게 들키는 것을 두려워한다. 그렇기 때문에 그 환상이 환상에 지나지 않는다는 것을 폭로하려는 자가 나타나면, 그 자는 공동체로부터 살해되거나 혹은 방출된다는 것을 가르쳐주고 있다. 그럼으로써 공동체에 속하는 사람들은 자신들의 인식이 거짓이아니라 여전히 진실이라고 믿고 안심하는 것이다.

이 벌거벗은 임금님의 현대판 이야기로부터 공공성을 이해하려고 시도한다면, 아감벤이 지적한 것처럼, 공공성이 유지되기 위해서는 그 환상에 이의를 제창하는 자가 배제되는 것으로 질서는 구축된다는 교훈이 도출된다. 이 점에서 본다면, 통속적으로 해석되는 하버마스의 '합의(consensus)'라는 개념6)은 자연발생적으로 공공 공간에 존재하는 것이 아니라, 공공성을 인위적으로 창출하는 과정 속에서 배제를 동반하는 형태로 만들어지는 것을 의미한다.

바꾸어 말하자면, 공공 공간 그 자체가 누군가를 배제했다는 트라우마

---

6) ユルゲン・ハーバマス, 細谷貞雄, 山田正行訳, 『公共性の構造転換-市民的カテゴリーについての探究[第2版]』 未來社, 1994年[1962年].

(trauma)를 내포하는 형태로 밖에 존재하지 않는다는 것이다. 시모고베 미치코(下河邊美知子)는 캐시 캐루스(Cathy Caruth)의 논의를 소개하면서, 다음과 같이 공동체의 기원을 이야기했다. 그녀가 말하는 공동체란 구축된 것이라는 의미에서 본 논고에서 사용하는 공공 공간을 의미하는 것으로도 받아들일 수 있다.

> 공동체 성립에는 이상한 순간이 있다. 언어화 할 수 없는 지점을 역사 속에서 자리매김 시키기 위해서 인류는 여러 가지 방책을 취해왔다. (⋯) 공동체로서 일어나는 그 사건 자체가 공동체에 트라우마적 충격을 주는 것을 은폐하기 위한 장치로서 문화 속에서 가동해 온 것이다. (⋯) 공동체의 기원에는 배제라는 공격이 가해진다. (⋯) 동질성을 부상시키기 위해서 이질성을 배제, 억압하려는 힘이다. 배제된 것은 타자라고 명명된 자들이다. 억압받는 것은, 자기 자신 내부에 있으며 공동체를 내걸고 동질성에 맞지 않는 자기 안의 차이이다.[7]

이처럼 의식화할 수 없는 금기의 존재는 니시카와 유코(西川祐子)가 논하는 이에(家) 구조론에서 엿볼 수 있다. 이 이에에 열리지 않는 공간이 있다는 것을 보아야 한다는 것이다. 니시카와 유코는, 거주 공간으로서 집은 가족이라는 주체 구조를 체현하는 것이라고 해석하고, 그 주체 구성 속에 여성이 차별되어 온 근대 가족의 뒤틀림을 읽어 낸다.[8]

니시카와 유코의 지적대로 공공 공간뿐만 아니라 가족이라는 사적 공간에도 배제가 존재한다. 게다가 집도 또한 개인의 방이라는 사적 공간에 대한 가족이라는 공공 공간으로서 기능해 왔다. 공공 공간과 사적 공간은 언제나 '상대적인 관계성' 개념으로서 존재하고 있다.

그렇지만 한 걸음 더 나아가 필자의 이해를 논한다면, 근대의 이에(家)가 갖는 최대의 뒤틀림이란 '개방되지 않는 공간'이 존재 해 온 점이라고 생각한

---

7) 下河辺美知子, 『歴史とトラウマ-記憶と忘却のメカニズム』作品社, 2000年, p.201.
8) 西川祐子, 『借家と持ち家の文学史-「私」のうつわの物語』三省堂出版, 1998年.

다. '개방되지 않는 공간'이란, 까닭모르는 기분이기도 하면서 수수께끼와 같
은 영역이다. 예를 들면 오사카의 어느 유곽에서는 여성들만이 생활하는 방
(折檻部屋)이 있었는데, 지금도 그 건물은 남아있지만, 그 생활이 이루어지
는 갇힌 방에는 아무도 들어갈 수가 없다고 한다.9) 아무도 그곳에서 어떤
일이 벌어지는가, 어떤 참혹한 일들이 과거에 있었는가, 어렴풋이 눈치를 채
고 있지만 적극적으로 입에 담거나 엿볼 수 없는 공간이기도 하다.

　오늘날에는 '개방되지 않는 공간'이 존재하는 집은 거의 없을 것이다. 그러
나 필자 친구의 어머니는 자신의 집에 아무도 거주하지 않는 방을 하나 두고
있는데, 그 방 문을 열고에서 '누구 있나요'라며 혼잣말로 묻기도 한다고 한
다. 그 집에는 아버지와 어머니 두 분 밖에 살지 않는데, 아무도 없다는 것을
처음부터 알고 있음에도 불구하고, 그래도 어머니는 누군가가 집안에 숨어있
는 듯한 느낌을 받는다고 한다. 자신이 살고 있는 집인데도, 거기에는 자신
이 알 수 없는 공간이 존재한다고 하는 것이다. 니시카와 유코의 해석에 의
하면, 그것은 단순한 기분상의 문제가 아니라, 우리들 주체 구성이 낳은 어둠
이 감추어놓은 공간인 것이다.

　이처럼 우선 공공 공간에 본질적으로 동반되는 금기가 존재한다는 것을
이해한 다음, 야마가타 다카오(山形孝夫)의 발언을 들어보면 많은 사사를 받
는다. 즉 야마가타 다카오는 "인간은 살기위해서 집단을 만들고, 공동체를
만든다. 그런데 그것에는 트러블이 일어나는데, 그 트러블을 해결하기위해
여러 가지 금기사항을 만들며, 그 규칙에 묶여 인생의 대부분을 소비해 버린
다"10)는 것이다.

　일상의 질서를 만들어내기 위해서는 금기가 꼭 필요하다. 공공 공간의 한
가운데에서야말로 불가시의 금기가 존재하는 것은, 오늘날 많은 공공론 주창
자가 간과하고 있는 점이다. 그것은 금기가 그 사회에 속하는 사람들에게는

---

9) 井上理津子, 『さいごの色街 飛田』 筑摩書房, 2014年, pp.179~181.
10) 山形孝夫, 西谷修, 『3・11以後この絶望の国で-死者の語りの地平から』 ぷねうま舎,
　　2014年, p.188.

보이지 않는 것으로서 혹은 눈치 채고는 있지만 보아서는 안 되는 것으로
기능하기 때문이다. 그 때문에 사회 내부에 속한 인간은, 자신들이 그 금기
에 '종속'되어 행동하기 때문에 자유가 얻어지는 것에 지나지 않는데, 그 자
유가 제한 없는 것이라고 본다. 이 점이 미야모토 아라타(宮本新)가 종교적
공동체의 성립에서 예로 들고 있듯이[11] 공공 공간이 성립되기 위해서는 희
생이 필요한 이유이다.

　금기를 체현시킨 인간은, 인간이 아닌 '신의 아이(神の子)'나 '현인신(現人
神)', 혹은 '비인(非人)'이나 천민으로서 '성스러운' 혹은 '불결한(게가레, 穢)'
한 존재로서 규정되게 된다. 어느 종합잡지의 편집장이 '현실은 터부가 많다.
그 터부 지뢰를 밟지 않도록 잘 피하는 것이 아니면, 현실 사회를 비판하는
것은 불가능하다. 자유라고 하는 것은 환상에 지나지 않는다'고 필자에게 말
한 것이 지금 다시 기억난다.

　후카자와 시치로(深沢七郎)의 『풍류무탄(風流無譚)』, 오에 겐자부로(大江
健三郎)의 『세븐틴(seventeen)』의 제2부에 수록된 『정치 소년 죽다(政治少
年死す)』 등등, 천황제에 관한 작품이 아직 단행본화 되지 않는 예를 생각한
다면, 그것은 손쉽게 납득될 것이다. 황실 계보를 칭찬하는 젊은 세대가 증
가하고 있는데, 그것은 자신들 사회에 터부가 존재한다는 기본적인 인식을
부인하는 힘의 강함이라고 해석된다.

　그렇다고 해서 천황제를 비판해 온 구(舊)마르크스주의 진영이 공공성에
대한 인식을 잘못 갖고 있지 않은 부분은 없는가하면, 그들도 또한 정당 등
의 구체적인 조직이나 정치적 지도자를 절대시함으로서 마찬가지의 폭력이
작동할 공간을 만들어 온 것은 다르지 않다고 본다. 그것은 임금님이 벌거벗
은 것을 간파한 소년이 도시로부터 쫓겨난 후 자신이야말로 진실을 인식한
올바른 사람이라는 인식 아래 도시를 추방당한 소년들과 함께 새로운 공동
체를 만든 경우와 닮았다. 거기에도 사람들이 모여서 공공 공간이 인공적으

---

11) 宮本新, 「公共性と犠牲-十字架の神学を手掛かりに」, 『他者論的転回-宗教と公共空間』
　　ナカニシヤ出版, 2016年.

로 구축된 이상, 이전에 자신을 추방한 왕국과 마찬가지의 공동 환상이 생겨
나게 된다.

'있는 그대로의 진실'은 존재하지 않는다는 포스트 모더니즘의 인식에 선다
면, 진실을 잡았다고 생각하는 순간에 그 소년도 또한 자신이 비판한 왕국의 어
른들과 마찬가지의 공동 환상에 사로잡히기 때문이다. '있는 그대로의 사실 인
식'이라는 관념이야말로 오랫동안 공공성을 논할 때 기본적 신념을 이루어왔다.
그렇지만 실은 '그 신념 자체'가 환상인 것이다. 그리고 다시 '임금님은 벌거벗었
다'라고 외치는 역할을 담당하는 자가 생겨나게 된다.

여기서 논의해야 하는 것은, 누가 진실한 입장에 서 있고, 누가 환상 측에
서 있는가를 판별하는 것이 아니다. 미셸 후코(Michel Foucault)를 모방하여
말한다면, 환상을 성립시킨 구동력이야말로 진실이라는 신념이고, 진실이라
는 인식이야말로 환상인 것이다. 그러나 거기에서부터 모든 것은 환상에 지
나지 않기 때문에 어떠한 입장을 취해도 마찬가지라는 세속적·속물적 포스
트모던적인 상대주의에 논의를 가져가는 것은 아니다. 오히려 환상 속에 진
실이 존재하고, 진실 속에 환상이 존재한다는 양자의 표리일체적인 성질을
이용하여 현실에 비판적으로 개입하는 방법을 모색하고자 한다. '공동환상
'12)에 대해 다른 환상을 삽입하는 것으로, 그 환상을 상대화 하는 것이 긴요
한 것이라고 여겨지기 때문이다.

단, 그 비판적 발화를 실시하는 인물이 진리 측에 서있는가 아닌가는 별개
의 문제이다. 터부를 폭로하는 '진실한 사람'이라는 나르시스틱 한 인신공양
의 역할에서 표현 행위에 종사하는 자들은 탈출하지 않으면 안 된다. 공공성
의 어둠이나 진실한 사람이라는 논리 자체는 동일한 구조에서 생긴 상보적
관계로 얽혀있기 때문이다. 진실한 사람의 고발에 의해 공공성은 스스로를
갱신하는 신화적 폭력을 필요로 한다.

그러나 그러한 고발이 항상(恒常)화 할때 공공 공간은 불안정한 아노미 상

---

12) 吉本隆明, 『改訂新版 共同幻想論』 角川文庫, 1982年.

태에 빠지고, 공공성으로서 스스로의 질서를 유지할 수 없게 된다. 그렇기 때문에 진실한 사람을 추방하거나 살해하는 것으로, 그 비판의 효과를 잠정적인 것으로 잡아두지 않으면 안 된다. 그러나 그러한 고발자의 존재가 없어져 버리면 공공 공간은 침체를 보여, 정체되고 자멸해 버린다. 동시에 진실한 사람도 또한 공공 공간을 비판함과 동시에 자신이 배제되면서 동시에 귀속하는 장소가 없으면 자신을 의미지을 수 있는 토대를 잃어버리게 된다.

본 논고의 결론을 먼저 밝힌다면, 데라도 준코(寺戸淳子)[13]와 미야모토 아라타(宮本新)[14]가 시사해 주듯이, 공공성이란 타자와의 공존을 모색하는 논의를 불러오는 역할은 할 수 있지만, 그 논의의 답은 아니라는 점이다. 공공성을 논하는 것을 통해 우리들은 공공성이라는 선의의 함의를 암묵적으로 전제하는 인식을 극복하고, 복수성으로서 공존의 모습에 대한 재정의를 둘러싼 토론으로 나아갈 수 있는 것이다.

'어디에도 배제가 없는 것'이라는 공공 공간을 전제로 하는 논의 자체가 불균질적인 공존 모습의 인식적 뒤틀림을 가져오고, 새로운 배제를 가져온다. 오히려 배제의 작동이나 금기의 존재를 전제로 논의하는 것이 최악적인 폭력으로서의 배제를 회피하는 것이 가능하지 않을까 생각하기도 한다. 그러한 점에서 인간이 공존하기 위해서는 동반될 수 밖에 없는 본원적인 배제를 억제하기 위해서는, 그러한 폭력이 존재한다는 것을 인식한 다음, 이를 논의할 필요가 있을 것이다.

> 담론이 근원적으로 폭력적이라면 담론은 스스로에 폭력을 가할 수밖에 없고, 스스로를 부정하는 것에 의해 스스로를 확립할 수밖에 없다. 즉 담론은 담론을 설정함에 있어서 담론으로서 이러한 부정성을 결코 스스로 내부 속에 받아들이는

---

13) 寺戸淳子,「〈ラルシュ〉で生きる『人間の条件』: ヴァニエ・アレント・クリステヴァー異邦人は招く」,『他者論的転回-宗教と公共空間』ナカニシヤ出版, 2016年.
14) 宮本新,「公共性と犠牲-十字架の神学を手掛かりに」,『他者論的転回-宗教と公共空間』ナカニシヤ出版, 2016年.

것이 불가능하다. 또한 그러한 것을 당연하다고 하지 않는 싸움에 대해 싸움을 걸 수밖에 없다. 그렇다는 것은 담론이 그것을 당연하게 받아들이지 않으면 평화의 지평은 밤(폭력 이전으로서의 최악의 폭력) 속에 소멸해가는 것이 틀림없기 때문이다. 이 (…) 싸움은 가능한 최소한의 폭력이고 최악의 폭력을 억제하는 유일한 방법이다.[15)]

이러한 자크 데리다의 발언은 본 논고의 논의를 이끌어가는 중요한 날실이다.

2. '벌거벗은 삶'과 공공성

그럼 원초적으로 공공성(Öffentlichkeit)이란 무엇인가라는 문제를 묻지 않을 수 없다. 한나 아렌트에 의하면 이는 복수성의 영역으로 타자와 다른 권리를 갖는 자가 토의에 참가할 수 있는 영역을 관통하는 원리이다. 그러한 토의로부터 합의를 형성으로 유도되는 공간 성질을, 하버마스는 타자에의 '열림(Öffentlichkeit)'이라고 명명했다.

공공 공간에 참가하는 존재가 된 인간이 비로소 사회적인 권리를 획득할 수 있다는 의미이다. 공공성이란 그러한 권리를 획득하는 것으로 비로소 성립한다. 그것은 한정된 일부 인간에 의해 구축된 인공적인 것이다. '주권'이라는 개념도 문자 그대로 '지고한 것(sovereignty)'으로서 그러한 공공성을 성립시키고 있는 법적인 권리를 나타낸다.

'주권'이 일본에서는 '국체' 혹은 '천황주권'이라고 사용되는 것에서 알 수 있듯이, 군주 혹은 국가와 동반되는 것으로 성립되었다. 이후 이 '주권'이라는 개념은 시민들에 의해 분유되고, 국민주권이 확립된다. 그러나 위르겐 하

---

15) ジャック・デリダ, 川久保輝興訳, 「暴力と形而上学-エマニュエル・レヴィナスの思考に関する試論」, 『エクリチュールと差異』 上巻, 法政大学出版局, 1983年, p.251. 이소마에 준이치 새로 번역.

버마스(Jurgen Habermas)가 지적하듯이, 이 주권을 갖는 시민이란 항상 시민이 될 수 없는 자, 2급 국민의 존재를 전제로 하는 것으로서, 자신들의 공공 공간적 주권을 존립시키는 것이다. 그러한 공공성에 배제되면서 동시에 포섭되는 기능을 아감벤은 '벌거벗은 삶(적나라하게 드러나는 삶)'(bare life)[16]이라고 부른다.

> 이 '벌거벗은 삶'이 보존되고 보호를 받는 것은 주권자가 가진(혹은 법이 가진) 생살여탈권(生殺与奪権)에 이 삶이(생이) 종속되어 있는 경우에 한해서이다. 주권자가 그 때마다 결정을 내리는 예외상태란 말 그대로 통상 상황에 있어서는 사회적인 많은 삶의 형성과 연결되어 있다고 보이는 벌거벗은 삶이 정치권력의 궁극의 기초로서 새로 명확하게 묻는 상태를 말한다. 도시로부터 배제함과 동시에 도시에 포함하는 것이 문제가 되는 궁극의 주체, 그것은 항상 '벌거벗은 삶'이다.[17]

'벌거벗은(bare)'이란 말 그대로, '그러한 상황에 놓인 인간'에게는 사회적 권리가 박탈되어 있다는 의미이다. 그들은 사회적 권리로부터 배제되면서도 그러한 공공성을 지탱하는 존재로서 질서 속에 편입되어 간다.

한나 아렌트는 이러한 전형적인 존재로서 앞서 소개한 고대 그리스의 폴리스에 편입된 노예나 여성의 예를 들고 있다. '놓여져 있는 역사적인 특질'은 다르다고는 하지만, 윤해동이나 아오노 마사아키(青野正明)가 지적하듯이[18] 근대 국민국가를 지탱하기 위한 피식민지민도 또한, 공공 공간에 충분히 참가할 수 없었고, 2급 국민이었다는 의미에서 '벌거벗은 삶'을 살지 않을

---

16) ジョルジョ・アガンベン, 高桑和巳訳, 『ホモ・サケル-主権権力と剥き出しの生』 以文社, 2003年.

17) ジョルジョ・アガンベン, 高桑和巳訳, 『人権の彼方に-政治哲学ノート』 以文社, 2000年, p.14.

18) 青野正明, 「植民地朝鮮の神社に祀られなかった神々-宗教的な法的秩序の内と外」, 『他者論的転回-宗教と公共空間』 ナカニシヤ出版, 2016年.

수 없는 상태에 놓여있었다고 볼 수 있다.[19)]

제국주의에 지배되는 신민들은 식민지화된 상황에서 문명의 은혜를 입을 수 있었다고 논하는 근대화론 논리는, 이러한 배제와 동시에 포섭된 상태라는 인식의 불충분함에서 유래하는 것이다. 동시에 제국주의로부터 독립된 국민국가를 형성한다면 누구나가 평등한 상태가 실현된다는 민족주의자의 논의도 또한 구(舊) 종주국에게만 그 그림자를 떠맡기는 일면적인 논의라는 것도 분명하다. 윤해동이 반복해서 논하듯이 어느 쪽인가 한 쪽만을 지지하고 다른 쪽을 비판하는 것이 아니라, 그 쌍방에 공통되는 논리 그것을 비판할 필요가 있는 것이다.

물론 일본 역사에서도 서양적인 근대 세계에 접촉하기 이전부터 이러한 '벌거벗은 삶' 상태에 놓인 사람들은 존재했다. 그 단적인 예가 가타오카 고헤(片岡耕平)가 논하는 '비인(非人)'이나 '천민'이라고 불리던 사람들이다.[20)]

그들은 사원(寺社)의 근처에 살면서 사원을 정상적이고 성스러운 공간으로 유지하기위해 시체와 같은 '불결한 것(穢)'을 처리하는 역할을 담당했다. 그러한 사람들이 사는 지역이 헤이죠쿄(平城京)나 헤이안쿄(平安京) 등인데, 이는 왕권의 영향이 강한 서일본(西日本)에 많다. 그 이유는 천황이나 사원 등 신불(神仏)에 관여하는 성스러운 존재가 천민들과 상보(相補)하는 관계로 존재했다는 것을 말해준다.[21)]

근대에 성립한 신도사 연구가 간과해 온 것은, 이러한 천민들의 존재에 의해 만들어진 청정(清浄)한 공간만을 일본의 전통으로서 기술하고, 그 청정한 공간을 유지하기위해 '불결한 것(穢)'이라고 각인하는 사람들을 끊임없이 만

19) 尹海東, 沈熙燦訳,「植民地近代と公共性-変容する公共性の地平」,『宗教と公共空間-見直される宗教の役割』東京大学出版会, 2014年. 磯前順一・尹海東,『植民地朝鮮と宗教-帝国史・国家神道・固有信仰』三元社, 2013年.

20) 片岡耕平,「神国と排除-日本中世から考える」,『他者論的転回-宗教と公共空間』ナカニシヤ出版, 2016年.

21) 片岡耕平,『日本中世の穢と秩序意識』吉川弘文館, 2014年. 본 논고의 천민론(賤民論)에 대해서는 스즈키 히데오(鈴木英生)와 가와나미 쓰요시(川浪剛)의 도움을 받았다.

들어 왔다. 바로 이 구조를 이해해야 한다.

역사가 아미노 요시히코(網野善彦)는, 천민들은 처음에는 성스러운 존재 였지만, 남북조(南北朝)시대에 그것을 지탱하는 천황제 권위의 실추와 함께 천민의 존재로 추락해 갔다고 보았다.[22] 그 논리 배경에는, 종교학자인 나카 자와 신이치(中沢新一)가 시사하듯이, 종교학자 엘리아데에 의한 성스러운 것이 세속적인 것으로 쇠퇴하는 논의가 배경으로 깔려있는 것이라고 생각된 다.[23] 이러한 엘리아데의 논의는 1970년대 일본에서 유행한 세속화론과 호 응되어 사용되었다. 세속화론이란, 긍정적 혹은 부정적인 평가를 부여하든 종교적인 것이 세속화 해 가는 단선적인 진화론 혹은 퇴쌍론(退嬰論)의 입장 이다.

그것은 후코의 광기론에도 마찬가지로 대입된다. 후코의 논의는 정신병원 에 감금되기 이전에는 광인이 마을 내부를 자유롭게 행동하고 때로는 예언 등을 통해 일상을 이화(異化)하는 역할을 했다고 생각된 점에서 광인을 성스 러운 존재로 이해하려고 했다.[24] 그것에 대해 데리다가 실시한 후코 비판은 광기와 이성은 이율배반적인 관계가 아니라 오히려 양자는 항상 표리일체를 이루는 것으로 공존한다는 것이었다.[25]

그러한 관점에서 엘리아데를 다시 읽어보면 세속적인 시간의 다음에는 다 시 성스러운 시간이 회귀하고, 양자는 항상 반복되는 관계에 있다고 받아들 이는 점에서 양자택일적으로는 완전히 이해할 수 없는 것이다. 성스러운 것 이 성스러운 것이기 때문에야 말로 비천한 것을 필요로 하는 것이다. 성스러 운 존재를 중심에 두고 질서를 구축하기 위해서야말로 비천한 존재는 그 질 서로부터 배제되면서 그 질서를 기능시키기 위한 불가분한 존재로서 질서

22) 網野善彦, 『中世の非人と遊女』 講談社学術文庫, 2005年.
23) 中沢新一, 『僕の叔父さん 網野善彦』 集英社新書, 2004年.
24) ミシェル・フーコー, 田村俶訳, 『狂気の誕生』 新潮社, 1975年.
25) ジャック・デリダ, 野島秀夫訳, 「コギトと『狂気の歴史』」, 『エクリチュールと差 異(上巻)』 法政大学出版局, 1977年.

속에 포섭되는 것이다.

그렇기 때문에 천황의 장례식에서 관을 짊어지는 야세도지(八瀬瞳子)[26]처럼 천황과 천민들은 서로를 필요로 했고, 함께 질서의 예외적 존재로서 공공 영역을 외부로부터 정의하는 존재였던 것이다. 근대에 부락민들은 인권을 충분하게 인정받지 못하는 존재로서 시민사회의 외연부에 존재해 왔는데, 천황도 또한 개인을 보장하는 기본적 인권을 갖지 않는다는 점에서, 특히 전후 국가주권을 체현하는 군부에서 국민의 문화적 상징으로 성격이 변화할때 역시 일반시민과는 다른 예외적인 존재로 밀어냈던 것이다.

그런 의미에서 공동체는 누군가의 희생 즉 왕이든 천민이든 그들을 신성한 것도 세속적인 것도 아닌 공중에 떠있는 존재로 '살해가능 한 존재'로서 필요로 하고 있는 것이다. 아감벤이 '성스러운 인간(home sacre)'라고 부른 공공적 사회적 권리를 박탈당한 존재는 신성한 시간으로부터도 세속적인 시간으로부터도 배제된 예외상태에 놓인 인간을 가리키는 것이다. '성(聖)'과 '속(俗)'은 이항대립적인 대립관계에 있는 것이 아니라, 오히려 그러한 대립관계적 도식으로부터 배제되는 것에서야말로 '벌거벗은 삶'은 존재하는 것이다.

무라카미 하루키(村上春樹)가 소설 『IQ84』에서 '리틀 피플'이라고 불렀듯이, 현실 질서를 성립시키는 금기는 선악을 넘어 불가시적인 존재로서 말 그대로 예외상태로서 공중 부양된 상태에 머무르고 있다.

더 나아가 그 예외적인 상태가 공동체 내부의 성원과 거리를 둔 외부에 있는 것이 아니라, 그들 자신을 성립시키는 속성으로서 내부에 존재하는 것을 지적하는 점이야말로 아감벤 논의가 가진 탁월성이다.

더 한발 들어가 본다면, 배제를 통한 공동체 그 내부에서 질서를 만들고 성원들에게는 주체화를 가져오게 된다. 배제라는 행위의 개제를 통해 오합(烏合)의 민중에 지나지 않았던 집단이 공동체나 사회에 질적 변화를 이루게 하는 것이었다. 그때 사람들은 국가를 위해서 순사(殉死)까지도 아끼지 않는 국민으로서의 주체 강도(强度)를 획득하게 된다.

---

26) 池田昭, 『天皇制と八瀬童子』東方出版, 1991年.

아미노 요시히코(網野善彦)는 성스러운 공간에 귀속하는 것으로서 인간
은 법질서의 제약으로부터 해방된 자유를 손에 넣을 수 있다고 생각했는데,
그것은 공동체 내부의 인간이 그리는 회귀불능적인 원초 상태에 대한 노스
탤지어이다. 또한, 그러한 무제약적인 자유의 공간은 현실 세계 어디에도 존
재하지 않는다고 보아야 할 것이다. 만약 자유가 아미노 요시히코가 생각하
듯이 무제약적인 공간이라면, 그것을 실현한 개인은 동시에 모든 공동체의
성원에 의해 '살해 가능한 호모 사케르'로 떠받들어짐과 동시에 배제되어 버
린다. 오히려 공동체가 배제나 성화(聖化)라는 공양 의식 행위에 의해 제한
적 조건의 자유가 무제한의 자유라는 외견을 장식해주는 것이라고 볼 수 있
을 것이다.

그러나 이것은 아렌트가 말하는 의미에서 개인의 존엄을 지키는 영역이
아니다. 그것은 공적인 권리인 사회권을 갖지 않은 시민으로(인간으로) 인정
받지 않는 사회권이 '결여된/한' 존재의 영역이다.[27] 고대 그리스에서 정교분
리라는 제도도 담론도 존재하지 않았고 공공 종교밖에 존재하지 않았던 이
상, 신에 보장된 존엄적인 사적 영역도 존재하지 않았던 것이다. 그러한 프
라이버시로서의 존엄을 개인에게 부여한 사적영역은 마찬가지로 한나 아렌
트에 의해 지적되듯이 근대에 성립한 '친밀권(intimate sphere)'이라고 불렸
고, 고대 이래 사적 영역과는 구별된 긍정적인 의미를 갖게 되었다.[28]

그러한 친밀성은 신과의 불리불측(不離不測)의 상태, 말 그대로 일체화되
어 떨어지지 않는 친밀한 상태 아래에서 성립한 것이다. 그러한 신에 의한

27) ハンナ・アレント, 志水速雄訳, 『人間の条件』ちくま学芸文庫, 1994年, p.87.
Martina Weinhart and Max Hollein, eds., Private · Privacy, Frankfurt : DISTANZ
Verlang, 2013.
28) ハンナ・アレント, 위의 책, p.98. レオ・ベルサーニ, アダム・フィリップス, 桧
垣立哉・宮澤由歌訳, 『親密性』洛北出版, 2012年. アンソニー・ギデンズ, 松尾精
文・松川明子訳, 『親密性の変容-近代社会におけるセクシュアリティ・愛情・エロ
ティシズム』而立書房, 1995年. Lairen Berlant, Intimacy, Chicago and London : The
University of Chicago Press, 2000.

사적영역의 정당화를 통해 개인의 사적영역은 신성한 것으로 '다테마에(建前)'가 유지되는 공공권에 대해 '혼네(本音)'가 인정되는 친밀권으로서의 근대 프로테스탄티즘의 성립과 함께 등장한다.

그것이 근대 소설에서 주된 테마의 하나로 나타난 인간 내면의 성립이기도 하다. 그러한 내면은 때로는 육체라는 자연에 교란(撹乱)도 일으키지만 동시에 그 자연에는 여전히 신의 의지가 잔존한다.29) 일본의 사소설(私小說)이란, 이러한 신을 잃어가는 인간에게 신의 의지와 함께 신의 의지로부터 일탈한 자연에 혼합하는 영역으로서 인간의 내면을 취하는 것이었다. 이러한 친밀권 성립에 의해 공공권을 인간의 혼네나 진실을 억압하는 다테마에로서 비판하는 개인주의도 또한 적어도 근대일본에서는 성립가능하게 되었다.

그러나 내면이 신의 신앙으로부터 분리하는 것으로 혹은 일본에서는 프로테스탄티즘과는 다른 종교 전통이 발달해 왔기 때문에 그러한 혼네는 범람하는 자연처럼 질서에 포섭되지 않는 어둠으로 연결되는 존재가 되었다. 그러한 의미에서 친밀권도 또한 공공성의 결여로서 사적영역의 어둠으로 이어져 간다.

특히 친밀적인 것의 전형으로서 간주되는 것은 섹슈얼리티의 성행위이다. 좋아하는 상대와의 융즉(融卽)은 상호간에 다른 환상을 갖고, 상대도 자신도 마찬가지로 같은 기분일 것이라고 믿는 환상에 의해 성립된다는 점에서 공공 공간에 존재하는 합의라는 것과 닮은 것이라고 볼 수 있을 것이다. 그것은 상대를 사랑하는 행위이기도하지만, 폭력으로 타자를 침범하는 것으로 쾌락을 얻거나 자신이 짜낸 환상에 빠지는 자위적인 행위이기도 하다. 그곳에는 타자에게 문을 열 수 있는 가능성과 동시에 상대를 유린하는 어두운 그림자도 잠재되어 있는 것이다.30)

---

29) 磯前順一, 「内面をめぐる抗争-近代日本の歴史・文学・宗教」, 『喪失とノスタルジア-近代日本の余白へ』みすず書房, 2007年. 柄谷行人, 『日本近代文学の起源』講談社文芸文庫, 1988年.
30) 立木康介, 『露出せよ, と現代文明は言う-「心の闇」の喪失と精神分析』河出書房新社,

 이러한 서양 개인주의적인 친밀권의 '막힘'에서 근래의 공공 종교론이 일
본에서 유행해 온 원인도 이해되기도 한다. 범람하는 내면에 대한 질서를 부
여하는 것으로서 공공권 구축이 요구되어진 것이다. 이러한 역할이 기대된
것이 동일본대지진 피해지에서 봉사한 종교 볼런티어(volunteer)의 활동이
다. 그러나 그것 이상으로 효과가 있었던 것으로 국민의 지지를 모은 것은
천황의 재해지 방문이었다. 그러한 의미에서 스즈키 이와유미(鈴木巖弓)[31]
가 지적하듯이 천황제와 종교 볼런티어는 일본의 공공 종교론의 표리일체를
이루는 것이 되었다. 내면을 통제하는 신 관념을 갖지 않는 근대 일본에서는
신을 대신하는 통제 기능을 가진 것이 천황제인 것이다. 천황은 현인신(現人
神)으로서, 인간이 아니면서 인간 이상의 인간으로서 근대 국민국가 형성 과
정에서 절대적인 힘을 발휘해 왔다.

 이를 생각할 때 친밀권과 공공 영역을 중첩시킨 것을 아렌트나 하버마스
는 '사회적인 것(the social)'[32]을 다시 고찰할 필요가 있다. 일본에서는 천황
제야말로 공사의 영역을 '사회적인 것'으로 합일화 하는 기능을 해 왔다. 이
전에는 마을, 직장, 가족이 그것이었다. 도처에 천황제 국가로 권위지어진 미
니 천황이 넘쳐나고 과잉적으로 강고한 공공 도덕이 유지되었다. 그것은 천
황 주권과 함께 국가주의로부터도 동떨어진 전후 일본사회가 공공심(公共
心)도 동시에 상실한 아미노상태에서 괴로워하던 것과는 대조적인 것이었
다.[33]

 단, 아렌트는 그것이 개인의 친밀권이 균질화된 공공영역에 삼켜버려질
전체주의에의 조짐으로써 부정적으로 평가했다. 한편 하버마스는 사적인 것
으로서 노예에게 강요해 온 노동이 공적인 영역으로 승인된 증거로서, 왕권

2013年.

31) 鈴木岩弓, 「「臨床宗教師」の誕生-公共空間における宗教者のあり方」, 『他者論的転回-
   宗教と公共空間』 ナカニシヤ出版, 2016年.
32) 市野川容孝, 宇城輝人編, 『社会的なもののために』 ナカニシヤ出版, 2013年.
33) 丸山真男, 「超国家主義の論理と心理」, 『増補版・現代政治の思想と行動』 未来社,
   1975年.

주위의 귀족계급에 대항으로서 시민계급에 의한 공공 공간의 형성을 촉진하
는 의미로 보아 사회적인 것을 적극적으로 평가했다. 즉 공공권으로 접합되
는 것이 아렌트에게 있어서는 친밀권이고, 하버마스에게 있어서는 결여(缺
如)로서의 사적영역이었다. 그 접합된 공간의 의미가 서로 달랐다. 이러한
관점에서 본다면 아감벤의 논의는 공적인 것과 사적인 것을 분리하는 것으
로, 공적인 사회적 권리를 지켜야한다는 주장하는 점에서 아렌트의 흐름을
이어받는다.

한편 아감벤에 대치하는 이탈리아의 사상가 안토니오 네그리가 제시한 '공
(common)'³⁴⁾개념이 있다. '공'이란, 종래의 공(公)과 사(私) 구분을 탈구시키
는 발본적인 시도인데, 그럼에도 불구하고 여전히 사적 노동의 공공화를 함
의하고 있는 점에서 하버마스의 논의를 계승한 시점이라고도 해석할 수 있
을 것이다.

그리고 전전(戰前) 일본에서 친밀적인 것이 공적인 것으로 흡수된 것은,
아렌트나 아감벤이 말하는 의미에서의 '사회적인 것'이 부정적인 의미로 성
립된다. 개인의 내적인 영역까지 국가 권력이 침입한 균질화를 꾀한 것이
다.³⁵⁾ 중국 사상가 미조구치 유조(溝口雄三)에 의하면 사적 영역이 공적 영
역에 포섭된 구조는, 일본의 경우 고대에 나타난 역사적인 특질이기도 했
다.³⁶⁾ 이러한 부정적 의미에서는 사회적인 것을 아렌트는 나치스 독일과 스
탈린주의(Stalinism)를 예로 들면서, 복수성을 상실한 전체주의적 '어둠의 시
대'라고 불렀다.³⁷⁾

---

34) アントニオ・ネグリ, 水嶋一憲・幾島幸子・古賀祥子訳, 『コモンウェルス-<帝
    国>を超える革命論』NHK出版, 2012年.
35) 磯前順一, 『近代日本における宗教言説とその系譜-宗教・国家・神道』 岩波書店,
    2003年.
36) 溝口雄三,『一語の辞典・公私』三省堂, 1996年.
37) ハンナ・アレント, 阿部斉訳,『暗い時代の人々』ちくま学芸文庫, 2005年. 磯前順一,
    「暗い時代に-石母田正『中世的世界の形成』と戦後日本の歴史学」,『マルクス主義と
    いう経験-1930-40年代日本の歴史学』青木書店, 2008年.

사회적인 것은 아감벤이 걱정하듯이 '불분명지대(indistinctive zone)'로서 사적인 것의 어둠이 공적인 것에 의해 선취된다. 거기에는 이미 사회적 권리는 존재하지 않는다. 다른 한편 욕망으로부터 해방되었을 때 정교분리라는 사태가 생긴다. 개인은 타자와의 공동 행위 속에서 비로소 존재할 수 있는 한, 결국은 공적 영역의 일부이기도 하다.

그렇기 때문에 신앙도 공동화(共同化) 한다. 그것을 사적영역에 절단해 내는 방향이 아니라 균질화 된 공적영역으로부터 개인을 해방하고 다양한 개인의 존재에 의해 공적 공간을 균질화시켜 복수성의 의미를 다시 자리 잡게 하는 것에 의해 '도래해야 할' 정교 분리가 달성된다는 것이다. 다테 기요노부(伊達聖伸)에 의한 세속주의(laicism)의 다양성 분석은 이러한 정교분리의 가능성을 모색하는 시도라고 볼 수 있을 것이다.[38]

법제화된 정교분리란, 이러한 질적인 변용 행위가 쉽지 않기 때문에 균질화 된 두 영역의 구분을 그대로 유지하면서, 그것을 종교·정치라는 두 영역으로 고정해 버린 것이다. 그러나 공적영역과 사적영역을 둘러싼 논의에서 단적으로 보여주듯 항상 '불분명지대'를 낳는다. 문제는 종교이든 정치이든 공공 공간에 동화(同化)하는 힘으로부터 개인이 해방되고, 개인의 주체성에 의해 공공 공간이 이질성으로 가득 찬 공간으로 변용시켜 가는 것에 있다. 아렌트의 복수성이라는 개념은 여기에서 성립되는 것이다.

> 다양한 사람들이 존재한다는 인간의 복수성은, 활동과 언론이 모두 성립되는 기본적 조건인데, 평등과 차이라는 이중성격을 갖고 있다. 만약 인간이 서로 평등하지 않으면, 서로 이해할 수 없고 자신들 보다 뒤늦게 오는 사람들의 욕구를 예견하거나 하는 것도 불가능해 진다. 그러나 한편으로는 만약 각 개인들이 현재, 과거, 미래 사람들과 서로 다르지 않다면 자신들을 이해시키려고 언론을 활용하거나 활동할 필요가 없을 것이다. (…) 이처럼 인간은 타성(alterity)을 갖고

---

38) 伊達聖伸,「フランスにおける「承認のライシテ」とその両義性-ムスリムの声は聞こえているか」,『他者論的転回-宗教と公共空間』ナカニシヤ出版, 2016年.

있다는 점에서 존재하는 모든 것과 공통되고 차이성(difference)을 갖고 있다는 점에서 생(生)있는 모든 것과 공통하고 있는데, 이 타성과 차이성은 인간에 있어서는 유일성(uniqueness)이 된다.[39]

그렇지만 개인이, 공공 공간보다 앞서 개인이라는 것이 아니라 공공성이라는 수수께끼 같은 타자의 욕망 속에서 밖에 자기를 존립시킬 수밖에 없다. 요시모토 다카아키(吉本隆明)는『공동환상론(共同幻想論)』에서 공동 환상에 앞선 것으로서 '자기 환상'(자신에 대한 환상) 대(對) '쌍적인 환상'(양자간 환상)을 들고 있는데, 이는 둘 모두가 공동환상을 동시에 짜내는 것이라고 이해해야 할 것이다.

게다가 개인도 결여태(缺如態)로서 사적 공간으로서의 어둠도 내포하고 있다. 단순한 이성의 산물이 아니라 정동(情動)에 사로잡힌 존재이기도 하다. 인간끼리는 볼 수 없는 어둠인 것이다. 부재(不在)의 신(神) 만이 볼 수 있는 어둠인 것이다. '사람을 죽이고 싶다거나, 타인을 능멸하고 싶다'는 폭력적인 욕구인 것이다. 사람을 속여도 아무렇지도 않게 생각하거나, 어둠을 어둠으로 느끼지 못하는 악의 범용(凡庸)인 것다. 합의에 도달하기 위한 이성적인 토의에 귀결하지 않는 어둠을 인간은 갖고 있다. 공공성을 구축하기 위한 이성을 '다테마에'로 한다면, 이러한 '혼네'를 사적 영역에 감싸두는 것으로 인간 사회생활은 성립하게 된다.

그렇지만, 어둠이 어둠으로 그친다면 그것은 제어불능적으로 터무니없이 커져버릴 수도 있다. 그렇기 때문에 어둠과의 교섭 속에서 개인은 사적영역 혹은 친밀권을, 어둠 속에 간직하는 것을 존중하면서, 그 어둠을 공적 영역의 다테마에 세계와 접합시켜갈 필요가 있다. 그때 공공 공간을 성립시키고 있는 불가시(invisibity)의 금기는, 줄리아 크리스테바(Julia Kristeva)가 '어브젝션(abjection)'이라고 불렀듯이, 사회로부터 폐기된 타성으로서 그 성원들의 영역 외에 머무르면서도 동시에 그들을 취하는 수수께끼와 같은 타자의 목

---

39) ハンナ・アレント, 志水速雄訳, 앞의 책, p.286. 이소마에 준이치 새로 번역.

소리를 발신할 수 있게 된다.[40]

전후에도 전개된 이러한 주체성을 둘러싼 논의는, 그 추진자 마루야마 마사오(丸山真男)나 이시모다 다다시(石母田正) 그리고 하버마스가 전개한 것처럼, 그들은 이전에 없던 하나의 개인주의적인 주체 확립에 의해 공공 영역의 전체주의화를 막으려는 논의였다.[41] 마루야마 마사오가 『일본정치사상사 연구(日本政治思想史研究)』에서, 행위를 전제로 한 정교분리 확립을 설파한 것도 개인의 확립을 설파하기 위한 것이었으며, 이시모다 다다시가 「고대귀족의 영웅시대 - 고사기의 일고찰(古代貴族の英雄時代 - 古事記の一考察)」에서 법에 동화 되지 않는 영웅적 주체의 존재를 설파한 것도 마찬가지 이유에서이다.[42] 이시모다 다다시의 영웅시대론은, 공공성으로부터 추방된 폭력이 개인 주체의 내측에 적극적으로 파고들어 가는 것으로 설명한다. 명확하게 경계선을 그은 '주체로서의 개인의 영역' 속으로 폭력을 거두어 들이는 것으로, 복수성으로서 개인, 즉 서로 다른 성질을 가진 불균질한 단위로 성립이 가능하게 되는 것을 구상한 것이다.

그러나 이러한 개인의 내면 자립에 의한 공공 공간의 복수화(pluralize)를 꾀하는 발상 자체에는 한계가 있다. 이는 1990년대에 실시한 국민국가 비판에서도 명확하다. 니시카와 나가오나 사카이 나오키의 국민국가론은, 개인 및 네이션이라는 아이덴티티가 법적인 주체라고 하는 주권 개념을 전제로 한 것으로, 그 아이덴티티의 지향성 자체가 무엇인가의 배제를 그 외부에 포섭하면서 실행한다는 문제점을 지적했다.[43] 이러한 개인의 주체 관념에 대

---

40) ジュリア・クリステヴァ, 枝川昌雄訳, 『恐怖の権力-<アブジェクシオン>試論』法政大学出版局, 1984年.

41) ヴィクター・コシュマン, 葛西弘隆訳, 『戦後日本の民主主義革命と主体性』平凡社, 2011年.

42) 丸山真男, 『日本政治思想史研究』東京大学出版会, 1983年. 石母田正, 「古代貴族の英雄時代-古事記の一考察」, 『石母田著作集』第10巻, 岩波書店, 1989年.

43) 西川長夫, 『植民地主義の時代を生きて』平凡社, 2013年. 酒井直樹, 『日本思想という問題-翻訳と主体』岩波書店, 1997年.

한 의문은 사상사적으로 보면 포스트 모더니즘라고 불리는 주체 비판 논의와 연동되는 것이었다. 그들이 마루야마 마사오나 이시모다 다다시를 비판하는 와중에 등장한 것도 우연이 아니다.

거기에는 주체론에 대한 비판이 '주체의 죽음'이라고 읽혀져 주체 구축 자체가 방기된 뉘앙스가 생겨났다. 실제로는 주체라는 것이 공공권에 참입할 때에는 구축되지 않을 수 없는 것임에도 불구하고, 주체의 구축 자체가 회피 가능한 것처럼 논의되었다. 그러나 사카이 나오키가 주체를 '주체'와 '슈타이(syitai)'의 이중성에서 성립된 것이라고 이해했듯이, 오히려 문제는, 순수한 자의식(自意識)으로서의 주체에 단일화 되는 것에 있는 것이지, 주체 그 자체의 방기가 아니다.[44]

주체를 방기했을때 인간은 공공 공간이라는 영역조차 형성이 불가능하게 된다. 거기에는, 인공물 이전으로서의 공공성 이해로 통하는 '작위'(마루야마 마사오)를 버린다면, 오히려 자연발생적인 본래적인 평등한 상태가 생길 수 있다는 낙관적 이해가 엿보인다. 원래 '시민(civil)'이라는 것 자체가 '국민'이라는 것과 마찬가지로 '문명화'라는 배타적인 인공적 구축 과정을 통해 성립된 것이다.[45]

동일한 이 문제는, 국가와 시민사회를 대립적으로 받아들이기도 한다. 근래 일본의 공공철학론의 이해가 이것에 해당된다.[46] 거기에는 국가야말로 폭력적인 권력을 독점하는 것이며, 국가를 제거하면, 자연발생적인 조화 공동체로서의 시민사회가 나타난다고 하는 소박한 논의가 그것이다.

그러나 공공성이라는 것이 원래 자연발생적인 것으로서 인간사회에 본래적으로 갖추어진 것이 아닌 이상, 국가에 폭력적인 권력을 모두 짊어지게 하고 자신들을 배제없는 조화적인 공공성을 담당하는 것으로서 이상화하는 그

---

44) 磯前順一, 「植民地主義としての天皇制国民国家論-西川長夫の「主体の死」をめぐる思考より」, 『国家の論理といのちの論理』 新教出版社, 2014年.

45) 西川長夫, 『増補 国境の越え方-国民国家論序説』 平凡社, 2001年.

46) 전체20권으로 구성되어 있다. 『公共哲学シリーズ』 東京大学出版会, 2001年 -2006年.

논리 속에는 기만이 존재한다. 시민사회도 국가와 따로 떼어낼 수 없는 곳에 존재하는 것으로써, 국가를 통해서만이 구현화 될 수 있다는 점에서 폭력적인 권력을 그 공공 공간에 내재시키고 있다는 것을 인식해 둘 필요가 있다.

원래 후코의 '권력 – 진리론'이란, 그러한 진리 담론에 지탱된 주체를 성립시키기 위해서는, 권력이 개재하지 않으면 주체는 성립될 수 없다는 논의였을 것이다. 권력은 국가측 뿐만 아니라 시민사회측에도 그 성립을 위해 불가결한 요건으로서 존재하고 있는 것이다.

하버마스가 전개한 부르조아가 짊어진 공공성이라는 것을 주의 깊게 읽어보면, 국가와 시민사회를 이념적인 이항대립물로서 받아들일 뿐만 아니라, 시민사회는 국가의 내부에서 역사적으로 제약된 공공 공간으로서 출현하고 있다는 것을 알 수 있다. 현실적인 역사 제약을 인지하고 공공성 이념 출현을 취하는 점에서 무조건적으로 자연발생적인 공공성을 상정하는 공공 철학 논의는 전혀 성질을 달리한다.

그렇기 때문에 문제는 오히려 어떻게 주체를 구축하는가라는 점에 있다. 아니 해체해 가면서 구축하는 탈구축 작업이 요구된다. 그것은 해체인가 구축인가라는 이분법이 아니라, 어떻게 해체하면서 구축하는가라는 탈구축 작법인 것이다. 이때 아감벤이 말하는 주권이라는 법적 주체가 확립될 때에 불가피하게 내포하는 '배제하면서 포섭하는' 움직임 작용을 어떻게 공중부양시키는가라는 기술이 요구된다.

사카이 나오키의 표현을 빌리자면, 주체가 가진 '중심화 – 로고스 중심화'에 대해 '탈중심화 – 신체화'를 동시에 병행시키는 작업이다. 반복해서 말하자면 '중심화 – 로고스 중심화'를 대신하여 '탈중심화 – 신체화'로 대체시키는 것이 아니다. 이대로 하다면 분열증적 경향만 심해질 뿐이다. 양자의 병행작업 속에서 어떻게 주체 – 개인이든 공공 공간이든 – 을 구상하는가에 있는 것이다.

사카이 나오키가 말하는 가타가나(カタカナ)의 '슈타이(シュタイ)'란 '인간관계의 그물망' 속에 놓여, 행위의 주체가 됨과 동시에 객체가 되는 것으로, 타자에게 열린 탈중심화의 거점을 이루는 신체적인 것이라고 여겨진다.

그것은 개인의 신체에 그치는 것이 아니라, 그러한 개개의 주체를 성립시키는 수수께끼 같은 타자라고 이해해야 할 것이다.

그러한 의미에서 '슈타이'는 개인의 주체를 포섭함과 동시에 개인을 개인답게 하는 근거가 되는 것이다. 그러나 개(個)의 주체를 방기했을 때 개인은 대(capitalization)문자의 타자로서 '슈타이'에 동화되어버린다. 오히려 개를 넘는 '슈타이'의 일부로 탈중심화 하면서 그 '슈타이'의 목소리를 개인으로 번역시켜갈 필요가 있다.

사카이 나오키는 번역행위가 가진 양의성 즉 호미 바바가 말하는 '교조적(pedagogical)'인 것과 '행위수행적(performative)'[47]인 것은 표리일체적인 것으로 끊임없이 반복된다. 사카이 나오키는 가라다니 고진이 이토 진사이(伊藤仁斎)를 모방하여 부른 '정(情)'의 세계, 관계성이 항상화 될 보증이 없는 '우연성'의 세계를 사는 것이 복수성의 공공 공간이라고 한다면, 그곳에는 이질적인 움직임이 동질적인 세계로 나아가는 것이었다.[48]

그것은 질서를 파괴하는 것이야말로 새로운 권력의 유지로 연결된다는 '신화적 힘(mythische)' - 벤야민에게는 유대인, 크리스트교 이전의 다신교세계 - 이 아니라 질서의 파괴와 유지의 반복관계 그것의 공중 부양과 같은 '신적인 힘(göttliche Gewalt)' - 벤야민에게는 일신교적인 메시아적 힘 - 의 필요성인 것이다.

> 신화적인 힘에는 신적(神的)인 힘이 대립한다. (…) 신화적 힘이 법을 긍정한다면 신적인 힘은 법을 파괴한다. 전자가 경계를 설정한다면 후자는 한계를 인정하지 않는다. 전자가 죄를 만들고 그 대신 다른 것을 얻는다면 후자는 죄를 제거한다. (…) 전자가 피의 냄새가 난다면 후자는 피의 냄새가 없다. 그렇지만 치명적이다.

---

47) ホミ・バーバ, 磯前順一・ダニエル・ガリモア訳, 「散種するネイション-時間, ナラティヴ, そして近代ネイションの余白」, 『ナラティヴの権利-戸惑いの生へ向けて』みすず書房, 2009年.

48) 酒井直樹, 『過去の声-18世紀日本の言説における言語の地位』以文社, 2002年. 柄谷行人, 「江戸の注釈学と現在」, 『言葉と悲劇』講談社学術文庫, 1993年.

(…) 신화적 힘은 단순한 생명에 대한 힘 그 자체를 위한 피 냄새가 나는 폭력이
고, 신적 힘은 모든 생명에 대한 생활자를 위한 것으로 순수한 힘이다. 전자는
희생을 요구하고 후자는 희생을 받아들인다. (…) 그것(신적인 힘)은 상대적인
것으로만 재화(財貨), 법, 생활 등에 관한 것에서만, 파괴적인 것으로 절대적으로
는 생활자의 마음에 관해서는 결코 파괴적이지 않다.[49]

신적인 힘 아래에서는 현전불능한 이종혼교성을, 주권자라는 법적 주체
차원으로 어떻게 현전시켜 가는가를 묻는 것이다. 그것은 자크 데리다가 논
하듯이, 현전하는 법과 현전불가능한 정의의 관계를 구체적으로 생각하게 하
는 것이기도 하면서[50] 시마조노 스스무(島薗進)가 질문하듯이 이념으로서의
타자에의 '윤리'를 현실 종교 활동 속에 어떻게 현전화(現前化) 해 가는가라
는 과제이기도 하다.

미야모토 아라타(宮本新)는 공공 공간에서 폭력적인 배제는 불가피함을
동반한다고 하면서도 '공양(sacrifice)'과 '희생(victim)'의 차이를 논한다. 타자
에게 폭력을 행사하는 희생이 벤야민이 말하는 법의 파괴이고, 조정(措定)을
담당하는 신화적인 힘이라고 한다면 '공양'이란 그 폭력을 스스로 한 몸에 받
아들이는─과연 그것은 벤야민이 말하는 메시아적인 힘에 해당하는 것일까
─것이 된다. 이러한 공공 공간에 있어서 나타나는 배제의 힘이 가진 양의성
을 인수한 후, 그 힘을 가능성으로서 받아들일 수는 없는 것일까. 이러한 미
야모토 아라타의 생각에서 타랄 아사드의 『자폭테러』에 나타난 예수의 죽음을
둘러싼 부분이 상기된다.[51]

아메리카의 원리주의나 크리스트교에서는, 과거 역사에서 메시아로서의
예수가 인류의 죄를 대신했기 때문에 이미 자신들은 타인을 위해 희생하는
것이 필요없게 되었다고 본다. 이것에 대해 아사드는 예수의 생(生)은 한 사

---

49) ヴァルター・ベンヤミン, 野村修編訳,「暴力批判論」,『暴力批判論他十篇』岩波文
　　庫, 1994年, pp.59~60, 이소마에 준이치 새로 번역.
50) ジャック・デリダ, 堅田研一訳,『法の力』法政大学出版局, 1999年.
51) タラル・アサド, 苅田真司訳,『自爆テロ』青土社, 2008年.

람 한 사람 인간이 그러한 자기희생으로서의 '책형(磔刑)'을 사는 실천의 본
보기로서 존재한다고 보아야 한다며, 중세 수도원의 전통을 연속선상으로 생
각했다. 즉 '자신을 위해서라면 신에게 구원받는 것도 방기하는 인간'이라는
고통의 감수 실천도 또한 함축적인 의미를 담고 있는 말이기도 하다.

그러나 현실에서 인간의 능력을, 불균질함(uneveness)으로 생각을 돌려보
면, 그리스트교적인 공양 희생의 생은 어디까지나 공동체 내의 특정 개인이
공동체 전체를 짊어지는 형태로 받아들여야 하는 것인가, 또한 개개인에 의
해 받아들이는 것이 가능한가. 이는 쉽게 판단이 서지 않는다.

여기에서도 천황제 혹은 국가신도에 의한 공공 공간의 구축이야말로 일본
사회에서는 가장 적절한 것이 아닌가라는 논의가 발생한다. 근대 천황제란,
국민에 의해 받들어 모셔지는 제신이 천황가와 연관을 갖는 신들이고, 전사
자를 포함해 일본을 지배하는 영토 토지신을 제사하는 제주(祭主)도 천황이
담당한다는 제사권을 독점하는 종교제도인 것이다.

종이강(鐘以江)이 지적하듯이, 천황이 제사 지내지지 않는다면 토지 신들
도 전사자도 일본 공공 공간에 참입할 수가 없다. 그들은 사회적 권리를 가
진 국민이 될 수 없다는 의미에서는 앞서 언급한 비인(非人)이나 천민 등과
동일한 것이다. 일반적으로 기본적 인권은 인간이 태어나면서 갖는 권리라고
간주하는데, 실은 그렇지 않고 불평등한 현실이기 때문에 그것을 시정하려고
주창하는 행위수행적인 이념인 것이다.[52]

천황가에 의한 국민 승인 시스템을 보면, 공공 공간이 자연발생적인 개인
의 의지에서 참여할 수 있는 성질의 것이 아니라는 것을 여실히 알 수 있다.
공공 공간에는 천황과 같은, 그 공간 구축 및 참입을 가능하게 하는 '타자의
시선'이 좋든 싫든 필요로 한다.[53] 인간은 자신을 지키고, 실존의 의미를 부
여해 주고 있다고 믿는 환상을 필요로 하는 것이다.

---

52) 磯前順一, 「祀られざる神の行方-神話化する現代日本」, 『現代思想』第41卷 第16号
　　(12月臨時增), 青土社, 2013年.
53) 喜安朗, 『天皇の影をめぐるある少年の物語-戰中戰後私史』 刀水書房, 2003年.

일본의 경우에는 그것이 이전에는 '현인신'이라고 규정되었고, 현재도 국민의 상징임과 동시에 신의 후예라며 법 제도화 된, 아니 법을 초월한 천황이라는 제도가 그 역할을 담당해 왔다. 그것이 전전에는 다민족국가 제국을 지탱한 아이덴티티로서, 전후는 단일민족 국가로서 국민국가를 지탱하는 아이덴티티로서 균질화 된 내셔널리즘, 말 그대로 권력에 복종하는 신하로서의 국민을 만들어 온 것이다. 일본인 뿐만 아니라 전전의 식민지인도 포함해 공공권에 참입하기 위해 스스로가 나서서 신민다운 국민으로서 동화되기를 바랐던 것이다.

그러나 한편으로는 천황가 사람들은 일반 국민들처럼 개인 의지로 언설을 가질 수 없었다는 점에서 사회적 권리가 박탈되었었다고 볼 수 있다. 그들에게는 이름은 있어도 성(姓)은 없었다. 고대에 있어서도 성이 없는 존재는 천황과 노예로서, 다시 말해서 공민으로부터 제외되었던 예외적인 존재뿐이었다.[54]

천황은 신성한(성스러운) 존재로서, 노예는 불결한 존재로서 그 성격이 규정되어 가는데, 아미노 요시히코가 지적하듯이 이름을 갖지 못한 양자가 밀접한 관계를 갖고 있는 것은, 성스러운 자가 성스러운 자이기위해서는 비천한 자를 필요로 한다는 것을 말해 준다. 성스러운 자는 비천한 존재에 의해 그 공간을 정화 받는 것으로 청정함을 유지할 수 있는 것이다.

게다가 그것을 일방적인 정악론(正惡論)으로 처리할 수 없는 것은, 그 천민들 속에서도, 그 입장에 부수된 권한을 활용하여 재물을 모은 자도 있다는 복잡한 역사적 구조가 혼재하기 때문이다. 이러한 예외적 상태에 속하는 천황과 천민, 혹은 비국민으로 배제된 인간이나 신을 만들어내는 것을 대상(代償)으로 공공 공간이 국민을 위한 공간으로서 열리게 된다. 왜냐하면 천황주권이든 국민주권의 형태이든, 가와무라 사토후미(川村覚文)가 밝히듯이, 국민이란 배제를 필요악으로 하는 법적 주권자로서 조정(措定)된 존재이기

54) 石母田正, 「古代の身分秩序」, 『日本古代国家論 第1部』 岩波書店, 1973年.

때문이다.

3. 신들의 목소리와 복수성

이처럼 공공 공간이 타자와의 관계성으로서 받아들여진다면 논의의 초점은 주체 아이덴티티 폴리틱스론이 아니라 복수성의 존재 양상을 둘러싼 문제로 이행된다. 아이덴티티론의 한계는, 1990년대에 융성했던 포스트 콜로니얼리즘 사상가들이 새로운 공존 형식으로서 주창된 이종혼교적(異種混交的(hybrid)) 주체론의 막다른 골목에서 전형적으로 볼 수 있다.[55]

주체의 모습은 지금에서 되돌아본다면 그들 메트로 폴리스에 사는 고등유민들이 도달가능한 삶의 방식이었다. 그리고 현재의 글로벌 자본주의가 석권한 세계에서는 이전보다 더욱 더 사회적 불안으로부터 균질화된 종교나 민족 아이덴티티를 갈망하게 되었다.

포스트 콜로니얼리즘 사상가들은 마조리티가 되는 것을 바라지 않는 마이너리티들의 삶의 방법을 설파해 왔는데, 메트로 폴리탄 디아스포라(diaspora)라는 혜택 받은 자리에 있는 그들은 따로 제쳐놓더라도, 억압된 가혹한 상황에 놓인 사람들에게 있어서는, 가령 누군가를 배제하든지간에 이번에는 나 자신이 '우리 다수파'라는 안정된 아이덴티티를 손에 넣고 싶은 것은 가장(假裝)할 수 없는 진심일 것이다.

그렇다고 본다면, 이 점에서는 포스트 콜로니얼리즘 사상가들과 같은 전철을 밟는 것이 아니라, 주체의 윤리적 노력뿐만이 아니라 불균질한 복수성이라는 공공 공간의 구조도 대상화 하는 논의를 추진할 필요가 있다.[56] 포스트 콜로니얼리즘 이론도 또한 그 관점에 따라 재평가되어야 할 시기가 도래

---

55) 磯前順一, 『閾の思考-他者・外部性・故郷』 法政大学出版局, 2013年.
56) 磯前順一, 「<公共宗教>再考-排除と複数性, そして世俗主義」, 『宗教と公共空間』 東京大学出版会, 2014年.

한 것이다.

본 논고에서는, 복수성의 공간을 주체 인식을 탈출할 수 있는 수수께끼같은 세계라고 이해한다고 했다. 호미 바바가 말하듯이 '복수성(plurality)'을 '다수성(multiplicity)'과 구별한다면, 민족이나 개인이라는 주체 간의 상이(相異)를 인정하면서, 동일 주체 내의 동질성을 전제로 하는 다수성에 대해 복수성은 항상 자기 자신의 차이화 운동을 주체 내부에 끌어안고 있다. 그렇기 때문에 복수성이란 타자에게만 그치는 것이 아니라, 주체에 있어서도 자기 자신이 수수께끼에 감싸인 존재라고 여기게 되는 것이다. 그리고 복수성을 '인간관계의 그물망'으로 이해한다면, 개인으로서의 주체는 '타자'의 욕망 속에서 비로소 존재 가능한 것이고, 타자의 욕망 속에서 자신의 주체가 조정(措定)된다고 볼 수 있는 것이다.

그럼 원래 타자란 어떠한 존재인가. 이것은 '나는 나다'라거나 '당신은 당신이다'라는 것이 명확한 구별로서 성립되는 것일까. 포스트 콜로니얼리즘 연구가 남긴 긍정적 유산으로서 아이덴티티는 항상 '더블 바인드 상태'에 사로잡혀 있다는 시점[57]이 존재한다.

식민지로부터 정치적으로 해방된 이후에도 구식민지는 제국의 기억으로부터 빠져나올 수가 없다. 동시에 구(舊)종주국 쪽도 식민지 기억으로부터 자신을 해방시킬 수가 없다. 과거에 체험한 것은 결코 기억을 불식할 수 없는 것이다. 그것은 신체 속에 물들듯이 베어버린다.

가령 식민지로 전락하지 않았다고 하더라도, 서양 근대화에 휩싸인 지역에서는 스스로를 국민국가로서 주권을 획득하기 위해 타지역을 식민지로 하려는 제국으로 등장하면서 스스로도 서양근대화 논리에 동화하지 않을 수 없게 된다. 이러한 상황 속에서 상보적인 것으로 국수주의적인 내셔널리즘 의식도 출현한다. 아이덴티티의 틈새가 노출되는 상황 속에서 그 결여감을 메우기 위해 순수한 단일성 욕망이 출현하는 것이다. 김철의 지적 속에는 구식

57) Gayatri Chakravorty Spivak, An Aesthetic Education in the Era of Globalization, Cambridge (Mass) : Harvard University Press, 2012.

민지에서 일어나는 일들이 타인의 일이라고 생각할 수 없는 것이 존재한다.

> '민족·국민'으로서의 동일성과 통합에 대한 요구가 거의 종교적인 교리처럼 되
> 어 있는 한국사회에서 국민국가 비판은 이론적인 차원의 문제가 아니라 연구자
> 자신의 실존적 결단과 가차 없는 자기 고발을 동반하는 작업이다. (…) 그것은
> '민족·국민'의 분열을 응시함과 동시에 자기 자신의 '분열'을 들여다볼 수 있는
> 것이기도 하다. 국민국가라는 틀에 갇힌 우리들의 삶과 상상력을 해방하기위해
> 서는 이러한 '이중의 분열'을 통과하지 않으면 안 된다.[58]

모든 주체는 타자의 그림자 아래에서 밖에 성립하지 않는다. 그것이 본
논고에서 다루듯이 복수성을 '인간관계의 그물망'으로 받아들이는 이유이다.
개인이 단독적 주체로 완결할 수 없는 이상, 자기를 바라보는 타자도 또한
명명하기 어려운 비개인적인 목소리에 그친다.

주체라는 것은 개인에게로만 환원되는 것이 아니다. 라캉(Jacques Lacan)
이나 알튜세르(Louis Althusser)처럼 개인에게 호소하는 '타자의 목소리'를 염
두에 둔다면, 그것은 개인이라는 형태를 취하기 이전 것으로서 오히려 그것
은 개(個)를 개체로 성립시키는 전제를 이루는 수수께끼 같은 타자의 목소리
인 것이다.[59]

개인의 주체를 전제로 하고, 그곳에 귀결하는 것이 아니라, 개인을 다시
의미화 하는 인식을 탈출하는 작은 목소리-라캉은 그것을 '소문자의 타자'
라고 부른다-이다. 그 목소리가 개개의 주체를 만들어 냄과 동시에 공공 공
간이라는 복수성의 장소, 그것을 낳는 '침묵의 목소리'-다가이 모리오(互盛
央)는 그것을 '기원의 언어'라고 부르고, 언어의 기원으로부터 준별[60]-했다.

---

58) 金哲, 田島哲夫訳, 『抵抗と絶望 : 植民地朝鮮の記憶を問う』 大月書店, 2014年, p.3.
59) ジャック・ラカン, 小出浩之他訳, 『精神分析の4基本概念』 岩波書店, 2000年. ル
   イ・アルチュセール, 西川長夫他訳, 『再生産について-イデオロギーと国家のイデ
   オロギー諸装置』 平凡社, 2010年.
60) 互盛央, 『言語起源論の系譜』 講談社, 2014年.

그러한 타자가 발하는 목소리가 구체적인 개인이나 공동체 혹은 국가적인 상징을 통해 인간 앞에 현현한다.

인간의 마음 속에는 이러한 자신의 목소리가 아닌, 수수께끼 같은 타자의 목소리가 울린다. 그러한 점에서 '우리들이 이야기를 할 때, 진정으로 말하고 있는 것은 누구일까'[61]라는 스피박의 물음은 이를 아주 적절하게 표현해주는 말이다. 가령 정신분석 의사인 프로이드는, 처음에 그것을 무의식이라고 불렀는데, 나중에 '에스(es)'라고 다시 명명하게 된다. 독일어의 '에스'는 일본어의 그것, 영어의 '잇(it)'에 해당하는 것으로, 때로는 완전하게 명명할 수 없는 고정화 불능적인 작용을 가리킨다.

그것은 언어나 조형물을 빌리지 않으면 형태를 표현할 수 없지만, 표현된 말이나 사물로는 다 표현해 내는 것이 불가능한 것, 바로 그것이다. 그렇기 때문에 프로이드는 무의식이라는 명사를 사용하는 것을 포기하고, 고유명사나 보통명사로 환원할 수 없는, 명명할 수 없는 것으로 '에스'라는 말을 사용하지 않을 수 없었다. 이러한 수수께끼 같은 이 '에스'가 밤에 꿈을 꾸거나 신체 증상에 나타나거나 하여 인간 의식에 작용해 오는 것이다.[62]

그럼 그 수수께끼 같은 타자는 누구인가. 누가 그 목소리를 듣는가—동일 인물이라 하더라도 어떠한 마음을 갖고 듣는가—에 의해 때와 장소에 따라 전혀 달라진다. 고래 대부분의 경우에는 이를 영혼이나 신이라고 불렀다. 일본에서는 이 최고가 현인신이라는 천황이었다. 그 명칭은 사람들에 따라 달랐고, 어떻게 명명하는가에 따라 그 목소리의 형태를 바꾼다.

단, 신이나 사자(死者)는 그 목소리를 청취하는 자가 개재하지 않고서는 목소리를 인간에게 전달할 수가 없다. 프로이드가 말하듯이 '에스'의 목소리를 본인이나 사회가 어떻게 들을까에 따라 그 증상이 해소되기도 하고, 악화하기도 하는 등 다른 결과를 가져오게 된다. 그 점에 대해서는 무라카미 하

---

61) ガヤトリ・チャクラヴォルティ・スピヴァク, 本橋哲也・篠原雅武訳, 『いくつもの声-日本講演集』人文書院, 2013年, p.15.
62) 互盛央, 『エスの系譜-沈黙の西洋思想史』講談社, 2010年.

루키(村上春樹)가 종교를 다룬 작품 『IQ84』에서 주목할 만한 발언을 했다.

> 당(当) 시대에 있어서의 왕이란, 인간의 대표로서 '목소리를 듣는 자'였기 때문이
> 다. 왕은 스스로가 그들과 우리들을 연결하는 회로가 되었다. 그리고 일정기간을
> 거친 후에 그 '목소리를 듣는 자'를 참살하는 것이 공동체에 있어서는 피할 수
> 없는 작업이었다. 지상에 사는 사람들의 의식과 리틀 피플이 발휘하는 힘이 밸런
> 스를 잘 유지하기 위해서였다. 고대에는, 통치한다는 것은 신의 목소리를 듣는
> 것과 동의적(同意的)인 것이었다. 그러나 물론 그러한 시스템은 언젠가 폐지되
> 고, 왕이 살해되기도 하고, 왕위는 세속적이며 세습적인 것이 되었다. 그리하여
> 사람들은 그 목소리를 듣는 것을 그만두었다.[63]

　무라카미 하루키는 여기서 '목소리를 듣는 자'로서 왕이나 종교자가 수수께
끼의 타자의 목소리-무라카미 하루키는 리틀 피플이나 신이라고 불렀다-를
일반 사람들에게 전달하는 역할을 담당했다고 기술하고 있다. 왜냐하면 그러
한 목소리를 듣는 것은 아무나 가능한 것이 아니었기 때문이다. 기본적 인권은
평등하다는 슬로건으로는 다 처리할 수 없는 부분이었다.
　그렇기 때문에 왕이나 종교자가 수수께기같은 타자의 목소리를 듣지 못하
게 되었을 때에는 청취 능력을 가진 새로운 자가 필요하게 된다. 아마도 수
수께기의 타자의 목소리를 듣는 행위는, 이 세계에는 존재할리 없는 신을 현
세로 불러오는 것이 되기 때문에, 이러한 비이상적 논리에 동화되어 인격을
상실하거나 혹은 이에 대한 근원적인 비평을 실시하기 때문에 사회로부터
말살되는 등, 전달하는 자의 몸에 상처를 가할 수 있는 위험성도 내포하고
있다. 이 문제는 강자와 약자란 누구인가, 그것은 어떠한 의미인가라는 형태
로 후술하기도 한다.
　그러나 여기서 개인의 의식은 환상에 지나지 않고, 개개의 인간은 네이션
이나 신이라는 커다란 존재 아래에 용해되어 있다고 주장하는 것은 아니다.

---

63) 村上春樹, 『IQ84・BOOK2』前篇, 新潮文庫版, 2012年, pp.308~309.

'나'나 '당신'이라는 개인의 의식을 성립시키는 주체는, 구체적인 통일성을 갖춘 개채로서 존재할 수 없다. 개인과 개인의 '인간관계의 그물 망'으로부터 어렴풋이 엿보이는 현전하지 않는 타자의 목소리로서의 주체인 것이다.

그것은 공약(共約) 불가능하기 때문에 균질화 되지 않는 공공성의 가능성을 가져온다. 다른 한편으로 쉽게 전체화 환상도 초래한다. 누구나 고독에 견딜 수 없는 내폐(內廢)한 전체성의 일부로서, 의미가 고정화된 단수의 '대문자의 타자'의 욕망의 일부가 되고 싶어 하기 때문이다. 복수성에 의해 구성된 공공 공간이란, 이러한 개인을 감싸는 현전 불능한 환상 영역이며, 명명하기 어려운 타자의 욕망이 교차하는 공간인 것이다.

그렇다고 한다면 본 논고에서 말하는 '불가시의 금기'가 공공 공간에 항상 따라붙는 것도 피하기 어렵다고 말할 수 있다. 타자 그것이 수수께끼의 목소리인 이상 주체 속에는 반드시 열리지 않는 '사이, 틈(間)'가 존재한다. 거기에 감금되기도 하고, 살해된 타자의 울부짖음은 끊임없이 그 방에서 흘러나와 들려온다.

무라카미 하루키가 말하듯이 그 목소리를 듣는 자로서의 왕이 살해되었는지도 모른다. 그것은 우리들이 자신의 보신(保身)을 위해 살해한 누군가인지도 모른다. 혹은 자신이 죽인 자기 자신인지도 모른다. 자기 자신을 배제함으로서 공공 공간에 참입하는 것이 인정되기 때문이다. 인간의 존재 자체가 원래 폭력성을 띤 존재로서 밖에 존재할 수 없기 때문이다. 프로이드가 말하는 원(原) 아버지 죽이기나 불쾌한 것, 그것이란 그러한 인식 불능한 트라우마에서 발생한 잔존 효과와 같은 것이다.[64]

타자의 목소리는 듣는 행위는 반드시 귀를 기울이는 자에게만 들리는 것이 아니다. 그 목소리가 분열을 일으키는 목소리라고 한다면 듣는 주체는 복수의 목소리로 갈라지고, 때로는 통합을 잃기도 하고, 그 속에서 커다란 목소리에 빙의되어 버리는 것이다.[65]

---

64) ジークムント・フロイト, 中山元訳, 「不気味なもの」, 『ドストエフスキーと父親殺し/不気味なもの』光文社古典新訳文庫, 2011年.

그럼 어떻게, 이러한 말살된 수수께기 같은 타자의 목소리를 들을 수 있는 가, 여기서 바로 교섭과 분절화하는 기량이 시험대에 오르는 것이다. 여기에 공공성과 신들의 관계가 부상되어 온다. 신들이 공공 공간을 지배하는 것이라고 상정한다면 공공 공간 그자체가 개인에게는 전체를 인식할 수 없는 수수께기 같은 공간이 되고, 그러한 수수께끼 같은 타자들의 목소리에 귀를 기울이는 것이야말로 신들의 목소리를 듣는 행위일 것이다.

혹은 그 목소리가 죽은 자들로부터 들려오는 것이라고 받아들이는 것에서, 사람들은 사후에도 생명의 존재를 믿으려 한다. 아렌트가 '죽어야만 하는 존재인 인간, 그러나 죽지 않는 부분으로서의 집'이라고 표현하듯이, 공공 공간이란 개인 주체에는 다 독점할 수 없는 현전 불가능한 신들의 목소리와 시선으로 관철된 공간인 것이다.

이처럼 어느 누구의 것도 아닌, 불사(不死)의 공간이기 때문에 신들에게 바친 희생을 둘러싼 트라우마와 금기로 가득 찬 공간이 되지 않을 수 없게 된다. 경우에 따라서는 희생 된 인간이 신으로서 공공 공간에는 살고 있는지도 모른다. 그렇기 때문에 공공 공간의 내부에 사는 인간은, 이러한 희생된 사람들이나 배제된 사람들의 존재를 완전하게 잊을 수 없다.

그들의 목소리는 열리지 않는 공간의 틈새에서 언제든지 흘러나온다. 무리해서 듣지 않으면 안 된다고 하는 것보다는 이미 인간은 어떤 목소리인가에 취해진 상태에서 수수께기같은 타자라는 주체의 일부를 이루고 있다. 그렇기 때문에 오히려 그러한 목소리를 어떻게 언어화하고 물질화 해 가는가에 의해 그 수수께끼와 같은 타자의 일부로부터 자신의 개체로서의 주체를 단순히 '무경계성에 그치지 않는 경계를 유지하는 무경계성'[66]으로서 확립시켜 가는 것을 물을 수 있는 것이다.

---

65) 斎藤道雄, 『治りませんように-べてるの家のいま』 みすず書房, 2010年. 다히라 다카시(多比良孝司)에 사사를 받았다.

66) ガヤトリ・c・スピヴァク, 星野俊也・本橋哲也・篠原雅武訳, 『いくつもの声』人文書院, 2014年, p.132.

듣는 힘은 개인의 능력이 '불균질'한 이상 사람에 따라 여러 가지일 것이다. 불균질함이란, 개성의 다양함으로서 평등한 것임과 동시에 능력의 상하를 의미하는 불평등한 것이다. 거기서 '주체(subject)'라는 말의 양의성이 중요한 의미를 갖게 된다. 주체란, 첫째 법적인 '주권자(sovereign)'로 연결되는 능동적인 행위 주체 – 강함(intensity)이며 강자(the strong) – 이다. 말 그대로 '지고한'(sovereign) 존재로서[67] 사회에 관여하는 자이다. 또 하나는 '신하'(subject)로서 권력에 의한 주체화를 수용하는 수동적 주체 – 약함(fragility)이며 약자(the weak) – 이다.

양자는 일견 서로 받아들일 수 없는 듯이 보이지만, 동일한 주체라는 말에서 파생된 양의적인 관계로 파악해야 할 것이다. 공공 공간에 참입 가능한 주권자가 된다는 것은, 그 공간에 온통 둘러 채워진 권력에 따르기 때문에 허용되는 것으로, 권력의 행사를 받는 다는 수동적 입장에 자리를 두지 않고서는 능동적인 주체가 되는 것은 불가능하다. 물론 권력이라는 것은 특정한 개인이나 집단이 의도적으로 만들어내는 위로부터의 폭력에 한정하는 것이 아니라 사람들이 모이는 곳 어디에서든지 무의식중에 아래로부터 위로 올라가는 폭력도 포함된다.

반복할 필요도 없지만 천황제는, 근대 일본사회가 창출한 수수께기 같은 타자의 목소리를 듣기위한 국민화라는 주체화 장치였다. 완벽한 인격으로서 문제가 없는 현전하지 않는 신이, 특정한 인간에 수육화(受肉化) 한 단수의 현인신으로서의 천황, 혹은 국모(國母)로서의 황후이다. 지금도 메이지신궁이나 야스쿠니(靖国) 신사 등 국가신도 세력이 추진하는 천황상이다. 천황제는 그러한 사람들을 집어 삼켜 신민으로 변형시킨다.

근대 이전에는 소문자의 타자도 가능했는데, 천황제는 근대 국가신도 체제와 함께 고정된 단수의 시니피앙으로서 대문자의 타자에 덧칠 당했다. 근대 천황제란 니시타니 오사무(西谷修)나 야스마루 요시오(安丸良夫)가 지적

---

67) ジョルジュ・バタイユ, 湯浅博雄他訳, 『至高性--呪われた部分』 人文書院, 1990年.

하듯이 '타성(alterity)'에 가득찬 '복수의 목소리'를 '단수'로 변환하는 일신교적인 장치로서 기능해 왔다.[68]

그리하여 공동체는 스스로의 질서를 지키기 위해 희생자를 차례대로 죽여 갔다. 성스러운 존재로서의 천황과 불결한 존재로서의 비인이나 천민이 쌍을 이룬 연유이다. 그러나 근대 이전에는 천황도 신의 목소리를 듣는 존재였었기 때문에 자신이 신의 후예이기도 하면서 신에게 홀려 죽은 주아이(仲哀) 천황 등 전설 상의 왕도 있었다.[69] 그리고 지금도 또한 국가의 상징으로서 성화된 존재(호모 사케르)이기 때문에 기본적 인권도 박탈되고 공중 부양된 상태이다.

이러한 균질적이고 배타적인 장소에 동화된 주체를 어떻게 이화(異化)할 것인가. 장 뤽 낭시(Jean-Luc Nancy)가 '기능부전을 일으킨 공동체(lacommunauté désoeuvrée)'라고 부른 공간이나, 레비나스가 균질화 된 전체성을 비판하면서 외친 '무한성(infinity)'에 공공 공간을 열어나갈 필요가 있다.[70] 예를 들면 낸시는 이러한 기능부전을 일으킨 공동체를 '미완료야 말로 공동체의 원리'라며 '공동체의 부재는 융합을 흔들어 합일(合一)을 공중 부양시킨다'고 형용했다.[71]

여기에서는 전체의 일부가 희생으로서 예외화 되는 것이 아니라, 모든 사람이 동등하게 예외화 되는 것에서, 일부 희생이 예외화 되는 것을 방지한다. 이러한 예외화가 불균질함을 유지하면서 그것이 불평등이 아니라 다양성에 연결되는 공동체의 모습이 낸시가 기획하는 것이라고 생각된다.

들리는 타자의 목소리는 '단일한 것'이기도 되지만 '복수(plural)'로 될 수 있는 것이다. 이 경우의 복수성이란 호미 바바나 가야트리 스피박이 설파하

---

68) 山形孝夫, 西谷修, 『3・11以後この絶望の国で—死者の語りの地平から』 ぷねうま 舍, 2014年, p.71, 安丸良夫, 『近代天皇像の形成』 岩波書店, 1992年.

69) 斎藤英喜, 『アマテラスの深みへ--古代神話を読み直す』 新曜社, 1996年.

70) エマニュエル・レヴィナス, 熊野純彦訳, 『全体性と無限』 岩波文庫, 2005年.

71) ジャン＝リュック・ナンシー, 西谷修・安原伸一朗訳, 『無為の共同体-哲学を問い 直す分有の思考』 以文社, 2001年, p.63・p.116.

듯이, 균질화 된 단수가 병존하는 다수성이 아니라, 단일성이 끊임없이 다중화 하여 자기 완결하지 않는 복수성을 의미한다.[72] 그렇기 때문에 다기 에미코(大貴惠美子)가 논증한 것처럼, 천황을 위한다는 명목 아래 죽어간 특공대원의 유서도, 영령(英靈)으로서의 순사자와는 이질적인 목소리로서 듣는 것이 가능하다.[73]

그리고 천황조차도 미시마 유키오(三島由紀夫)가 소설『영령의 목소리(英靈の声)』에서 묘사한 것처럼, 말 그대로 옥체(玉體)이기 때문에 불우한 죽음을 이룬 전사자들에게 홀려서 그 신체는 이질화된 상태에 놓이게 되었는지도 모른다.[74]

이러한 낸시의 전략에 호응하듯이 아감벤은『바틀비(Bartleby)』[75]에서 고정화 된 사회적 아이덴티티를 갖는 것을 거부하는 '무위자(無爲者)'의 중요성을 '잠재력'이라고 부르고 이를 역설했다. 일견 비인(非人)이나 천민 혹은 비국민은 기본적 인권을 가진 국민으로 인정받지 못하기 때문에 '무위자'인 것처럼 보인다. 그러나 이상과 같은 논의에서 분명하게 드러나듯이 그들은 비국민이기 때문에 국민들의 공공 공간을 그곳에서 배제되면서 동시에 포섭되는 것으로 구축된 역할을 부여받고 있었다. 그에 비해 '무위자'란 배제와 포섭의 메카니즘 자체로부터 탈피한 존재이며, 질서의 파괴와 조정(措定)의 반복 관계를 공중부양 상태로 존재하는 메시아적인 힘(벤야민)에 접촉한 것이다.

아미노 요시히코는『무연, 공계, 악(無緣·公界·樂)』에서 사원 등 세상과 무연(無緣)한 세계에는 세속의 법질서로부터 해방된 자유가 있다고 기술했는데,[76] 그곳에도 사원 독자의 검단권(檢斷權)이 실제 존재하고 갖가지 처벌

---

72) Gayatri Chakravorty Spivak, Other Asias, Malden, Oxford & Victoria : Blackwell Publishing, 2008.

73) 大貫惠美子,『学徒兵の精神誌-「与えられた死」と「生」の探求』岩波書店, 2006年.

74) 三島由紀夫,「英霊の声」,『三島由紀夫全集決定版20』新潮社, 2002年.

75) ジョルジョ・アガンベン, 高桑和巳訳,『バートルビー-偶然性について』月曜社, 2005年.

76) 網野善彦,『増補・無縁・公界・楽-日本中世の自由と平和』平凡社ライブラリー,

이나 차별이 이루어지고 있었다. 세속 사회에서 보면 무연하게 보이는 세계도 또한 법질서와 차별로 관철된 공공 공간인 것이다.[77]

그리고 무엇보다도 무연이라는 세계는, 세속권력이 유연(由緣) 질서를 만들기 위해 빼놓을 수 없는 존재이며, 마찬가지로 예외적 존재로서 세속의 공공 공간을 그 외부로부터 구축하는 천황제의 시선으로부터도 자유로울 수 없었다. 그리고 천황제 측 또한 아미노 요시히코가 인정하듯이 비인이나 천민들에 의해 지탱된 것에 의해 스스로의 성스러운 권리를 유지할 수 있었다.[78]

그렇다고 한다면 아감벤이 말하는 무위자이기 위해서는 '국민 · 비국민' 혹은 '천황 · 비인 천민'이라는 이항대립 그 자체를 공중부양 상태로 두는 고민이 필요하게 된다. 근대 인간은 누구나가 식민지인이나 천민이 국민이 되기를 바랐듯이 사회에서 살아남기 위해서는 기본적 인권이 필요하게 된다.

그러나 지금까지 논의해 온 것처럼, 국민이 아니더라도 사회적 권리가 인정되는 새로운 형태의 공존 양상이 모색되지 않으면 안 될 것이다. 거기에는 국가에 유용한 국민만이 공공 공간을 만들어내는 구조는 비판되어야만 한다. 구축된 인공물로서 공익적인 공간이라는 발상 그 자체가 불필요하게 될지도 모른다. 데라도 준코(寺戸淳子)에 의하면, 그곳에는 스피박이 말한 '대리 표상'의 전제를 이루는 '말해지는 자와 말하는 자' 혹은 '강자와 약자'라는 차별조차도 증언의 목격자라는 경험에 의해 의미가 변해 갈 가능성도 열려있다고 했다.[79]

'목소리가 되지 못한 목소리'밖에 갖지 못한 사람들은 2급 국민으로서 차별받으면서도 국가 질서에 포섭되어 온 존재이다. 이러한 '무위자'의 시점에

1996年.

77) 아미노 요시히코에 대한 비판은, 細川涼一, 「中世非人論の現状と課題」, 『中世の身分制と非人』 日本エディタースクール出版部, 1994年.

78) 網野善彦, 『異形の王権』 平凡社, 1993年.

79) 寺戸淳子, 「〈ラルシュ〉で生きる『人間の条件』: ヴァニエ・アレント・クリステヴァー異邦人は招く」, 『他者論的転回宗教と公共空間』 ナカニヤ出版, 2016年 참조.

서 유용자(有用者)로서의 국민 입장을 탈구한 개인이 되는 것으로서, 공공
공간은 아렌트가 말하는 '다른 입장과의 토론을 가능하게 하는 복수성' 장
(場)으로 변해 간다. 거기서 생기는 합의는 이제 균질화를 의미하는 것이 아
니다.

타자에게는 동화 불능한 자기자신 고유의 역사를 받아들이는 것으로 전체
주의에 균질화 되지 않는 개인이 된다. 단, 그러한 실존의 본질에 동반된 고
독은 개인으로서는 완전하게 받아들일 수 없는 것이다. 그렇기 때문에 공공
공간에 메아리치는 수수께끼 같은 타자의 목소리가 개개인을 분산시킨채가
아니라 제(諸) 개인을 주체화함과 동시에 함께 포섭되어 가는 장으로서 작용
해 가게 된다.

4. '약함·약자'와 '감함·강자'

그러한 작업 과정에서 다시 '배제'와 '불평등'의 문제도 다시 자리매김 시키
게 될 것이다. 단, 공공 공간이 주체형성의 '강도(intensity)'를 참가자에게 요
구하는 이상 결과로서의 권리의 평등이 반드시 보장되는 것은 아니다. 복수
의 목소리를 듣는 것으로 주체가 성립되는 이상 거기에서 말살된 목소리를
둘러싼 트라우마적 존재를 포함해, 주체에 '된다(becoming)'라는 행위는 결
코 쉬운 것이 아니다. 그러한 의미에서는 사회란 '평등한 것'이 아니라 '불공
평한 것'이다.

그러나 전후 일본사회는 불평등한 현실이 눈앞에 존재했었음에도 불구하
고 현실은 평등하다고 덮어 숨겨왔다. 결과로서의 평등을 이념으로 주창하고
사회 성원을 균질화 하는 것으로서 극단적으로 다양성(diversity)을 배제해
왔다. 말 그대로 전후 일본사회의 좌절은 스피박이 말하듯이 "평등이 동일한
것을 의미한다"[80]고 오해한 것이다.

---

80) ガヤトリ・c・スピヴァク, 星野俊也・本橋哲也・篠原雅武訳, 『いくつもの声』人

그것은 아메리카 사회가 다양성을 불평등함과 표리일체를 이루는 것으로 긍정해 온 것과 좋든 싫든 대극(對極)을 이룬다. 그렇기 때문에 일본에서 개인의 다양성을 주장하는 자들은 '세간'으로부터 일탈 혹은 그 부정이라는 형태로 아웃사이더가 되는 것외에 주체를 유지하는 것이 불가능했다.[81] 그리고 고립을 견디지 못한 개인은 '일본적인 것'으로 회귀해 갔다.[82] 개성을 강조하는 개인과 세간은, 근대 일본의 경우 상보적인 공범관계 속에서 잉태되어 온 것이다.

결국 불균질성에 근거한 다양한 평등은, 일본에서는 익숙치않은 사고방식이었다. 그 때문에 공공 공간에서는 사회의 다테마에만이 유통되고, 개인의 혼네는 미성숙한 채로 사적영역의 어둠 속에 방치되어 왔다. 혼네와 다테마에 목소리 구별은 어떤 사회에서는 필요로 하지만, 양자가 완전히 분단되어 버릴 때 인간은 어느 쪽인가의 목소리에 쉽게 동화되어 버린다.

다른 한편으로는 사적 공간의 정동(情動)의 어둠에 의해 삼켜진 인간이다. 또 한편으로는 공공 공간의 사회통념에 동화된 인간이다. 이러한 양극화 한 주체의 모습이 서로 보완하면서 그 구성원들에게 자신이 속하는 공간에의 비판적 사고를 정지시켜 버린다. 여기서 말하는 사고방식이란, 지식량을 늘리는 것이 아니라 주체의 모습에 질적인 변화를 일으키는 행위를 가리킨다.

전후 일본의 민주주의가 내포하고 있는 문제점은, 이 평등이라는 이념과 불평등한 현실과의 인식론적인 역전 관계에 있다. 오히려 불균질한 사회라는 것을 인정하는 것이, '존재의 평등성'이라는 이념은 현실에 체현하기 불가능하기 때문에 현실에 비판적으로 개재하는 '이념'으로서 기능할 수 있다고 보는 것이다. 그러한 비판적 기능을 담당하는 것으로 픽션으로서의 자연권이 있고 도래할 합의가 존재한다고 본다.[83]

文書院, 2014年, p.41.

81) 阿部謹也, 『「世間」とは何か』 講談社現代新書, 1995年.

82) 西川長夫, 『日本回帰・再論-近代への問い, あるいはナショナルな表象をめぐる闘争』 人文書院, 2008年.

　시마조노 스스무가 설파하는 '윤리'란 이러한 현실에 대한 긴장관계를 내
포하는 이념이며 그렇기 때문에 '자기 이해에서 거리를 둔 자세'[84]가 된다.
종교도 또한 이러한 혼네와 다테마에가 섞인 언표(言表)의 장(場)임에 틀림
없다. 그곳에는 윤리가 다테마에와 혼네를 어떻게 교차시켜 가는가 그 수완
이 시험된다. 균질화된 다테마에는 폭력이 되고 혼네를 억압한다.

　한편 억압된 혼네는 미성숙한 감정이 되어 폭발하고, 공공 공간의 질서를
유지하는 것으로서 다테마에 건설을 파괴해 버린다. 혼네와 다테마에도 모두
복수성의 타자 목소리의 일종이기 때문에 그 목소리가 어떠한 역할을 하는
가는 그것을 듣는 사람의 자세에 따라 다른 것이다. 혼네를 어둠의 정동(情
動)으로부터 잘 분절화 시키면 균질화된 다테마에에 대해 비판을 행하는 것
도 가능해 진다. 그러한 의미에서 윤리를 둘러싼 스피박의 지적은 시마조노
스스무의 사고를 더 전개시켜준다.

　　윤리란 단독(單獨)적인 것과 보편적인 것 사이의 강고한 모순과 관계된 것이다.
　　윤리는 모든 인간에게 동일한 것인데, 윤리적인 것에 관여하는 훈련은 인간이
　　지극히 특수하고 단독적인 상황에서 이루어지는 것으로, 이 곤란한 모순 속에
　　파고들어가는 것을 통해 우리들은 윤리를 이해할 수 있다.[85]

　오늘날 공공성을 둘러싼 논의에서는 '약자(the weak)'라는 '타자의 목소리
를 들어라'라는 울부짖음이 울려 퍼지고 있다. 표현자 자신이, 자신도 약자라
고 칭하기도 하며, 서발턴의 생생한 목소리를 대변하는 것이라고 주장하는
것도 자주 듣는다. 그래서 약자를 자칭하는 사람들이, 자신들도 서발턴이라
고 인정해주는 정의 쪽을 환영한다. 그러한 공범관계가 도처에 나타난다. 거
기에는 어떠한 목소리라도 약자라는 이름 아래 정당화되어 버릴 위험성이

83) 苅田真司,「宗教と公共性-「境界」から「空間」へ」,『宗教と公共空間』東京大学出版会,
　　2014年.
84) ガヤトリ・c・スピヴァク, 星野俊也・本橋哲也・篠原雅武訳, 앞의 책, p.95.
85) ガヤトリ・c・スピヴァク, 星野俊也・本橋哲也・篠原雅武訳, 앞의 책, p.81.

존재한다. 게다가 '대리 표상' 행위에 의해 '복수의 목소리'가 '단일 목소리'로 균질화 되어 버리는 것이다.

스스로를 약자라고 규정할 수 있는 능력이 약자에게 있는 것일까. 서발턴이란 공공 공간에 참입 자격이 박탈된 존재에 대해 부르는 이름인 이상, 사회적 스티그마를 낙인찍힌 이해 불능한 존재이며, 스스로 약자라고 말할 수 있는 목소리 자체를 빼앗긴 자가 아닌가. 그러나 분명 인간은 누구나 목소리는 갖고 있다.

그러나 서발턴은 이야기를 해도 들어줄 사람이 없다. '스스로를 서발턴'이라고 말할 때 '이미 서발턴이 아니라'는 스피박의 지적은 정곡을 찌르는 표현이다. 그렇기 때문에 '대리 표상'(사이드)나 '증언'(데라도 준코〈寺戸淳子〉) 혹은 '공양 희생'(미야모토 아라타〈宮本新〉)이라는 행위가 타자를 향한 매개 행위로서 필요해지는 것이다.

자신도 약자와 동일한 입장에서 '대리 표상'이 가능하다고 하는 신념도 또한 대상과의 친밀성 욕망에 사로잡힌 표현자의 환상에 불과하기 때문이다. 그들도 또한 자신 내부에 복수적인 이질성을 내포하는 것을 포기하고, 전체의 일부로 동화되고 싶어 하는 욕망에 사로잡혀 있는 것이다. 약자야 말로 진리를 담당한다고 하는 환상, 그것이 스스로의 책임이라는 무게에 견딜 수 없는 강자의 바람이 만들어낸 것인지도 모른다. 그러나 여기서는 무의식 중에 공약 불능성이 포기된 인간관계를 목표로 하기 때문에 이러한 공공 공간이 실현된다면 이해 불가능적인 존재로 계속 머무르는 현실의 서발턴은 그곳에서 배제되어 버리게 된다.

그러한 불평등한 사회 실현을 막기 위해서야말로 본 논고에서 말하는 공공성 논의는 존재하는 것이다. 데라도 준코(寺戸淳子)가 해명하듯이, 말 그대로 약자란 선의에 의한 균질화를 흔드는 존재인 것이다. 그를 위해서라도 공공 공간에서 주권을 확립하면서도 그 주체를 기능부전화(機能不全化) 할 수 있는 강도(intensity)를 가진 존재가 공존자로서 필요하게 된다. 아감벤의 표현을 빌리자면 '누구누구로서 존재하기는 하지만, 완전한 누군가가 되는 것을 피하는 것'과 '어느 누구로도 되지 않는 것'은 역시 다른 사태인 것이다.

약자의 증언이기 위해서는 그 증언 현장에 멈추어 설 수 있는 불공평한 현실을 직시하는 강함이 요구된다. 마찬가지로 자기를 사회에 희생으로 공양하려고 한다면, 현세에서는 보답 받지 못하는 무상(無償)의 사랑이라는 신비적인 강인함이 필요하다. 그곳에서야말로 자신보다도 타자의 이익을 존중하는 것이 요구되어지기 때문이다. 분명히 누군가의 목소리를 듣는 것이라면 가능할 수도 있다. 그러나 수수께끼 타자의 목소리를 스스로의 주체를 통해 복수의 목소리로 변환시키면서도 그 목소리에 빙의되지 않기 위해서는 그 주체는 강인함을 가지면서도 그 강인함이 얼마나 연약한 것인가, 그 약함을 자각하는 것이 필요하다.

그러나 그것은 약자를 대변 표상할 수 있다고 자인하는 의식의 강자(the strong)는 아니다. 오히려 스스로의 희생성, 공공 공간의 일원이라는 자격을 향수하고 있는 것을 부끄러워하는, 가상적(可傷的, vulnerable) 관계에 적극적으로 나아가는 강함이지 않으면 안 될 것이다. 스피박이 명쾌하게 논했듯이 강자와 약자가 동일한 입장에서 참가하는 민주주의는 현실에는 존재하지 않는 것이다.[86]

그러한 불평등한 현실을 인식하는 것으로 타자 속에서가 아니라 자신 속에 존재하는 약함이나 어두움을 정면으로 인정하는 감수성도 또한 키우지 않으면 안 된다. 오만한 강인함이 탄력성을 갖는 약함으로 바뀌거나 사회적인 약함이 무위자로서 강함으로 전환될 가능성도 열릴 것이다.

가상적인 강함과 표상 불가능한 약자가 함께 존재하는 것으로 공공 공간은 유용자를 위한 공익 공간(公益空間)임을 폐기하고, 기능부전을 일으킨 복수성의 이질적 공간으로 변모할 가능성도 열린다. 현재의 헤이세이(平成) 천황이 가령 평화 사상의 실천자라고 하더라도, 그가 신들의 제주(祭主)이며 국민이 받드는 신의 후예인 천황제의 일부인 이상, 천황제는 사회에 내재하는 기능부전을 은폐하고 국민 주체라는 환상으로 사람들을 흡수해 버린다.

---

86) ガヤトリ·c·スピヴァク, 星野俊也·本橋哲也·篠原雅武訳, 앞의 책, pp.76~77.

이러한 자기 탐익적인 위험이 있기 때문에 공공 공간이 타자와 마주할 장소라고 규정한 한나 아렌트나 위르겐 하버마스에 대해 오히려 타자와 결코 마주하지 않으려는 현실의 공공 공간을 논의해야 하는 것이다. 그럼으로써 겨우 '강자와 약자'라는 이항대립이 '약함과 강함'이라는 상보적인 관계로 변용되어 갈 계기가 열릴 것이다.

인간은 선량하기 때문에 반드시 서로 이해할 수 있다. 그러한 완전함을 사회나 개인이라는 주체에 투영하는 감정적인 전이(轉移) 상태에 계속 사로잡히게 되면 교활함이나 폭력 등 '악의 범용함(banality of evil)'이야말로 자신이 사는 곳의 공공 공간을 구성하는 또 하나의 기본 성질이라는 것을 그 사회 구성원은 못 보게 된다.

왜냐하면 자기 내부에 잠재된 악을 인정하지 않는 자는 타자에게 그 악을 폭력적으로 떠맡기기 때문이다. 아렌트가 '악의 범용'이라고 부른 선량한 시민은 공동체의 가치규범에 반하는 개인적인 악을 행하지 않기 때문에 공동체 규모에서 행하는 악에는 전혀 저항할 수 없다.[87]

그곳에서 무라카미 하루키(村上春樹)가 '공기 번데기(空気さなぎ)'라고 표현하듯이 리틀 피플에 빙의된 공허한 주체가 만들어지게 되는 것이다. 그들의 선량함이란 전체성의 일부로 손쉽게 동화되어 버리는 무사고성에서 생긴 것이다. 선량하다는 것과 타자의 고통을 배려한다는 것은 반드시 일치하지 않는다. 물론 인간은 누구나 자신 내부 속에 그러한 범용한 악이 존재한다는 것을 어렴풋이 알고 있다. 그렇기 때문에 오히려 공공 종교론과 같은 피해지의 종교 볼런티어활동과 함께 천황제에 의한 국민 구제라는 현실을 아름답게 보이도록 하는 이야기를 선호하게 된다.

그러나 마조리티인 국민이 보는 아름다운 꿈 때문에 한 사람의 생체적 생신(生身) 인간을 현인신으로 성별화(聖別化)하기도 하고, 소수자를 천민으로서 공동체의 희생으로 공양해도 좋은 것일까. 국민이 '공민(公民)'일 수 있다

---

87) ハンナ・アレント, 大久保和郎訳, 『イェルサレムのアイヒマン-悪の陳腐さについての報告』みすず書房, 1969年.

면 이러한 호모 사케르들은 공동체의 예외적 존재로서 공중 부양된 채로 좋은 것이 아닌가. 아마도 '종교·종교적인 것(religion·the religious)'이라고 표현해 온 것은, 이러한 희생과 함께 공공 공간을 만들어내는 시스템이기도 하며 그 비판도 가능하게 하는 양의적인 담론이며 실천일 것이다.[88]

포스트 모더니즘, 포스트 콜로니얼리즘 비평을 지나/거쳐 포스트 민주주의 사상에 도착한 현재에 있어서는, 이전처럼 어느 한 대(大)학자가 사회전체를 바꾸는 비전을 실천하는 것은 거의 불가능할 것이다. 공공 공간으로서의 사회가 수수께끼같은 타자의 목소리가 메아리치는 복수성의 숲인 이상, 하나의 사상이나 특정한 사람들에 의해 사회 방향을 바꾸는 것은 불가능하다. 그러한 점에서 천황제뿐만 아니라 진리측에 서는 지식인이라는 발상도 또한 동일한 위험성을 내포한다: 그러한 입장의 불가능성을 보여주는 것이 필자의 일관된 문제로서 다루어 온 '복수성'이라는 개념인 것이다.

이 깊은 숲속에서 많은 사람들의 찬동은 얻을 수 없을지라도 마조리티가 되지 못해도 몇 명뿐이라 하더라도 사회의 '밀항자' 혹은 '밀통자'로서 살아가는 것도 가능하지 않을까. 이케가미 에이코(池上英子)가 말하듯이 공공 공간이란 사회 전체를 뒤덮는 단일한 것이 아니라 지역이나 직장, 가족 등 우리들 가까이에서 사람과 사람이 만다면 반드시 생겨난다.[89] 그곳에 애환의 숫자와 동일하게 희망도 생겨난다. 이러한 가까운 곳이기도 하면서 이화(異化)된 공간에 뿌리내리는 삶을 스피박은 '비판적 지역주의', 야마오 산쇼(山尾三省)는 '고향성'이라고 불렀던 것이다.[90] 그러한 생을 보내기위해서라도 단일화된 대문자의 타자의 향락에서 해방되어 자기 자신이야말로 유일한 진실의 목소리가 들린다는 환상에서 탈출했으면 한다.

88) 田辺明生, 「現代インドにおける宗教と公共圏」, 『宗教と公共空間』 東京大学出版会, 2014年. 三原芳秋, 「書評·磯前順一·尹海東『植民地朝鮮と宗教』」, 『図書新聞』, 2013 年 4月 27日.

89) 池上英子, 『美と礼節の絆-日本における交際文化の政治的起源』 NTT出版, 2005年.

90) ガヤトリ·C·スピヴァク, 鈴木英明訳, 『ナショナリズムと想像力』 青土社, 2011年. 山尾三省, 『ここで暮らす楽しみ』 山と渓谷社, 1998年.

거기에는 세계에 대해 올바르다고 믿는 자신의 목소리를 이해시키는 것
보다 수수께기의 세계의 목소리를 우선 어떻게 들을 것인지를 묻는 것이
다.91) 어린 시절에 키가 커 보이고 강해보였던 어른들을 이제는 볼 수가 없
다. 진실한 사람이 되려고 했던 나 자신을 포함해 누구나가 모두 '나에게는
아무것도 안 보인다, 나는 바보인가'라고 타인의 목소리에 겁을 내던 벌거숭
이 임금님 나라에 '세상도 자아'도 사는 것이다. 사실 모두 완벽하거나 올바
른 것에 도달할 수 있는 것이 아니라 거기에 포함된 복수의 존재를 통해, 결
코 현전하지 않는 수수께끼 같은 타자의 목소리들이 부분적으로 또한 뒤틀
린 형태로 메아리치는 것 뿐임을 자각해야 한다고 생각한다. 필자는 바로 이
러한 인식 위에서 공공성을 둘러싼 논의가 출발되어야 한다고 본다. 그리고 이
세계를 사는 자는 누구나가 조금씩 '병'을 앓고 있는 것을 자각할 필요가 있는
것이다.

---

91) 柄谷行人, 『日本精神分析』 文芸春秋, 2002年.

제3부
역사와 혈통론
- 횡단과 재귀

제6장
'계보'의 아이덴티티와 '혈통론'의 정치성
―전(箋)에서 전(傳), 그리고 역사로―

1. '천황계보론'의 발생과 '탈(脫)사물화'의 사이

 본 장에서는 일본의 천황론 구축의 대미를 장식한 오카와 슈메이(大川周明)의 '천황계보론'이 갖는 특징을 밝혀 내고자 한다. 오카와 슈메이의 천황론을 이해하기 위해서는 우선 오카와 슈메이가 최초로 집필한 천황계통론에 관한 논고를 확인하지 않으면 안 될 것이다. 그 '천황론/계보론'이 바로 『열성전(列聖伝)』인데, 이 『열성전』은, 일본 내부에서 전개된 다른 천황 계보들과의 관계 속에서 오카와 슈메이가 독창적으로 구성해 낸 '역사서=천황계보론'이었다.

 이러한 오카와 슈메이의 독창적 천황계보론의 특징을 밝혀내기 위해, 그 당대적/시대적 전체 배경을 함께 고찰해 보기로 한다. 그 중에서도 특히 본 논고에서는 오카와 슈메이가 「열성전」이 완성되는 과정을 1899년 구황실전범이 마련되던 시기, 1903년의 황통보령이 제정되던 시기로 나누어 다른 황통계보들과의 공통점과 차이점을 살펴본다. 왜냐하면 이 두 시기가 명확하게 구분되어 천황계보론이 완성되어져 갔기 때문이다. 그리고 오카와 슈메이가 직접 제시한 『본조황윤소운록(本朝皇胤紹運録)』과 『군서류종(群書類従)』의 「황윤소운록(皇胤紹運録)」, 「석일본기」, 「고본제왕계도(古本帝王系圖)」의 비교를 통해 그 특성을 구체적으로 들여다보고자 한다.

 일반적으로 일본 내에서 참조되는 『본조황윤소운록』은, 시대에 따라 변용되어가면서 천신(天神)과 지신(地神), 아마테라스 오미카미(天照大神), 진

무(神武) 천황의 분리가 이루어지고, 진구(神功) 황후의 천황 가열문제, 제98
대 조케이(長慶) 천황, 제39대 고분(弘文) 천황, 제47대 준닌(淳仁) 천황, 제
85대 주쿄(仲恭) 천황의 문제, 남북조(南北朝) 천황 배열문제에 초점이 맞추
어진다. 그리고 천황 계보의 중요한 특성인 구성 형식이 황자(皇子)를 어떻
게 표기하는가에 있었다.

이를 구체적으로 고찰하기 위해 존황양이파의 입장 그리고 지방 번(藩)에
서 간행된 천황 계보의 저술이 그 입장에 따라 어떻게 다른지도 살펴볼 필요
가 있다. 이러한 천황 계보가 1903년의 황통보령의 규정이 제시되면서 남조
정통론을 정당화 해 가는 프로세스의 규명인 것이다. 한편으로 계보의 흐름
도 인지하면서 오카와 슈메이가 만세일계론(萬世一系論)을 체계화시키고,
다시 천황 계보를 나열하는 것에 그치는 것이 아니라 천황을 중심으로 하는
역사를 재현시켜내는 논리를 조감할 수 있을 것이다.

결국 오카와 슈메이의 천황 계보 연구는, 연구 대상으로서 '천황 계보'를
비판적으로 보는 것이 아니라, 그 천황 계보의 완결성을 추구하는 형태를 갖
게 되었다. 이것은 사상가의 내러티브에 은폐된 담론 수행이라고 볼 수 있는
데, 일본 내부에서 상식으로 공유되고 실체성을 갖고 있다는 전제에서 천황
계보를 기술하는 것이 갖는 문제점이기도 하다. 즉 과거로 거슬러 올라가 천
황 계보를 구축해 낸다는 것 자체를 실행하는 것이, 이미 그 해석의 옳고 그
름을 떠나서 실은 천황 계보를 학문적 담론으로 '제작=산출(産出)'해 가는 것
이었기 때문이다.[1]

이러한 점은 오카와 슈메이가 결국 그 천황계보론을 상대화하지 못하고,
그 자장에 갇히게 되는 문제를 '탈(脫)사물화'[2]의 문제로 확대 해석해 볼 수

<hr/>

1) 桂島宣弘, 「「他者」としての「民衆」へ」, 『江戸の思想』10, ぺりかん社, 1999年,
pp.147~161.
2) 酒井直樹, 『過去の声』 以文社, 2003年, pp.30~31. 탈사물화란, 사카이 나오키(酒井直
樹)가 제시한 개념인데, 이는 동시대의 내부 경험을 중시하는 내부적 시선과 그 내부
적 시선을 상대화하려는 외부적 시선을 동시에 의식하는 '입각점'을 조각하는 것을
가리킨다.

있다. 사카이 나오키가 사용한 탈사물화라는 용어인데, 오카와 슈메이가 방
법으로 사용한 '천황계보론'이 일본의 천황을 상대화 하는 것이 아니라, 일본 내
부의 계보론을 더 체계적으로 완성하는데 빠지는 논리의 규명인 것이다.

2. 「황조기년전」에서 「열성전」으로

오카와 슈메이가 최초로 집필한 역대 천황론인 「열성전」은 1912년 봄에
집필을 시작해 1913년 6월에 일단락되었다.[3] 거의 1년에 걸친 작업이 되는
셈이다.[4]

이 「열성전」은 오쿠라 마고베이(大倉孫兵衛)가 자신의 고희(古稀)를 축하
하고, 그 기념으로 메이지 천황을 기리기 위해 『역대천황어전(歷代天皇御伝)』
를 출판하려는 했는데, 그 초고를 마쓰무라 가이세키(松村介石)가 오카와 슈
메이에게 의뢰[5]한 것이 계기가 되었다. 오쿠라 마고베이로부터 경제적으로
지원을 받고 있었던 오카와 슈메이는 이를 수용했고, 오카와 슈메이 표현대
로『역대천황어전』을 편찬하기 위해 '연구'를 시작하게 된 것이다. 특히 오카

3) 廣瀬重見, 「未刊研究資料 大川周明稿『列聖伝』(その8)」, 『藝林』55(2), 藝林会, 2006
年, p.145.
4) 廣瀬重見, 「未刊研究資料 大川周明稿『列聖伝』(その1)」, 『藝林』52(1) 藝林会, 2003年,
pp.160~190. 廣瀬重見, 「未刊研究資料 大川周明稿『列聖伝』(その2)」, 『藝林』52(2),
藝林会, 2003年, pp.145~166. 廣瀬重見, 「未刊研究資料 大川周明稿『列聖伝』(そ
の3)」, 『藝林』53(1), 藝林会, 2004年, pp.109~148. 廣瀬重見, 「未刊研究
稿『列聖伝』(その4)」, 『藝林』53(2), 藝林会, 2004年, pp.164~196. 廣瀬重見, 「未刊研究
資料 大川周明稿『列聖伝』(その5)」, 『藝林』54(1), 藝林会, 2005年, pp.123~154. 廣瀬重見,
「未刊研究資料 大川周明稿『列聖伝』(その6)」, 『藝林』54(2), 藝林会, 2005年, pp.169~200.
廣瀬重見, 「未刊研究資料 大川周明稿『列聖伝』(その7)」, 『藝林』55(1), 藝林会, 2006年,
pp.147~172. 廣瀬重見, 「未刊研究資料 大川周明稿『列聖伝』(その8)」, 『藝林』55(2), 藝
林会, 2006年, pp.132~151.
5) 大川周明, 「偶然なる思想の一大転換」, 『大川周明関係文書』 芙蓉書房出版, 1998年,
p.80. 廣瀬重見, 「大川周明稿『列聖伝』」, 『藝林』第52巻 第1号, 藝林会, 2003年, p.162.

와 슈메이 자신이 회고하면서 언급한 내용중에 관심을 갖고 보아야 하는 대목이 『역대천황어전』 즉 '전(伝)'이라고 한 점이다. 그리고 왜 『역대천황어전』 인가라는 문제와 오쿠라 마고베이와 마쓰무라 가이세키, 오카와 슈메이의 관련성이다. 왜냐하면 이들과의 사상적 연계가 오카와 슈메이의 저술에 녹아있기 때문이다.

오카와 슈메이는 마쓰무라 가이세키가 주재하는 도회(道會)에 참여하고 있었는데, 이 단체의 재정적 지원자는 오쿠라 마고베이였다. 오쿠라 마고베이는 오쿠라(大倉)서점을 운영하다가, 모리무라 이치자에몬(森村市左衛門) 과의 일본도기(日本陶器) 사업에 관여한다.6) 오쿠라 마고베이의 어머니가 모리무라 이치자에몬과 이종사촌간이었다. 즉 오쿠라 마고베이와 모리무라 이치자에몬은 친척관계였다.

이들은 모리무라구미(森村組)를 일으켜 실업가로 알려졌고, 각종 사회 사업에도 관여했다. 그 중에서도 특히 후쿠자와 유키치(福沢諭吉)와 함께 북리(北里)연구소 창립을 원조했고, 나루세 진조(成瀬仁蔵)의 일본여자(日本女子)대학, 하스누마 몬조(蓮沼門三)의 「수양단(修養団)」을 후원했다. 또한 교화단체나 특지가(特志家)를 원조했다.7)

이러한 인연은 마쓰무라 가이세키와 나루세 진조로 연결된다. 오시카와 마사요시(押川万義)의 뒤를 이어 니가타(新潟)여학교 교장을 지낸 나루세 진조가 마쓰무라 가이세키를 니가타 여학교에 초빙했었다. 그리고 1912년 6월에는 귀일협회(歸一協會)를 설립하기도 했다.8)

이 귀일협회는 원래 1911년 여름 나루세 진조가 시부자와 에이이치와 모

---

6) 砂川幸雄, 『製陶王国をきずいた父と子-大倉孫兵衛と大倉和親』 晶文社, 2000年, pp.1~292. 砂川幸雄, 『大倉陶園創成ものがたり』晶文社, 2005年, pp.1~269. 若宮卯 之助, 『森村翁言行録』大倉書店, 1929年, pp.120~121.
7) 若宮卯之助, 『森村翁言行録』大倉書店, 1929年, pp.124~125.
8) 島田昌和, 「経営者における道徳と宗教」, 『経営論集』第17巻 第1号, 文京学院大学総合研究所, 2007年, pp.7~11, 高橋原, 「帰一教会の理念とその行方」, 『宗教学年報』20, 東京大学文学部宗教学研究室, 2003年, pp.43~54.

리무라 이치자에몬과의 협의에 의해 시작되었고, '현대사상 재건'과 '종교 통일'을 슬로건으로 내걸고 있었다. 1910년의 대역사건이나 사회주의 사상의 유입에 의해 국민통제의 논리로서 종교에 기대는 방향이었다.9) 1909년 '무신조서(戊申詔書), 그리고 1912년 2월의 삼교회동(三敎會同)'을 거쳐, 아네자키 마사하루에 의해 개최된 교육가와 종교가의 간담회가 이루어지면서 본격화된다. 이 회의에는 이노우에 데쓰지로, 다카난 준지로(高楠順次郎), 마쓰무라 가이세키(松村介石) 등이 참여했는데10), 이는 오카와 슈메이가 영향을 받은 인물들이기도 하다.11) 특히 귀일협회는 "귀일(歸一)의 대세를 관찰하면서 이를 연구하여 일국의 문명에 이바지한다"12)는 슬로건을 내걸고, 계몽활동을 전개했다.13)

　이러한 귀일협회에서 활동한 오쿠라 마고베이와 마쓰무라 가이세키는 신시대의 지도 이념을 만들어 내기 위해 노력했는데, 그것은 계급, 국민, 인종, 종교의 귀일이었으며, 정신계의 통일점을 고안해 내는 것이었다. 국민통일을 가져올 수 있는 귀일사상을 지향하고 있었다.14) 그러한 의미에서 오쿠라 마고베의『역대천황어전』에 대한 관심, 그리고 모리무라 이치자에몬, 마쓰무라 가이세키가 관여했던 귀일사상과 무관한 것이 아니었다.

　오쿠라 마고베이가 출판사를 건립하던 시기는 1875년 출판사 조례법이 허가제에서 신고제도 바뀌면서 새로운 정보시스템 사회의 서막을 열던 시대였다. 말 그대로 일반 대중이 리터레시가 가능한 시대의 근세문화의 특징인 그래픽적인 유산을 오쿠라출판사가 계승하고 있었던 것이다. 오쿠라 마고베이

9) 高橋原,「帰一教会の理念とその行方」, 앞의 잡지, p.43.
10) 前川理子,『近代日本の宗教論と国家』東京大学出版会, 2015年, pp.90~91.
11) 大川周明,「安楽の門」,『近代日本思想大系21 大川周明集』筑摩書房, 1975年, p.284.
12) 沖田行司,「国際交流を推進する平和主義教育構想」,『公益の追求者渋沢栄一』柳川出版, 1999年, p.243.
13) 島田昌和,「経営者における道徳と宗教」,『経営論集』第17巻 第1号, 文京学院大学総合研究所, 2007年, p.43.
14) 高橋原, 앞의 잡지, p.44.

는 1879년에 「황조기년전(皇朝紀年箋)」을 발간했다. 그리고 1899년 제국헌법 발표 이후 제국헌법의 내용이 영국이나 미국과 다른 대의정체(代議政体)를 설파하는 것이라고 주장하던 시기에 오쿠라 출판사는 1883년에 『대의정체원론』을 발간하기도 했다.[15]

이러한 오쿠라 마고베와 그의 출판사업 활동에서 드러나듯이 국가 내부의 시대적 흐름을 추종하는 입장이었다. 달리 말하자면 국가와 거리를 두는 것이 아니었다. 일본의 전통적인 것을 영업종목으로 한다거나 니시키에(錦絵) 등에 황거(皇居), 헌법발표 등등을 그대로 게재하고 선전하고 있었다. 국책사업이라고까지 말할 수는 없지만 거의 국가 정치의 흐름을 따르는 입장이었던 것이다. 그러한 의미에서 본다면, 이 「황조기년전」 또한 시대적 흐름에 맞춰 기획적으로 나온 것이라고 볼 수 있을 것이다. 그러한 의미에서 이 시기의 국가적 특징을 그대로 반영하고 있다고 볼 수 있을 것이다.

사실 「황조기년전」은 총 여섯 페이지 정도로 역대 천황을 배열한 소책자에 불과했다. 앞의 세 페이지는 천황의 배열이고, 나머지 세 페이지는 원년(元年)을 배열해 둔 것이었다. 진무(神武) 천황부터 시작하여 메이지 천황까지를 연대순으로 배열하고, 고토쿠(孝徳) 천황을 원년의 시초로 설명했고, 그 원호는 다이카(大化)라고 기술했던 점에 큰 특징이 있었다.

그리고 남조를 정통으로 표기하고, 북조 천황은 역대(歴代)의 섭위(攝位)가 아니라고 설명하면서도 고우겐(光厳), 고묘(光明), 스코(崇光), 고코곤(後光厳), 고엔유(後円融) 천황을 나열했다.[16] 즉 남조정통론의 입장이기는 했지만, 북조 천황도 병렬적으로 배열해 두는 방식이었다.

이처럼 「황조기년전」은 말 그대로 편지지에 적은 메모장 정도의 '전(箋)'

---

15) 鈴木恵子, 「近代日本出版業確立期における大倉書店」, 『英学史研究』第18号, 日本英学史学会, 1985年, pp.101~104. 특히 1899년 제국헌법이 발포되자 『신황거정전헌법발포식그림(新皇居於テ正殿憲法発布式之図)』과 『헌법발포제산관병식진도(憲法発布齊山観兵式真図)』의 니시키에(錦絵)를 제작하기도 했다. 그리고 1889년 11월 3일 천장절(天長節)에 오쿠라 마고베이 양지점(洋紙店)을 창립했다.

16) 太田正隆, 「皇朝紀年箋」 大倉出版社, 1879年, pp.1~3.

이었다. 오쿠라 마고베는 메모장 정도에 지나지 않는 「황조기년전」을 더욱
보충하여 자신의 고희 기념으로 『역대천황어전』을 간행하기위해 이를 마쓰
무라 가이세키(松村介石)에게 부탁하였고, 마쓰무라 가이세키가 도회(道會)
에서 함께 활동하던 오카와 슈메이에게 이를 부탁했고, 오카와 슈메이가 수
락하면서 「열성전」으로 저술된 것[17]이었던 것이다.

오카와 슈메이는 「황조기년전」의 '전(箋)'이 『역대천황어전』인 '전(伝)'으
로 만들 것을 목표로 하면서 '역대 천황'의 의미로서 '열성(列聖)'을 사용하고
'전(伝)'을 그대로 사용해 「열성전」이라고 명명한 것이다. 하나의 편지나 메모장
의 '전(箋)'에서 어전(御伝) 즉 전기(伝記)적 성격을 갖는 '전(伝)'으로 〈의미〉가
바뀌어 간 것이다.

그것은 정전(正伝)에 누락된 것을 기록하는 전(伝)의 의미인 동시에 그것
은 역사 기술의 한 방식에 가까워진다는 역설이 존재했다. 다시 말해서 전
(箋)이, 오카와 슈메이가 제시하듯이, 일본사연구를 보태면서 사전(史伝)으
로 재탄생했고, 그것에는 시대적 이데올로기가 부착되어가는 과정이기도 했
던 것이다.

다시말해서 이데올로기가 부착된다는 의미는, 오카와 슈메이 자신이 회고
하면서 밝힌 귀일(歸一) 정신 즉 "조금 상세하게 이번 달 『연정미술(研精美
術)』의 「일본예술사(日本藝術史)」의 머리말에 기술해 두었다"[18]고 한 부분
을 살펴보면 이해가 가능해진다. 그런데 오카와 슈메이가 밝힌 이 잡지를 직
접 확인해 보면 오카와 슈메는 「천지의 마음을 참향하라(天地の心に參向せ

17) 廣瀬重見,「大川周明稿『列聖伝』の考察」,『藝林』56卷 2号 藝林會, 2007年, pp.128~129.
   열성(列聖)이 갖는 의미는 히로세 시게미(廣瀬重見)가 제시하듯이, 오카와 슈메이가
   직접 「열성전」에 제50대 간무(桓武) 천황이나, 제72대 시라카와(白河) 천황, 제122대
   메이지 천황의 신한(宸翰)을 인용하면서 '역대천황'의 의미로 사용한 것을 제시했는
   데, 이렇게 보면 역대 천황의 전기를 「열성전」으로 호칭한 것으로 볼 수 있다. 사전
   적 의미로 본다면, 대대(代代)의 천황 혹은 역대(歷代)의 성주(聖主)를 가리키거나
   카톨릭에서 성인(聖人)의 지위에 열(列)하는 것으로 되어있는데, 이를 일본에서는
   역대 천황을 가리키는 경우로 사용되었다.
18) 大川周明,「榊原政雄(推定)宛」,『大川周明関係文書』芙蓉書房出版, 1998年, p.396.

요)」라는 글을 게재했고,[19] 「일본예술사」라는 제목으로 글을 게재한 것은 고이케 소코(小池素康)였다.[20]

고이케 소코는 『연정미술』의 주간이었는데, 무엇보다도 "우리 대황국(大皇國)은 천지개벽 이래 만세일계의 천황국가를 통치 해 온 대대의 천황은 항상 신민의 무육(撫育)에 어심(御心)을 번잡하게 만들었고 황조(皇祖) 황종(皇宗)을 받들어 모시고, (…) 상하가 마치 부조(父祖)의 황통처럼 본종의 지말(支末)처럼 이것이 실로 우리 국체의 세계 만국에 관절(冠絶)한 것이다. 대대의 천황의 성덕을 발양하고 국인(國人)으로 하여금 충경(忠敬)을 성실하게 알현하여 황예(皇裔)를 받들어 이를 자손에게 전하여 대황국을 천양무궁으로 지켜, 대어광(大御光)을 세계에 빛나게 할 것"[21]이라고 밝힌 것에서 알 수 있듯이, 일본의 만세일계를 '국가 선전을 추종하고 합리화'하기 위해서 황통의 연속성을 주장한 인물이었다.

오카와 슈메이는 만세일계와 귀일사상을 의식하고 있었던 것이다. 그렇다면 과연 이러한 논리들을 어떠한 방식으로 천황 계보와 연결시키고 있었던 것일까.

오카와 슈메이의 「열성전」은 천황을 배열하고 천황 대수를 제시하는 황통 계보적 성격을 갖고 있었다. 이 「열성전」 집필하기 위해 오카와 슈메이는 「황윤소운록(皇胤紹運錄)」과 「석일본기」, 「고본제왕계도(古本帝王系圖)」를 참고했다고 밝혔다.[22] 구로이타 가쓰미가 천황의 황대기(皇代記)에 대한 부분에서

19) 大川周明, 「天地の心に參向せよ」, 『研精美術』 72号, 美術研精会, 1913年, pp.1~4. 신도적 입장의 이노우에 마사카네(井上正鐵)는 천지의 마음(天地の心)에 대해 '천(天)은 아마테라스 오미카미(天照大神)를 가리키며, 지(地)는 오쿠니 누시노미코토(大国主命)를 가리키는 것'이라고 설명했다. 井上正鐵, 『唯一神道問答書合卷』 加藤直鐵, 1898年, p.40.
20) 小池素康, 「日本藝術史(4)-飛鳥朝時代」, 『研精美術』 79号, 美術研精会, 1913年, pp.5~13.
21) 小池素康, 『日本制度大要(全)』 敬業社, 1903年, pp.18~20.
22) 廣瀬重見, 「大川周明稿『列聖伝』の考察」, 『藝林』 56卷 2号 藝林會, 2007年, p.131.

'보통역사가가 참고하는 것은 『본조황윤소운록(本朝皇胤紹運録)』[23)]이라고
기술했듯이 이 저서는 하나의 정전이었던 것이다. 그리고 이 『본조황윤소운
록』은 줄여서 『소운록(紹運録)』이라고도 하는데 오카와 슈메이는 「황윤소운
록(皇胤紹運録)」이라고 표기했다.

보통 『본조황윤소운록』하면 대표적으로 도우인 미쓰스에(洞院満季)의 『본
조황윤소운록』을 참고하는데, 그렇지만 이것 마저도 사본(寫本)이다. 이 사
본은, 사본들간에 이동(異同)이 매우 커서 그 전체 파악이 쉽지 않은데,[24)]
이 『본조황윤소운록』은 대부분 하니와 호키이치(塙保己一)의 『군서류종(群
書類從)』에 수록된 「황윤소운록」을 참고하기도 한다.[25)]

특히 오카와 슈메이가 『본조황윤소운록』이라고 적지 않고 「황윤소운록」이
라고 표기한 것은 이 하나와 호키이치의 『군서류종』에 수록된 「황윤소운록」
을 참고했기 때문은 아닐까 하는 생각이 든다. 그렇지만 실제로 어떤 부분을
참고로 했는지를 살펴보기 위해서는 1539년 발간의 『본조황윤소운록』과
『군서류종』에 수록된 「황윤소운록」을 동시에 살펴볼 필요가 있다.

『본조황윤소운록』이나 『군서류종』에 수록된 「황윤소운록」은 모두 전체
천황을 도면 형식으로 제시하면서, 천황의 형제까지도 제시했다. 단순하게
천황을 대수로 나열하면서 그 천황에 대해 소개하는 형식이 아니라, 족보도
(族譜圖) 형식으로 제시했다.

『본조황윤소운록』은 천신(天神)을 제7대로 하고 지신(地神)을 제5대로 표
기했는데, 천신은 구니노토코타치노카미(國常立尊)에서 시작하고, 지신은 아
마테라스 오미카미(天照大神)로 이어갔다. 그리고 인황(人皇)으로 진무 천황

---

23) 黒板勝美, 『国史の研究(全)』文会堂, 1908年, pp.86~89. 구로이타 가쓰미는 보통역사
   가가 참고하는 것은 『본조황윤소운록』이라고 기술했는데, 오카와 슈메이도 이를 참
   고로 했다.
24) 小倉慈司, 「『本朝皇胤紹運録』写本の基礎的研究」, 『国立歴史民俗博物館研究報告』第
   163集, 国立歴史民俗博物館, 2011年, pp.293~312.
25) 塙保己一, 「皇胤紹運録」, 『群書類從』第4輯, 経済雑誌社, 1893年, pp.1~81. 목차를 보
   면 계보부(系譜部)라고 표기하고 권제60 「황윤소운록」으로 기재되었다.

을 제1대라고 적고 있었다. 전체 구성 형식을 보면, 천황의 시호(諡号), 원호
(院号) 표기, 대수(代数), 어머니(母)·휘(諱)·재위 년수(在位年数), 입태자
(立太子), 천조(践祚), 즉위(即位), 양위(讓位), 붕어(崩御) 연월일, 능(陵)을
소개. 부자(父子), 형제(兄弟)등의 황족 소개하는 방식으로 기술했다. 또한
진구(神功) 황후를 천황으로서 제15대로 나열했다. 그래서 오진(応神) 천황
은 제16대로 기재되었다.[26]

특징적인 것은 이『본조황윤소운록』은 족보 도식으로 제시된 점이다. 예
를 하나 들자면, 오진 천황이 제16대, 제17대는 닌토쿠(仁徳) 천황, 제18대가
리추(履中) 천황, 제19대가 한제이(反正) 천황, 제20대가 인교(允恭) 천황이
라면, 이들을 그냥 순서대로 나열한 것이 아니라, 주아이 천황의 직계아들로
오진 천황, 오진 천황의 직계아들 닌토쿠 천황, 그리고 직계 아들인 리추 천
황으로 이어지데, 제19대와 제20대는 리추 천황과 형제였기 때문에 리추 천
황으로 되돌아가 옆선(橫線)을 찾아야 하는 형식이었다.

〈표7〉『본조황윤소운록(本朝皇胤紹運録)』의
황통계보의 표기 형식 예(필자그림)

26) 洞院満季編,『本朝皇胤紹運録』(寫本), 年度未詳, pp.1~16. 페이지번호가 없으나 저서
의 첫 장을 1페이지로 보고 순서대로 이어지는 것으로 페이지를 산정한 것임을 밝혀
둔다.

그리고 『군서류종』에 수록된 「황윤소운록」을 보면, 이 「황윤소운록」도 족보 형식 즉 도안 형식이면서도 천황 대수의 순서대로 기술하고 있다. 앞서 기술한 것처럼 종적으로 『본조황윤소운록』에서 표기된 것, 즉 제23대 세이네이 천황, 제24대 겐조우 천황을 순서대로 표기해 내려가고 제25대 닌켄(仁賢) 천황은 다시 제18대의 리추 천황의 계도로 돌아가지 않고, 그대로 제25대 닌켄 천황, 제26대 부레쓰 천황으로 이어지는 방식으로 기술했다. 즉 순차적 계보도로 바뀐 것이다.[27]

또한 『본조황윤소운록』은, 제일 먼저 어머니(母)가 누구인가를 소개했고, 동시에 즉위(卽位) 연도를 표기하는 구성형식을 가졌다. 이러한 기재 방식은 둘다 동일했다. 그렇지만, 『군서류종』에 수록된 「황윤소운록」에는 황자의 형제는 표기하지 않았고, 천황의 탄생 연도 항목이 추가되었다.

그리고 『본조황윤소운록』과 『군서류종』에 수록된 「황윤소운록」에는 진구 황후를 천황으로 가열(加列)했고, 고분 천황이나 폐제(廢帝)라고 불리는 주쿄 천황은 기재하지 않았다. 그리고 레이제이(冷泉) 천황은 레이제이원(冷泉院)이라며 원정(院政)이라고 적었다. 그러나 이 이후 다시 원정이 아닌 안토쿠(安德) 천황은 천황으로 적고, 고토바(後鳥羽) 천황은 고토바원(後鳥羽院)으로 표기하며 천황 친정과 원정을 구분하는 방식이었다.

특히 중요한 점은 북조의 고우곤(光嚴), 고우묘(光明), 스코우(崇光), 고코우곤(後光嚴), 고엔유(後円融) 그리고 고코마쓰(後小松)로 이어지는 황통을 제시한 북조정통론의 입장에서 고요우제이(後陽成) 천황시대까지만 기록했다.[28]

---

27) 塙保己一編,「皇胤紹運錄」, 『群書類從』第4輯, 経済雑誌社, 1893年, pp.12~13. p.18. 또한 제36대 고쿄쿠 천황, 제37대 고토쿠(孝德) 천황, 제38대 사이메이(齊明) 천황의 순서가 아니라 제36대 고쿄쿠 천황, 제38대 사이메이 천황, 제37대 고토쿠 천황 순으로 표기했다.

28) 洞院滿季編, 『本朝皇胤紹運録』(寫本), 年度未詳, pp.10~11, pp.76~90. 또한 예를 들면 오카와 슈메이는 오진 천황이 주아이 천황의 넷째 황자로 적고 있다. 그렇지만 瀬瀬重見,「大川周明稿『列聖伝』(その1)」, 『藝林』(52巻1号, 藝林會, 2003年, p.185)와 『본

이「황윤소운록」과 동일 내용인『황년대약기(皇年代畧記)』가 있는데, 이
『황년대약기』역시 구니노토코타치노카미(國常立尊)에서 시작하고, 아마테
라스 오미카미(天照大神) 그리고 인황(人皇) 제1대 진무 천황을 표기하는 방
식이었다. 구성 형식으로는 휘(諱), 앞 천황의 몇째 아들인가, 어머니, 재위
기간, 탄생연월일, 입태자 날짜, 즉위 날짜, 붕어일, 나이, 능묘(陵墓)을 기록
했다. 이 또한 북조정통론의 입장에서 작성된 천황 계보였다.29)

이후 남북조정윤론이 발생하면서『본조황윤소운록』과『군서류종』에 수록
된「황윤소운록」이 새롭게 참조되면서『찬집어계도(纂輯御系図)』가 발간된
다. 이『찬집어계도』의 범례를 보면, "제1대 진무 천황에서 시작해 메이지
천황에 이르는 천황의 황자, 황녀 및 형제자매를 거론하고, 특히 황태자를
기재한다. 그것은 황위 계승에 관한 것이기 때문"30)이라고 밝히고 있듯이,
구성 형식의 특징은 황위계승을 증명해 보이기 위해 구성된 것이었다.

결국 이러한 황통보들은, 신대(神代)의 문제, 진구 황후의 대수 문제, 천황
즉위를 의심하는 고분 천황, 조케이 천황의 문제, 폐제(廢帝)인 주쿄 천황의
가열 문제, 심지어 고무라카미(後村上) 천황과 고카메야마(後亀山) 천황을
대수에 가열하는가의 문제까지도 등장했다. 그리고 남북조 병렬인가, 남조정
통론인가 북조정통론인가의 입장 차이가 발생했다.

그것은 그 저서가 발간되는 시대적 배경, 즉 아시카가(足利) 정권 하에서
발간되는『본조황윤소운록』은 북조정통론을 주장하게 되고, 다시 남북조정
윤 문제가 발생하면서 남조정통론의 구현이 필요하던 시기의『찬집어계도』는
남조정통론의 입장에서 기재하는 방식이었던 것이다.

그리고 오카와 슈메이는「석일본기(釋日本紀)」를 참고로 제시했는데, 이
「석일본기」는 구니노토코타치노카미(國常立尊), 이자나기, 이자나미, 아마테

조황윤소운록』에는 셋째 황자로 기술하고 있다. 다시 말해서 저자에 의해 황자의
표기도 차이가 있었던 것이다.
29) 塙保己一編,「皇年代畧記」,『群書類従』第貳輯, 経済雑誌社, 1893年, pp.214~284.
30) 横山由清・黒川眞頼編,『纂輯御系図』上・下, 横山由清, 1877年, p.범례 참고.

라스 오미카미(天照大神), 진무 천황, 천황과 신들을 설명해 내는 방식으로 어머니 표기를 중시하고 있었다.[31]

사실 「고본제왕계도(古本帝王系圖)」는 실제 확인할 수가 없는데, 나중에 간행된 것으로 「제왕계도」를 보면, 고시라카와(後白川) 천황부터 고카메야마(後亀山) 천황까지를 계보로 그려내고 있다. 이곳에서는 주교(仲恭) 천황, 조케이(長慶) 천황이 대수로 가열되어 있다. 한편으로 다카요시 신노(尊良親王)부터 무네요시신노(宗良親王), 모리요시신노(護良親王), 쓰네요시신노(恒良親王), 노리요시신노(義良親王, 고무라카미 천황), 고우쇼우신노(恒性親王), 나리요시신노(成良親王), 가네나가신노(懐良親王)를 나열하는 방식이었다.[32] 이것은 고다이고(後醍醐) 천황 시기를 중심적으로 다룬 계도로 여겨지며, 이는 천황 계보의 구성형식을 위해 활용했다기보다는 고다이고 천황, 고무라카미 천황, 그리고 주교 천황, 조케이 천황을 확인하기 위해 참고한 것으로 여겨진다.

결론적으로 오카와 슈메이의 「열성전」은 『군서류종』에 수록된 「황윤소운록」과 거의 동일한 형식을 취했고, 내용을 더 구체적으로 풀어쓰는 형식을 취한 것이다. 더욱 중요한 것은, 구성 형식면에서는 천황의 어머니(母)를 중시하다가 아버지(父)도 표기해 가는 방식으로 변용되었고, 나중에는 부모(父母)로 표기하는 방식으로 수렴되어 갔던 것이다. 그리고 황자를 표기하는 것도 앞대 천황의 몇 번째 황자인지, 아니면 손자, 형제 인지를 표기하는 방식을 취해 갔다. 이것은 황위계승이 피의 계승이고, 대(代)가 끊어지지 않는다는 것을 증명해 보이기 위한 논리에 중심을 두려는 의도가 짙어짐에 따라

---

31) 経済雑誌社編, 「釋日本紀」, 『国史大系』 第7卷, 経済雑誌社, 1901年, pp.549~572.
32) 笠置山史談会, 「帝王系圖」, 『史蹟勝地笠置山』 笠置山史談会, 1930年, pp.44~45. 고다이고(後醍醐) 천황 시기를 집중적으로 표기하는 「마에다가본대계도(前田家本大系図)」에 게재된 「제왕계도(帝王系圖)」가 있다. 이것은 다카요시 신노(尊良親王)를 중심으로 어머니(모, 母)와 황자들을 표기한 것이었다. 또한 『일본제왕계도(日本帝王系図)』를 보면 이 또한 고다이고(後醍醐) 천황의 치세 13년을 간략 계보로 그려내고, 고무라카미(後村上) 천황으로 이어진 것을 보여 주고 있다.

구성형식 자체가 변용되고 있었던 것이다. 이상의 내용을 도표로 보면 아래와 같다.

<표 8> 각각의 천황계보론 저서 비교표(필자작성)

저서명	『본조황소운록』(사본)	「황조기년전」	『황조사략』	『군서류종』「황윤소운록」	『황년대략기』	「석일본기」
시작	구니노토코타치노카미(國常立尊), 아마테라스 오미카미(天照大神), 진무 천황	진무 천황	진무 천황	구니노토코타치노카미, 아마테라스 오미카미, 진무 천황	구니노토코타치노카미, 아마테라스 오미카미, 진무 천황	구니노토코타치노카미이자나기이자나미아마테라스 오미카미, 진무 천황, 천황과 신들을 설명
진구(神功)황후	진구 황후 가열	진구 황후 가열	진구 황후(가열되지 않음)	진구 황후 가열	진구 황후 가열	진구 황후 기재
주요형식	어머니, 황자	연호 표기	어머니가 누구인지를 설명하고, 몇째 황자인지를 제시하고 재위 기간, 재위기간 중의 사건을 기술, 붕어 시기, 그리고 다음 천황을 기술	휘(諱)어머니를 소개하고, 즉위 년도 등을 표기하는 방식은 동일했지만, 『군서류종』에 수록된 「황윤소운록」황자의 형제는 표기하지 않았고, 탄생 년도를 추가	휘, 앞 천황의 몇째아들인가, 어머니, 재위기간, 탄생연월일, 입태자일, 즉위날자, 붕어일, 나이, 능	어머니표기
조케이	조케이 천황 없음	조케이 천황 가열	조케이 천황 가열	조케이 천황 없음	조케이 천황 기재 없음	—
폐제	고분 천황, 주닌 천황, 주쿄 천황 대수 없음. 남북의 고무라카미원(後村上院)·후카메야마원	고분 천황, 준닌 천황, 주쿄 천황 표기	고분 천황, 준닌 천황, 주쿄 천황의 가열	고분 천황을 게재하지 않았으며, 주쿄 천황은 기재하지 않았다. 레이제이(冷泉)천황은 레이	고분 천황, 준닌 천황은 이름을 기재하지 않고 폐위 천황이라고 소개, 주쿄 천황은 이름을 적지 않고	고분 천황 없음, 준닌 천황은 이름을 기재하지 않고 폐위 천황이라

	(後龜山院)을 역대 외로 함.			제이원(冷泉院)	폐제라고 기재함. 레이제이(冷泉)천황은 레이제이원(冷泉院), 고무라카미, 고카메야마 천황은 기재 없음.	고 소개
끝	요우제이 천황	메이지 천황	고요우제이 천황	고요우제이 천황	고요우제이 천황	고우닌 천황
조·북조론	북조정통론	남조정통론 (단 북조도 표기)	남조정통론의 입장	북조정통론	북조정통론	—

3. 존황주의와 천황 계보

이처럼 일본 내부에서 발간되던 황통보'들'에 대해 구로이타 가쓰미는 "이러한 계보나 계도는 결코 완전한 것이 못된다. 계도(系圖)를 중시하던 풍습은 여하튼간에 집안을 실제 이상으로 존숭(尊崇)한 것으로 하려는 의도가 작동하여 조상을 위대한 사람으로 삼고 싶은 결과 유서(由緖)없는 집안이라도 적당히 계도를 만든 경우가 있다. 계도 작자(作者)도 세상에 맞추어 위작(僞作)한 예가 없는 것도 아니다. 계보학은 과학적으로 연구"[33]해야 한다며 '계보창출론'을 주장했다.

이러한 계보창출론은 두 가지 의미를 갖는다. 첫째는 역대 황기(皇記), 황대기(皇代記)도 변용과정을 거친 것으로 그 구체적 내용을 살펴보기 위해서는 황실의 계도(系圖)의 원본을 찾아 소급해서 각각 어떻게 나열되고 설명되고 있는지를 비교해야 한다는 점이다. 그리고 둘째는 계도를 중시하려는 시대적 풍습에 의해 적당히 계도가 작위된 것이 갖는 의미 분석이다.

특히 후자 쪽 견해는 더 고려해 볼 필요가 있는데, 특히 오카와 슈메이가 「열성전」이라는 황통 계도를 집필한 것은 앞서 언급한 것처럼 오쿠라 마고

---

33) 黒板勝美, 『国史の研究(全)』 文会堂, 1908年, p.90.

베출판사가 간행한 「황조기년전」의 관련성 측면과, 실제 오카와 슈메이가 제
시한 참고문헌을 통해서도 알 수 있듯이, 원문을 참고했다기보다는 오히려 새
롭게 황통 계보들이 저술되고 간행되는 시기에 새롭게 저술해 낸 것이었다.

그것은 메이지기의 시대적 배경과 함께 황통 계보가 재편되고 발간되던
시기임을 역설적으로 보여주는 것이며, 이러한 시기에 나타난 황통 계보와
비교하여 보는 것이 당대에 나타난 특징이 무엇이었으며, 그 재편 경합 내용
이 무엇인지를 이해할 수 있으리라고 본다.

동시기의 1800년대에 '열성'의 내용으로 대표적 존황양이파(尊皇攘夷派)로
알려진 니시무라 가네후미(西村兼文)에 의해 저술된『내국표(內國表)』가 있다.
이『내국표』에는 천황의 대수(代數), 이전 천황과의 관계, 재위년, 재위기간,
붕어시기 등이 표기되어 있다. 진무 천황을 인황(人皇) 제1대로 기술했다. 그
리고 고분 천황과 조케이 천황은 기재했으나 대수로는 상정하지 않았다. 그
리고 주쿄(仲恭) 천황을 대수로 가열했다. 그리고 남북조를 동시에 배열했
다.34)

또한 1874년 도우죠우 도키오(東城兎幾雄)가 저술한『황통전략』(권1)을
보면, 만세일계 논리를 전제로 천황을 대열(代列)하면서 '정통약보(正統略
譜)'로서 제시했다. 이『전략』에는 태자 즉위, 붕어 등을 적고 있었다. 여기
에는 진구(神功) 황후가 제15대로 배열되었고, 조케이 천황은 표기만 했지
대수로는 환산하지 않았다. 그리고 남북조를 동시에 표기했다.35)

다시한번 살펴보자면, 오카와 슈메이가 참고했다고 표기한『군서류종』의
「황윤소운록」은 1893년 발간인데, 앞서 언급한 오쿠라 마고베의 「황조기년
전」은 1879년이었다. 이 「황조기년전」 거의 동시기인 1880년에 간행된『황
조사략초해(皇朝史略抄解)(속황조사략초해〈續皇朝史略抄解〉)』이 있는데, 이『황
조사략초해(속황조사략초해)』는 또『황조사략』을 초록한 것이었다. 『황조사

34) 西村兼文編輯, 『內國表』出版者不明, 出版年度未詳, pp.4~12. 1875년에 기타바타케
    모헤에(北畠茂兵衛)에서 발간된 것과는 내용이 다르다.
35) 東城兎幾雄, 『皇統伝略』卷之1, 東城兎幾雄, 1874年, pp.1~6.

략초해(속황조사략초해)』 역시 '열성(列聖)의 존호(尊号)를 역서(歷序)한다'
고 기술하면서 진무 천황에서 시작하여 고요우제이(後陽成) 천황까지를 기
술했다. 물론 천황 전체를 배열한 것은 아니었는데, 천황 선별 기준은 무엇
인지 밝히지는 않고 있어, 그 의도성을 파악하기는 어려움이 있다. 단순하게
천황의 치적을 간성(簡省)하는 초해(抄解)였다.

천황의 즉위나 부모형제에 대한 기술은 없고, 그 천황 시대의 일들을 『효경
(孝經)』, 『중용(中庸)』, 『맹자주(孟子註)』 등의 경전과 연결시켜 풀어내는 방
식이었다. 그런데 그 천황 속에는 폐제(廢帝) 즉 폐위된 천황인 제47대 준닌
천황과 제85대 주쿄 천황을 소개하기도 했다. 그리고 제98대 조케이 천황을
가열(加列)했고, 북조(北朝) 천황은 배열하지 않았다. 즉 고무라카미(後村上)
천황 기사 속에 북조를 설명하는 방식으로 끼워 넣어 기술했다.[36] 남조정통
론의 입장이라는 것이 드러나지만, 이미 제98대 천황을 즉위한 것으로 배열
했다는 점과 제47대와 제85대 폐위 천황을 기술했다는 것은 독창적이었다.

그리고 『황조사략초해(속황조사략초해)』가 참고했다고하는 아오야마 노
부유키(青山延于)의 『황조사략』을 보면, 이 『황조사략』은 『대일본사』를 교
정하는 의미에서 집필되었다고 기록했으며, 총15권으로 나누어져 있다. 진무
천황부터 시작하여 제107대 고요우제이 천황까지를 기술하고 있다. 그 형식
을 보면 어머니가 누구인지를 설명하고, 몇째 황자인지를 제시하고 재위 기
간, 재위 기간 중의 사건을 기술, 붕어 시기, 그리고 다음 천황을 기술하는
방식이었다. 진구 황후는 가열되지 않았다. 고분 천황, 조케이 천황, 준닌 천
황, 주쿄 천황이 가열되었다. 그리고 제99대 고카메야마 천황에서 제100대의
고코마쓰 천황으로 바로 이어갔다.[37] 즉 북조 천황은 가열하지 않은 것으로,
남조정통론의 입장이었다.

36) 吉田咸助, 『皇朝史略抄解(続皇朝史略抄解)』 吉田咸助, 1880年, pp.1~61.
37) 青山延于撰 『皇朝史略正編』 12巻 続編5巻, 山城屋佐兵衛, (刊年不明), pp.37~61

〈표 9〉1800년대 천황계보론의 표(필자작성)

저서명	『내국표』 1800년대	『황통전략』 1874년	『황조사략』 년도미상	『황조사략초해 (속황조사략초해)』 1880년
시작	진무 천황	진무 천황	진무 천황	진무 천황
신공황후	진구 황후 (표기했으나 대수 가열 않음)	진구 황후 가열	진구 황후 (가열되지 않음)	진구 황후 (가열되지 않음)
주요 형식	휘(諱), 황자, 즉위년, 붕어년.	어머니, 형제 표기	어머니가 누구인지를 설명하고, 몇째 황자인지를 제시하고 재위 기간, 재위 기간 중의 사건을 기술, 붕어 시기, 그리고 다음 천황을 기술	어머니가 누구인지를 설명하고, 몇째 황자인지를 제시하고 재위 기간, 재위 기간 중의 사건을 기술, 붕어 시기, 그리고 다음 천황을 기술
조케이	조케이 천황은 표기 대수로는 환산하지 않음	조케이 천황은 표기 대수로는 환산하지 않음	조케이 천황 가열	조케이 천황 가열
폐제	고분 천황, 이름 표기, 대수 없음, 고무라카미 천황과 고카메야마 천황 표기 및 대수 없음	고분 천황 표기 없음, 준닌 천황 대수 가열, 주쿄 천황은 표기했으나 대수는 가열안함. 레이제이 천황은 레이제이원으로 표기	고분 천황, 조케이 천황의 문제, 준닌 천황, 주쿄 천황의 가열	고분 천황, 준닌 천황, 주쿄 천황의 가열
끝	고메이 천황	메이지 천황	고요우제이 천황	고요우제이 천황
남조·북조론	남북조병렬	북조를 대수로 세는 북조정통론, 그러나 남조 대수는 표기.	남조정통론의 입장	남조정통론의 입장

4. 수사(修史)사업과 천황 계보

이러한 황통 계보들의 경합은 다시 메이지 정부의 탄생과 함께 시작된 국가주도형 정사편찬 작업과 연동하고 있었다. 시게노 야스쓰구(重野安繹), 구메 구니타케(久米邦武)와 호시노 히사시(星野恒)가 동경제국대학에서 고증사학파로 그 주류를 이루고 있었다. 실증사학에 근거한 논리로 고증 중시 입

장인 것이다.[38]

이것은 1889년 2월에 제국헌법 발표, 1890년 10월에 교육칙어, 11월에 제국의회가 개최되는 상황들과 맞물리면서 일어나고 있었다. 그렇지만 이 국가주도형 수사(修史)사업이 중지되는데, 이 판단을 내린 것은 당시 문부대신인 이노우에 고와시(井上毅)[39]였다. 이노우에는 메이지헌법, 교육칙어를 비롯해 주요한 조칙이나 법령에서 깊게 관여한 인물로서, 메이지국가의 기둥을 만든 핵심 인물이었다.

문제는 정사 편찬 사업이 시게노 야스쓰구나 구메 구니타케, 호시노 히사시로 대표되는 고증사학주의나 실증주의적 입장이라는 점에 있다. 즉 이와이 다다쿠마(岩井忠熊)[40]와 이에나가 사부로(家永三郎)가 설명한 것처럼[41], 일본적 실증주의가 실증주의라는 이름 속에 새로운 사상을 만들어내지 못한 점 그것이 바로 무사상의 대표적인 기술이다.[42] 다시 말해서 엄격한 사실(史實)을 인정해야 한다는 인식의 실증주의 논리가 하나의 시대적 인식론이었는데, 그것에 빠져서 역사 연구에 대해 그러한 사상적 특성을 비판적 입장에서 검토하는 것이 아니라, 역사 기술의 '기술'적 특성 즉 실증주의라는 입장에서 한정하여 역사를 바라보는 그 입장에 대한 지적이었다. 그것은 사상의 결여이며, 무사상성이라는 점이다.

38) 桑原伸介, 「近代政治史料収集の歩み(1)」, 『参考書誌研究』 第17号, 国立国会図書館, 1979年, pp.1~11.
39) 小川有閑, 「井上毅の国体教育主義における近代国学の影響」, 『東京大学宗教学年報』 第26号, 東京大学文学部宗教学研究室, 2009年, pp.85~97. pp.89~92. 桑原伸介, 「近代政治史料収集の歩み(2)」, 『参考書誌研究』 第18号, 国立国会図書館, 1979年, pp.1~12. 小川有閑, 「井上毅の国体教育主義における近代国学の影響」, 『東京大学宗教学年報』 第26号, 東京大学文学部宗教学研究室, 2009年, pp.89~92.
40) 岩井忠熊, 「日本近代史学の形成」, 『岩波講座日本歴史22』 岩波書店, 1968年, pp.93~103.
41) 家永三郎, 「大正・昭和の歴史思想」, 『日本における歴史思想の展開』 吉川弘文館, 1965年, pp.278~279.
42) 池田智文, 「近代「国史学」の思想構造」, 『龍谷大学大学院文学研究紀要』 第25集, 龍谷大学大学院文学研究科紀要編集委員会, 2003年, p.86.

실증주의라는 서구적 이론 '답습'으로 이어지는 상황이었으며, 마찬가지로
당시 메이지 헌법이나 교육칙어를 통해 국가체제 내부에서 국체론을 새롭게
구축하려는 논리가 중심을 이루던 상황이었던 것이다. 이러한 상황에서 상징
적인 문제로 등장한 것이 남북조정윤문제였던 것이다.

실제 황통보에서도 보아 알 수 있듯이, 남북조정윤문제가 사회적 문제로
인지하기 이전에는 남북조를 동시에 배열해도 크게 문제 삼지 않았다. 그렇
지만 1911년에 발생한 남북조정윤문제는 역사교육이라는 학문적 사관을 둘
러싼 논쟁으로 번지면서, 메이지 정권 내부의 갈등과도 맞물리게 되었다. 당
시 야마나시(山県)의 천황친정주의파로서 남조정통주의(북조말살)와 이토
히로부미(伊藤博文) 즉, 천황 친정이면서도 정당 정치(북조정통론)의 대립구
도 표출43)이라는 점이다. 그리고 동시에 남북조의 문제가 국체의 문제와 맞물
리는 상황에서 의식화 된 문제였고, 역설적으로 그것은 국체론이 갖는 취약점
(vulnerability)이 드러난 상태에서 그 국체론이 민감한(sensibility) 문제로 받아들
여진 상황에서 등장한 남북조정윤문제이기도 했다.

수사사업을 중지한 후 대정(大政) 연혁을 간명하게 편찬하는 쪽으로 방향
을 잡았는데, 이 편찬기획에 시종일관 참여하고 원안 입안에 관여한 것이 이
노우에 고와시였다. 여기서 남북조정윤의 정치적 특색과 맞물리고 있었다.
이노우에 고와시는 천황 친정(親征)의 특성을 강조하려는 이토 히로부미 쪽
에 가까웠던 것이다.44)

그것이 결국 『대정기요(大政紀要)』라고 이름 붙인 정사(政史)로 간행45)된
다. 이 『대정기요』는 1883년에 기획되어 1912년 9월 24일 문교회에서 발간
되었다.46) 이 『대정기요』는 진무 천황부터 메이지 천황까지를 기술하고 있

---

43) 小山常実, 「南北朝正閏問題の教育史的意義」, 『日本の教育史学』 30, 教育史学会,
    1987年, p.63.
44) 高橋正則, 「伊藤博文と井上毅の政党観(中)」, 『政治学論集』第11号, 駒澤大学法学部,
    1980年, pp.74~82.
45) 桑原伸介, 「近代政治史料収集の歩み(3)」, 『参考書誌研究』第22号, 国立国会図書館,
    1981年, p.114.

다. 특히 진무 천황은 구체적으로 아마테라스 오미카미의 자손으로 천조(天
祖)라고 설명하면서 그 시대 특징을 제사장과 연결하여 기술했다.

그리고 제2대 스이제이(綏靖) 천황부터 제8대 고겐(孝元) 천황까지는 한
줄로만 기재했다. 구성 형식을 보면 앞 천황과의 관계, 어머니, 붕어 연월일
그리고 당대 천황의 시대 특징을 기술하는 방식이었다. 조케이(長慶) 천황은
기재하지 않았지만, 즉위를 의심하는 고분 천황도 기재했고, 1870년에 추인
(追認)된 준닌 천황, 주쿄 천황도 가열되었다.[47]

그리고 「열성전」과 천황 배열과 동일하다고 알려진[48] 1899년에 다카하시
(高橋光正)에 의해 발표된 『역조성덕록(歷朝聖德錄)』는 구성 형식이 앞 천
황과의 관계 즉 황자인지 동생인지를 밝히고 있다. 황태자가 된 시기와 즉위
년 그리고 황후, 재위기간, 붕어 시기, 그리고 붕어 이후의 호칭을 적고 구체
적인 내용을 서술해 가는 방식이었다.[49]

그리고 「열성전」과 거의 동일시기에 발표된 가사하라 하타오(笠原幡多雄)
의 『메이지대제사(明治大帝史)』를 보면 제호(帝号), 천황의 부모, 황후, 년
호, 재위 기간 그리고 탄생, 붕어, 수명, 산릉의 소재지를 표기하고 있었다.
조케이 천황을 표기하기는 했으나 천황 대수(代數)에는 넣고 있지 않았다.
그리고 남조(南朝) 뒤에 북조(北朝)를 배열하는 방식이었다.[50]

그럼에도 불구하고, 『역조성덕록』과는 아주 유사한 방식을 취하면서, 형
식적으로는 ①'대수(代數)와 천황명' ②'재위'기간을 표기 즉 황기년(서기년)

46) 友声会編, 『正閏断案国体之擁護』松風書院, 1911年, pp.399~434. 그 후 1939년 홍아
   원정무부(興亞院政務部) 집무참고자료로『대정기요』가 발간된다. 興亞院政務部, 『大
   政紀要 : 執務參考資料』興亞院政務部, 1939年[1883年], pp.1~196. 그 이전에『정윤단
   안국체지옹호』는 1911년 7월에 게재되어 소개되었다.
47) 興亞院政務部, 위의 책, pp.1~2, p.23, p.69.
48) 廣瀬重見, 「大川周明稿『列聖伝』の考察」, 『藝林』56卷 2号, 藝林會, 2007年, p.140.
49) 高橋光正, 『歷朝聖德錄』同文館, 1899年, pp.1~616.
50) 笠原幡多雄, 『明治大帝史』公益通信社, 1913年, pp.1~32. 廣瀬重見, 「大川周明稿『列聖
   伝』の考察」, 『藝林』56卷 2号, 藝林會, 2007年, p.140.

부터 황기년(서기년)까지, ③'약전(略傳)' 부제(父帝)와의 관계, 재위 년수,
수명, ④'약년표(略年表)' 즉위년(황기, 원호), 특이사항, 황위 또는 붕어(崩
御)까지, ⑤'본문'에는 천황의 아버지, 어머니 그리고 입태자(立太子), 천조
(踐祚, 임금의 자리를 이음), 황위·붕어(崩御)의 일본연호와 연령, 그리고
그 천황에 관련된 전기를 기록하는 형식. 제1대 진무 천황에서 제122대 메이지
천황까지의 개략적인 전기를 기록"[51]하는 체제를 갖추게 되었다.

이는 1903년에 제시된 황통보령(皇統譜令)에 의해 대통보, 황친보, 황계보
세 개로 나누어지는 법령의 발령을 거의 그대로 수용하면서도 재편하는 방식
으로 저술된 것이었다. 대통보는 천황과 황후에 관한 사항을 적는 것이다. 황
친보는 친왕, 친왕비, 내친왕, 왕, 왕비, 여왕에 관한 것을 적는 것이다. 황계보
에는 황실의 계도를 기재하고 대통계도와 황친계도로 구분했다.

대통보를 보면 ①천황 이름(御名), ②아버지(父), ③어머니(母), ④궁호
(宮号), ⑤황태자 및 황태손, ⑥결혼과 황후, ⑦천조(踐祚) 연월일, ⑧원호
(元号)나 개원(改元), ⑨즉위(即位) 연월일, ⑩다이죠사이(大嘗祭) 연월일,
⑪붕어(崩御)연월일, ⑫추호(追号)나 추호를 정한 날짜, ⑬장례식과 그 능
(陵)을 적는 형식이었다.[52]

오카와 슈메이는 「열성전」에 진구 황후를 대수에 넣지 않았다. 남북조시
대에 대해서도 남조(南朝)를 중심에 두면서도 북조(北朝)의 5대 천황을 고카
메야마 천황의 뒤에 부재(附載)하는 방식으로 나열했다. 또한 이 「열성전」에
서는 고분 천황과 조케이 천황의 재위를 인정했다. 조케이 천황이 조서(詔
書)에 의해 정식으로 황통에 가열(加列)된 것은 1926년 6월 21일의 일이었음
에도 불구하고 「열성전」은 조케이 천황의 즉위를 명시하고 적극적으로 명시

51) 廣瀬重見,「大川周明稿『列聖伝』の考察」,『藝林』56卷 2号, 藝林會, 2007年, pp.128~129.
52) 伊藤博文編,『秘書類纂』雑纂其2, 秘書類纂刊行会, 1936年, pp.46~56. 대통보는 천황
   과 황후에 관한 사항을 적는 것이다. 황친보는 친왕, 친왕비, 내친왕, 왕, 왕비, 여왕
   에 관한 것을 적는 것이다. 황계보에는 황실의 계도를 기재하고 대통계도와 황친계
   도로 구분했다. 이후 황실령으로 공포된다. 宮内省「皇室令第6号皇統譜令」,『官報』
   大蔵省印刷局, 1926年 10月 21日.

하고 있었다.[53] 또한 폐제(廢帝)인 준닌 천황, 주쿄 천황도 천황으로 가열했다.

이처럼 「열성전」은 거의 현재 황위 계통보와 동일한 형태라는 점이고, 남북조를 동시에 배열했다는 점이다. 이것은 오카와 슈메이가 획득한 하나의 천황론이면서 국가적레벨의 천황계보론의 위상을 갖는 것이었다. 그리고 그 구성형식이나 내용도 어머니를 중시하는 입장, 형제인가 황자인가를 중시하는 입장 등등이 나타났지만, 결국 황위계승 즉 만세일계임을 증명하기 위해 부모를 기재하고, 황자를 중심에 두면서 즉위기간을 명확하게 제시하는 족보 만들기를 위해 오재(誤載)를 시대적 필요에 의해 수정 보완했던 것이다. 특히 천황의 출자를 강조하면서 계보를 혈통과 연결시켜냈다.

〈표10〉 천황대수와 황위계승의 관계(필자작성)

천황 대수	황위 계승의 출자
제1대 진무 천황에서 제13대 세이무(成務) 천황	앞 천황의 황자가 계승(첫째가 아닌 경우도 있지만, 앞 천황의 황자가 계승함)
제14대 주아이(仲哀) 천황	제13대 세이무(成務) 천황의 조카(甥)제12대의 게이코(景行) 천황은 오우스노미코(大碓皇子)와 오우스노미코(小碓皇子) 쌍둥이가 있었는데, 둘째 오우스노미코(小碓皇子) 즉 야마토 다케루(日本武尊)의 아들로서 제12대 게이코 천황의 손자에 해당한다고 기록
제19대 인교(允恭) 천황	제18대 한제이(反正) 천황의 동생
제21대 유랴쿠(雄略) 천황	제19대 인교(允恭) 천황의 아들
제23대 겐조우(顯宗) 천황	제17대 리추(履中) 천황의 손자
제25대 부레쓰(武烈) 천황	제15대 오진(応神) 천황의 5세 손자
제28대 센카(宣化) 천황	제26대 게이타이(繼体) 천황의 아들
제31대 요메이(用明) 천황	제29대 긴메이(欽明) 천황의 넷째
제32대 스진(崇峻) 천황	제29대 긴메이(欽明) 천황의 열두째
제33대 스이코(推古) 천황	제29대 긴메이(欽明) 천황의 황녀
제34대 죠메이(舒明) 천황	제30대 비다쓰(敏達) 천황의 적손(嫡孫)
제35대 고교쿠(皇極) 천황	제30대 비다쓰(敏達) 천황의 증손
제36대 고토쿠(孝德) 천황	제35대 고교쿠(皇極) 천황의 동생
제37대 사이메이(斉明) 천황	중작
제38대 덴지(天智) 천황	제34대 죠메이(舒明) 천황의 아들

---

53) 廣瀬重見, 「大川周明稿『列聖伝』の考察」, 『藝林』 56卷 2号, 藝林會, 2007年, p.129.

천황 대수	황위 계승의 출자
제40대 덴무(天武) 천황	제38대 덴지(天智) 천황의 동생
제41대 지토(持統) 천황	제38대 덴지(天智) 천황의 황녀
제42대 몬무(文武) 천황	제40대 덴무(天武) 천황의 손자
제43대 겐메이(元明) 천황	제38대 덴지(天智) 천황의 넷째 황녀
제45대 쇼무(聖武) 천황	제42대 몬무(文武) 천황의 아들
제47대 준닌(淳仁) 천황	제40대 덴무(天武)천 황의 손자
제48대 쇼토쿠(称德) 천황	중작
제49대 고닌(光仁) 천황	제38대 덴지(天智) 천황의 손자
제52대 사가(嵯峨) 천황	제51대 헤이제(平城) 천황의 동생
제53대 준나(淳和) 천황	제52대 사가(嵯峨) 천황의 동생
제54대 닌묘(仁明) 천황	제52대 사가(嵯峨) 천황의 아들
제58대 고고우(光孝) 천황	제54대 닌묘(仁明) 천황의 넷째
제62대 무라카미(村上) 천황	제61대 스자쿠(朱雀) 천황의 동생
제64대 엔유(円融) 천황	제62대 무라카미(村上) 천황의 아들
제65대 가잔(花山) 천황	제63대 레이제이(冷泉) 천황의 아들
제66대 이치죠(一条) 천황	제64대 엔유(円融) 천황의 아들
제67대 산죠(三条) 천황	제63대 레제이(冷泉) 천황의 아들
제68대 고이치죠(後一条) 천황	제66대 이치죠(一条) 천황의 아들
제69대 고스자쿠(後朱雀) 천황	제66대 이치죠(一条) 천황의 아들
제76대 고오네(近衛) 천황	제74대 도바(鳥羽) 천황의 아들
제77대 고시라카와(後白河) 천황	제74대 도바(鳥羽) 천황의 아들
제80대 다카쿠라(高倉) 천황	제77대 고시라카와(後白河) 천황의 아들
제82대 고토바(後鳥羽) 천황	제80대 다카쿠라(高倉) 천황의 아들
제84대 준토쿠(順德) 천황	제82대 고토바(後鳥羽) 천황의 아들
제86대 고호리카와(後堀河) 천황	제80대 다카쿠라(高倉) 천황의 손자
제88대 고사가(後嵯峨) 천황	제83대 쓰치미카도(土御門) 천황의 아들
제90대 가메야마(亀山) 천황	제89대 고후카쿠사(後深草) 천황의 동생
제92대 후시미(伏見) 천황	제89대 고후카쿠사(後深草) 천황의 아들
제94대 고니죠(後二条) 천황	제91대 고우다(後宇多) 천황의 아들
제95대 하나조노(花園) 천황	제92대 후시미(伏見) 천황의 아들
제96대 고다이고(後醍醐) 천황	제91대 고우다(後宇多) 천황의 아들
제99대 고가메야마(後亀山) 천황	제97대 고무라카미(後村上) 천황의 아들
북조 제1대 고곤(光厳) 천황	제93대 고후시미(後伏見) 천황의 아들
북조 제2대 고묘(光明) 천황	제93대 고후시미(後伏見) 천황의 아들
북조 제3대 스코(崇光) 천황	북조 제1대 고곤(光厳) 천황의 아들
북조 제4대 고고곤(後光厳) 천황	북조 제1대 고곤(光厳) 천황의 아들
제100대 고고마쓰(後小松) 천황	북조 제5대 고엔유(後円融) 천황의 아들
제102대 고하나조노(後花園) 천황	북조 제3대 스코(崇光) 천황의 손자
제107대 고요제이(後陽成) 천황	제106대 오기마치(正親町) 천황의 손자
제110대 고코묘(後光明) 천황	제108대 고미즈노오(後水尾) 천황의 아들
제111대 고사이인(後西院) 천황(고사이〈後西〉천황)	제108대 고미즈노오(後水尾) 천황의 아들

천황 대수	황위 계승의 출자
제112대 레이겐(靈元) 천황	제108대 고미즈노오(後水尾) 천황의 아들
제117대 고사쿠라마치(後櫻町) 천황	제115대 사쿠라마치(櫻町) 천황의 황녀
제118대 고모모조노(後桃園) 천황	제116대 모모조노(桃園) 천황의 아들
제119대 고카쿠(光格) 천황	제113대 히가시야마(東山) 천황의 손자

더 중요한 점은 구성 형식의 완성에 있는 것이 아니라, 이제는 단순한 황통보라는 족보 도안(圖案)를 넘어 「열성전」은 그 내용에서도 새로움을 시도했다. 즉, 천황에 대한 기술이 '부모, 황자, 즉위 연월일'을 중시하고, 이를 바탕으로 천황과 관련된 전기가 추가되면서, 역사화 되는 과정이었던 것이다. 그것은 오카와 슈메이의 천황 사관(史觀)이 되었고, 역사화의 길을 걸어가고 있었던 것이다.

〈표11〉 오카와 슈메이의 『열성전』과 동일시기의 천황계보론(필자작성)

저서명	『역조성덕록』	『대정기요』	『명치대제사』
시작	진무 천황	진무 천황	진무 천황
진구 황후	진구 황후 (표기했으나 가열되지 않음)	진구 황후 표기 없음	진구 황후 표기 없음
주요형식	황자인지 동생인지. 황태자 시기. 즉위년도, 황후, 재위기간, 붕어년도, 붕어 이후의 호칭. 사건 및 상황 서술	앞 천황과의 관계, 어머니, 붕어 연월일 그리고 당대 천황의 시대 특징을 기술	부모, 황후, 년호, 재위, 탄생, 붕어, 수명, 능 소재지 표기, 내용 설명 없음
조케이	조케이 천황 가열	조케이 천황 없음	조케이 천황은 표기 대수로는 환산하지 않음
폐제	고분 천황, 주쿄 천황 대수 게재	고분천황도 기재했고, 준닌 천황(1870년), 주쿄 천황(1869년)이라며 천황으로서 기재	고분천황 가열, 준닌 천황과 주쿄 천황을 폐제라고 적고 가열함,
끝	메이지 천황	메이지 천황	다이쇼 천황
남·북조론	남북조병렬	남조정통론(북조 없음)	남북조병렬

5. 전(傳)에서 역사로의 결정(結晶)

「열성전」에 나타난 전체적 특징은 천황의 황통관계 즉 만세일계의 정통론 제작이었다. 오카와 슈메이의 열성 배열은 기존 일본사나 국사에서 제시되던 시대 구분을 넘어, 천황이 기준이 되어 고대, 중세, 근세, 근대로 넘어오는 것인지 천황의 움직임을 통해 역사가 움직이는 모습을 포착하고 있었다.

동시에 천황이 이어지는 형태를 중점에 두면서 그것이 시대마다 어떻게 이어진 것인지 그 명백함을 제시했고, 만세일계의 정통성을 제시했다.

반드시 앞 천황의 장자인지, 황자인지, 아니면 선대 천황의 동생인지, 몇째인지를 기록했다. 그리고 그것이 단순하게 이어진 것이 아니라, 시대적 상황에 따라 천황 계통이 변용된 것이라는 인관계로서 만세일계을 설명해 냈다. 특히 방계로 이어진 역시적 기원 등을 기술했다.

> 스미노에노가카쓰미코(住吉仲皇子)의 병사를 일으켜 천황을 살해하려 하였으나, 신하들의 도움으로 난을 피했다. 그 후 난을 평정하고, 황위에 올랐다. 이는 천황 동생인 미즈하와케노미코(瑞歯別皇子)의 도움으로 난을 평정했는데, 천황은 동생의 공로를 인정하여 황태자로 임명했다. 황위가 「부자상승(父子相承)」의 「직계」에서 「형제상급(兄弟相及)」의 「방계(傍系)」로 옮긴 시초가 된다.[54]

부자 직계가 아니지만, 그것이 황통이 연결되는 '방계의 전통'이 형성된 기원을 설명해 내 것이다. 이것은 장남이 아니라 둘째 황자나 셋째 황자가 황위에 오르게 될 때 벌어진 형제간의 모반이나 난(亂) 자체를 은폐하지 않는 형태로 자세하게 기록했다. 그것은 역사 기술의 객관성이라는 점을 활용하고 있었다. 이것은 오카와 슈메이가 연정미술에서 인용했던 고이케 소코의 황위 계승 논리와연동하고 있었다.

황위는 반드시 황남자손(皇男子孫)으로 이를 계승하는 것으로 하고, 그 계승 순

---

54) 廣瀬重見, 「列聖伝(その2)」, 『芸林』 第52卷 第2号, 芸林会, 2003年, pp.145~146.

서의 첫 순위에 있는 것은 황장자(皇長者)이다. 황장자가 없으면 황장손으로 이어지고 황장자 및 그 자손이 없을 경우, 또한 직계 비족(卑族)이 없을 경우에는 황차자 및 그 자손으로 이어진다. 이 경우에는 반드시 황적자손을 먼저로 하고 황서자손을 그 뒤로 한다. 황자손(황적자손이 되면 황서자로하든 따지지 않고)이 있을 경우에는 황형제 및 그 자손으로 이어진다. 황형제 및 그 자손이 없을 때에는 황백숙부 및 그 자손으로 이어진다. 황백숙부 및 그 자손이 모두 없을 때에는 그 이상에 있어서 가장 근친(近親)의 황족에 이어진다. 그리고 무엇보다도 적(嫡)을 먼저하고 서(庶)를 뒤로하며 장(長)을 먼저하고 유(幼)를 뒤로한다.[55]

이처럼 황통은 황남자손(皇男子孫)으로 이어지는 것이 원칙이라고 설정했다. 다시 말해서 당대 천황이 황자 즉 황남(皇男)이 부재할 경우에는 다시 천황계통을 거슬러 올라가 형제 든 사촌이든 '혈통'관계자를 인위적으로 '찾아내어'고 만들어내야만 한다는 의미였다.

오카와 슈메이가 「열성전」에서 전개한 내용은 '열성과 그 천황의 역할'을 제시하는 것이었다. 열성 배열을 단순하게 시대적으로 나열하는 의미가 아니라, 그 시대적 상황 속에서 혹은 시대의 변화 속에서 천황이 어떠한 역할을 했는가를 밝혀내고 있었다. 특히 기존 역사에서 배제되고 잔혹한 천황의 양상도 전면적으로 제시하는 양상을 보였다. 물론 사실의 객관성과 자유사상을 반영하는 듯하면서도 천황의 기존 이미지를 수정했던 것이다.

그리고 또 하나 앞 시대와의 연결하여 천황 역사를 새롭게 기술하기 위해 폐위 천황의 문제나 즉위 부정 천황, 그리고 남조정통인가 북조정통인가의 문제를 천황이 겪은 시대적 변화나 시대적 혁신 논리와 엮으면서 기술하는 방식을 취했던 것이다. 그것은 천황의 시대적 혁신이나 변혁이 있었지만, 그것은 새로운 천황의 시대로 이어지기위한 변화 즉 혁명의 역사로서 천황이었던 것이다.

---

55) 小池素康, 『日本制度大要(全)』 敬業社, 1903年, pp.39~40.

〈표12〉 친정을 이루고 문화적 발전 및 제도를 정비한 천황 ①②(필자작성)

닌토쿠(仁德) 천황과 문화적 발전 및 제도 정비를 통한 친정의 천황	
닌토쿠 천황	제도를 정비한 천황
제21대, 제23대, 제26대, 제27대, 제28대, 제30대, 제33대, 제35대, 제40대, 제42대, 제43대, 제52대, 제56대, 제58대, 제60대, 제66대, 제68대, 제73대, 제80대, 제87대, 제90대, 제110대, 제112대, 제121대, 제122대.	제19대, 제33대, 제36대, 제38대, 제40대, 제42대, 제43대, 제44대, 제49대, 제50대, 제52대(단, 검비달자는 손해), 제53대, 제71대, 제72대, 제87대, 제96대, 제99대, 제122대.
양보의 미덕을 발휘 한 후 천황이 된 천황	문화수용을 통해 발전을 이룬 천황
제16대, 제23대, 제29대, 제35대, 제38대, 제41대.	제15대, 제29대, 제31대, 제33대, 제36대, 제44대, 제45대, 제110대.

〈표13〉 친정을 이루지 못하고, 문화적 쇠태와 친정위험을 초래한 천황 ③④(필자작성)

문화적 쇠태와 천황 친정을 위협을 가져 온 천황 (4)		
제46대, 제51대, 제24대 (기존연구의 설명은 잔혹한 천황이라고 되어 있으나, 오카와는 정확하지 않다고 설명)		
형제를 이겨내지 못한 천황	시해된 천황	유배된 천황
제39대	제32대	제75대
천황 친정의 위험 전조를 만든 천황		
제48대, 제54대(후지와라의 전횡), 제77대		

이것은 오카와 슈메이가 제시한 천황의 모습은 친정(親政)을 이루지 못했
거나 문화적 쇠퇴를 불러일으킨 천황의 모습도 소개하는 내용이었다. 먼저
①친정의 기초를 이루고 왕화를 이룬 천황, ②닌토쿠(仁德)의 천황과 문화적
발전 및 제도 정비를 통한 친정의 천황, ③친정을 이루지 못한 천황, ④문화
적 쇠태와 천황 친정을 위협을 가져 온 천황으로 구분하면서, 역사적 추이에
의해 재현되고 반복되는 양상을 제시했다. 전체적인 구조로서는 천황의 신성
성이 시초를 닦고 현현(顯現)하다가 잠시 침체(沈潛)와 은둔(隱匿)의 형식으
로 이어지다가 재차 친정으로 현현하게 되는 과정을 제사하고, 만세일계의
역사 계보를 완성해 낸 것이었다.

6. 사류(史流)의 전위와 '재귀 천황론'

이상으로 오카와 슈메이의 천황계보론이 갖는 특징을 당대의 천황계보론들과 비교하여 살펴보았다. 오카와 슈메이가 천황론을 주창해 가는데 있어서 가장 중요한 논고였던 「열성전」은, 국가가 주도하는 천황 계보와는 거리를 두는 듯 했다. 즉 존황주의자나 국가주의자 입장의 '본질주의적 황통 계보'와 차이를 갖고 있었다. 먼저 역사가들이 일반적으로 참고하는『본조황윤소운록』인데, 이에 근거하여『군서류종』의 「황윤소운록」으로 재구성되어 간 것이다. 그 과정에서 파생된 것은,『내국표』,『찬집어계도』, 「황조기년전」,『황조사략』,『황조사략초해(속황조사략초해)』등으로 파생되었다.

이 과정에서는『대일본사』와 연관된 아오야마 노부유키의『황조사략』를 참조하여『황조사략초해(속황조사략초해)』로 간행되기도 했다. 그리고 중앙 정부가 아니라 하나의 지역에서 발간된『황통전략』, 그리고 북조정통론에 반대하여 정책적으로 남조정통론을 주장하기 위해 원로원에서 간행한『본조황윤소운록』과『군서류종』의 「황윤소운록」을 재편한『찬집어계도』가 있었다.

이들은 1889년 구황실전범이 규정되지 않은 상황이었고, 교육칙어나 1892년의 구메 구니타케 사건, 그리고 1911년의 대역사건 이전의 천황 계보론이었다. 그 내용에서는 시작을 구니노토코타치노카미와 아마테라스 오미카미를 기재하던가, 진무 천황을 시작으로 하고 있었다.『본조황윤소운록』이외의 모든 저서들은 진무 천황으로부터 시작하고 있었다. 그리고 문제는 진구 황후를 가열하는가 가열하지 않는가의 차이점을 가졌고, 구성 형식에서 중요한 부분은 어머니와 형제, 그리고 황자, 즉위 년월일, 붕어일, 능묘를 표기했는데, 어머니를 중시하고 있었다는 점이다.

그리고 즉위가 불분명했던 조케이 천황을 가열하거나 빼는 방식이었고, 고분 천황, 준닌 천황, 주쿄 천황의 가열을 둘러싼 차이점을 보이고 있었다. 그리고 아시카와 정치 시대에 발간된『본조황윤소운록』만이 북조정통론을 내세웠고, 이후 시대 흐름에 따라 남조정통론이 주류를 이루었지만, 남북조가 병렬적으로 제시되기도 하였다.

이후 일본 정부에서 구황실전범이라는 규정이 공포되면서 나타난『군서류종』의 「황윤소운록」와 이를 근거로 작성된『군서류종』의 「황년대략기」는 동일성을 반복하면서 간행되었고,『역조성덕록』이 간행되어 갔다. 이 1899년의『역조성덕록』은 진무 천황으로 시작되고, 진구황후는 천황으로 가열되지 않았다. 구성형식에서 어머니를 중시한 것이 아니라 황자인지 동생인지라는 앞 천황과의 관계를 기입했다. 동시에 당대 천황 시기의 상황이나 사건을 기술하고 있었다. 조케이 천황, 고분 천황, 주쿄 천황이 가열되었다. 또한 남북조를 병렬적으로 가열했다.

이것은 오카와 슈메이의「열성전」과 거의 동일한 방식이었다. 이후 1903년 황통보령이 규정되고 1910년 대역사건, 1911년 남북조정윤문제가 현실로 나타나던 시기에 국사 수사사업의 중지로 나타난『대정기요』가 집필되고, 오카와 슈메이의 열성전보다 5개월 앞서 1913년 1월 간행된『명치대제사』가 있었다. 진무 천황을 시초로 기재하고 진구 황후는 표기하지 않게 되었다. 그리고 구성 형식도 부모, 앞 천황과의 관계, 황후, 즉위 년월일, 재위기간, 승하 연월일, 능묘 등을 제시했다. 그러나 조케이 천황은 가열하지 않았고, 고분 천황과 준닌 천황, 주쿄 천황은 이미 1870년에 추호(追号)되었기 때문에 폐위천황이라고 하면서도 천황으로 가열했다.

이러한 과정 속에서 오카와 슈메이는『본조황윤소운록』, 그 사이의「황조기년전」그리고 이를 재구성한『군서류종』의「황윤소운록」을 참고하면서,「석일본기」나「고본제왕계보」를 통해 남북조 문제, 즉위가 확인되지 않는 천황의 문제를 해결했던 것이다.

그것은 직선적으로 천황 계보가 진화했다는 논리보다는 시대적 특징에 의해 중첩적으로 반복되거나 혹은 원 저서의 근본적인 다른 저서를 참고하면서 위상을 달리하는 차원에서 재현되는 천황 계보들 사이에서 오카와 슈메이 만의 독특한 계통의 재현 견증(見證)에서 구성해 낸 것이었다.

결과적으로 폐위천황도 모두 열성으로 가열되고, 남조와 북조를 동시에 표기했다. 구성 형식도 천황 대수(代數)를 확정하면서 부모, 황자, 즉위 연월일, 즉위기간, 승하 연월일, 능묘 들을 갖추고, 그 당대 천황의 사건이나 상황을 자세하게 기술했다.

그리고 각 시대마다 각각의 천황이 황자, 형제, 손자의 형태로 변용되면서 서로 다른 시대의 상황적 움직임을 역으로 오카와 슈메이는 그 시대마다 내부에서 혁신의 계기라는 내용 틀을 만들어 냈다. 천황을 정점에 두었고, 천황이 끊이지 않고 이어지는 논리로서 연결성을 갖는 것으로 전체 역사로 궤를 꿰면서 천황 계보를 일본 역사 전체로 확대시킨 것이다.

천황 중심의 역사가 황자가 아니고 형제이거니 손자라고 하더라도 그것은 별개로 각각 움직인 것이 아니라 서로 혁신의 시대를 만들어내는 '논리'로서 작용한 것이고, 그것들은 역설적으로 천황과의 상관관계 속에서만 움직이는 논리라고 본 것이다. 만세일계라는 천황과 천황의 관계에 의해 일본 역사가 움직여 온 것임을 역사로 증명하게 된 것이다.

천황 계보 간행물들은 시대의 인식론적 시선의 각축전, 즉 국가주도나 민간레벨의 차이 그리고 천황 계보를 보는 집필자의 인식에 의해 기존 황통 계보에서 취사선택되어 재구성되는 계보론이라는 것을 역설적으로 보여주는 것이었다. 오카와 슈메이의 「열성전」은 하나의 전(箋)에서 전(傳)을 거치면서 '역사'로 변용되는 프로세스를 보여주는 것이며, 역으로 천황 계보가 시대적 인식에 의해 가공되었다는 '작위 계보론'임을 보여주고 있는 것이었다.

제7장
횡단문화론의 구조와 '문명천황론'
-오카와 슈메이, 오카쿠라 덴신, 와카미야 유노스케-

1. 사상의 '근대론'과 '횡단문화론'

일본은 타자로서 다가온 서구라는 거대한 물결이 요동치는 현실 속에서 무엇보다도 근대적인 일본의 사상을 주체적으로 구상하지 않으면 안 되었다. 이러한 근대 일본의 사상적 특징을 가장 적절하게 표현한 고야스 노부쿠니(子安宣邦)는 '서양적 근대를 추종하면서 동시에 그것에 대한 대항으로서 일본을 형성하게 된 일본의 근대사를 다시 읽어내고, 새로 갖추어야 할 비판적 시좌'56)가 새롭게 요구되어졌던 것이라고 논했다.

다시 말해서 서양적 근대를 수용하지만, 한편으로는 그것에 대한 대항·저항 담론으로서 일본을 다시 객관화 하려는 노력이 절실하게 요구되던 시기였던 것이다. 이는 문화와 문명 개념의 정립이 시도되는 시기와 맞물리고 있었다.

이러한 시기 일본 내부에서 전개된 탈서구화 논리를, 계보학적으로 거슬러 올라가면 복잡 다양하지만, 메이지기(明治期)의 끝자락과 다이쇼(大正) 첫머리에 전개된 문화론의 전환기적 시기에 '문명천황론'을 제시한 중심인물에 오카와 슈메이(大川周明)가 있었다. 특히 서구의 정체(政体)와 일본의 국

---

56) 子安宣邦,「方法としての江戸」,『江戸の思想』10, ペリカン社, 1999年, pp.2~12.

체(国体)의 문제를 동서(東西)문명의 혼합이나 융합을 넘어 '횡단적인(트랜스, trans)' 의미에서 '탈서구화'를 시도했으며 동시에 '탈아시아'도 함께 구축하고 있었다.

앞서 언급한 것처럼, 새로운 시대적 요구의 흐름 속에서 오카와 슈메이는 새로운 천황론을 구상했고, 그것을 '황통=만세일계' → '국체=문명천황'으로 체현해 냈다. 물론 이러한 사실은 일반론으로 비춰질 수 있는데, 그러한 '국체=문명천황론'을 창출했다는 표면적 비판보다는 오카와 슈메이가 어떠한 방식으로 문명천황론을 구상해 낼 수 있었는가라는 심연적 문제와 그 문명천황론에 활용된 내적 원리가 무엇이었는가를 밝히는 문제가 더 중요할 것이다.

이를 구체적으로 밝혀내기 위해서는 오카와 슈메이가 영향을 받은 핵심적인 인물 오카쿠라 덴신(岡倉天心)과 와카미야 유노스케(若宮卯之助)를 동시에 살려보아야 한다. 오카쿠라 덴신과 와카미야 유노스케는 서양과 동양이 문화적으로 차이를 갖고 있다는 전제 속에서 문화의 차이를 새로운 문화론으로 '횡단 구축'하려는 입장이었다. 오카쿠라 덴신은 직접적인 경험을 바탕으로 서구를 상대화하면서, 동양문화의 새로운 구축을 주장했고, 와카미야 유노스케는 서구인 윌리엄 녹스의 저서를 번역하면서, 서구인의 논리를 원용하면서 일본적 과거의 장점이 소멸되지 않는 상태를 유지하는 횡단 문화론을 주창하고 있었다. 그렇지만 결과적으로는 오카쿠라 덴신이나 와카미야 유노스케는 일본적 국체와 천황이 갖는 독창성을 주장하면서 '동양문화=일본문화론'으로 귀일(帰一)해 갔다.

이것은 '오카쿠라 덴신=구축주의적'인 입장과 '와카미야 유노스케=본질주의적'인 입장의 횡단문화론이라고 볼 수 있는데, 오카와 슈메이는 문화론이 갖는 이 양면성을 원용하면서 정체와 국체의 문제를 해결하고, 횡단 문명으로서 일본천황을 구축해 냈다. 그리고 동양과 서양의 문화, 구축주의와 본질주의라는 네 개의 축을 전부 합체시킴으로서 오카와 슈메이는 일본천황은 하나의 문화가 아니라 문명이라는 보편적 단계로 승격시키고, 그럼으로써 메이지 천황은 문명천황론을 완성해 내고 있었다.

이는 메이지기의 탈서구화와 탈아시아의 딜레마 인식 속에 내장된 일본 내부의 정체나 국체에 대한 횡단문명론이었던 것이다. 그렇지만 그것은 메이지와 다시쇼기라는 시대 경험 틀 속에서 '고대 천황의 배열=국체=문명천황론'으로 재(再)호명된 '국민국가 내부횡단문명론'이었던 것이다.

〈표14〉 전체 내용 흐름 그림(필자작성)

대적 배경	오카와 슈메이의 사상에 영향을 준 사상		입장	결론			
	오쿠라 마고베 (大倉孫兵衛)	고이케 소코 (小池素行)	본질주의 or 구축주의	오카와 슈메이 (大川周明)			
체(國體)와 체(政體)에 대한 구분	「황조기년전 (皇朝紀年箋)」	[일본예술사(日本芸術史)] 「일본제도사(日本制度史)」	본질주의= 국체론= 만세 일계론	본질 주의	「열성전」「일본 문명의 의의 및 가치」	천황의 정치 적 지위의 변 천, 황실은 국
	공통점	국체, 정체의 추종. 만세일계론			국체, 만세일계 정통론	민생활의 중 심으로 계속 존재
	차이점	시대의 흐름에 따른 출판 사업	정밀한 시대 구분과 만세일계론 제시				
인물	오카쿠라 덴신 (岡倉天心)	와카미야 오누스케 (若宮卯之助)				
동서문명 (東西文明)	『일본의각성 (日本の覺醒)』 『동양의이상 (東洋の理想)』	『일본문명론(日本文明論)』	구축주의= 융합론= 소거론= 생성론	구축 주의	불교, 유교의 혼 융과 일본 문명 의 특징, 새로운 시대 창출의 특 징의 소멸을 막 고 융합으로서 신 문명 창출	메이지 천황
	공통점	동서문명의 차이를 인지, 혼용론, 동서문 명의 일치점(一致點) 모색, 주변 역사 사건 과의 관련성 중시				
		서양문화는 원래 동양/일본문화가 근원지 /뿌리라는 논리				
	차이점	문화 소멸론	문화 생성론				

2. 오카와 슈메이, 오카쿠라 덴신, 와카미야 유노스케

오카와 슈메이가 최초로 본격적인 천황 역사서를 저술한 것은 「열성전(列聖伝)」이었다. 오카와 슈메이가 「만주일일신문(満州日日新聞)」 기자였던 사

카키바라 마사오(榊原政雄)에게 보냈다는 편지 내용을 보면 「열성전」 집필의
구체적인 동기를 알 수 있다.

출판사를 경영하던 오쿠라 마소베에(大倉孫兵衛)는 자신의 고희(古稀)기
념으로 『역대천황의 어전기(歷代天皇之於伝記)』를 간행하고자 했다. 이를
위해 지인인 마쓰무라 가이세키(松村介石)에게 마땅한 집필자 소개를 부탁
했다. 마쓰무라 가이세키는 당시 함께 도회(道会)에서 활동하며 신뢰하던 오
카와 슈메이에게 집필을 부탁했던 것이다.

앞서 살펴본 것처럼 「열성전」은 마쓰무라 가이세키의 소개를 받아 '역대
천황의 〈이야기〉'를 집필하는 작업이었는데,[57] 더 중요한 점은 오카와 슈메
이가 회고하듯이, 이 저서 집필을 위해 오카와 슈메이는 본격적인 '일본사'를
연구했고, 이 일본사 연구에 의해 자신의 사상에 '근본적인 전향'이 일어나게
되었다고 밝힌 대목이다.[58] '사상적 전향'이라는 말은, 사상적으로 새로운 인
식을 갖게 된다는 의미로 해석할 수 있다. 그렇지만 전향이라는 말을 사용했
다는 것은 '이쪽에서 저쪽으로' 생각이 바뀌었다는 것을 의미하는 것으로, 완
전하게 새로운 생각을 창조한 것은 아니었다.

그럼 일본사 연구와 사상의 전향이 의미하는 것이 무엇인가를 고찰해야
하는데, 그 전에 오카와 슈메이의 「열성전」 집필과 관련해 빠뜨릴 수 없는 인
물이 모리무라 이치자에몬(森村市左衛門)인데, 이를 먼저 확인할 필요가 있
다. 이 모리무라는 다시 와카미야 유노스케(若宮卯之助)와도 깊은 인연이 있
었다. 와카미야는 모리무라 이치자에몬의 자서전을 집필한 인물이었다. 동시
에 와카미야 유노스케는 오카와 슈메이가 사상적 영향을 받은 인물이었다.

이러한 인물들의 연광성과 관련하여 중요한 것은 오카와 슈메이가 일본사
연구를 시작하면서 자신의 사상에 근본적인 전향이 일어났다는 의미와의 연
관성이다. 그것은 오카와 슈메이가 직접 밝혔듯이 〈문화사적 측면〉을 다루

---

57) 広瀬重見, 「大川周明稿『列聖伝』」, 『芸林』 第52卷 第1号, 芸林会, 2003年, p.162.
58) 大川周明, 「偶然なる思想の一大転機」, 『大川周明関係文書』 芙蓉書房出版, 1998年,
    p.80.

기 위해서 ①이종(異種) 문명에 접촉할 때마다 조상이 어떻게 이를 안배(按排)했는가를 알고, ②일본민족 본래의 정신이 어떻게 광휘를 발휘해 왔는가를 납득하기 위해 정신계(精神界)에서 투쟁[59]해야 한다고 제시한 두 가지 특징이다. 그런데 실은 이 두 가지 사상 자체보다 더 중요한 것은 이 두 가지 시점을 어떻게 갖게 되었는가라는 배경 규명이 더 필요하다.

특히 오카와 슈메이의 정신적 투쟁은, '메이지 천황의 죽음'이라는 한 시대의 종언, 그리고 새로운 시대를 상징하는 다이쇼(大正)가 갖는 의미이다. 즉 메이지시대의 정신사·사회사를 경험한 오카와 슈메이가 천황의 신격성(神格性)과 다이쇼 데모크라시를 맞이하는 '대중의 시대' 도래라는 시대적 격차 속에서 새롭게 천황의 패러다임 변화를 창출해야 하는 시대적 요청이 존재하기도 했다는 점이다. 이러한 시대적 배경이 말해주듯이 오카와 슈메이는 천황의 죽음을 통해 직접적인 천황 계승 문제, 즉 만세일계의 정통성과 다이쇼의 신(新) 시대를 중첩시키면서 이를 문명과 국민생활의 문제로 연결시켜가려 했다.

이러한 시대적 배경과 함께 오카와 슈메이의 정신적인 전향에 가장 큰 영향을 준 것이 오카쿠라 가쿠조(岡倉覚三, 오카쿠라 덴신)이었다.[60] 특히 오카와 슈메이는 오카쿠라 덴신이 '아시아정신의 본질'을 제시한 인물이라고 평가하면서 그 영향을 크게 받았다.[61] 오카와 슈메이는 오카쿠라 덴신이 주장한 아시아정신론과 자신이 강조하던 사상 방향 즉 '옛것을 잃지 않고 새로

59) 大川周明,「榊原政雄(推定)宛」,『大川周明関係文書』芙蓉書房出版, 1998年, p.396.
60) 오카와 슈메이 자신이 밝히고 있듯이 오카쿠라 덴신(岡倉天心), 기타 잇키(北一輝) 그리고 야마지 아이잔(山路愛山)이라고 했다. 이 부분은 이미 선행연구에서 그 영향관계를 언급했다. 오카쿠라 덴신, 기타 잇키의 영향에 대해서는 곤노 노부유키(昆野伸幸)가 있다. 昆野伸幸,『近代日本の国体論-"皇国史観"再考』ぺりかん社, 2008年, pp.27~53. 그리고 야마지 아이잔의 영향관계에 대해서는 마쓰모토 겐이치(松本健一)가 있다. 松本健一,「ハンチントンは大川周明を超えたか」,『諸君』文芸春秋, 1999年, pp.140~155.
61) 大川周明,『日本文明史』大鐙閣, 1921年, p.7.

움을 포용하는 위대한 귀일 정신에 의해 모든 문명을 동화하고 그리하여 영광스러운 일본민족의 문화를 완성하는 것'[62]이라는 귀일 사상을 강렬하게 의식하고 있었다.

그리고 오카와 슈메이는 오쿠라 마고베나 모리무라 이치자에몬과 연결되는 와카미야 유노스케를 인용하고 있었다.

이처럼 오카와 슈메이의 사상에는 와카미야 유노스케, 오카쿠라 덴신의 영향력이 컸고, 특히 오카쿠라 덴신과 와카미야 유노스케가 시도한 '동서문화 횡단론'은 오카와 슈메이가 '일본문명 횡단론'을 창출해 내는데 단초를 제공해 준 커다란 '광맥'이었다.

3. 횡단을 위한 비교론의 양면성과 황통(皇統)

앞서 언급한 것처럼 오카와 슈메이의 사상적 원천(源泉)에 존재하는 인물이 오카쿠라 덴신인데, 오카쿠라 덴신의 사상적 특징은 탈서구주의적 근대사상을 가졌다고 보면서 동시에 탈아(脱亜)주의자였다고 평가되기도 한다.[63]

표면적으로는 탈아론이지만, 전면적인 서구화가 아닌 점이 오카쿠라 덴신의 사상이 갖는 특징인 것이다. 먼저 오카쿠라 덴신이 탈아를 주장했지만, 입구(入欧)가 아니었다는 것이 무엇인지를 밝혀낼 필요가 있을 것이다.[64]

오카쿠라 덴신의 사상을 다룰 때 빠지지 않고 인용되거나 언급되는 것에 '아세아(亜細亜)는 하나'라는 표현이 있다. 동양이나 아시아가 아니라 아세아라고 표현했다는 점도 특이했다.[65]

---

62) 大川周明,「榊原政雄(推定)宛」, 앞의 책, p.396.
63) 清水恵美子,『岡倉天心の比較文化史的研究』思文閣出版, 2012年, pp.3~18.
64) 오카쿠라 덴신의 논고를 번역한 것이 오카와 슈메이였고, 이를『연정미술』에 게재했다. 坪内隆彦,『岡倉天心の思想探訪』勁草書房, 1998年, pp.74~75.
65) 오카쿠라 덴신은 '태동(泰東)'이라고도 표현했는데, 이것은 서구인들이 본 동양이나 아시아가 개념을 재구성하여 주체적으로 표현하고자 명명한 것이기도 했다.

　이에 대해 이토 아키오(伊藤昭雄)가 "『동양의 이상』 서두에는 그 유명한 '아시아는 하나'라는 말이 있다. 그것은 두말할 것도 없이 아시아 제(諸)민족의 다양성을 인정하지 않는다는 것이 아니라, 다양하면서도 아시아에 대해 수용을 강요하는 서양 문명에 대한 아시아의 영광을 주장하고, 아시아의 양식을 지키며 이것을 회복하려는 것의 의미에서 하나라는 것"66)이라며 그 핵심을 짚어주었다.

　그런데 '아시아의 영광을 주장하고, 아시아의 양식을 지키며 이것을 회복하려는 점에서 하나'라는 지적 속에는 오카쿠라 사상의 출발점이 갖는 아시아의 영광이 무엇을 상정한 것인지에 대한 설명이 없다. 이를 해명하기 위해서는 오카쿠라가 아라비아나 페르시아, 중국 그리고 인도를 아세아 즉 아시아로 간주했다는 점에 주의할 필요가 있다. 즉 지중해를 경계로 지중해 북쪽을 서구로 구분하고 있었다는 점이다. 특히 아라비아나 페르시아는 서구에게도 영향을 주었다고 보고, 오카쿠라 덴신은 '아세아는 세계 모든 대종교(大倧教)의 발생지'67)라고 주장했다.

　즉 오카쿠라 덴신은 아세아가 아라비아와 페르시아까지도 포함되고 이곳이 원천적 아세아라고 간주한 것이다. 이곳에서 문화가 서구로 전이되었는데, 서구의 문화적 특징은 특수와 수단(手段)에 집착하는 것이었다. 그렇기 때문에 서구에서는 그러한 서구적 특성 속에서 '서구 문화'가 탄생되고, 아시아는 다시 아시아의 문화적 특징에 의해 아시아적 문화가 생겨났다고 보았다. 원래는 동일한 문화였지만, 서구든 아시아든 그것은 자기 지역적·문화적 특징에 의해 새로운 것으로 습산(襲産)된 것이라고 보았다. 그렇기 때문에 표면적으로는 달라 보이지만, 원천적으로는 '동일한 아세아 정신'이 이어지고 있는 것이라고 보았다.

　특히 오카쿠라 덴신이 주장한 '아세아는 하나'라는 슬로건 속에는 '아세아 정신' 그것이 서양과 아세아에 동시에 존재하는 것이며, 그것을 통해 세계적

---

66) 伊藤昭雄, 『アジアと近代日本』 社会評論社, 1990年, p.61.
67) 岡倉天心, 「東洋の理想」, 『天心先生欧文著書抄訳』 日本美術院, 1922年, p.4.

문화가 발전되었다는 인식이 담겨져 있었다. 특징을 두 가지 측면, 즉 궁극적인 것과 보편적인 것이라고 보았다. 서구에 흘러간 것이기도 하면서 동시에 동일한 아세아 정신이 흐르는 의미에서 아세아는 하나인데, 이곳에 살아있는 궁극과 보편은 그대로 고대 중국이나 인도로 전달되어 일본에 이르게 되었다고 상정했다.

그리고 이 아세아 정신 발달과정은 곧 〈역사=생명〉인데, 그 역사적 흐름을 중시하며 이를 미술과 연결시켜 설명해 냈다. 오카쿠라 덴신의 근본적 사상은 '아드바이타(Advaita)' 즉 '불이일원(不二一元)' 사상이었다. '원래 존재했던 것=궁극적인 것'이기도 하면서 그것으로 다시 '통일=보편적인 것'으로 나아가야 하는 논리적 전개를 가질 수밖에 없는 '하나의 길'이었던 것이다.

이는 역사적 기원을 거슬러 올라가거나 아니면 반대로 역사가 진보해 나간다는 것은, 결국 하나로 만나게 된다는 논리인 것이다. 근원적인 것을 찾아가는 길과, 서로 다른 시공간에서 서로 다른 현상으로 분화해 간 것이 다시 하나의 근원적인 것을 만들어 가는 길이라는 의미는, 결국 하나의 전체로 재(再)수렴되어 간다는 논리였다.

이러한 오카쿠라 덴신의 인식론에서 본다면, 원초적 원시시대에 중앙아시아에서 생겨난 문화가 서구로 유입되었고 동시에 중국, 인도에 전해지면서 분화되고 발전해 온 것이 문화인데, 그것들이 새롭게 융합되고 합치되면서 다시 그 궁극적이고 보편적인 것으로 향하는 '과정'이었던 것이다. 그 원초적 대종교(大倧教)의 발생, 그리고 그것이 다시 융합되고 합치되는 지점이 바로 일본이었던 것이다.[68]

바로 이 전자적 의미와 후자적 의미를 활용하면서 오카와 슈메이는 '아시아적 특성=일본'을 구상하게 된다. 물론 이러한 내용을 미야모토 모리타로(宮本盛太郎)가 주장하듯이 오카와 슈메이가 "오카쿠라 덴신의 사상에서 '아시아의 박물관'인 일본의 왕성한 동화 흡수력을 배웠다. 일본은 아시아 문명

---

68) 大久保喬樹, 「岡倉天心の脱近代思考の可能性 - その言語・時間・空間認識」, 『五浦論叢』 第9号, 茨城大学五浦美術文化研究所, 2002年, p.34.

의 표현자라는 지위에서 더 비약하여 세계 문명의 통일을 이루어 국민생활의 지고한 문화를 실현하지 않으면 안 된다고 오카와 슈메이는 제언하게 된 것"[69]이라고 보는 것도 가능하다.

그렇지만, '일본의 왕성한 동화 흡수력'이나 아시아문명의 표현자라는 지위에서 세계문명의 통일을 실현하려고 제언 한 그 내적인 '비약'의 논리가 가진 특성이 무엇인지에 대해서는 언급하지 않고 있다. 이를 구체적으로 이해하기 위해서는 오카쿠라 덴신의 논리는 물론이거니와 당시 오카쿠라 덴신의 동서문화 논리와 차이성과 유사성을 가진 와카미야 유노스케의 논리도 함께 살펴볼 필요가 있다.

와카미야 유노스케의 사상적 특징을 이해하고자 할 때 필수적으로 참고해야 하는 것이 윌리엄 녹스(George William Knox)가 저술한 『일본문명론(日本文明論)』이라는 번역서이다. 원서 제목은 『동양의 정신(The spirit of the Orent)』였지만 와카미야 유노스케는 제목을 바꾸어 『일본문명론』으로 결정했다. 그 이유는 일본어에 '문명'이라는 용어가 아직 불분명하고 의미 또한 정확하지 않은 상태에서 단지 동양과 서양의 문화 차이만을 강조하여 동양과 서양을 구분하는 것이 문제라고 판단했기 때문[70]이었다. 이를 보면, 번역서가 간행되던 1907년도 아직 '문명'과 문화 개념이 명확하게 구분되지 않고 사용되고 있었음을 짐작할 수 있다.

물론 오카쿠라 덴신의 경우는 문학과 유적, 선(禅), 야마토노래(大和歌), 노가쿠(能楽) 등등을 문화라고 기술했고, 중국이나 인도가 가진 모든 것들도 문화라고 보거나 이들을 모두 종합한 것, 즉 박물관적인 것이 문명이라고 인식했다.[71] 그렇지만 그 개념을 정확하게 제시하는 것은 아니었다. 미분화된 문화와 문명의 경계 속에서, 와카미야 유노스케는 일본에 문명개념이 정착하지 않았고, 그것은 동양과 서양의 문화적 차이만을 보아 그것을 구분하는 것

69) 宮本盛太郎, 『近代日本政治思想の座標』 有斐閣, 1987年, p.250.
70) George William Knox, 若宮卯之助訳, 『日本文明論』 内外出版協会, 190年, p.2.
71) 岡倉天心, 「東洋の理想」, 앞의 책, pp.5~7.

에 대한 문제점을 인지했던 것이다. 그래서 문명의 의미를 번역서를 통해 새롭게 탐색하고, 특히 일본문명이 무엇인지를 찾아내는 작업으로 연결시켜야 한다고 보고 있었다.

이처럼 명확한 개념으로서 문화나 문명의 정의가 성립되지 않은 단계에서 와카미야 유노스케와 오카쿠라 덴신은, 동양과 서양이 다른 문화를 갖고 있으며, 그 차이성을 강조하는 것으로 동서문화를 비교해 갔다. 한발 더 나아가 와카노미야 유노스케는 오카쿠라 덴신과는 달리 '아시아는 하나'가 아니라고 제시했다. 아시아 내부는 서로 다르며, 아시아는 서구와 대비된 것으로 아시아가 하나의 전체인 것으로 간주되는 논리가 갖는 한계점을 비판한 것이다. 동시에 와카이먀는 서양도 하나가 아니라고 보았다. 이런 점만 본다면, 와카노미야 유노스케는 오카쿠라 덴신이 주장하는 논리와 다르게 보인다.

그렇지만 와카미야 유노스케는 그러한 서양도 하나가 아니고 아시아도 하나가 아닌 다양함을 전제로 하면서 "그러한 다양함 속에 존재하는 하나의 일치(一致)를 이루는 것, 그것을 찾아야 한다"[72]고 주장했다. 즉 하나의 일치점이 무엇인가를 통해 아시아를 정의하려고 했다. 와카미야 유노스케는 서구가 그 내부적으로는 다양한 국가들, 다양한 문화들이 존재함에도 불구하고 그것이 서양으로 보이는 것은 내부에 서구 국가들끼리 일치하는 접점이 있는데, 그것이 '종교'라고 보았다. 이 종교라는 것을 서구에서는 진리라고 믿는 세계인데 그 '진리라고 믿는 세계=종교' 그것이 일치하기 때문에 서구는 서양으로서 하나로 존재할 수 있다고 해석한 것이다.

그렇지만 진리라고 믿는 것 그것은 아시아에서 발생한 이스라엘의 예언자적 종교의 영향으로, 그것이 서구에서 서구 국민들의 공동성(共同性)을 이룬 것이라고 본 것이다. 이는 아주 중요한 관점인데, "원래는 동양에 존재했던 그 종교라는 것이 상호간에 국경이 구별되고 정치제도가 달라졌지만, 인민(人民)의 마음은 동일한데 그것은 공동 유산의 상속자"[73]이기 때문이라고 단

---

72) George William Knox, 若宮卯之助訳, 앞의 책, p.13.
73) George William Knox, 若宮卯之助訳, 앞의 책, p.17.

언한다. 서구가 공동의 일치점을 찾으면서 서구는 서양이 된 것이었고, 아시
아는 형태적으로 차이를 가진 동양으로 대비되는 것이었다.

이 동양이 가진 구체적 의미가 무엇인가를 설명하기 전에 다시 확인하고
넘어가야 하는 것이 바로 앞서 언급한 오카쿠라 덴신의 서양문화 해석과 동
일한 것이며, 원천적인 것 즉 종교라는 것 자체가 이미 동양에 존재했었다고
주장한 것과 동일하다는 부분이다.[74] 즉, 오카쿠라 덴신이 동양과 서양의 문
화를 구분하면서, 서양 문화의 원천이 동양에 존재했다고 제시하는 것과 와
카미야 유노스케가 제시한 번역서 내용은 공통점을 갖고 있었다. 일본인 오
카쿠라 덴신이 주장하는 논리와 서구인 윌리엄 녹스가 주장한 내용이 일치
하면서, 일본인 내부자의 시선과 일본인이 아닌 서구인이 보는 외부적 시선
이 합체되면서, 동서문화에 대한 횡단이 이루어져 가고 있었다.

결국 내부자 시선과 외부자 시선의 합의점을 찾아낸 것이며, 이것이 시대
정신으로 뒤덮여져 간 것이다. 그렇지만 아직 동양적인 것이 무엇인가는 제
시하지 못했는데, 서양인의 종교에 대한 진리 인식이 하나의 일치점으로 나
타났듯이 동양문화라는 것을 성립시키기 위해서는 동양에 그 '일치점'이 무
엇인가를 찾아 내지 않으면 안 되었다.[75] 그 일치점 후보로서 등장한 것이
바로 불교와 유교였다. 그렇지만 이 불교와 유교는 인도와 중국에서 각각 재
구성되어 버렸고, 하나의 국가 인식에 머무르는 한계점을 갖는다고 보았다.
즉, 동양문화의 일치점을 인도와 중국의 문화를 통해 찾아보려 했지만 불교
는 인도 내부의 철학이나 사상으로서 한계를 갖고, 중국의 유교는 정치적 치
술(治術)이라는 것에 한정되어 사용되어진 것으로 간주하여 동양의 일치점
으로 이를 인정하기에는 어려움이 많았다.[76]

---

74) 岡倉天心, 『天心先生欧文著書抄訳』 日本美術院, 1922年, pp.76~77.
75) George William Knox, 若宮卯之助訳, 앞의 책, p.17.
76) George William Knox, 若宮卯之助訳, 앞의 책, pp.82~89. 인도 불교에서 논하는 윤회
사상 그것은 인도인적인 의식과 철학의 복합 속에서 탄생한 것으로 인도적인 한계를
갖고 있다고 보았다. 그렇지만 이 불교를 하나의 공통점으로 찾으려 한다고 가정해
중국을 보면, 중국에도 물론 불교가 존재하는데, 그 불교에는 중국적 미신이 섞여있

그래서 자연스럽게 인도와 중국을 대신할 새로운 문화가 필요하다고 주장
한다. 이때 이를 대체할 문화가 일본이라고 제시한다. 그런데 새롭게 대체
가능성을 가진 일본 문화를 소개하기 위해서는 먼저 상기시키지 않으면 안
되는 논리가 있었다. 앞서 언급한 것처럼, 원래 고대에는 동양이라던가 서양
이라는 것 자체가 구분이 없이 공동의 인류 즉 인간 자체로서 공존했다는
점과, 이것이 시간이 지나면서 풍토나 지리적 특성에 의해 각각이 새로운 문
화로 분화되었다고 기술한 부분이다. 이러한 역사적 분화·발달 과정에서 중
국과 인도가 생겨났지만, 그것이 동양의 일치점이 되지 못했는데, 일본 문화
는 서구적인 것과 아시아적인 것이라고 불리던 문화들의 '동화'를 통해 새로
운 문화를 주조하는 특별한 능력을 가진 국가라는 점 등등 이었다.

그렇기 때문에 불교와 유교 대신에 동양 문화의 '일치점=하나의 통일점'을
일본 문화 내부에서 찾아 볼 수 있다고 주장하게 된 것이다. 신구문명의 조
화, 그 숙성을 통해 신문명을 양생(釀生)하는 것, 그것이 바로 일본 문화에 존
재하며, 원래 인류가 하나였던 것처럼, 그 인류의 미래가 단순하게 서구화 하
는 것이 아니라, 신일본 문명의 창출에 기댈 수 있다고 보았다.

와카미야 유노스케는 일본문화에 새로운 문명을 기대할 수 있는 이유를
구체적으로 설명했다. 물론 근대에 서양 기계문명에 세계가 놀라기도 했지
만, 오히려 세계를 놀라게 하는 것은 일본인의 정신[77]이라고 했다. 즉 물질
문명에 대한 정신문화의 우월성을 강조한 것이다. 또한 오카쿠라 덴신도 "우
리들이 태서(泰西)의 문물을 배워 크게 발달한 것은 놀랄만한 것이었는데,
사려분별이 있는 사람이라면 그 모방력보다도 그 모방의 능숙함을 보여준

어서 위대한 감화를 주지 못한다고 보았다. 그래서 다른 종교를 찾아보면 도교가
있는데 도교는 미신화 되어 가능성이 없다고 보았다. 마지막으로 유교가 있는데 유
교는 중국에서 아주 커다란 영향력을 갖고 있어 중대하기는 하지만, 이는 정치에
관한 관리의 치술(治術)에 머문다는 한계를 갖고 있었다. 그리고 중국은 쇄국 정책에
의해 국난(國難)을 겪고 있으며 각성이 필요한 나라로 전락해 버렸기 때문에 온전하
게 인도와 중국 그리고 일본과의 일치점을 찾기가 어렵다고 보았다.

[77] 若宮卯之吉, 『若宮論集』 実業之世界社, 1915年, p.117.

내부의 힘에 주의하지 않으면 안 된다"[78]며, 일본 문화가 단순하게 서구 문명을 모방하는 것 그것이 아니라, 뭔가를 모방할 때 그것을 능숙하게 진행하는 '정신성'을 대비시켜 강조했다.

특히 정신과 연결시키는 오카쿠라 텐신의 문화관은 '동양'이라는 말을 재구성하는 논리와 맞물리게 된다. 오카쿠라 텐신의 「동양의 이상」을 보면, 아주 그 특징을 잘 읽어낼 수 있다. 즉 일본 미술계의 사조를 언급하면서 '일본에 존재하는 사조는 동양사상과 서양사상으로 구분이 가능한데, 이 풍조는 사실 백오십년 이전에 동시에 일어난 것으로 동양 사상은 일본 고유의 미술을 통합하여 중국과 인도의 영향에서 벗어나려는 자각적 노력에 의해 시작되었다'[79]고 기술하듯이, 동양과 서양의 잉태는 상호간에 동시적이면서, 일본이 중국과 인도의 영향에서 탈피하려는 '자각'속에서 '동양'이 탄생될 수 있다는 것이었다. 즉, 서구를 상대화 하고 중국과 인도 문화의 영향에서 탈피할 동양이 탄생되는 것이며, 그것은 '일본=동양=문명'으로 나아가는 길이라고 인식하고 있었다.

이와 동시에 오카쿠라 텐신의 역사발달 인식이 갖는 특징도 함께 이해할 필요가 있다. 오카쿠라 텐신은 역사 발달을 '절대 개념'으로 파악했고, 그것은 법칙이기도 하며 최고의 이성이라고 주장했다. 즉, 그것은 우주 변화의 정신이며, 끊임없이 새로움을 낳으며 영원히 생장(生長)하는 것으로[80] 그것이 결과적으로는 하나의 귀일로 나아가는 것이라고 보았다. 다양함이 귀일해가는 것을 길 혹은 방법(도, 道)이라는 개념으로 설명한다.

길 혹은 방법(도, 道)란 문자 그대로 보면 경로를 의미한다. 그것은 진로, 절대, 법칙, 자연, 최고의 이성, 방식 등등 몇 가지의 번역어로 번역된다.[81]

78) 岡倉天心, 앞의 책, p.51.
79) 岡倉天心, 앞의 책, p.39.
80) 岡倉天心, 앞의 책, p.87.
81) 大久保喬樹, 전게잡지, pp.23~43.

오카쿠라 덴신이 여기서 말하는 '길' 혹은 '방법'의 개념은, '하나의 불가분의 전체로 귀일'하는 논리를 주장하기위한 대표적인 논리이기도 했다.

그렇지만 와카노미야 유노스케는 그러한 절대 경지라는 세계는 생성되는 것이 아니라 소멸[82]과 연결해서 보아야 한다고 주장했다. 즉 생성론이 아니라 반대로 과거의 것이 시간의 흐름 역사 곳에서 소멸된다는 논리였던 것이다. 이처럼 오카쿠라 덴신이 주장하는 횡단 '생성론'과 와카미야 유노스케가 주장하는 횡단 '소멸론'은 서로 상반된 것이었다.

즉 와카미야 유노스케는 "일본 및 일본인의 장점으로서 인정받은 것들이 오히려 점차 소멸해가고 있는 경향에 대해 주의를 환기"[83]시켜야 하는 것으로, 그것은 과거에 존재했던 자부심을 되찾는 것이라고 보았다. 다시 말해서 일본이 서구적 사상의 유입에 의해 서양인처럼 생각하고 마치 서양적인 것을 일본에 대입하려고 하는 것은 바로 옛 일본의 자부심을 잃은 것이라고 보았다. 즉 서구 보편주의적인 논리가 일본에 대입되지 않는다는 점을 강조한 것이다. 와카미야 유노스케는 '서구적 사고=보편적 사고'라는 틀에 일본을 대입시키는 논리 그 문제점을 지적한 것이다.

와카미야는 서양 문화란 서양인이 생각해 낸 서양적 사고방식으로 서양인이 보편적이라고 믿는 하나의 논리가 역사적 경과에 의해 생성된 것인데, 그것은 서양이기 때문에 갖는 특별한 것이 아니라 반대로 어느 나라이든 그 문화가 탄생되는 프로세스 그 프로세스 자체는 동일한 것이며, 그러한 사고방식이야말로 세계가 공통으로 갖는 성질이라고 본 것이다.[84]

그래서 서양의 그것을 서양이 아닌 다른 주변 나라나 역사적 타성을 가진 사회에 그대로 적용하는 것은 유효하지 않다고 주장할 수 있었다. 와카미야 유노스케는 서양이 만든 서구적 보편이라는 사상 그것은 서구적 사회의 특성 속에서 잉태된 것으로, 그것이 잉태되어 결론에 이르는 논리 자체는 인정

82) George William Knox, 若宮卯之助訳, 앞의 책, p.56.
83) 若宮卯之吉, 앞의 책, p.61.
84) 若宮卯之吉, 앞의 책, p.66.

하지만, 서구인이 만들어 낸 역사의 결과물을 일본 사회에 대입시키려 하는
것은 중요한 것이 아니라고 보았다. 서구적 가치는 바로 서구적 가치로서만
존재하지 그것을 일본에 대입시키거나 모방하려 하는 것은 안 된다고 보는
입장이었다.

그리고 더 중요한 것은, 그러한 사고방식이 보편적인 것이라고 보는 논리
가 아니라 와카미야는 그러한 사고방식이 어떻게 형성되어왔는가라는 그 사
회적 조건을 보는 것, 그 조건의 주변을 이해하지 않으면 안 된다고 보았다.
이를 통해 와카미야 유노스케가 주장하려는 것은 옛 일본에 존재하던 일본
의 자부심 그것이 새로운 서구적 논리들에 의해 소멸되지 않도록 존중하고
지켜가야 한다는 점을 강조하기 위해서였다.

반대로 오카쿠라 덴신은 진화적 논리에 의해 신(新)문화의 생성은 신구
(新舊) 또는 동서문화의 융합에 의해 문화를 만들어내는 것이라고 보았다.
그러한 힘을 갖고 있는 것이 일본이었고, 이 부분을 독자화시켜 더욱 확장적
으로 외연화 해 가야 한다고 본 것이었다. 그렇지만 와카미야는 오카쿠라 덴
신과는 반대로 일본의 힘 즉 과거에 존재하던 일본만이 갖는 장점 논리를
소멸시켜서는 안 된다고 주장하는 입장이었다.

그럼에도 불구하고 오카쿠라 덴신과 와카미야 유노스케의 횡단문화론에
는 공통점이 있었다. 첫째는 인도와 중국의 문명이 존재하기 이전에 아시아
문명이 원래 서양문명을 만들었다는 점과, 둘째 그것이 인도와 중국에서 대
표적으로 나타났다는 점이다. 셋째는 아세아를 하나로서 지켜온 아세아의 양
식을 회복하는 것, 그것이 하나의 아세아라고 주장하는 것이었다. 결국 그것
은 일본이 동서 신구문명의 융합 즉 횡단을 통해 신세계를 창조할 수 있다고
본 점이었다.

이러한 동서문화 횡단 · 융합론이 갖는 논리에 내장된 오카쿠라 덴신과 와
카미야 유노스케를 의식하면서, 오카와 슈메이는 새롭게 자신의 논리를 구축
해 간다. 특히 오카와 슈메이는 오카쿠라 덴신과 와카미야 유노스케가 주장
한 탈아시아론과 탈서구화의 논리를 횡단한다는 점이다.

오카와 슈메이는 동서문화 횡단진화론 · 횡단소멸론이 갖는 상극론을 병행

하면서, 다시 그것을 내적으로 심화시키는 논리를 찾으려 했다. 즉 오카와 슈메이가 선택한 논리는 양극적인 것과 공통적인 것을 크로즈 업 시키면서 그 자체를 다시 재구성하는 인식론적 밸런스를 보여주려 했다.

특히 오카쿠라 덴신과 와카미야 유노스케가 명제로 내걸었던 일본문화의 특징을 생활과 연결시켰다. 즉 일본 '국민들의 생활 속에 고대문화의 흔적을 확연하게 확인 할 수 있다'는 점이었다. 오카쿠라 덴신은 그것을 '국체'에 있다고 보았고, 그것이 일본적 특성[85]이라고 제시했다. 와카야마 유노스케 또한 일본의 독이성(独異性)을 강조했다.

그것은 "일본 건국 이래 국초(国礎)의 유구성은 독일무이(独一無二)한 점으로 그것은 천양무궁(天壤無窮)의 신앙이며, 국가의 활력은 귀(帰)하여 황실의 번영이고 8천만 백성(民)의 충성이 되는 것, 일치단결의 이 힘은 일본을 중심으로 세계의 중력(衆力)이 움직이는 시대가 나타났고 일본제국의 현양(顕揚)은 만세(万世) 불변의 국체에 연원(淵源)한 것"[86]이라고 주장했다. 오카쿠라 덴신이나 와카미야 유노스케는 공통적으로 국체가 일본적인 특성이며 독이성이라고 주장했던 것이다.

문제는 이 특성과 독이성이라는 표현인데, 이것이 보편성으로 나아가는 길을 열어야 했다. 그리고 그것이 역사적으로 연면해 온 것임을 증명해야 했다. 그러나 와카미야 유노스케의 경우는 그것이 일본의 건국시기부터 존재하던 것이며, 국체의 연원이고, 이것이 만세 불변의 것이었다고 주장한 것이었다. 그러니까 원천적으로 국체가 존재했고, 그것이 영구적으로 이어졌다고 보는 '원천주의=본질주의'적 인식에 서 있었던 것이었다. 일본을 중심에 두고 세계의 민중이 모여야 한다는 '일본중심주의=국체=민중'론으로 수렴되어 간 것이다.

그러나 오카쿠라 덴신은, 역사적 시간의 흐름 속에서 변용되는 '변용의 문화'가 '횡단론'이라고 보는 방식이었다. 특히 일본의 역사 속에서 전개된 국체

---

85) 岡倉天心, 앞의 책, p.5.
86) 若宮卯之助, 『日本の理想』 聖文閣, 1940年, pp.6~9.

사상이란, 그러한 국체를 일본에서 낳게 된 것은 불교와 유교라는 주변적인 것이 존재했기 때문이라고 보았다.

즉 일본에서 국체가 완성되어 온 것은 국체 그 자체를 보는 것이 아니라 역사적 변용이 어떻게 주변적인 것, 즉 시대적 변천 양상과 불교, 유교의 관련성을 함께 다루어서 보아야 한다는 입장이었던 것이다. 여기서 오카와 슈메이도 또한 불교와 유교 자체의 내용을 다루는 것이 아니라 '어떻게 일본이 중국과 인도의 영향에서 벗어나려고 자각적인 노력'을 했는가라는 '탈불교, 탈유교'의 문제에 관심을 쏟았다. 그 자각적인 노력 그 노력의 역사가 바로 일본이 만세일계 군민일통(君民一統)의 국체를 갖게 되었다고 본 것이다. 그리고 이 국체가 무사시대에는 감춰져 있다가 메이지 천황에 의해 부활한 것이라고 주장했다.

또한 오카쿠라 덴신은, 국체가 일본이 가진 특이성인데, 그것은 주변 문화들과의 연관성과 국가 내부의 상황적 조건에 의해 일본 문화가 변용되면서 유지해 온 독특한 특성이 국체라고 보았다. 그리고 그것은 주변적인 것과 연동되면서 변용을 자각적으로 실천해 온 횡단적인 것이었던 것이다.

각각의 시대 변천과정에서 나타난 '천황=국체' 논리가 시대와 공간을 횡단하는 논리로서 설명해 냈고, 그렇기 때문에 그것은 원천적인 중앙아시아의 사상이 이어진 불교와 유교를 모두 섭취하면서 이루어 낸 국체이기 때문에 더욱 더 보편적으로 궁극적인 귀일점이었던 것이다. 이 점은 후술하지만 오카와 슈메이에게 그대로 전수되어 갔다.

4. 원천적 문명론의 활용과 횡단문명론

오카쿠라 데신과 와카미야 유노스케가 공통으로 인식했던 문명원천론, 즉 중앙아시아 원천론(源泉論)은 오카와 슈메이에게 커다란 영향을 주었다. 오카와 슈메이는 "평등과 보편을 사모하는 마음은 원래 '전체' 아시아민족에게서 서로 통(通)하는 전래(伝来)의 사상인데, 이것이 세계의 여러 위대한 종교를 낳은 것"[87]이라는 견해를 내놓았다.

오카쿠라 덴신이 제시했던 중앙아시아의 문화 발상지론[88]과 와카미야 유노스케가 아시아 문화의 출발이 중앙아시아라고 주장하는 논리[89]를 원용한 것이다. 특히 '평등과 보편을 사모하는 마음' 즉 평등과 보편이라는 것이 '전체' 아시아민족, 즉 중앙아시아뿐만 아니라 '전체' 아시아민족에게 원천적으로 통(通)하던 것이라며, 중심점이 '전체' 아시아로 옮겨졌다.

중앙아시아 원천론을 오카와 슈메이는 '전체' 아시아 원천론으로 변용시켰던 것이다. 그리하여 서구적 보편성은 서구적 역사 내부 속에서 재편된 것이라는 간주했다. 즉 "원래 아시아에 존재했던 사랑과 보편이 서구사회에서는 극한과 차별을 중시하여 목적보다 수단을 좋아하는 것"[90]으로 형성된 것임을 논했다.

서구에서 사랑이나 평등개념이 출현하게 된 것은, 원래 아시아에 그것들이 존재하고 있었다는 점을 활용한 논리였다. 이는 와카미야나 오카쿠라 덴신이 이야기하는 것처럼, 아시아 내부에 존재하던 사랑과 보편사상이 서구인들의 자신들만의 특성, 즉 극한과 차별을 중시하고, 목적보다 수단을 좋아하는 서구적 특성 그 입장에 의해 변용된 것이라고 본 것이다.

이 논리를 확보하면서 서구를 '하나의 지방'이라고 설정해 내고, 서구에 존재하는 개념들은 원래 '전체' 아시아인 일본도 포함하면서 서구와 동일선상의 문화 발전국으로 합법화시켜 갔다. 서구가 서구적 특색으로 즉, 극한과 차별을 중시하거나 목적보다 수단을 좋아하는 서구의 입장에서 그들의 문화들이 변용되었듯이, 일본에서는 모방이나 절충이 아니라 '독창력'을 가진 문화 속에서 새로운 문화를 만들어 온 특징을 부활시킨 것이다.

---

87) 大川周明, 「日本文明の意義及び價値」, 『大川周明關係文書』 芙蓉書房出版, 1998年, p.85.
88) 岡倉天心, 앞의 책, p.4.
89) George William Knox, 若宮卯之助訳, 앞의 책, p.13.
90) 大川周明, 「日本文明の意義及び價値」, 앞의 책, p.85.

이것은 바로, 오카쿠라 덴신과 와카미야 유노스케가 끊임없이 주장하는 논리 즉, 서구가 보편문화를 갖고 있는 것처럼 보이지만, 그것조차도 서구적 특성에 의해 잉태된 것으로, 일본은 독창성을 갖고 있다고 제시한 논리와 공조하게 된 것이다. 이 보다 한 발 더 아나가 오카와 슈메이는 서구와 달리 일본이 서구보다 나은 '근대 사회'로 나아가기 위한 고유한 창조력을 지녔다고 역설하게 된다.

> 역사의 원동력은 실로 국민의 창조력 그것자체이다. 기존의 요소는 살아있는 국민정신에 섭취되고 새로운 전체가 되어 이 새로운 전체는 이전에 존재하지 않은 새로운 생명과 새로운 의의를 얻을 수 있다. 국민뿐만 아니라 개인에게도 마찬가지로 이야기할 수 있는 사실이다.[91]

일본이 가진 창조력을 서구가 가진 특성보다 우월한 것을 주장하면서, 그것을 실질적으로 외래문화가 일본 내에서 최고에 이르게 된 논리를 설명해 냈다. 외래문화의 흡수와 일본 내에서 발생한 문화적 횡단은 또 일본 내에서 다른 최고의 독자적 문화를 창출해 냈고, 신문명을 만들어내는 것으로 작동했다며 이 논리를 합법화 했던 것이다.

다시 말해서 오카쿠라 덴신이 주장했던 논리, 즉 역사가 움직이게 된 주변적 상황, 즉 시간적·공간적 전후 연관 관계나 배경을 이해하면서 그 도정(道程)을 이해해야 한다고 보는 인식이 여기서 크게 작동했던 것이다. 다시 말해서 역사 속에서 무엇인가가 탄생했을 때 그 탄생한 그것 자체를 보는 것이 아니라, 그것이 탄생되게 된 조건이나 이유, 관련성 그리고 그 배경을 보아야 한다는 관점을 대입시킨 것이었다. 그 탄생이 이루어지는 즉 탄생의 조건을 알아야 한다는 논리를 강조했고, 그것이 결국 일본에서 횡단문화가 나타나게 되는 도정이었고, 그것은 곧 창조의 힘이 발휘되는 조건이었다고 설명해 낸 것이다.

---

91) 大川周明, 「日本文明の意義及び価値」, 앞의 책, p.83.

특히 주목할 만한 것이 탄생의 조건인데, 그것은 역사적 발전 단계상 (phase)에서 발견된다는 원리로 재설명해 낸 것이었다. 이는 유교와 불교를 수입한 일본 내부의 변용을 설명하면서 그것을 입증하고, 그 구체적 역사의 현상으로서 "아세아대륙의 정화라고 말할 수 있는 중국문명과 접했다. 우리들은 엄정한 노력으로 이 신래의 문명을 연구하여 잘 이를 동화시켜 국민적 섬유의 일부를 이루게 하고, 찬란한 꽃인 문예 도덕의 소지를 만들어냈다. 우리들의 예술적 천분은 이 새로운 문명에 생기를 얻어 매우 급속하게 진보를 이루었다"[92]고 소개한 것처럼 거의 오카쿠라 덴신이나 와카미야 유노스케의 논리를 그대로 기술하고 있었다.

그리고 동시에, 원래 그러한 문화 즉 불교나 유교가 생겨났던 그들과 일본의 그것들이 차이를 갖게 된다고 전개한다. 오카와 슈메이는, 와카미야가 제시한 것과 동일한 논리 즉, 중국이나 인도 문화에는 이미 그것들이 존재하지 않는 것이라며 중국을 떼어냈던 것과 동일한 논조인 것이다. 그 한 예로서 일본적 유교로의 진보를 강조한다.

> 유교는 우리나라에서 가장 아름다운 결실을 맺었다. 중국을 보아라. 공맹(孔孟)의 향토를 보아라, 중국은 지금 가족의 집단에 지나지 않게 되었다. 중국은 국가가 아니라 단순한 개개인의 가족이 존재하는 것에 지나지 않는다. 그들의 지고한 선(善)은 효(孝)뿐이다. 그들의 최대 죄악은 조상의 제사(祭祀)를 끊는 것이었다. 그리고 국가를 위해서는 손가락하나 움직이지 않는다. 우리들은 이와 다르다. 공맹의 정신은 그 향토에서 없어졌다. 그리고 오해된 공맹의 정신은 향토를 망하게 했다. 유교의 지심(至深) 생명은 일본 우리들의 국민적 생활에 부활하고, 지고(至高)의 이상 실현은 우리들에 의해 완성되지 않으면 안 된다.[93]

그리고 동양 문화의 정수였던 인도의 불교 전래에 관한 논리도 전개한다.

92) 大川周明,「日本文明の意義及び価値」, 앞의 책, p.89.
93) 大川周明,「日本文明の意義及び価値」, 앞의 책, p.90.

그렇지만, 이 불교의 문제는 유교와 약간 차이를 갖고 일본에 수용된 것을 기술한다. 즉 당시 불교를 받아들이는 시기, 오카와 슈메이는 인도문명의 정화라고 불리는 불교가 전래 된 것을 긴메이(欽明) 천황 시기라고 본다. 원래는 게이타이(継体) 천황 시기에 전해졌지만, 그것이 사회적으로 수용할 수 있는 시대적 조건을 갖추지 못했기 때문이었고,[94] 그것은 긴메이 천황시기에 황실에서 권장하면서 국가전체의 잇슈로 등장했다는 입장, 즉 시대적 상황과 그 변용이 일어나는 순간에 초점을 맞추어 묘사했다.

외래문화 수용 방식에서 나타난 시대적 배경의 문제도 동시에 고찰하면서, 불교의 전래를 받아들일 수 있었던 조건이나 전후의 사회적 배경에 포커스를 두며 설명하는 방식이었던 것이다.

특히 그것은 수용 자체 방식에 내재하는 사회적 인식론이 갖는 이중성에 근거하면서 답을 찾아 냈다. 즉, 당시 정치적으로 대립하던 사회적 배경을 설명하면서, 그 정치적 입장을 달리하던 그 사회가 가진 수용 조건이 문제였으며, 그것은 소가씨(蘇我氏)와 모노노베씨(物部氏) 양쪽을 동시에 비판적으로 보는 것으로 객관성 입장의 중요함을 제시했다.

객관성의 문제란, 소가씨는 무비판적으로 불교를 받아들이는 맹목적 숭배자의 입장이었고, 모노노베씨는 신도만을 고집하는 편협한 외래 사상 배척 논리자로서 이 두 입장은 결국 동일한 문제를 내포한다는 것이었다. 이를 통해 오카와 슈메이는 수용 방식에 나타난 인식론적 조건들을 보는 것을 통해 역사의 진보나 역사의 신시대가 열리는 내적 진실성을 볼 수 있는 것이라고 여긴 것이다.

이것은 인도문명의 정화를 일본의 생명에 받아들인 것이라고 보고, 정신적 문명이 한없이 풍부해졌음을 논했다. 이후에도 일본고유의 정신과 인도종교의 혼일(渾一)은 성취되는데, 그 역할을 한 자가 교기(行基)이고, 교기는 불교와 국민생활을 결합시켰다고 보았다. 동시에 형이상학적이고 이론적으

---

94) 広瀬重見,「列聖伝(3)」,『芸林』第52巻 第2号, 芸林会, 2003年, p.163.

로도 일본사상과 인도사상과의 통일이 이루어졌다고 설명한다. 특히 법화경의 본지수적설(本地垂迹説)을 근거로 하여 일본의 제신(諸神)은 모두 불교의 권화(権化)라는 것과, 불교도 신들도 본지(本地)에서 동일한 것이라고 보았다. 하나의 진리의 다른 표현에 불과한 것이라고 생각한 점 불교가 일본화한 것은 헤이안(平安)시대, 그리고 헤이안 말기에서 가마쿠라(鎌倉)시대에 이르러 호넨(法然), 신란(親鸞), 도겐(道元), 니치렌(日蓮) 등등 위대한 종교적 인격을 통해 붓다가 뿌린 신앙의 씨앗은 인도에도 중국에서 볼 수 없었던 결실을 일본에서 맺은 것[95]으로 간주한다.

그것을 해결하는 것은 귀일적인 것을 달성하는 것으로 연결되어 간다. 이를 대표적으로 보여준 것이 성덕태자였는데 성적태자의 신도, 유교, 불교의 횡단론을 제시한다.[96] 특히 이종(異種) 문명에 접촉할 때마다 우리들의 조상이 어떻게 이를 안배(按排)했는가를 알아, 그 사이에 일본민족 본래의 정신이 어떻게 자기의 광휘를 발휘해 왔는가를 납득하지 않으면 안 된다고 주장한 근거가 여기에 있었던 것이다. 즉 중국과 인도를 배제하면서 아세아의 정수가 일본에 있다는 논리로 탈바꿈되어 간 것이다.

5. 귀일(帰一) 폴리틱스와 '천황론'

최종적으로 오카와 슈메이가 새롭게 의미를 규정하려고 한 것은 '근대=국가=네이션=문명'이었다. 즉 횡단문화론을 구성해 내면서, 동시에 그것이 각각의 국가나 지역에서 문화를 재구축할 때 나타나는 그 시대적 특징을 하나의 사상(事象)으로 간주했다.

그것이 일본 내부에서 어떻게 독자적인 사상으로 나타났는가를 구성하려고 했다. 그렇기 때문에 오카와 슈메이에게는 열성(列聖) 즉 '성인=천황'을

---

95) 大川周明,「日本文明の意義及び価値」, 앞의 책, p.92~93.
96) 大川周明,「日本文明の意義及び価値」, 앞의 책, p.92.

단순하게 연차적·순차적으로 배열하는 것이 아니라 각각의 시대 탄생 방식과 천화의 관계를 재조명한 것이었다.

그것은 현재 일본이 근대 서구 문명과 만나게 된 상황, 이 현재적 상황을 알기 위해서 바로 오카쿠라 덴신의 논리를 재소환하는 것이었다. 즉 시대라는 것도, 전형(典型)이라는 것도 엄밀하게 따지면 존재하지 않는 것이며, 그것은 앞서 제시한 것처럼 '각 시대의 시대적 상황을 연구하는 것으로 그 시대 시대마다의 체계를 상정 할 수 있는데, 그것이 곧 국민문화의 반영이며, 그것을 낳은 주변 것을 이해하는 것'이라는 논리였다. 각각의 시대를 반영하는 역사가 존재해 왔듯이, 서구 문명과 접촉한 현재를 풀어내는 방식은 과거에 그 새로운 문명과의 만남에서 재구축된 방식을 소환하는 방식이었다.

다시 근원적으로 서구문명이라는 것이 무엇을 근거로 이루어져 있는가를 제시했다. 즉, 서구 문명의 근저를 이룬 것이 기독교인데, 이것을 중국과 인도의 문명을 섭취했던 과거의 힘처럼 현재 즉 메이지시기에도 이 기독교를 국민적 생명으로 받아들여 새롭게 재구성해야 낸다고 보는 논리를 제시한 것이다. 이는 오카쿠라 덴신이 제시했던 서구 문명에 대한 동양문명의 표현, 즉 인도와 중국을 탈피하면서 새롭게 서구문명을 내포한 세계적 문명을 성취시켜야 하는 길이기도 했다. 그러한 횡단이 미래에 세계문명으로 나타나는 것은, 현재 진행형임을 설명했고, 그것을 세계적 문제이며, 현재적 문제라고 제시한 것이다.

그것은 오카쿠라 덴신이나 와카미야 유노스케가 주장했듯이, 일본 문화를 만들어 온 역사적 사회적 조건들이었고, 그것이 일본문화의 가치였음이 재확인 하는 것이었다. 이를 고려하면서 오카와 슈메이는 와카미야 유노스케가 주장한 논리 즉, 역사적으로 존재하던 그것 자체가 시대적 조건이나 상황에 의해 원천적으로 갖고 있었던 보편적 장점이 사라져가는 것 그것을 막아야 한다는 논리에도 신경을 썼다.

즉 과거에 이미 갖고 있었던 것을 서구적 논리에 맞추어 그것이 새로운 것으로 변용되려고 하는데, 그것이 아니라 그 원래 갖고 있던 보편적인 것 그것이 사라지지 않도록 보호해야 한다는 논리의 인지였다. 오카와 슈메이는

과거에 존재했던 그 보편적인 것, 소멸시켜서는 안 되는 것, 그것을 찾아 새로운 패러다임으로 만들어 내는 것이 중요하다고 여겼다. 일본에서 소멸되지 않을 것 그것은 『고사기』의 내용이었다. 즉 일본의 사상과 행적을 전달하는 성서이고, 특히 일본의 역사는 『고사기』에 나타난 간나가라노미치(神のながらの道)가 끊임없이 실현되어 온 도리(道理)의 수순[97]이었다고 보는 것이다. 이것은 오카쿠라 텐신이 제시했던 논리 즉, 도(道)의 수순이며, 그것은 다양성을 포함하면서도 하나로 이어지는 「보편성」이었다.

앞서 제시한 것처럼 오카쿠라 텐신이 제시한 논리 속에 "표면적인 분화나 구분된 현상도 그것은 원래 가상적 모습에 지나지 않고, 본래는 하나의 불가분의 전체로 돌아가는(歸) 것이라는 세계관에 입각"[98]한 점을 다시 끌어왔다. 즉 이러한 도리(道理)를 아는 것은 우주의 생성을 보는 인식의 길을 자각하게 해 주는 것으로, 그것은 이미 일본 『고사기』에 기술된 우주의 이해 방식이었다. 즉, 일본을 창조 해 낸 것은 우주를 초재(超在)하는 것이 아니라, 내재(內在)하는 생명의 힘이었고, 그것은 생명과 힘이 움직이기 시작하여 혼돈 속에서 점차로 질서가 전개된 것[99]으로서, 내재적인 것에서 찾아야 한다고 보고, 그것은 혼돈에서 다시 질서가 유지되는 길을 보여주는 것이라고 상정했다. 그것은 바로 동양문화에서 석가나 공자의 논리가 그러했듯이, 그것은 외재적인 것이 아니라, 내재적인 특성에 의해 발전된 것임을 사례로 들었다.[100]

동양 세계의 대표적인 인도의 석가모니나 중국의 유교라는 것도 결국 인도의 바라몬(婆羅門) 철학과 신앙의 논리에 의해 탄생한 것이고, 동시에 중국의 공자 또한 지나 특색의 사상이 개인의 인격을 통해서 표현되어 배출된 것으로 보는 맥락과 일체화 시켰다. 인도의 석가나 중국의 공자는 모두 각각

---

97) 大川周明, 「日本文明の意義及び價値」, 앞의 책, p.85.
98) 大久保喬樹, 전게잡지, pp.30~31.
99) 大川周明, 「日本文明の意義及び價値」, 앞의 책, p.86.
100) 大川周明, 「日本文明の意義及び價値」, 앞의 책, p.84.

의 문화적 사상이나 철학의 내부에 존재하는 '내적' 이론에서 출발했고, 그것은 인격을 통해서 세계성을 띤 종교로 발전한 것으로 해석한 것이다.

오카와 슈메이는 그러한 각각의 내부에서 생겨난 우주가 다양함을 갖고 있지만, 결국은 모든 것이 하나로 통일되는 궁극의 원리 그 세계관을 찾으려 했다. 그러한 통일의 원리는 오카쿠라 덴신의 길(방법, 도, 道)의 의미였고, 그것은 바로 만물의 존재라는 것은 하나로 통일하는 귀일(歸一)하는 것이라는 오카쿠라 덴신의 논리를 그대로 적용시켰다. 그것이 바로 인간의 인식 세계를 볼 때 모든 보편이 열리는 진리(眞理)의 원리였고, 그것은 천황을 아마테라스 오미카미(天照大御神)의 자손이며, 일본을 경영하는 칙선을 받아, 천손에 공봉(供奉)하는 신들의 자손이라는 것이 '보편적 세계=문명천황'을 기술한 것이라고 주장했다.[101]

결국 서구와 아시아문화의 횡단, 그 횡단은 황통의 계승인데, 이것은 와카미야 유노스케가 제시한 것처럼, 고대로부터 이어져 내려 온 논리의 재현이었다. 즉 오카와 슈메이는 고대로부터 조상숭배가 자연종교로 이어져 내려진 것이 신도이고, 이것은 이미 일본 문화의 생활 속에서 존재하는 것이고, 이 신도 속에 정치, 도덕, 종교가 모두 귀일한 것[102]이라며, 모든 문화의 횡단 논리를 제시했다.

일본의 신도는 전 세계문화의 근원적인 것으로 '원래' 서구와 아시아에 존재했던 도덕, 정치, 종교의 분리가 아닌 문화의 횡단이며, 그것은 세계적이면서 일본에서 유지되는 것이었다. 그 대표적인 것이 불교의 석가가 그러했고,

---

101) 大川周明, 「日本文明の意義及び価値」, 앞의 책, pp.85~88.
102) 大川周明, 「日本文明の意義及び価値」, 앞의 책, p.91. "신도는 결코 신도는 결코 종교는 아니고, 일본국의 구성원리이고 동시에 규정원리였다. 환언하자면, 신도는 국민적 생활의 근본주의였다. 국민으로서 모든 일본인은 신도에 의해 생존하고, 동시에 신도는 일본인의 국민적 생활상의 실현하지 않으면 안 되는 것이었다. 신도는 항상 우리들을 향해 선량한 정치, 엄숙한 도덕, 고상한 종교를 요구했다. 일본국민이, 이 세 방면의 생활에서 향상해가는 것은 다름이 아니라 신도의 내용을 발휘해가기 때문이다"라며 신도의 보편성을 논했다.

유교의 공자가 그러했듯이 황통의 계승되어 결정체로 나타난 것이 메이지 천황인데, 이 메이지 천황은 "천황의 어심(御心)에 의해 유교가 왕자(王者) 이상론의 최후의 완성"[103]이라며 일본적 특이성과 독이성이라는 문화가 아니라 세계적 보편성을 가진 '문명천황'이라고 주장하게 된 것이다.

6. 팔린드롬(palindrome)을 넘어서

오카와 슈메이, 오카쿠라 덴신, 와카미야 유노스케의 횡단문화론은 '서양 추종의 논리이기도 하면서 동시에 서양에 대한 반격을 이루려는 근대 일본 사상 그 자체'를 반추하면서 '국체론'을 완성해 내고 있었다. 일본의 근대가 탄생하던 메이지기 서구의 정체(政体)와 일본의 국체(国体)의 문제가 중대 사안이었고, 그 연장선상에서 동서문화의 횡단을 통한 동서문화의 교융(交融)을 고민하던 시대에 이루어낸 하나의 '혼종문명론'이었던 것이다.

이를 새로운 시대적 패러다임으로 활용하고, 종합한 인물이 오카와 슈메이였다. 오카와 슈메이는 오쿠라 마고베의 역대천황 이야기 편찬에 관여하게 되었고, 그것을 계기로 일본문명의 완성을 기획하고 국체로서의 횡단문명으로서의 천황을 탄생시켰다. 그 과정에서 오카와 슈메이는, 오카쿠라 덴신과 와카미야 유노스케의 '동서문화 비교론·횡단론'을 학습하면서 동양문화=일본문명론·횡단론으로 재구성해 낼 수 있었던 것이다.

오카와 슈메이는 첫째 동양과 서양문화를 구분하는 것으로 출발하고, 둘째 '서구'가 서구에서 존재하는 종교는 원래 아시아에 존재하던 것들 이었다. 원천적으로 동양에 존재하던 것들이 서구와 동양에서 서로 다르게 형성된다는 형성의 조건을 인지하게 된 것이다. 이러한 공통점을 갖고 동서문화 비교론 제시한 오카쿠라 덴신과 와카미야 유노스케였지만, 오카쿠라 덴신은 문화는

---

103) 大川周明,「日本文明の意義及び価値」, 앞의 책, p.90.

진보적인 것으로, 일본의 창조적 힘을 바탕으로 새로운 문화들을 융합하여 문화를 창출해 내고, 그것을 하나로 다시 귀일시키는 방향으로 나아가야 한다는 입장이었다. 반대로 와카미야 유노스케는 원초적으로 일본에 존재하던 일본적 문화를 서구적 논리에 의해 소멸되지 않도록 지켜내는 것이라고 보았다.

이러한 사상적 특성을 모두 인식한 오카와 슈메이는 서구와 서양을 구분해 내는 논리와 아시아와 동양을 대비시키는 논리를 벗어나야 했다. 그리고 문화와 문명의 차이에 대해서도 의식하면서 문명론을 제시하고자 했다. 오카와 슈메이는 먼저 서구의 문화가 원래는 아시아의 가치를 가진 것에서 출발했다고 본 시대적 논리를 수용했다. 그리고 서구가 서구로 습산된 것과 마찬가지로 아시아의 문화가 아시아에서 생성된 논리를 병렬적으로 설명했다. 그런데 서구가, 서구에서 문화 즉 종교의 일치점을 찾아 서구가 서양 문화를 만들어 냈듯이, 아시아에는 중국과 인도가 문화를 창출하면서 아시아문화를 만들어냈지만, 그것이 한계점을 갖고 아시아의 일치점을 만들지 못했기 때문에 동양은 만들어지지 않은 것이라고 보았다. 그를 대신하여 아시아 문화의 정수 인도의 불교와 중국의 유교를 일본에서 수용하는 '일본 문화의 특징'을 설명해 냈다.

그것은 단순하게 문화의 융합이 일어나는 논리가 아니라 문화가 수용되고 새로운 문화가 횡단하면서 새로운 것이 탄생하기 위한 당대 사회의 '조건'들을 구체적으로 살펴보는 논리였다. 그것은, 오카쿠라 덴신과 와카미야 유노스케가 서구를 하나의 지역으로 간주했던 것과 마찬가지로 아시아에 존재하던 원천적 문화를 다시 새로운 보편적 횡단적 문화론으로 나아가기 위한 고유한 창조력을 제시했던 것이다.

아시아의 문화로 존재했던 인도의 불교나 중국에 존재하는 유교의 한계점을 지적하면서, 그 정통성을 승계하는 국가가 일본이라고 제시한 것이다. 그것을 위해 새로움을 창출하는 시대 시대마다의 천황이 가진 특성을 사회적 신문화 창출과 연결시켜 만세일계로 존재하는 '일본적 독이성(獨異性)'과 사회의 변혁을 이루어내는 조건들의 '보편성'을 융합시켰다. 그 만세일계의 국체가 이어진 천황을 중심으로 하는 역사를 갖게 되었는데 그것은 단순한 국체가 아니라 덕왕(德王), 성왕(聖王)의 이상론의 일본의 '열성(列聖)=천황'이라고 제시한 것이다.

오카와 슈메이의 '열성=메이지천황=국체론'은 서구적인 것과 동양적인 것을 초월하여 원초적이고 보편적이었던 논리의 재현이었던 것이다. 그러나 그것은 오카쿠라 덴신과 와카미야 유노스케의 비교론적 횡단론 즉 문화의 진보와 소멸의 쌍방향을 융합시켜 일본 내부의 원초적 신화를 재생시켜 냈던 것이다. 오카와 슈메이의 횡단문명론이 탄생된 것이며, 그것은 오카쿠라 덴신과 와카미야 유노스케의 논리를 활용하는 조건 속에서 '문화'를 문명으로 승격시켜 가면서 구상해 낸 '메이지 천황=문명 천황'이었던 것이다. '횡단문화론'이라고 여겼던 인식론의 자장은 결국 국민국가의 내부와 외부의 경계를 여는/내타하는 기능을 가장한 또하나의 배제적 변형론이었던 것이다.

▌참고문헌

〈서장〉

백원담, 「냉전기 아시아에서 아시아주의의 형성과 재편」, 『냉전 아시아의 문화풍경 1』 현실문화연구, 2008년.

이경원, 『검은 역사 하얀 이론-탈식민주의의 계보와 정체성』 한길사, 2011년.

쑨거(孫歌), 윤여일역, 『다케우치 요시미라는 물음-동아시아의 사상은 가능한가?』 그 린비, 2007년.

兵藤裕己, 「まえがき一歴史叙述の近代とフィクション」, 『岩波講座文学9』 岩波 書店, 2002年.

坂田吉雄, 『天皇親政-明治期の天皇観』 思文閣, 1984年.

池田智文, 「近代「国史学」の思想構造」, 『龍谷大学大学院文学研究紀要』 第25集, 龍 谷大学大学院文学研究科紀要編集委員会, 2003年.

溝口雄三, 『方法としての中国』 東京大学出版部, 2014年.

桂島宣弘, 「「他者」としての「民衆」へ」, 『江戸の思想』 10, ぺりかん社, 1999年.

_____, 「近代国史学の成立(序説)一考証史学を中心に」, 『江戸の思想』 8, ぺりか ん社, 1998年.

鶴見俊輔, 「竹内好の文体」, 『思想の科学 特殊竹内好研究』 91号(臨時増刊号), 思想 の科学研究会, 1978年.

家永三郎, 「大正・昭和の歴史思想—太平洋戦争前後における歴史思想の変化」, 『日 本における歴史思想の展開』 吉川弘文館, 1965年.

久米邦武, 『久米邦武歴史著作集』 第3巻, 吉川弘文館, 1990年.

臼杵陽, 「日米における中東イスラーム地域研究の[危機]」, 『地域研究』 7巻・1号, 人間文化機構国立民族学博物館地域研究企画交流センター, 2005年.

昆野伸幸, 『近代日本の國体論〈皇國史觀〉再考』 ぺりかん社, 2008年.

松野孝一郎他, 『内部観測』 青土社, 1997年.

孫歌, 『竹内好という問い』岩波書店, 2005年.

岩井忠熊, 「日本近代史学の形成」, 『岩波講座日本歴史』第22巻, 岩波書店, 2016年
　　　[1968年].

伊藤昭雄, 「竹内好「日本人の中国観」」, 『アジアと近代日本』社会評論社, 1990年.

永原慶二, 『歴史学の叙説』東京大学出版会, 1978年.

張崑將, 「关於东亚的思考方法―以竹内好沟口雄三与子安宣邦为中心」, 『臺灣東亞文
　　　明研究學刊』第1卷・第2期, 2004年.

竹内好, 「アジアの中の日本」, 『竹内好全集』第5巻, 筑摩書房, 1981年

＿＿＿, 「方法としてのアジア」, 『日本とアジア』ちくま学芸文庫, 1993年.

子安宣邦, 「方法としての江戸」, 『江戸の思想10』ペリカン社, 1999年.

＿＿＿＿, 「日本思想史の問題」, 『思想史の意義と方法』以文社, 1982年.

佐藤正幸, 「HISTORIOLOGY-「昔語り」から「歴史認識論」へ」, 『史学』第58巻, 第3・4
　　　号合併号, 慶應義塾大学, 1989年.

ハンナ・アーレント, 志水速雄訳, 『革命について』筑摩書房, 2006年.

1) 이소마에 준이치(磯前順一) 부분.

安丸良夫, 「困民党の意識過程」, 『文明化の経験―近代転換期の日本』岩波書店,
　　　2007年.

磯前順一, 「日常というリアリティ―石母田正『歴史と民族の発見』」, 『喪失とノス
　　　タルジア―近代日本の余白へ』みすず書房, 2007年.

＿＿＿＿, 「序論戦後歴史学の起源とその忘却―歴史のポイエーシスをめぐって」,
　　　『マルクス主義という経験―1930-40年代の日本歴史学』青木書店, 2007年.

＿＿＿＿, 『宗教概念あるいは宗教学の死』東京大学出版会, 2012年.

＿＿＿＿, 「外部性とは何か―日本のポストモダン・柄谷行人から酒井直樹」, 『閾の
　　　思考―他者・外部性・故郷』法政大学出版局, 2013年.

＿＿＿＿, 「国民国家という幻想を越えるために―西川長夫の「主体の死」をめぐ
　　　る思考より」, 『福音と世界』68巻・10号, 新教出版社, 2013年.

＿＿＿＿, 「祀られぬ神の行方―神話化する現代日本」, 『現代思想』第43巻・第16

号, 青土社, 2013年.

今泉宜子,『明治神宮―「伝統」を創った大プロジェクト』新潮社, 2013年.

津田左右吉,『日本古典の研究』(上)(下) 岩波書店, 1948年, 1950年.

酒井直樹,『過去の声』以文社, 2002年.

_____,『日本／映像／米国―共感の共同体と帝国的国民主主義』青土社, 2007年.

山形孝夫,『黒い海の記憶・いま, 死者の語りを聞くこと』岩波書店, 2013年.

島薗進,「生神思想論―新宗教による民俗〈宗教〉の止揚について」,『現代宗教への視角』雄山閣出版, 1978年.

島薗進,「民俗宗教の構造的変動と宗教―赤沢文治と石鎚講」,『筑波大学哲学・思想学系論集』第6号, 1980年.

石母田正,『日本の古代国家』岩波書店, 1971.

西川長夫,『増補 国境の越え方―国民国家論序説』平凡社ライブラリー, 2001年.

_____,『植民地主義の時代を生きて』平凡社, 2013年.

子安宣邦,『方法としての江戸―日本思想史と批判的視座』ぺりかん社, 2000年.

Cl・レヴェック, C・V・マクドナルド編, 浜名祐美, 庄田常勝訳,『他者の耳―デリダ「ニーチェの耳伝」・自伝・翻訳』産業図書, 1988年.

アーネスト・ゲルナー, 加藤節監訳『民族とナショナリズム』岩波書店, 2000年.

アルチュセール, 山本哲士訳,「イデオロギーと国家装置」,『アルチュセールの〈イデオロギー〉論』三交社, 1993年.

ヴァルター・ベンヤミン, 浅井健二郎・久保哲司訳,「歴史の概念について」,『ベンヤミン・コレクション』1 ちくま学芸文庫, 1995年.

ヴァルター・ベンヤミン, 野村修訳,「翻訳者の使命」,『暴力批判論他十篇』岩波文庫, 1994年.

エドワード・サイード, 今沢紀子訳,『オリエンタリズム』平凡社, 1986年.

_____, 中野真紀子訳, 『遠い場所の記憶・自伝』 みすず書房, 2001年.

エリック・ホブズボウム, テレンス・レンジャー編, 前川啓治他訳,『創られた伝

統』紀伊国屋書店, 1992年.

ガヤトリ・チャクラヴォルティ・スピヴァク, 上村忠男・本橋哲也訳, 『ポスト
　　コロニアル理性批判—消え去りゆく現在の歴史のために』月曜社, 2003年.

ジャック・デリダ, 三好郁朗訳, 「限定経済学から一般経済学へ—留保なきヘーゲ
　　ル主義」, 『エクリチュールと差異』法政大学出版, 1983年.

ジャック・デリダ, 足立和浩訳, 『グラマトロジーについて』現代思潮社, 1976年.

フレドリック・ジェイムスン, 合庭惇他訳, 『カルチュラル・ターン』作品社,
　　2006年.

ベネディクト・アンダーソン, 白石さや他訳, 『増補・想像の共同体—ナショナ
　　リズムの起源と流行』NTT出版, 1997年.

ロラン・バルト, 花輪光訳, 「作者の死」, 『物語の構造分析』みすず書房, 1979年.

Germaine A. Hoston, The State, Identity, and the National Question in China and
　　Japan, Princeton, N.J：Princeton University Press, 1994.

Curtis A. Gayle, Marxist History and Postwar Japanese Nationalism, London：
　　Routledge Curzon, 2003.

Homi Bhabha, "Dissemination：Time, narrative and the margins of the modern nation,"
　　in The Location of Culture, London and New York：Routledge, 1994.

Jacque Derrida, Specters of Marx：the State of the Debt, the Work of Mourning, and
　　the New International, trans. by Peggy Kamuf, New York and London：Routledge,
　　1994.

Harry Harootunian, Overcome by Modernity：History, Culture and Community in
　　Interwar Japan, Princeton and Oxford, Princeton University Press, 2000

Jacques Lacan, "Of the Gaze as Objet Petit a" The Field of the Other and back to
　　the Transference," in The Seminar of Jacques Lacan Book XI The Four
　　Fundamental Concepts of Psychoanalysis, Trans. by Alan Sherdian, New York
　　and London：W. W. Norton & Company, 1981(originally in French in 1973).

Japanese Mythology：Hermeneutics on Scripture. London & Oakville：Equinox

Publishing, 2010.

Jun'ichi Isomae and Jang Sukman, "The Recent Tendency to "Internationalize" Shinto : Considering the Future of Shinto Studies," Asiantische Studien Etudes Asiatiques LXVI-4, 2012, pp.1086~1092

Naoki Sakai, "Imperial Nationalism and the Comparative Perspective," in Positions : Asia Critique 17(1), 2009, pp.171~181.

Naoki Sakai, "Resistance to Conclusion : The Kyoto School Philosophy under the Pax Americana," in Christopher Goto-Jones, ed., Re-Politicising the Kyoto School as Philosophy, London and New York : Routledge, 2007.

Peter Nosco, Remembering Paradise : Nativism and Nostalgia in Eighteenth-Century Japan, Cambridge : Harvard University Asia Center, 1990, chap.1. Sakai, Voices of the Past, pp.110~111.

〈제1장〉

ヨシカワ・リサ,「近代日本の国家形成と歴史学：黒板勝美を通じて」,『立教大学日本学研究所年報』第14・15号, 立教大学日本学研究所, 2016年.

坂田吉雄,『天皇親政―明治期の天皇観』思文閣, 1984年.

兵藤裕己,「まえがき―歴史叙述の近代とフィクション」,『岩波講座文学』9 岩波書店, 2002年.

大川周明,「精神生活に於ける自由の実現」,『大川周明全集』第1巻, 岩崎書店, 1961年.

────,「日本文明の意義及び価値」,『大川周明関係文書』芙蓉書房出版, 1998年.

古屋哲夫,「日本ファシズム論」,『岩波講座日本歴史』第20巻, 岩波書店, 1976年.

廣瀬重見,「大川周明稿『列聖伝』(その1)」,『藝林』第52巻・第1号, 藝林会, 2003年.

────,「大川周明稿『列聖伝』(その2)」,『藝林』第52巻・第2号, 藝林会, 2003年.

────,「大川周明稿『列聖伝』(その3)」,『藝林』第53巻・第1号, 藝林会, 2004年.

────,「大川周明稿『列聖伝』(その4)」,『藝林』第53巻・第2号, 藝林会, 2004年.

────,「大川周明稿『列聖伝』(その5)」,『藝林』第54巻・第1号, 藝林会, 2005年.

_____, 「大川周明稿『列聖伝』(その6)」, 『藝林』第54卷・第2号, 藝林会, 2005年.

_____, 「大川周明稿『列聖伝』(その7)」, 『藝林』第55卷・第1号, 藝林会, 2006年.

_____, 「大川周明稿『列聖伝』(その8)」, 『藝林』第55卷・第2号, 藝林会, 2006年.

黒板勝美, 『国史の研究』文会堂, 1908年.

箕作元八, 「世界戰乱の真相及び由来」, 『西洋史話』東亜堂書房, 1915年.

昆野伸幸, 『近代日本の國体論〈皇國史觀〉再考』ペリカン社, 2008年.

木寺柳次郎, 『東洋歷史 : 中等教育』博文館, 1898年.

_____, 『日本歷史』博文館, 1899年.

_____, 『西洋歷史 : 中等教育』博文館, 1897年.

〈제2장〉

오구마 에이지(小熊英二)저, 조현설역, 『일본단일민족 신화의 기원』소명출판, 2003
　　년.

家永三郎, 『津田左右吉の思想史的研究』岩波書店, 1972年.

磯前順一, 「「國史」という言說空間」, 『現代思想』第27卷・第12号, 靑土社, 1999年.

岩崎惟夫, 「津田左右吉の中國・アジア觀について」, 『史潮』39号, 弘文堂, 1996年.

一瀨陽子, 「津田左右吉にみる戰前と戰後の間」, 『言語文化學』vol.14, 大阪大學言
　　語文化學會, 2005年.

植木孝次郎, 「日本古代史研究と學問の自由」, 『歷史評論』No.363, 校倉書房, 1980年.

植村和秀, 「蓑田胸喜の西田幾多郎批判―論理的分析(二・完)」, 『産大法學』41卷・1
　　号, 京都産業大學法學會, 2007年.

大川周明, 「日本的言行」, 『大川周明全集』第1卷, 岩崎出版社, 1961年.

_____, 「大東亞秩序建設」, 『大川周明全集』第2卷, 岩崎出版社, 1962年.

_____, 「新東洋精神」, 『大川周明全集』第2卷, 岩崎出版社, 1962年.

_____, 『日本二千六百年史』每日ワンズ, 2013年.

大井健輔, 『津田左右吉 : 大日本帝國との對決』勉誠出版, 2015年.

大野愼, 『大川周明氏の二千六百年史を駁す』日本協會出版部, 1940年.

酒井直樹, 『過去の聲』以文社, 2003年.

里見岸雄,『國体思想史』展伝社, 1992年.

塩出環,「帝大肅正運動と原理日本社」,『日本文化論年報』第4号, 神戸大學國際文化學部日本文化論大講座, 2001年.

田中保平,「紀元二千六百年記念号發行の辭(紀元二千六百年記念)」,『彦根高商論叢』第28号, 彦根高等商業學校硏究會, 1940年.

竹内洋,「丸山眞男と蓑田胸喜」,『諸君』第36卷・第3号, 文芸春秋社, 2004年.

竹内洋・佐藤卓己編,『日本主義的敎養の時代』柏書房, 2006年.

津田左右吉,『神代史の新しい硏究』二松堂書店, 1913年.

_____,『文學に現はれたる我が國民思想の硏究 : 平民文學の時代(上)』洛陽堂, 1918年.

_____,「歷史の矛盾性」,『史苑』2卷・1号, 立敎大學史學會, 1929年.

_____,『支那思想と日本』岩波書店, 1938年.

_____,「文學に現れたる我が國民思想の硏究－貴族文學の時代」,『津田左右吉全集別卷』第2卷, 岩波書店, 1966年.

長谷川亮一,『「皇國史觀」という問題』白澤社, 2008年.

松本芳夫,「東西新史乘 日本文明史(大川周明著大鐙閣發行)」,『Shigaku』1(3), 慶應義塾大學文學部, 1922年.

蓑田胸喜,『學術維新原理日本』上卷 原理日本社, 1933年.

_____,『學術維新』原理日本社, 1941年.

_____,「日本世界觀」,『原理日本の信と學術』しきしまのみち會大阪支部發行, 1980年.

_____,「世界文化史の新回顧と新展望」,『蓑田胸喜全集』第4卷, 柏書房, 2004年.

_____,「大川周明氏の學的良心に愬ふ」,『蓑田胸喜全集』第6卷, 柏書房, 2004年.

吉野浩司,「「亞細亞」という地域の枠組みについて」,『東アジア評論』第3号, 長崎縣立大學東アジア研究所, 2011年.

〈제3장〉

가노 마사나오(鹿野政直)저, 서정완역,『근대일본의 학문-관학과 민간학』소화,

2008년.

노병호, 「미노다 무네키(蓑田胸喜)의 '원리일본'과 1930년대」, 『동북아역사논총』 41
    호, 동북아역사재단, 2013년.

세키네 히데유키(関根英行), 「쓰다사학(津田史学)'의 신대사(神代史) 해석과 한·일
    민족의 계통관계」, 『日本思想』 제12호, 한국일본사상사학회, 2007년.

오구마 에이지저, 조현설역, 『일본 단일민족신화의 기원』 소명출판, 2003년.

이석원, 「국민사상과 제국-1930년대 쓰다 소키치(津田左右吉)의 중국·아시아론」,
    『인문과학』 제54집, 성균관대학교 인문학연구원, 2014년.

大川周明, 『人格的生活の原理』 宝文館, 1926年.

_____, 「大東亜秩序建設」, 『大川周明全集』 第2巻, 岩崎書店, 1962年.

_____, 「新東洋精神」, 『大川周明全集』 第2巻, 岩崎書店, 1962年.

_____, 『日本二千六百年史』 毎日ワンズ, 2013年.

_____, 『日本文明史』 大鐙閣, 1921年.

磯前順一, 「津田左右吉の国民史構想: 多民族帝国における単一民族国家論の役割」,
    『アリーナ(Arena)』 no.19, 人間社, 2016年.

家永三郎, 『津田左右吉の思想史的研究』 岩波書店, 1972年.

津田左右吉, 『神代史の新しい研究』 二松堂書店, 1913年.

_____, 『支那思想と日本』 岩波書店, 1939年.

鹿野政直, 『近代日本の民間学』 岩波書店, 1983年.

片山杜秀, 「写生・随順・拝誦」, 『日本主義的教養の時代』 柏書房, 2006年.

三井甲之, 「しきしまのみちの原論」, 『原理日本の信と学術』 しきしまのみち会大
    阪支部発行, 1980年.

上田正昭, 『津田左右吉』 三一書房, 1974年.

石母田正, 「歴史家について」, 『津田左右吉』 三一書房, 1974年.

蓑田胸喜, 『學術維新原理日本』 上巻 原理日本社, 1933年.

_____, 『大川周明氏の學的良心に愬ふ:「日本二千六百年史」に就て』 原理日本
    社, 1940年.

_____, 『世界文化単位としての日本』 原理日本社, 1940年.

_____,『学術維新』原理日本社, 1941年.

_____,「日本世界観」,『原理日本の信と学術』しきしまのみち会大阪支部発行, 1980年.

_____,「大川周明氏の『日本及日本人の道』を評す」,『蓑田胸喜全集』第3巻, 柏書房, 2004年.

_____,「津田左右吉氏の神代史上代史抹殺論批判」,『蓑田胸喜全集』第4巻, 柏書房, 2004年.

_____,「世界文化史の新回顧と新展望」,『蓑田胸喜全集』第4巻, 柏書房, 2004年.

岩崎惟夫,「津田左右吉の中國・アジア觀について」,『史潮』新39号, 弘文堂, 1996年.

原理日本社,「原理日本社綱領」『原理日本の信と学術』しきしまのみち会大阪支部発行, 1980年.

植村和秀,「蓑田胸喜の西田幾多郎批判—論理的分析(一)」,『産大法学』39巻 3・4号, 京都産業大学, 2006年.

_____,「蓑田胸喜の西田幾多郎批判—論理的分析(二・完)」,『産大法学』41巻・1号, 京都産業大学, 2007年.

〈제4장〉

安丸良夫,『近代天皇像の形成』岩波書店, 1992年.

白鳥庫吉,「支那古伝説の研究」,『白鳥庫吉全集八』岩波書店, 1970年.

_____,「『神代史の新しい研究』序」,『人と思想 津田左右吉』三一書房, 1974年.

坂野徹,『帝国日本と人類学者』勁草書房, 2005年.

北山茂夫,「日本における英雄時代の問題に寄せて」,『論集日本文化の起源2』平凡社, 1971年.

柄谷行人,『〈戦前〉の思考』文藝春秋, 1994年.

倉持治休・本郷貞雄・藤野達二・羽生田守雄, 「神道は祭天の古俗と云へる文章に付問答の始末」,『久米邦武歴史著作集別巻』吉川弘文館, 1991年.

長谷部言人,「大東亜建設ニ関シ人類学者トシテノ意見」,『昭和社会経済史料集成16』大東文化大学東洋研究所, 1991年.

村岡典嗣,『本居宣長』岩波書店, 1928年.

嵯峨井健,『満洲の神社興亡史—"日本人の行くところ神社あり"』芙蓉書房, 1998年.

大室幹雄,「津田左右吉の〈生〉と〈情調〉」,『人と思想・津田左右吉』三一書房, 1974年.

道場親信,『占領と平和〈戦後〉という経験』青土社, 2005年.

冨山 一郎,『暴力の予感—伊波普猷における危機の問題』岩波書店, 2002年.

高木博志,「近代における神話的古代の創造—畝傍山・神武陵・橿原神宮, 三位一体
　　　の神武「聖蹟」」,『人文学報』83, 京都大学人文学研究所, 2000年.

高木市之助,「日本文学における叙事詩時代」,『高木市之助全集 第1巻, 吉野の鮎・
　　　国見攷』講談社, 1976年.

＿＿＿＿＿,『国文学五十年』岩波新書, 1967年.

工藤雅樹,『研究史・日本人種論』吉川弘文館, 1979年.

宮川康子,「歴史と神話との間—考証史学の陥穽」,『江戸の思想』8　ぺりかん社,
　　　1998年.

宮地正人,「近代天皇制とイデオロギーと歴史学—久米邦武事件の政治史的考察」,
　　　『天皇制の政治史的研究』校倉書房, 1981年.

磯前順一,「暗い時代に—石母田正『中世的世界の形成』と戦後歴史学の起源—」,『ア
　　　リーナ』18号, 2015年.

＿＿＿＿＿,「複数性の森にこだまする神々の声—天皇・国民・賤民について」,『他者
　　　論的転回—宗教と公共空間』ナカニシヤ出版, 2016年.

＿＿＿＿＿,「津田左右吉と日本思想史—「国民思想」という表象」,『東方学』103, 東方
　　　学会, 2002年.

＿＿＿＿＿,「明治二〇年代の宗教・哲学論—井上哲次郎の「比較宗教及東洋哲学」講義」,
　　　『近代日本の宗教言説とその系譜』岩波書店, 2003年.

＿＿＿＿＿,「石母田正と敗北の思考—1950年代における転回をめぐって」,『戦後知
　　　の可能性—歴史・宗教・民衆』山川出版社, 2010年.

＿＿＿＿＿,「祀られざる神の行方—神話化する現代日本」,『現代思想』第41巻・第16
　　　号(12月臨時増), 青土社, 2013年.

＿＿＿＿＿,「文献紹介：津田左右吉『文学に現はれたる我が国民思想の研究』」,『日

本女子大学総合研究所ニュース』5, 日本女子大学総合研究所, 1998年.

_____, 「無垢なるナルシシズム―『はだしのゲン』と戦後日本の平和主義の行方」, 『『はだしのゲン』を読む』河出書房新社, 2015年.

_____, 「植民地朝鮮における宗教概念をめぐる言説編成―国家神道と固有信仰のあいだ」, 『植民地朝鮮と宗教―帝国史・国家神道・固有信仰』三元社 2012年.

_____, 「植民地主義としての天皇制国家論―西川長夫の「主体の死」をめぐる思考より」, 『国家の論理といのちの倫理』新教出版, 2014年.

_____, 島薗進, 『宗教と公共空間 見直される宗教の役割』東京大学出版会, 2014年.

_____, 『記紀神話と考古学―歴史的始原へのノスタルジア』角川学芸出版, 2009年.

_____, 『記紀神話のメタヒストリー』吉川弘文館, 1998年.

_____, 『近代日本の宗教言説とその系譜―宗教・国家・神道』岩波書店, 2013年.

_____, 『喪失とノスタルジア―近代日本の余白へ』みすず書房, 2007年.

_____, 『閾の思考―他者・外部性・故郷』法政大学出版, 2013年.

_____, 『宗教概念あるいは宗教学の死』東京大学出版会, 2012年.

家永三郎, 『津田左右吉の思想史的研究』岩波書店, 1972年.

菅浩二, 『日本統治下の海外神社―朝鮮神宮・台湾神社と祭神』, 弘文堂, 2004年.

筧克彦, 『皇国之根柢・万邦之精華 古神道大義』清水書店, 1912年.

江上波夫・甲野勇・後藤守一・山内清男・八幡一郎, 「座談会 日本石器時代文化の源流と下限を語る」, 『ミネルヴァ』1, 翰林書房, 1936年.

金哲, 「抵抗と絶望」, 『東アジア歴史認識論争のメタヒストリー―「韓日, 連帯21」の試み』青弓社, 2008年.

津田左右吉, 「上代史の研究方法について」, 『津田左右吉全集 第3巻』岩波書店, 1963年.

_____, 「必然・偶然・自由」, 『津田左右吉全集 第20巻』岩波書店, 1965年.

_____, 「自由といふ語の用例」, 『津田左右吉全集 第21巻』岩波書店, 1965年.

_____,「白鳥博士小伝」,『津田左右吉全集』第24巻, 岩波書店, 1965年.

_____,『古事記及び日本書紀の新研究』,『津田左右吉全集別巻』第1巻, 岩波書店, 1966年.

_____,『神代史の新しい研究』,『津田左右吉全集別巻』第1巻, 岩波書店, 1966年.

_____,『文学に現はれたる我が国民思想の研究 貴族文学の時代』(岩波文庫版第1巻), 岩波書店, 1977年.

_____,『支那思想と日本』岩波書店, 1938年.

井上哲次郎,『国民道徳概論』三省堂書店, 1912年.

久米邦武,「神道は祭天の古俗」,『久米邦武歴史著作集』第3巻, 吉川弘文館, 1990年.

_____,「太平記は史学に益なし」,『久米邦武歴史著作集』第3巻, 吉川弘文館, 1990年.

久野収, 鶴見俊輔, 藤田省三,「日本の保守主義—「心」グループ」,『戦後日本の思想』岩波同時代ライブラリー, 1995年.

酒井直樹,「「日本人であること」—多民族国家における国民的主体の構築の問題と田辺元の「種の論理」」,『思想』882号, 岩波書店, 1997年.

_____,「否定性と歴史主義の時間—1930年代の実践哲学とアジア・太平洋戦争期の家永・丸山思想史」,『マルクス主義という経験—1930—40年代日本の歴史学』青木書店, 2008年.

_____,『日本/映像/米国—共感の共同体と帝国的国民主義』青土社 2007年

李成市,「コロニアリズムと近代歴史学」,『植民地主義と歴史学』刀水書房, 2004年.

李基白, 泊勝美訳,『民族と歴史—現代韓国史学の諸問題』東出版, 1974年.

某氏佐野学,「新支那思想原理の諸前提の探求」,『公論』1939年 12月号.

木下鉄矢,『「清朝考証学」とその時代—清代の思想』創文社, 1996年.

鳥居龍蔵,「民族上より観たる鮮・支・西伯利」,『東方時論』5巻・4号, 東方時論社, 1920年, pp.101~107.

鳥居龍蔵,「武蔵野の有史以前」,『日本考古学選集・鳥居龍蔵集上』築地書館, 1974年.

千田稔,『高千穂幻想「国家」を背負った風景』PHP新書, 1991年.

青野正明,「朝鮮総督府の農村振興運動期における神社政策—「心田開発」政策に関連して」,『国際文化論集』第37号, 桃山学院大学, 2007年.

清野謙次,『日本民族生成論』日本評論社, 1946年.

_____,『日本人種論変遷史』小山書店, 1944年.

森鷗外,「かのように」,『森鷗外全集』2 筑摩書房, 1971年.

山内清男, 「日本遠古之文化・補注付・新版」『山内清男・先史考古学論文集・第1冊』先史考古学会, 1967年.

山崎渾子,「久米邦武とキリスト教」,『久米邦武歴史著作集別巻』吉川弘文館, 1991年.

石母田正,「宇津保物語の覚書—貴族社会の叙事詩としての」,『石母田正著作集 第11巻』岩波書店, 1990年.

_____,『中世的世界の形成』岩波書店, 1946年.

蓑田胸喜,「津田左右吉氏の神代史上代史抹殺論批判」,『原理日本』通巻138号, 原理日本社, 1939年.

藤間生大,「古代史研究の回顧と展望(昭和十四年度)」,『日本庄園史』近藤書店, 1974年.

田辺元,『歴史的現実』こぶし書房, 2001年.

丸山真男,「超国家主義の論理と心理」,『増補版・現代政治の思想と行動』未来社, 1964年.

網野善彦,『中世の非人と遊女』講談社学術文庫, 2005年.

文部省教部局,『臣民の道』文部省教学局, 1941年.

西川長夫,『植民地主義の時代を生きて』平凡社, 2013年.

喜安朗,『天皇の影をめぐるある少年の物語 戦中戦後私史』刀水書房, 2003年.

小熊英二,『単一民族神話の起源:〈日本人〉の自画像』新曜社, 1995年.

岩崎信夫,「津田左右吉の中国・アジア観について」,『史潮』39号, 弘文堂, 1996年.

尹海東, 裵貴得訳,「トランスナショナル・ヒストリーの可能性—韓国近代史を中心として」,『季刊日本思想史』第76号, ぺりかん社, 2010年.

尹海東, 沈熙燦訳,「植民地近代と公共性—変容する公共性の地平」,『宗教と公共空

間』東京大学出版会, 2014年.

与那覇潤, 『翻訳の政治学―近代東アジアの形成と日琉関係の変容』岩波書店, 2009
年.

原理日本社, 『原理日本』通巻138号, 原理日本社, 1939年.

原秀三郎, 「日本における科学的原始・古代史研究の成立と展開」, 『歴史科学大系1』
校倉書房, 1972年.

遠藤正敬, 『近代日本の植民地統治における国籍と戸籍―満洲・朝鮮・台湾』 明石
書店, 2010年.

増淵龍夫, 『日本の近代史学史における中国と日本―津田左右吉と内藤湖南』《リ
キエスタ》の会, 2001年.

中島三千男, 「「海外神社」研究序説」, 『歴史評論』602号, 校倉書房, 2000年.

佐原真, 「山内清男論」『佐原真の仕事一・考古学への案内』岩波書店, 2005年.

アンソニー・スミス, 高柳先男訳, 『ナショナリズムの生命力』昭文社, 1998年.

ケネス・ルオフ, 木村剛久訳, 『紀元二千六百年・消費と観光のナショナリズム』
朝日新聞社, 2010年.

ジークムント・フロイト, 中山元訳, 『幻想の未来／文化への不満』光文社古典新
訳文庫, 2007年.

ジャック・デリダ, 川久保輝興訳, 「暴力と形而上学―エマニュエル・レヴィナス
の思考に関する試論」, 『エクリチュールと差異』 上巻, 法政大学出版局,
1983年.

ジョルジョ・アガンベン, 岡田温司・多賀健太郎訳, 『開かれ―人間と動物』平凡
社, 2004年.

_____, 高桑和巳訳, 「バートルビー―偶然性について」, 『バー
トルビー―偶然性について』月曜社, 2005年.

_____, 高桑和巳訳, 『ホモ・サケル―主権権力と剥き出しの生』
以文社, 2003年.

_____, 上村忠夫訳, 『残りの時―パウロ講義』岩波書店, 2005年.

タラル・アサド, 苅田真司訳, 『自爆テロ』青土社, 2008年.

ハンナ・アレント, 阿部斉訳,『暗い時代の人々』ちくま文庫, 2005年.

＿＿＿＿＿＿＿＿＿, 大久保和郎訳,『イェルサレムのアイヒマン―悪の陳腐さについての報告』みすず書房, 1966年.

＿＿＿＿＿＿＿＿＿, 志水速雄訳,『人間の条件』ちくま学芸文庫, 1994年.

ピーター・ドウス,「植民なき帝国主義-「大東亜共栄圏」の構想」,『思想』814号, 岩波書店, 1992年.

ベネディクト・アンダーソン, 白石さや・白石隆訳,『増補・想像の共同体―ナショナリズムの流行と起源』ＮＴＴ出版, 1997年.

Andrew Gordon, Labor and Imperial Democracy in Prewar Japan, Berkeley, Los Angele and Oxford : University of California Press, 1992, pp.7~10.

Gayatri Chakravorty Spivak, An Aesthetic Education in the Era of Globalization, Cambridge (Mass) : Harvard University Press, 2013, pp.10~20.

Jun'ichi Isomae& Jang Sukman, "The Recent Tendency to "Internationalize" Shinto : Considering the Future of Shinto Studies," Asiantische Studien Etudes Asiatiques LXVI-4, 2012, pp.1081~1098.

Naoki Sakai, "Comment on "Discursive Formation around 'Shinto' in Colonial Korea" by Isomae Jun'ichi." https : //divinity.uchicago.edu/sites/default/files/imce/pdfs/webforum/092012/Naoki%20Sakai%20response%20to%20Isomae%20FINAL.pdf

Prasenjit Duara, Sovereignty and authenticity : Manchukuo and the East Asian modern, Lanham : Rowman & Littlefield Publishers, 2003.

〈신문 및 발표〉

森達也「(あすを探る社会)我々は加害者の末裔である」,『朝日新聞』朝刊, 2014年 1月 30日.

三ツ井崇,「東洋史学者・白鳥庫吉における史論と時局」, (漢陽大学比較文化研究所主催会議報告),『日本の『植民地主義歴史学』と帝国』, 2013年 5月.

〈제5장〉

阿部謹也, 『「世間」とは何か』講談社現代新書, 1995年.

安丸良夫, 『近代天皇像の形成』岩波書店, 1992年.

柄谷行人, 「江戸の注釈学と現在」, 『言葉と悲劇』講談社学術文庫, 1993年.

_____, 『日本近代文学の起源』講談社文芸文庫, 1988年.

_____, 『日本精神分析』文芸春秋, 2002年.

池上英子, 『美と礼節の絆―日本における交際文化の政治的起源』NTT出版, 2005年.

池田昭, 『天皇制と八瀬童子』東方出版, 1991年.

村上春樹, 『1Q84・BOOK2』前篇, 新潮文庫版, 2012年[2009年].

大貫恵美子, 『学徒兵の精神誌―「与えられた死」と「生」の探求』岩波書店, 2006年.

溝口雄三, 『一語の辞典・公私』三省堂, 1996年.

互盛央, 『エスの系譜―沈黙の西洋思想史』講談社, 2010年.

互盛央, 『言語起源論の系譜』講談社, 2014年.

磯前順一, 『近代日本における宗教言説とその系譜―宗教・国家・神道』岩波書店, 2003年.

_____, 『喪失とノスタルジア―近代日本の余白へ』みすず書房, 2007年.

_____, 尹海東, 『植民地朝鮮と宗教―帝国史・国家神道・固有信仰』三元社, 2013年.

_____, 「祀られざる神の行方―神話化する現代日本」, 『現代思想』第41巻・第16号(12月臨時増), 青土社, 2013年.

_____, 「植民地主義としての天皇制国民国家論―西川長夫の「主体の死」をめぐる思考より」, 『国家の論理といのちの論理』新教出版社, 2014年.

吉本隆明, 『改訂新版・共同幻想論』角川文庫, 1982年.

金哲, 田島哲夫訳, 『抵抗と絶望-植民地朝鮮の記憶を問う』大月書店, 2015年.

井上理津子, 『さいごの色街飛田』筑摩書房, 2014年.

酒井直樹, 『日本思想という問題―翻訳と主体』岩波書店, 1997年.

_____, 『過去の声―八世紀における言語の地位』以文社, 2002年.

立木康介, 『露出せよ, と現代文明は言う―「心の闇」の喪失と精神分析』河出書房新社, 2013年.

片岡耕平, 『日本中世の穢と秩序意識』 吉川弘文館, 2014年.

三島由紀夫, 「英霊の声」, 『決定版 三島由紀夫全集 第20巻』 新潮社, 2002年.

山尾三省, 『ここで暮らす楽しみ』 山と渓谷社, 1998年.

山形孝夫, 西谷修, 『3・11以後この絶望の国で—死者の語りの地平から』 ぷねうま舎, 2014年.

石母田正, 「古代の身分秩序」, 『日本古代国家論・第1部』 岩波書店, 1973年.

_____, 「古代貴族の英雄時代—古事記の一考察」, 『石母田著作 第10巻』 岩波書店, 1989年.

市野川容孝, 宇城輝人編, 『社会的なもののために』 ナカニシヤ出版, 2013年.

田辺明生, 「現代インドにおける宗教と公共圏」, 『宗教と公共空間』 東京大学出版会, 2014年.

丸山真男, 「超国家主義の論理と心理」, 『増補版 現代政治の思想と行動』 未来社, 1975年.

_____, 『日本政治思想史研究』 東京大学出版会, 1983年.

網野善彦, 『異形の王権』 平凡社ライブラリー, 1993年.

_____, 『増補 無縁・公界・楽—日本中世の自由と平和』 平凡社ライブラリ, 1996年.

_____, 『中世の非人と遊女』 講談社学術文庫, 2005年.

西川長夫, 『日本回帰・再論—近代への問い, あるいはナショナルな表象をめぐる闘争』, 人文書院, 2008年.

_____, 『増補・国境の越え方—国民国家論序説』, 平凡社, 2001年.

_____, 『植民地主義の時代を生きて』 平凡社, 2013年.

西川祐子, 『借家と持ち家の文学史—「私」のうつわの物語』 三省堂出版, 1998年.

喜安朗, 『天皇の影をめぐるある少年の物語—戦中戦後私史』 刀水書房, 2003年.

細川涼一, 「中世非人論の現状と課題」, 『中世の身分制と非人』 日本エディタースクール出版部, 1994年.

下河辺美知子, 『歴史とトラウマ—記憶と忘却のメカニズム』 作品社, 2000年.

苅田真司, 「宗教と公共性—「境界」から「空間」へ」, 『宗教と公共空間』 東京大学出版

会, 2014年.

尹海東, 沈熙燦訳,「植民地近代と公共性―変容する公共性の地平」,『宗教と公共空間―見直される宗教の役割』東京大学出版会, 2014年.

斎藤道雄,『治りませんように―べてるの家のいま』みすず書房, 2010年.

斎藤英喜,『アマテラスの深みへ―古代神話を読み直す』新曜社, 1996年.

中沢新一,『僕の叔父さん・網野善彦』集英社新書, 2004年.

アンソニー・ギデンズ, 松尾精文・松川明子訳,『親密性の変容―近代社会におけるセクシュアリティ, 愛情, エロティシズム』而立書房, 1995年.

アントニオ・ネグリ, 水嶋一憲・幾島幸子・古賀祥子訳,『コモンウェルス―〈帝国〉を超える革命論』NHK出版, 2012年.

ヴァルター・ベンヤミン, 野村修編訳,「暴力批判論」,『暴力批判論他十篇』, 岩波文庫, 1994年, ジャック・デリダ, 堅田研一訳,『法の力』法政大学出版局, 1999年.

ヴィクター・コシュマン, 葛西弘隆訳,『戦後日本の民主主義革命と主体性』平凡社, 2011年.

ェドワード・サイード, 大橋洋一訳,『知識人とは何か』平凡社ライブラリー, 1998年.

エマニュエル・レヴィナス, 熊野純彦訳,『全体性と無限』岩波文庫, 2005年.

ガヤトリ・c・スピヴァク, 星野俊也, 本橋哲也, 篠原雅武,『いくつもの声』人文書院, 2014年.

＿＿＿＿＿＿＿＿＿＿, ジュディス・バトラー, 竹村和子訳,『国家を歌うのは誰か?』岩波書店, 2008年.

＿＿＿＿＿＿＿＿＿＿, 本橋哲也・篠原雅武訳,『いくつもの声―日本講演集』人文書院, 2013年.

＿＿＿＿＿＿＿＿＿＿, 鈴木英明訳,『ナショナリズムと想像力』青土社, 2011年.

＿＿＿＿＿＿＿＿＿＿, 上村忠男訳,『サバルタンは語ることができるか』みすず書房, 1998年.

ジークムント・フロイト, 中山元訳,「不気味なもの」,『ドストエフスキーと父親
　　殺し／不気味なもの』光文社古典新訳文庫, 2011年.

ジャック・デリダ, 川久保輝興訳,「暴力と形而上学—エマニュエル・レヴィナス
　　の思考に関する試論」,『エクリチュールと差異』上巻 法政大学出版局, 1983年.

＿＿＿＿＿＿, 野島秀夫訳,「コギトと『狂気の歴史』」,『エクリチュールと差
　　異・上巻』法政大学出版局, 1977年.

ジャック・ラカン, 小出浩之他訳,『精神分析の四基本概念』岩波書店, 2000年.

ジャン＝リュック・ナンシー, 西谷修・安原伸一朗訳,『無為の共同体—哲学を問
　　い直す分有の思考』以文社, 2001年.

ジュリア・クリステヴァ, 枝川昌雄訳,『恐怖の権力—〈アブジェクシオン〉試論』
　　法政大学出版局, 1984年.

ジョルジュ・バタイユ, 湯浅博雄他訳,『至高性—呪われた部分』人文書院, 1990年.

ジョルジョ・アガンベン, 高桑和巳訳,「バートルビー—偶然性について」,『バー
　　トルビー—偶然性について』月曜社, 2005年.

＿＿＿＿＿＿＿＿＿, 高桑和巳訳,『ホモ・サケル—主権権力と剥き出しの生』
　　以文社, 2003年.

＿＿＿＿＿＿＿＿＿, 高桑和巳訳,『人権の彼方に—政治哲学ノート』以文社,
　　2000年.

タラル・アサド, 苅田真司訳,『自爆テロ』青土社, 2008年.

ハンス・クリスチャン・アンデルセン, 大畑末吉訳,「皇帝の新しい着物」,『アン
　　デルセン童話集』岩波文庫, 1964年.

ハンナ・アレント, 阿部斉訳,『暗い時代の人々』ちくま学芸文庫, 2005年.

＿＿＿＿＿＿, 志水速雄訳,『人間の条件』ちくま学芸文庫, 1994年.

＿＿＿＿＿＿, 大久保和郎訳,『イェルサレムのアイヒマン—悪の陳腐さに
　　ついての報告』みすず書房, 1969年.

ホミ・バーバ, 磯前順一, ダニエル・ガリモア訳,「散種するネイション—時間,
　　ナラティヴ, そして近代ネイションの余白」,『ナラティヴの権利—戸惑い
　　の生へ向けて』みすず書房, 2009年.

ミシェル・フーコー, 田村俶訳, 『狂気の誕生』新潮社, 1975年.

ユルゲン・ハーバマス, 細谷貞雄, 山田正行訳, 『[第二版] 公共性の構造転換―市民的カテゴリーについての探究』未來社, 1994年.

ルイ・アルチュセール, 西川長夫他訳, 『再生産について―イデオロギーと国家のイデオロギー諸装置』平凡社, 2010年.

レオ・ベルサーニ, アダム・フィリップス, 桧垣立哉・宮澤由歌訳, 『親密性』洛北出版, 2012年.

磯前順一, ハリー・ハルトゥーニアン, 『マルクス主義という経験―1930-40年代日本の歴史学』青木書店, 2008年.

Harry Harootunian, "'Modernity' and the Claims of Untimeliness," Postcolonial Studies, Vol.13, No.4, December 2010.

Harry Harootunian, "Uneven Temporalities/Untimely Pasts : Hayden White and the Question of Temporal Form," in Philosophy of History After Hayden White, edited by Robert Doran, Bloomsbury, 2013.

Harry Harootunian, "Remembering the Historical Present," in Critical Inquiry, 2007.

Harry Harootunian, Dipesh Chakrabarty, Provincializing Europe : Postcolonial Thought and Historical Difference, Princeton and Oxford : Princeton University Press, 2000/2007.

Martina Weinhart and Max Hollein, eds., Private/Privacy, Frankfurt : DISTANZ Verlang. 2013.

Lairen Berlant, Intimacy, Chicago and London : The University of Chicago Press, 2000.

Gayatri Chakravorty Spivak, An Aesthetic Education in the Era of Globalization, Cambridge(Mass) : Harvard University Press, 2012.

Gayatri Chakravorty Spivak, Other Asias, Malden, Oxford & Victoria : Blackwell Publishing, 2008.

〈신문〉

三原芳秋, 「書評・磯前順一・尹海東『植民地朝鮮と宗教』」, 『図書新聞』, 2013年 4月
　　　27日.

〈제6장〉

リチャード・ストーリィ著内山秀夫訳, 『超国家主義の心理と行動』日本経済評論
　　　社, 2003年.

沖田行司, 「国際交流を推進する平和主義教育構想」, 『公益の追求者渋沢栄一』山川
　　　出版社, 1999年.

大川周明, 「天地の心に参向せよ」, 『研精美術』72号, 美術研精会, 1913年, pp.1~4.

東城兎幾雄, 『皇統伝略1』東城兎幾雄, 1874年.

洞院満季編, 『本朝皇胤紹運録』(寫本), 年度未詳.

高橋光正, 『歴朝聖德錄』同文館, 1899年.

高橋原, 「帰一教会の理念とその行方」, 『宗教学年報』20, 東京大学文学部宗教学研
　　　究室, 2003年.

高橋正則, 「伊藤博文と井上毅の政党観(中)」, 『政治学論集』 11, 駒澤大学法学部,
　　　1980年.

廣瀬重見, 「未刊研究資料 大川周明稿『列聖伝』(その1)」, 『藝林』52(1), 藝林会, 2003年.

＿＿＿＿, 「未刊研究資料 大川周明稿『列聖伝』(その2)」, 『藝林』52(2), 藝林会, 2003年.

＿＿＿＿, 「未刊研究資料 大川周明稿『列聖伝』(その8)」, 『藝林』55(2), 藝林会, 2006年.

＿＿＿＿, 「大川周明稿『列聖伝』の考察」, 『藝林』56(2), 藝林會, 2007年.

桂島宣弘, 「「他者」としての「民衆」へ」, 『江戸の思想』 10, ぺりかん社, 1999年.

黒板勝美, 『国史の研究(全)』文会堂, 1908年.

横山由淸・黒川眞頼編, 『纂輯御系図』(上・下), 横山由淸, 1877年.

吉田咸助, 『皇朝史略抄解(続皇朝史略抄解)』吉田咸助, 1880年.

家永三郎, 「大正・昭和の歴史思想」, 『日本における歴史思想の展開』吉川弘文館,
　　　1965年.

経済雑誌社編,「釋日本紀」,『国史大系』第7巻, 経済雑誌社, 1901年.

井上正鐵,『唯一神道問答書合卷』加藤直鐵, 1898年.

酒井直樹,『過去の声』以文社, 2003年.

笠原幡多雄,『明治大帝史』公益通信社, 1913年.

鈴木恵子,「近代日本出版業確立期における大倉書店」,『英学史研究』18, 日本英学
　　　史学会, 1986年.

前川理子, 『近代日本の宗教論と国家』東京大学出版会, 2015年.

青山延于撰,『皇朝史略正編』12(5), 山城屋佐兵衛, 刊年不明.

塙保己一,「皇胤紹運錄」,『群書類従』(4), 経済雑誌社, 1893年.

＿＿＿＿,「皇年代畧記」,『群書類従』(1), 経済雑誌社, 1929年.

若宮卯之助,『森村翁言行録』大倉書店, 1929年.

桑原伸介,「近代政治史料収集の歩み(二)」,『参考書誌研究』18号, 国立国会図書館,
　　　1979年.

社会問題資料研究会編,『国家主義乃至国家社会主義団体輯覧(上)』 東洋文化社,
　　　1976年.

太田正隆,「皇朝紀年箋」大倉出版社, 1879年.

西村兼文編輯,『内國表』出版社不明, 年度未詳.

小倉慈司,「『本朝皇胤紹運録』写本の基礎的研究」,『国立歴史民俗博物館研究報告』
　　　163, 国立歴史民俗博物館, 2011年.

小池素康,『日本制度大要(全)』敬業社, 1903年.

興亞院政務部,『大政紀要：執務参考資料』興亞院政務部, 1883年.

伊藤博文編,『秘書類纂』(雑纂)2, 秘書類纂刊行会, 1936年.

友声会編,『正閏断案国体之擁護』松風書院, 1911年.

〈관보〉

宮内省,「皇室令第6号皇統譜令」,『官報』大蔵省印刷局, 1926年 10月 21日.

〈제7장〉

George William Knox, 若宮卯之助訳, 『日本文明論』内外出版協会, 1907年.

大川周明, 『大川周明関係文書』芙蓉書房出版, 1998年.

岡倉天心, 『天心先生欧文著書抄訳』日本美術院, 1922年.

宮本盛太郎, 『近代日本政治思想の座標』有斐閣, 1987年.

坪内隆彦, 『岡倉天心の思想探訪』勁草書房, 1998年.

清水恵美子, 『岡倉天心の比較文化史的研究』思文閣出版, 2012年.

若宮卯之吉, 『若宮論集』実業之世界社, 1915年.

＿＿＿＿＿, 『森村翁言行録』大倉書店, 1929年.

＿＿＿＿＿, 『日本の理想』聖文閣, 1940年.

伊藤昭雄, 『アジアと近代日本』社会評論社, 1990年.

大久保喬樹, 「岡倉天心の脱近代思考の可能性－その言語, 時間, 空間認識」, 『五浦
　　　論叢』第9号, 茨城大学五浦美術文化研究所, 2002年.

広瀬重見, 「大川周明稿『列聖伝』」, 『芸林』第52巻・第1号, 芸林会, 2003年.

＿＿＿＿, 「列聖伝(その2)」, 『芸林』第52巻・第2号, 芸林会, 2003年.

＿＿＿＿, 「列聖伝(その8)」, 『芸林』第55巻・第2号, 芸林会, 2006年.

＿＿＿＿, 「大川周明稿『列聖伝』の考察」, 『芸林』56巻・2号 芸林会, 2007年.

子安宣邦, 「方法としての江戸」, 『江戸の思想』10, ペリカン社, 1999年.

▌초출일람

서장 앞부분 전성곤 집필.

서장 이소마에 준이치(磯前順一), 「천황제국가와 여백(天皇制国家と余白)」, 『종교
  연구(宗教研究)』383号, 日本宗教学会, 2015年, pp.3~26.

제1장 정이(鄭毅), 「역사의 작법(作法)과 천황 재현의 기법(技法)」, 『인문사회 21』
  8(1), 사단법인 아시아문화학술원, 2017年, pp.37~58.

제2장 정이(鄭毅), 「'상대적 객관성' 구조와 '동양' 표상의 곤란성」, 『인문논총』제74
  권 제3호, 서울대학교인문학연구원, 2017年, pp.255~294.

제3장 정이(鄭毅), 「'공공 천황론' 원리와 되받아 쓴 내셔널리즘」, 『동아시아문화연
  구』제70집, 한양대학교동아시아문화연구소, 2017년, pp.223~254.

제4장 이소마에 준이치(磯前順一), 「「津田左右吉と日本思想史-「国民思想」という
  表象」, 『東方学』103, 2002年, pp.178~179. 이소마에 준이치(磯前順一), 「文献
  紹介・津田左右吉『文学に現はれたる我が国民思想の研究』」, 『日本女子大
  学総合研究所ニュース』5, 1998年.

제5장 이소마에 준이치(磯前順一), 「複数性の森にこだまする神々の声」, 『他者論
  的転回』, ナカニシヤ出版, 2016年.

제6장 전성곤, 「'계보'의 정체성과 '혈통론'의 정치성-전(箋)에서 전(傳), 그리고 역사
  (歷史)로-」, 『인문사회 21』 8(3), 사단법인 아시아문화학술원, 2017년,
  pp.511~532.

제7장 전성곤, 「횡단문화론'의 구조와 '문명천황론'의 문제」, 『비교문화연구』46,
  경희대학교비교문화연구소, 2017년, pp.435~463.

▌ 찾아보기

(ㄱ)

가라다니 고진 / 168, 246
가마쿠라 막부 / 103, 104
가모노 마부치 / 98, 106
가미카제 / 199
가사하라 하타오 / 291
가시하라신궁 / 193
가쓰라지마 노부히로 / 25
가야트리 스피박 / 27, 34, 258
가와무라 사토후미 / 249
가족국가론 / 170
가케이 가쓰히코 / 173, 174, 175, 204
가타오카 고헤 / 234
간나가라노미치 / 138, 139, 326
강좌파 / 32, 33
개신 / 23, 62, 66
개인주의자 / 120
개혁 / 112, 136
게이추 / 102
계보 / 213, 229, 271, 272, 278, 282, 283, 285, 288, 298, 300, 301
고대사 연구 / 28
고분 천황 / 281, 282, 286, 287, 291, 292, 299, 300
고야스 노부쿠니 / 15, 20, 22, 25, 27, 37, 303
고이케 소코 / 278, 296
고증사학 / 25
고카네이 요시키요 / 180
고토쿠 슈스이 / 191

고학 / 102, 169
고향성 / 267
공감의 공동체 / 30
공공성 / 48, 81, 82, 113, 158, 214, 215, 216, 223, 224, 225, 226, 229, 230, 231, 232, 233, 238, 242, 244, 255, 256, 263, 264, 268
공동환상 / 230, 242
공산주의 / 170
교육칙어 / 74, 126, 289, 290, 299
구로이타 가쓰미 / 52, 56, 57, 58, 60, 61, 62, 65, 66, 69, 71, 72, 73, 76, 78, 173, 278, 285
구메 구니타케 / 26, 162, 163, 164, 165, 167, 168, 170, 173, 174, 175, 178, 194, 204, 288, 289, 299
구축주의 / 52, 78, 304
국가신도 / 47, 160, 248, 257
국내식민지 / 160
국민국가 / 30, 32, 36, 37, 39, 79, 115, 160, 161, 165, 166, 167, 172, 173, 177, 184, 185, 188, 190, 203, 204, 207, 208, 218, 220, 233, 239, 243, 249, 251
국민문학론 / 177
국민사 / 85, 157, 159, 173, 184
국민사상 / 85, 173, 178, 182, 185
국민주의 / 35, 166, 168
국정교과서 / 24, 53
국체론 / 290, 328, 330
국학 / 100, 169, 184
권력계급 / 187
귀일 / 77, 110, 275, 277, 304, 308, 315,

316, 327, 329
그레이존 / 158, 200
근대의 여백 / 31, 37
근대창조물 / 28
기계적 / 22, 26, 53, 54, 56
기데라 류지로 / 52, 56, 57, 58, 59, 60,
  61, 62, 65, 70, 71, 78
기독교 / 83, 93, 96, 325
기요노 겐지 / 198, 199

(ㄴ)

나가하라 간조 / 27
나루세 진조 / 274
나르시시즘 / 43, 188, 203, 217
나카자와 신이치 / 235
남바라 시게루 / 191
남북조정윤문제 / 24, 53, 290, 300
남조정통론 / 272, 276, 282, 287, 299
내러티브 / 25, 272
내부 기술자 / 23
내셔널리즘 / 29, 30, 32, 33, 35, 38, 40,
  42, 45, 52, 84, 115, 154, 160, 169, 171,
  177, 187, 189, 201, 205, 218, 219, 249,
  251
낸시 / 258
네이션 / 29, 30, 31, 32, 36, 45, 46, 79,
  160, 243, 254, 324
노농파 / 32, 33
노로 에이타로 / 32
노스탤지어 / 39, 237
노예 문화 / 18
노자 / 98, 99, 174
니시무라 가네후미 / 286

니시카와 나가오 / 29, 36, 46, 160, 165,
  243
니시카와 유코 / 227, 228
니시타니 오사무 / 257
니이부우르는 빅크 / 169

(ㄷ)

다구치 우키치 / 162
다기 에미코 / 259
다나베 하지메 / 195, 196
다민족제국 / 157
다이카 신정 / 67
다카기 이치노스케 / 210, 211, 213
다카난 준지로 / 275
다카마가하라 / 193
다카하시 / 291
다케우치 요시미 / 17, 18, 19, 20, 22, 27,
  39
다테 기요노부 / 241
단일민족국가 / 32, 158, 165, 190, 208,
  220
대동아공영권 / 85, 175, 186, 197, 198,
  199
대역사건 / 191, 275, 299, 300
대의정체 / 276
대정봉환 / 71
데라도 준코 / 231, 260, 264
데모크라시 / 157, 307
도리이 류조 / 173, 174, 175, 179
도미야마 이치로 / 214
도우마 세이타 / 186
도우인 미쓰스에 / 279
도회 / 274, 277, 306

동서융합론 / 154
동양 / 19, 20, 52, 83, 92, 93, 94, 95, 110,
    111, 114, 170, 207, 304, 308, 311, 312,
    313, 314, 315, 322, 326, 328
동양 분열론 / 94
동양부정 / 119, 153
동일본대지진 / 37, 40, 42, 159, 239
디페시 차크라바르티 / 11, 15, 223

(ㄹ)

리베럴 민주주의 / 159, 221

(ㅁ)

마루야마 마사오 / 206, 243, 244
마르크스주의 / 32, 38, 114, 187, 195, 196,
    209, 213
마사오카 시키 / 87
마스부치 다쓰오 / 187
마쓰무라 가이세키 / 273, 274, 275, 277,
    306
막스 베버 / 38
만들어진 전통 / 29, 43
만선지리역사조사실 / 169
만세일계 / 28, 39, 105, 109, 163, 175, 193,
    195, 203, 278, 286, 293, 296, 298, 301,
    304, 307, 319, 329
만주국 / 190, 193
만철 / 169
메이지 신궁 / 204
메이지 천황 / 74, 75, 77, 79, 126, 141,
    273, 276, 282, 285, 288, 290, 292, 304,
    305, 307, 319, 328, 330

모노노베씨 / 323
모노오아와레 / 181
모리 다쓰야 / 204
모리 오우가이 / 177, 178
모리무라 이치자에몬 / 274, 275, 308
모토오리 / 181
모토오리 노리나가 / 56, 98, 99, 100, 106,
    169
무가정치기 / 74
무라오카 쓰네쓰구 / 169
무라카미 하루키 / 236, 254, 255, 266
문교 / 51, 55, 60, 74, 78
문명원천론 / 319
문명천황론 / 303, 304, 305
문예부흥 / 69
문자와 사상 / 82
미나모토 요리토모 / 101, 104
미노다 무네키 / 103, 104, 105, 106, 111,
    112, 113, 114, 115, 117, 118, 119, 120,
    122, 126, 132, 191
미노베 다쓰키치 / 191
미셸 푸코 / 27
미소기 / 55, 56, 58, 59, 60, 79
미시마유키오 / 259
미쓰이 고우시 / 86, 87
미쓰쿠리 겐바치 / 61, 75
미야모토 모리타로 / 310
미야모토 아라타 / 229, 231, 247
미조구치 유조 / 20, 21, 27, 240
민족종교 / 200
민주주의 / 30, 41, 47, 157, 158, 159, 160,
    205, 214, 262, 265, 267
민중화 / 91

(ㅂ)

박람회 / 76
방법으로서 / 17, 22, 145
배제 / 227, 244, 261
벌거벗은 삶 / 233, 234, 236
베네딕트 앤드슨 / 29, 30
벤야민 / 220, 246, 259
복수민족 / 30
복수성 / 221, 251, 261, 267
복수화 / 243
본지수적설 / 324
본질주의 / 60
부여받은 것 / 82, 83, 88, 97
부자상승 / 296
북조정통론 / 281, 282, 290, 299
불교 / 319, 322
비교론 / 328
비교신화학 / 164

(ㅅ)

사노 마나부 / 194
사카노 도오루 / 197, 198
사카이 나오키 / 25, 29, 30, 36, 39, 43,
    46, 135, 166, 167, 196, 222, 243, 245,
    246, 273
사카키바라 마사오 / 306
사회주의자 / 191
상대적 개관성 / 117
상상의 공간 / 168
상상의 공동체 / 29, 60, 160, 188, 205, 207
생활 / 23, 48, 72, 82, 106, 107, 111, 112,
    114, 115, 126, 128, 129, 138, 147, 148,
    149, 150, 247, 327
선왕론 / 99
섭관정치 / 91
성덕태자 / 68, 105, 106, 324
성스러운 인간 / 236
세속주의 / 241
소가씨 / 323
수사사업 / 53, 78, 290, 300
수순 / 86, 87, 134, 143, 326
순자 / 98, 100
순행 / 76
스사노오노 미코도 / 211
스즈키 이와유미 / 239
스탈린주의 / 240
스페이스 / 34
스피노자 / 55
스피박 / 225, 253, 260, 261, 263, 264, 265,
    267
승인 / 87, 118, 122, 206, 210, 212, 239,
    248
시게노 야스쓰구 / 288, 289
시대구분법 / 69
시라토리 구라키치 / 169, 181, 182
시마조노 스스무 / 46, 247, 263
시모고베 미치코 / 227
시부자와 에이이치 / 274
시키시마노미치 / 112
식민지 없는 제국 / 198
식민지주의 / 30, 31, 207, 208
신국 / 138
신대사 / 58, 121, 138, 139, 191
신란 / 105, 106, 324
신적인 힘 / 246, 247
신화 / 56, 57, 58, 59, 60, 79, 122, 164

실생활 / 83, 85
실증주의 / 24, 25, 26, 27, 51, 127, 142,
  289
심전개발운동 / 190
쓰다 소키치 / 11, 28, 82, 84, 85, 86, 88,
  89, 91, 92, 93, 98, 100, 106, 107, 109,
  114, 115, 117, 118, 119, 120, 122, 126,
  128, 129, 130, 132, 134, 135, 137, 138,
  139, 141, 142, 143, 144, 145, 146, 147,
  148, 149, 150, 151, 153, 157, 158, 159,
  160, 161, 162, 163, 167, 168, 173, 177,
  178, 179, 180, 182, 183, 184, 185, 186,
  188, 189, 190, 191, 192, 193, 194, 196,
  197, 198, 201, 203, 205, 207, 208, 209,
  211, 212, 214, 215, 216, 217, 218, 220,
  221
씨족국가 / 72

(ㅇ)
아마데라스 오미카미 / 57, 76
아미노 요시히코 / 220, 235, 237, 249, 259
아오노 마사아키 / 233
아오야마 노부유키 / 287, 299
아이누 / 171, 176, 180
아이덴티티 / 43, 176, 186, 199, 202
아이신가쿠라 후기 / 193
아프리오리 / 90
안토니오 네그리 / 240
알렉시 드 토크빌 / 38
알튀세르 / 46
앤드류 고든 / 158
야나기타 구니오 / 35
야마가 소코 / 105, 106

야마가타 다카오 / 228
야마가타 반토 / 181
야마오 산쇼 / 267
야마우치 기요오 / 180, 181
야마토다케루노 미코토 / 211
야세도지 / 236
야스마루 요시오 / 47, 257
야스쿠니 신사 / 204
야요로즈가미 / 77
언표 / 36, 263
에드워드 사이드 / 27, 44, 225
에릭 홉스봄 / 29, 30, 38
역사 / 24, 26, 28, 51, 52, 53, 56, 61, 66,
  69, 70, 72, 78, 95, 105, 107, 111, 114,
  115, 119, 128, 130, 131, 132, 133, 135,
  138, 142, 161, 184, 185
역사인식 / 26, 27
영웅시대론 / 213, 243
오구마 에이지 / 164
오규 소라이 / 98, 106
오리엔탈리즘 / 47
오시카와 마사요시 / 274
오에 겐자부로 / 229
오우치 효에 / 32
오카와 슈메이 / 11, 51, 52, 54, 55, 56,
  58, 59, 60, 61, 62, 66, 67, 69, 72, 73,
  74, 75, 76, 77, 78, 79, 82, 83, 84, 88,
  95, 97, 106, 111, 113, 114, 115, 117,
  118, 119, 120, 122, 124, 126, 130, 132,
  134, 136, 137, 138, 139, 140, 142, 143,
  146, 147, 150, 151, 153, 273, 277, 300,
  304, 305, 308, 310, 317, 319, 325, 328
오카쿠라 덴신 / 52, 304, 307, 308, 309,
  310, 311, 313, 314, 315, 316, 317, 318,

320, 321, 325, 326, 327, 328, 329
오쿠라 마고베이 / 273, 274, 275
오키나와 / 11, 30, 159
온톨로지 / 97
와쓰지 데쓰로 / 186
와카미야 유노스케 / 304, 306, 308, 311,
  312, 314, 316, 317, 318, 319, 321, 322,
  325, 327, 328, 329, 330
와타나베 요시미치 / 186
왕정복고 / 74, 75
요나하 준 / 164
요시모토 류메이 / 242
우에다 마사아키 / 85
우에무라 가즈히데 / 87
우연성 / 212, 246
우익 / 51, 164, 193
원호 / 73, 162, 280, 292
위르겐 하버마스 / 233, 266
윌리엄 녹스 / 304, 311, 313
유교 / 68, 71, 96, 102, 146, 151, 174, 314,
  319, 324
유럽중심주의 / 11
유아독존자 / 120
유일성 / 242
유행 담론 / 27
육상산 / 103
윤해동 / 161, 233
음성주의 / 90
이기백 / 207
이노마타 쓰나오 / 32
이노우에 고와시 / 289, 290
이노우에 데쓰지로 / 170, 171, 172, 175,
  176, 181, 204, 275
이데올로기 / 11, 12, 27, 46, 154, 160, 194,

208, 277
이마이즈미 요시코 / 37
이세신궁 / 42, 193
이소마에 준이치 / 10, 11, 27, 86, 118
이시모다 다다시 / 28, 39, 86, 196, 209,
  211, 213, 217, 220, 243, 244
이에나가 사부로 / 25, 26, 84, 86, 127,
  128, 157, 158, 193, 201, 289
이와이 다다쿠마 / 25, 26, 289
이자나미 / 57, 58, 282
이자나기 / 57, 59
이종혼교적 / 250
이종혼효성 / 44
이케가미 에이코 / 267
이토 아키오 / 309
이토 진사이 / 102, 246
이토 히로부미 / 290
인도문화 / 119, 138, 141, 145
일본 세계주의 / 153, 154
일본문화 / 114, 151, 153, 304
일본사 / 32, 306
일본신민 / 30
일본종교사 / 28
일시동인 / 77, 111, 205
임신의 난 / 67, 73
있는 그대로 / 54, 56, 115, 120

(ㅈ)

자국중심주의 / 15
자명성 / 121
자본주의 / 32, 33, 47
자유 / 54, 55, 59, 60, 78, 136, 221
자크 데리다 / 35, 216, 232, 247

잠재적 가능성 / 206
재일코리언 / 30
쟈크 라캉 / 31
전체주의 / 48
절대주의자 / 121
정신생활 / 72, 133
정신적 부활 / 97
제국 / 166, 170, 190, 194, 211
제국기 / 212
제국주의 / 12, 13, 30, 158, 159, 160, 165,
   169, 184, 190
제국주의적 민주주의 / 160
제국헌법 / 276, 289
제도화 / 25, 28, 249
제신 / 324
조르조 아감벤 / 159, 161, 206
조상 신 / 91
조상숭배 / 83, 91, 92, 109
조케이 천황 / 282, 283, 284, 286, 287,
   288, 291, 292, 295, 299, 300
존황(尊皇)주의 / 285
주체성 / 89, 97, 117, 120, 143, 213
주교 천황 / 284, 295
중국문화 / 149
지그문트 프로이트 / 187
직계 / 280, 297
진무 천황 / 56, 193, 284, 288, 295

(ㅊ)

천황 / 48, 51, 52, 56, 62, 63, 67, 68, 73,
   74, 75, 76, 77, 104, 105, 108, 111, 113,
   115, 126, 192, 193, 216, 249, 257, 258,
   260, 271, 272, 277, 278, 280, 281, 282,
283, 284, 286, 287, 288, 290, 291, 292,
293, 294, 295, 296, 297, 298, 299, 300,
301, 305, 307, 319, 323, 324, 330, 354
청조고증학 / 170
친밀권 / 237, 238
친배 / 76

(ㅋ)

칸트 / 55
캐시 캐루스 / 227
컬추럴 스터디즈 / 27

(ㅌ)

탈랄 아사드 / 11, 159, 221
탈아론 / 308
태평양전쟁 / 160, 190
테렌스 레인저 / 29
트라우마 / 226, 255, 256
트랜스 히스토리 / 161

(ㅍ)

팔린드롬 / 328
패러다임 / 22, 62, 68, 82, 101, 106, 307,
   326, 328
포스트 콜로니얼리즘 / 15, 27, 31, 250,
   251, 267
폭력 / 31, 159, 214, 216, 219, 221, 229,
   230, 231, 232, 238, 243, 247, 257, 263,
   266
프리드릭 제임슨 / 43

(ㅎ)

하가 야이치 / 186
하니 고로 / 32, 196
하니와 호키이치 / 279
하버마스 / 226, 232, 239, 240, 243, 245
하세베 곤도 / 197, 198
하스누마 몬조 / 274
한나 아렌트 / 22, 195, 221, 224, 232, 233, 237, 266
해리 하루투니언 / 11, 15, 35, 223
헤겔 / 210
혁명 / 17, 33
혁신 / 61, 68, 79, 124, 131, 297
혈통론 / 271, 354
형제상급 / 296
호미 바바 / 27, 251, 258

호시노 히사시 / 24, 53, 288, 289
황군 / 76
황기 / 191, 192, 193, 285, 292
황남자손 / 296
황신 / 98
황조 / 76, 191, 192, 193
황통보령 / 271, 272, 292, 300
횡단문화론 / 303, 304, 317, 324, 328, 330, 354
후지오카 사쿠타로 / 186
후카자와 시치로 / 229
후쿠자와 유키치 / 274
희랍철학 / 96
히로세 시게미 / 62, 277

▌저서

「고본제왕계도」 / 271, 278, 283
「만주일일신문」 / 305
「석일본기」 / 271, 278, 282, 284, 300
「열성전」 / 65, 271, 273, 277, 278, 283, 285, 291, 292, 293, 295, 296, 297, 299, 300, 301, 305, 306
「황조기년전」 / 276, 284, 286, 299, 300

『IQ84』 / 236, 254
『고사기』 / 35, 138, 139, 140, 177, 326
『공동환상론』 / 242
『국민도덕 개론』 / 170
『군서류종』 / 271, 279, 281, 282, 283, 284, 286, 299, 300
『나오비노미타마』 / 99
『내국표』 / 286
『대정기요』 / 290, 295, 300

『동양역사』 / 70

『동양의 이상』 / 315

『메이지대제사』 / 291

『메이지천황어집』 / 113

『문학에 나타나 우리 국민사상의 연구』
   / 121

『민족과 역사』 / 207

『바틀비』 / 259

『본조황윤소운록』 / 271, 279, 280, 281,
   282, 299, 300

『사해』 / 162

『신대사의 신연구』 / 121

『신민의 길』 / 192

『신황정통기』 / 104

『역대천황어전』 / 273, 275, 277

『역조성덕록』 / 291, 295, 300

『연정미술』 / 278, 308

『영령의 목소리』 / 259

『원리일본』 / 122, 191

『일본문명사』 / 122

『일본서기』 / 138, 139, 140, 177, 182

『일본이천육백년사』 / 122, 123, 124, 126,
   131

『일본정치사상사 연구』 / 243

『중세적 세계의 형성』 / 217

『중조사실』 / 105

『지나사상과 일본』 / 85, 121, 138

『헤이케 이야기』 / 211

『황조사략초해』 / 286, 288

『황통전략』 / 286, 299

▋ 저자 소개

정이(鄭毅, Zheng yi)
중국 길림(吉林)대학 대학원에서 법학 연구, 법학박사. 일본 호세이(法政)대학, 야마가타(山形)대학, 오사카(大阪)대학 등에서 객원교수를 지냈고, 연변(延邊)대학 조선반도연구협동창조센터의 특별연구원, 현재 북화(北華)대학 교수. 주요 저서로는 『미국의 대일 점령사(美國對日占領史)』(2016년), 『『간도문제』와 중일교섭(『間島問題』与中日交涉)』(공저, 2016년), 『제국에의 길』(공저, 2015), 『허상과 실상(虚像与実像)』(공저, 2015년), 『요시다 시게루(吉田茂)의 제국의식과 대(對)중국 정책 연구』(2013년) 외 다수.

이소마에 준이치(磯前順一, Isomae Junichi)
일본 도쿄(東京)대학 대학원에서 종교학을 전공, 문학박사. 하버드대학, 런던대학, 취리히대학 등에서 객원교수를 지냈고, 현재 국제일본문화연구센터 교수. 주요 저서로 『근대 일본의 종교 담론과 계보—종교·국가·신도』(2016년), 『죽은 자들의 웅성거림—피재지 신앙론』(2014), 『종교와 공공 공간—재검토되는 종교의 역할』(공저, 2014년), 『상실과 노스텔지어』(2007년), 『기기(記紀)신화와 고고학—역사적 시원(始原)의 노스텔지어』(2009년) 외 다수.

전성곤(全成坤, Jun Sungkon)
일본 오사카(大阪)대학 대학원에서 일본학 전공, 문학박사. 오사카대학 외국인 초빙연구원, 고려대학교 일본연구센터 HK연구교수, 북경(北京)일본학연구센터 객원교수를 지냈고, 현재 북화(北華)대학 교수. 주요 연구업적으로는 『제국에의 길』(공저, 2015), 『이미지로서의 동아시아 문화공동체』(공저, 2015), 『내적 오리엔탈리즘 그 비판적 검토—근대 일본의 식민 담론들』(2012), 『일본 인류학과 동아시아』(2009) 외 다수.

일본脫국가론
—역사 창출과 제국의 상상력

초판 인쇄 2018년 3월 23일
초판 발행 2018년 3월 30일

지　　음 | 정이·이소마에 준이치·전성곤
펴 낸 이 | 하운근
펴 낸 곳 | 學古房

주　　소 | 경기도 고양시 덕양구 통일로 140 삼송테크노밸리 A동 B224
전　　화 | (02)353-9908 편집부(02)356-9903
팩　　스 | (02)6959-8234
홈페이지 | http://hakgobang.co.kr/
전자우편 | hakgobang@naver.com, hakgobang@chol.com
등록번호 | 제311-1994-000001호

ISBN　　978-89-6071-739-8　93300

값 : 30,000원

이 도서의 국립중앙도서관 출판시도서목록(CIP)은 서지정보유통지원시스템 홈페이지(http://
seoji.nl.go.kr)와 국가자료공동목록시스템(http://www.nl.go.kr/kolisnet)에서 이용하실 수 있
습니다.(CIP제어번호 : CIP2018009738)